Inhalt

Friedrich Grupe

Jahrgang 1916

Friedrich Grupe

Jahrgang 1916

Die Fahne war mehr als der Tod

Universitas

© 1989 by Universitas Verlag in
F. A. Herbig Verlagsbuchhandlung GmbH, München
Alle Rechte vorbehalten
Schutzumschlag: Christel Aumann, München
Titelfoto: Süddeutscher Verlag Bilderdienst, München
Satz: Fotosatz Völkl, Germering
Druck: Jos. C. Huber KG, Dießen
Binden: Thomas Buchbinderei, Augsburg
Printed in Germany
ISBN: 3-8004-1195-4

»Unvergeßliche Tage« in Sütterlin-Schrift

Mit »Unvergeßliche Tage« hatte ich mein Tagebuch überschrieben, als ich Mitte der dreißiger Jahre mit der Niederschrift begann.
Allerdings hatte ich mir unter diesem euphorischen Titel etwas gänzlich anderes vorgestellt, nämlich Berichte über Deutschlands »große« Zeit, über Glanz und Gloria des Dritten Reiches ... Aber als ich meine Erlebnisberichte abschloß, saß ich hinter Stacheldraht, und draußen leckte die durch Hitlers Wahn zerstörte Welt ihre Wunden.
Heute zeugen die Aufzeichnungen von unserem Fühlen und Denken in jener Zeit, von unserem blinden Vertrauen und – aus heutiger Sicht – von unseren folgenschweren Irrtümern.
Um jeder Mißdeutung vorzubeugen: Alle Kapitel dieses Buches unter der Überschrift »Aufzeichnungen 19..« sind Abschriften aus den Original-Tagebüchern des Verfassers, geschrieben unter dem unmittelbaren Eindruck des Geschehens.

F. G.

Aufzeichnungen von damals als Zeugenaussage für die Heutigen

»›... in unseren Augen da muß der deutsche Junge rank und schlank sein, zäh wie Leder, hart wie Kruppstahl und flink wie Windhunde ...!‹

Vor der Kulisse der sechshundert HJ-Bannfahnen ruft es Hitler mit lebhaften Gesten den sechzigtausend Abgesandten der Jugend zu, die stolz seinen Namen trägt. Wieder bricht im Nürnberger Stadion ein nicht endenwollender Jubel aus, die zum deutschen Gruß erhobenen Arme strecken sich dem Mann entgegen, der ihnen als ihr Führer den Weg in die Zukunft weist. Ringsum wehen an diesem herrlichen Herbsttag die rotweißroten Fahnen der Jugend in einer frischen Brise, und die Sonne scheint diese bewegende Stunde zu segnen. Als der Führer zu den hellen Klängen der Fanfaren erschienen war, hatte Baldur von Schirach ihm die sechzigtausend Mädel und Jungen gemeldet und zugleich berichtet, daß in diesem Jahr 1936 fast die gesamte deutsche Jugend im Alter zwischen zehn und vierzehn Jahren freiwillig zur HJ gestoßen sei:

›Sie, mein Führer, riefen und alle, alle kamen!‹

Nun erklingt das neue Feierlied der Hitlerjugend, begleitet von den Musikzügen, füllt das weite Rund des Stadions, steigt zum Himmel auf und vereint den Führer mit den Geführten:

›Deutschland, heiliges Wort, Du voll Unendlichkeit ...‹

Zehntausende singen voller Hingabe mit hellen Stimmen. Dann grüßen sie noch einmal Führer und Reich. Zugleich leuchten im Rund der Sportstätte die weißen Blusen der Mädel vom BDM auf und bilden die Initialen des Führers ›A. H.‹.
Ein Kommando erschallt – die Bannfahnen der HJ gehen hoch, während das Fahnenlied die Jugendkundgebung dieses Reichsparteitages abschließt:

›Führer, Dir gehören wir, wir Kameraden Dir!‹«

So etwa hätte damals im Herbst 1936 der Bericht über den Tag der Hitlerjugend auf dem Nürnberger Reichsparteitag gelautet ... Und so oder ähnlich habe ich als Zeuge jener Stunden damals auch gefühlt und empfunden – und mit mir Millionen Gleichaltriger.

Nur wer die Faszination nachempfinden kann, die von solchen suggestiv wirkenden Feierstunden ausging – und von dem Mann, der beherrschender Mittelpunkt war –, vermag zu ahnen, was damals in uns jungen Menschen vorging, wie sehr wir uns an Hitler und dem, was wir für seine Idee hielten, verloren hatten.

Als wir endlich das wahre Gesicht dieses Mannes erkannten, war es zu spät – da gab es für uns kein Entrinnen mehr.

Die Aufzeichnungen, die ich vor mehr als einem halben Jahrhundert machte und aus der Schublade holte, legen Zeugnis ab von unserer Gesinnung, unserer Haltung und unserem guten Glauben. Sie werden auch die Atmosphäre jener Zeit wiedergeben, ohne deren Aufspüren ein Verständnis für das Verhalten der Hitlerjugend-Generation kaum erwartet werden kann.

Nach der Weltwirtschaftskrise, dem Elend der Massenarbeitslosigkeit, den offensichtlich ohnmächtigen Regierungen, vielen Affären und Skandalen, die man fast immer den Juden in die Schuhe schob, erlebten wir Jungen den »nationalen Aufbruch« in unvorstellbarer Euphorie. Nie hatten es die Repräsentanten der Weimarer Republik verstanden, die Mehrheit im Volk und vor allem die Jugend für die neue Staatsform, für die parlamentarische Demokratie zu gewinnen oder gar zu begeistern. Die Linke zerstritten, die Rechte immer radikaler, lieferte man sich im Reichstag wahre Schlachten, ging mit Tintenfässern aufeinander los und verunglimpfte auf gemeinste Weise den politischen Gegner. Hinzu kam vor allem im Bürgertum die Furcht vor dem Bolschewismus – »Stalin ante portas!«

So hatten die Sturmabteilungen der NSDAP, ihre Propagandaredner leichtes Spiel: Der Deutsche Reichstag war für sie die »Reichs-Quasselbude«, die Sozialdemokraten nannte man pauschal »die Bonzen«.

Überall erscholl der Ruf nach dem »starken Mann«. Als er dann über einem Wald von Fahnen, bei dem aufpeitschenden Rhythmus preußischer Märsche und dem Gesang feierlicher, vaterländischer Hymnen erschien, übertönte der Jubel alle Zweifel und jede Skepsis. So sollten die nachgewachsenen und kommenden Generationen den

Ursprung und die Motivation sehen, wenn sie ohne Vorurteil die Antwort auf die Frage suchen »Wie eigentlich kamen unsere Väter, Großväter oder Urgroßväter dazu?«

Wohl kaum einer von uns Jungen hat damals, als am 30. Januar 1933 die SA durchs Brandenburger Tor zog, an Krieg, an Gewalt gegenüber Andersdenkenden oder an mörderischen Rassenwahn gedacht. Wir sahen das Volk, das auf den Straßen tanzte und neue Hoffnung schöpfte, und wir sahen in unserem Führer den vom Herrgott gesandten Retter aus dem Elend. Da schworen wir unsere Treueschwüre, Hitler zu folgen durch »Nacht und durch Not«.

Man tut denen, die ihre Schwüre mit dem Tod, mit Verkrüppelung, mit dem Verlust der Heimat und der Existenz bezahlen mußten, bitter unrecht, wenn man sie beim Blick zurück aus dem Blickwinkel der Vernichtungslager sieht und in einen Topf wirft mit Henkern und Henkersknechten. Die Tapferkeit unserer Soldaten, die Würdigung ihres Leidens und Sterbens kann durch die Untaten nicht geschmälert werden, von denen sie, die draußen kämpften, nichts ahnten. Selbst der damalige Gegner verneinte eine Kollektivschuld. Spätere Generationen haben weder Recht noch Veranlassung, eine neue Sicht der Kollektivschuld zu konstruieren. Die, die es besser wissen, die Zeugen jener Zeit, werden sich nicht mehr wehren können.

Baldur von Schirach wurde für die meisten der Jungen und Mädchen zum begeisternden Verkünder des Führers. Ich werde darüber berichten, wie die Jugend scharenweise und freiwillig, spontan und begeistert sich in der HJ formierte, die sehr bald zur größten Jugendbewegung der Welt wurde.

Natürlich waren sie alle einseitig ausgerichtet: Wir glaubten ja, dem Absinken der Moral, dem wirtschaftlichen Chaos und dem zerstörerischen Klassenkampf der ungeliebten Weimarer Republik den einheitlichen Willen, die kameradschaftliche Geschlossenheit und den unbedingten Gehorsam entgegensetzen zu müssen. Sicher war da für Toleranz nicht viel Platz, aber ebensowenig dachten wir daran, Andersdenkenden mit Gewalt zu begegnen; nein, wir wollten überzeugen, wollten sie alle von Hitlers Sendung überzeugen.

Was sich da bereits 1933 hinter dem Rücken des Volkes abzuspielen begann, die Nötigung des politischen Gegners, seine Festnahme und Inhaftierung unter unwürdigen Umständen, das Einrichten der ersten Konzentrationslager, spielte sich unter strenger Geheimhaltung ab, wurde mit allen Mitteln getarnt oder aber, wenn doch etwas durchsickerte, mit dem Hinweis auf »law and order« beschönigt.

Wie großartig erschienen uns in jenen Jahren bis zum Ausbruch des Krieges die vor uns liegenden Perspektiven! Überall schien es steil aufwärts zu gehen. Fest bauten wir auf Hitlers Friedensbeteuerungen. War er nicht selbst als Meldegänger durch das Inferno der Materialschlachten gegangen? Warum sollte er sein eigenes großes Werk gefährden? Als dann doch der Befehl zum Angriff auf Polen gegeben war, glaubten wir, getreu der Propaganda, an den Neid der Welt auf das wiedererstarkte Reich und an die Unausweichlichkeit dieses Verteidigungskampfes.

Wieder spielte im Zeichen des Krieges das propagandistische Beiwerk seine wesentliche Rolle: Siegesfanfaren, aufrüttelnde Märsche und Lieder, inbrünstige, an einen Gottesdienst erinnernde Feierstunden, aufwendige heroische Filme, geschickt gestaltete Wochenschauen im Kino und – nicht zuletzt – das so stark geförderte Verbundenheitsgefühl der alle umfassenden Gemeinschaft.

Begriffe wie Vaterlands- und Heimatliebe, Opferbereitschaft, Treue und uneigennützige Kameradschaft haben immer schon Menschen tief berührt und zu besonderen Leistungen angespornt. Auch dadurch erklären sich die Leistungen und der Elan der deutschen Soldaten unter heute unvorstellbaren Bedingungen. Nein, unser Leben damals – ehe das Massenmorden begann – war nicht arm; selbst beim Rückerinnern scheint es mir reich gewesen zu sein an menschlichen Begegnungen, an Wander- und Lagererlebnissen und an selbstloser Kameradschaft, reich aber auch durch den Überschwang an Begeisterung.

Daß sich später die überstrapazierten hehren Begriffe als sträflich mißbraucht entlarvten, daß sie schließlich der Tarnung von Hitlers machtbessenen Vorhaben dienten – diese Erkenntnisse waren den jungen Menschen noch lange Zeit nicht möglich. Das aber kann ihnen niemand anlasten.

Umso nachhaltiger war ihr Entsetzen, als die unfaßbaren Untaten des Regimes nicht mehr wegzuleugnen waren!

Baldur von Schirach klagte vor dem Internationalen Gerichtshof in Nürnberg das Hitler-Regime an und stellte sich vor die betroffene Jugend:

»Mit reinem Gewissen möchte ich der Jugend bestätigen, daß sie an den Auswüchsen und Entartungen des Hitler-Regimes vollständig unschuldig ist, daß sie den Krieg niemals gewollt und daß sie sich weder im Frieden noch im Kriege an irgendwelchen Verbrechen beteiligt hat!«

Tagebuchauszüge und Ergänzungen in diesem Buch sind die Geschichte einer Jugend, die im Chaos der Zeit nach dem Ersten Weltkrieg begann und mit dem Chaos des Zweiten endete.

Mehr als zwölf Jahre lange stand sie im Banne des Diktators; fasziniert, geradezu hypnotisiert von ihm, wurde sie zu seiner gläubigen und treuesten Gefolgschaft – bis der Kriegstod ihre Reihen dezimierte und die totale Niederlage all ihre Hoffnungen und Perspektiven zunichte machte.

Haben meine Schilderungen, die ich unter dem unmittelbaren Eindruck des derzeitigen Geschehens niederschrieb, den jungen Menschen von heute etwas zu sagen?

Sicher möchte ich dazu beitragen, daß diejenigen besser verstanden und gewürdigt werden, die vor fünfzig Jahren guten Glaubens für ihr Vaterland litten und starben. Ebenso aber mögen die Aufzeichnungen aus jener Zeit beweisen, wie verführbar und beeinflußbar die Menschen sein können, wenn unter den entsprechenden Zeitumständen besessene Demagogen und machtgierige Politiker ihre Thesen wie eine Heilslehre unters Volk bringen.

Es scheint, als hätten wir Deutsche zumindest für eine überschaubare Zeit die Lehren und Konsequenzen aus all dem Unheil gezogen, das die naive Führergläubigkeit über uns gebracht hat – aber in weiten Teilen der Welt gehen nach wie vor Menschen zugrunde, vernichtet durch religiösen Fanatismus und Völkerhaß. Zugleich verhindern Macht- und Profitgier oder die Intoleranz von Ideologien die Vertrauensbildung, die allein zur wirklichen Abrüstung führt.

Zum Glück hat die Jugend bei uns heute ein besseres, ein neues Demokratieverständnis. Die Erfahrung aus jüngster Zeit aber zeigt, daß wir auch heute vor Machtmißbrauch nicht sicher sind.

Mögen sich die nachfolgenden Generationen ihre Kritikfähigkeit, ihre Wachsamkeit und die Zivilcourage bewahren, die oft erforderlich ist, die Wahrheit zu finden. Nie wieder sollte man sich von demagogischen Glanzleistungen, von allzu betörenden Worten und gespreizten Argumenten täuschen lassen: Auch zu uns sprach man von Freiheit und Frieden, während für den Krieg gerüstet wurde. Kaum einer, der ein Opfer des Krieges wurde, hat je den Krieg gewollt!

Unsere hellwache Jugend mag auf der Hut sein, damit mit dem stets wirksamen Argument der Wahrung von Recht und Ordnung nicht Stück für Stück der Freiheit des Einzelnen eingeschränkt wird – von seiner Freiheit und Würde, die nach den Erfahrungen im Dritten Reich als Lehre und Gebot im Grundgesetz garantiert sind.

Im Frühjahr 1989   Friedrich Grupe

Aus heutiger Sicht
Jene Jahre, die wir »Kampfzeit« nannten (1921–1933)

Will man untersuchen, zu welcher Zeit die Saat der furchtbaren Gewalt gesät wurde, muß man weiter zurückgehen in unsere jüngste Geschichte – zurück bis zum Übermut der Herrschenden im Kaiserreich und der Verherrlichung der »schimmernden Wehr«, zurück in die Jahre des Ersten Weltkrieges mit dem Rausch des nationalen Aufbruchs und vor allem zurück in die Jahre unmittelbar nach der Niederlage. In jenen Jahren, in denen man sich tröstete, »Deutschland habe die Schlachten gewonnen, aber den Krieg durch Verrat verloren«, entstand die »Dolchstoßlegende«. Da begann der Fanatismus, mit dem man – geistig und oft auch im wahren Sinn des Wortes – den Gegner niederknüppelte. Da schuf man die Feindbilder vom teuflischen Bolschewismus und den sozialdemokratischen »Novemberverbrechern«. Und während Elend und Massenarbeitslosigkeit die Menschen zur Verzweiflung trieb, feierte der Radikalismus auf beiden Seiten wahre Orgien. Meine Erinnerungs-Bruchstücke gehen zurück bis ins Jahr 1921. Da war ich gerade fünf Jahre alt. In der kleinen Buchdruckerei meines Vaters in Quedlinburg stapelten sich Berge von gedrucktem Notgeld. Von mehreren Gemeinden hatte man ihm den Auftrag gegeben, die bunten kleinen Scheine zu drucken. Oft zeigten sie Motive aus den Dörfern, manchmal auch Bilder aus örtlichen Sagen und Legenden. Aber auch plattdeutsche Verse wie dieser waren zu lesen:

> »Oller Wein und junke Wiewer
> sinn de besten Tiedverdriewer.«

Das paßte nun gar nicht zum Ernst jener Zeit, in der die alles zerstörende Inflation (1921/1923) begann – aber vielleicht war es Galgenhumor.
Für meinen Vater wurde der Druck des Notgeldes ein Verlustgeschäft – die Inflation fraß die Erlöse auf, der Wert des teuer eingekauften Papiers löste sich in Luft auf.
Im gleichen Zeitraum war es, als auch in meiner Heimatstadt Quedlinburg scharf geschossen wurde – Reichswehr gegen Spartakisten. Die Soldaten schossen sogar mit leichter Artillerie, so daß die Men-

schen in die Häuser flüchteten und überall die Scheiben klirrten. Das waren die Spartakus-Unruhen in Mitteldeutschland. Mord und Totschlag gehörten zum deutschen Nachkriegs-Alltag. Selbst Schlagertexte spiegelten den Terror:

> »Licht aus! Messer raus!
> Haut ihn, daß die Fetzen fliegen!
> Licht aus! Straße frei!
> Runter vom Balkon!«

Wir wissen, was alles schon vorausgegangen war, ehe die Inflation das Volk in ihren Würgegriff nahm: Der blutige Kapp-Putsch der Freikorps war am Generalstreik der Arbeiter gescheitert, im Ruhrgebiet herrschten bürgerkriegsähnliche Zustände; die Bolschewisten hatten dort eine ansehnliche »Armee« aufgestellt. In Bayern wurde eine mörderische Räteregierung von Freikorps beseitigt, die nun ihrerseits wieder blutige Rache übten. Alles war in Aufruhr.

Noch immer hatte unser Volk den verlorenen Krieg nicht verarbeiten können – die einen lehnten die neue Republik ab, weil sie sich nach dem Glanz der Monarchie zurücksehnten, die anderen, weil sie sich einen Sowjetstaat nach Lenin'schem Muster wünschten. Auflehnung, Unzufriedenheit und Haß trieben die Massen auf die Straßen. Die demokratischen Parteien aber und die bürgerliche Mitte wurden im Laufe dieser Jahre von den radikalen Fronten zerrieben.

Selbst die ab 1925 einsetzende gewisse Beruhigung der wirtschaftlichen Lage und eine leichte positive Entwicklung steigerten keineswegs das Vertrauen in den Staat; weite Kreise verschlossen sich jeglicher Argumentation.

Die große Sozialdemokratische Partei Deutschlands sah sich einer zunehmenden Feindschaft von allen Seiten ausgesetzt: Vaterlandsverräter wurden sie infolge einer Geschichtsverfälschung genannt, Verräter der Arbeiterklasse von den anderen, den Kommunisten.

Als dann Hitlers donnernde Reden begannen, als die Agitation der Nationalsozialisten nach dem Einzug von 107 Reichstagsabgeordneten ins Parlament einen Höhepunkt erreichte, gerieten die Sozialdemokraten immer mehr in die Defensive. Bei den Nazis wie den Bürgerlichen wurden sie mit der Pauschalbezeichnung »Bonzen« abqualifiziert.

Auf den Straßen ging es immer turbulenter zu. Selbst ein so kleines Städtchen wie Quedlinburg hallte wider von Pauken und Trompeten, von Schalmaien und Kampfgesängen.

Ich erinnere mich an das feldgraue Heerlager beim Aufmarsch des Frontkämpferbundes »Der Stahlhelm«, an die mit Tornistern feldmarschmäßig ausgerüsteten ehemaligen Frontsoldaten, an ihre schwarz-weiß-roten Fahnen und die Feldzeichen, an die dröhnende Marschmusik und an unsere kindliche Begeisterung angesichts des prächtigen pseudomilitärischen Schauspiels. Das waren die Männer – so hörten wir es von unseren Eltern –, die sich mit dem »Schanddiktat von Versailles« nie abfinden würden, die für ein starkes, glanzvolles Reich marschierten.

Und so war die Fahne, die wir zu besonderen Anlässen hißten oder heraushingen, schwarz-weiß-rot. Die Farben der Republik straften wir mit unwissender Verachtung und machten sie gedankenlos lächerlich. Wer wußte damals schon etwas von der schwarz-rot-goldenen Tradition, von der Hoffnung auf die deutsche Einheit, die in den vierziger Jahren des vorigen Jahrhunderts Millionen in diese Farben gesetzt hatten?

Schon im zarten Alter von acht Jahren betätigte ich mich »politisch«, indem ich eine »Hindenburg-Knabentruppe« gründete. Das war natürlich ein kindliches Spiel, aber ein symptomatisches. Mit zehn oder zwölf anderen Knirpsen zog ich durch die Straßen, vorneweg Fahne und Trommel.

Hindenburg, der greise Feldmarschall, Sieger von Tannenberg (1914), und nach Friedrich Ebert unser Reichspräsident, war in jenen Jahren für weite Kreise ihr Idol.

Von ihm besaß ich ein großes Porträt, das eine Tante von mir während des Krieges mit viel Hingabe gestickt hatte. Als ich mit meinen Freunden eines Abends ein Kinderfeuerwerk unter dem Leitwort »Wir brauchen wieder einen Kaiser!« abbrannte, ging das Stoffbild mit dem Kopf des Feldmarschalls in Flammen auf – das bengalische Feuer hatten wir zu dicht daneben gestellt.

Etwa ab 1927 trat die SA auch bei uns in Quedlinburg in Erscheinung. Einmal bewegte sich in Dreierreihen der lange Zug der SA-Standarte 165 (nach der alten Nummer des einst hier stationierten Regiments) durch die Stadt, voran als Feldzeichen die Standarte mit dem Hakenkreuz. Oben, auf dem Hof der alten Heinrichsburg nahmen die braunen Männer Aufstellung und lauschten der leidenschaftlichen Ansprache des NSDAP-Gauleiters von Magdeburg-Anhalt, Hauptmann Loeper. Auch der Rotkämpferbund war äußerst aktiv. Unter Vorantritt seiner Schalmaienkapelle, die besonders oft die »Internationale« spielte, zog die Kolonne, die Sturmriemen der grauen Mützen unters Kinn geschoben, durch unser Viertel. Männer klapperten mit ihren Sammelbüchsen. Mein Vater stand vor dem Tor unseres Hauses und spendete bereitwillig für den »Kampfschatz«.

Als einige Wochen danach die SA um die Ecke bog – mit derselben Schalmaienkapelle, die gerade übergelaufen war –, stand mein Vater wieder am Tor und gab auch ihnen sein Scherflein für den Kampfschatz.

Er war eben ein unpolitischer Mensch und zudem voll damit beschäftigt, seine Druckerei durch diese Zeit der Krisen hindurchzubringen.

Zum Bild jener Tage gehört auch der häufige Auftritt der verschiedenen »vaterländischen Verbände« – »Stahlhelm«, »Jungdeutscher Orden«, »Werwolf«, »Bismarckjugend« und viele andere.

Wie überall, wurde auch in unserer Stadt öfter mal ein Kriegerdenkmal eingeweiht. Dazu zogen sie dann alle auf in ihren feldgrauen Uniformen oder Windjacken, voran marschierten die ehemaligen Offiziere aus Kaisers Zeiten, angetan mit ihren schmucken Vorkriegsuniformen samt Orden und Pickelhaube. Die Bevölkerung nahm immer großen Anteil, wenn die Fahnen sich senkten und das Lied vom guten Kameraden erklang. Immer wurde zum Schluß das Deutschlandlied mit allen drei Strophen gesungen und manchmal auch die Kaiserhymne »Heil Dir im Siegerkranz« intoniert.

Nationale Überschwenglichkeit kennzeichnete auch die zahlreichen Abendkonzerte in Gartenrestaurants oder Parks. Ihnen schloß sich oft ein Feuerwerk an, verbunden mit einem »Schlachtengemälde«. Da gab's zum Krachen der Feuerwerkskörper vaterländische Märsche und Lieder, und als Schlachtenuntermalung Paukenschläge und Trompetensignale, dazu das Gebet in der Schlacht »Vater, ich rufe Dich« und schließlich die Siegesfanfaren mit aufleuchtendem bengalischen Feuer – rot wie das brennende Schlachtfeld.

Dann sang man stehend das Deutschlandlied und war gerührt in vaterländischer Ekstase. All dies geschah nicht nur am Tag von Sedan,

20

an jedem 1. September, zur Erinnerung an die entscheidende Schlacht gegen die Franzosen 1870, als Napoleon III. in preußische Gefangenschaft geriet. So wuchsen wir mit solchen leidenschaftlichen Kundgebungen auf, die Begeisterung der Erwachsenen teilte sich uns Jungen mit. Bei meiner ersten Begegnung mit einem aktiven Nazi war ich neun Jahre alt. Ich saß mit meinen Eltern damals im Kaffeegarten eines Ausflugslokals im Bodetal bei Thale im Harz. Da fiel mir der stattliche Mann am Nebentisch auf. Er trug ein schwarzes Hemd und eine schwarze Mütze mit einem Totenkopfabzeichen. An der Brust prangte das Abzeichen mit dem Hakenkreuz. Er imponierte mir sehr, und als er mal auf's Klo mußte, legte ich flink eine gerade von mir gefertigte bunte Malerei auf seinen Platz. Einen Stahlhelm hatte ich da gepinselt, das Hakenkreuz daraufgesetzt und dazu die Farben schwarz-weiß-rot. Hieß es denn nicht im alten Freikorpslied:

»Hakenkreuz am Stahlhelm,
schwarz-weiß-rotes Band –
die Brigade Ehrhard werden wir
genannt ...«

Als der Mann zurückkam und das Bild entdeckte, schaute er mich tiefernst an und kam dann 'rüber zu unserem Tisch. Er gab mir eine Postkarte mit dem Kopf eines asketisch wirkenden Mannes mit Lippenbart und großen Augen. Dazu gab es noch einen ganzen Stoß Hakenkreuz-Klebemarken mit der Aufschrift »Deutschland erwache!«. Ich war sehr stolz und prägte mir damals, wohl zum ersten Mal, den Namen des abgebildeten Führers ein – Adolf Hitler.
Im gleichen Gartenlokal im Bodetal hatte ich wenige Jahre später ein Erlebnis, das mir Jahrzehnte danach wie ein Menetekel erschien: Die schon erwähnte Schalmaienkapelle der Quedlinburger SA hatte im Musikpavillon Platz genommen und ließ ihre Kampflieder erklingen. Die Hakenkreuzfahne hatte man weithin sichtbar herausgehängt. Ich sah, wie eine Altherrenrunde am Nebentisch sich köstlich amüsierte und mit Gelächter über das braune Spektakel aufbrach. Ganz offensichtlich handelte es sich um jüdische Geschäftsleute ... Das Bild hat mich mein Leben lang begleitet als Beweis für die Unbedenklichkeit und Ahnungslosigkeit, mit der man anfänglich den Kolonnen Adolf Hitlers begegnete.

Schon brach sich der hundertfache Schrei »Deutschland erwache!« an den Häuserwänden. SA-Männer standen auf offenen Lastkraftwagen, die Sturmfahne flatterte über ihnen, und ihr Ruf klang ebenso beschwörend wie drohend.

Bald sollte sich der mörderische Ruf »Judas verrecke« dazugesellen, und niemand nahm die Morddrohung ernst. Diese gewitterschwüle, von Rachegeschrei und nationalem Pathos erfüllte Atmosphäre bestimmte jahrelang den Alltag.

Politischer Mord hatte schon kurz nach Kriegsende den blutigen Auftakt gegeben: Erzberger, Rathenau, Liebknecht, Rosa Luxemburg starben durch Mörderhand; aufgeputschte Fanatiker glaubten, »im nationalen Interesse« töten zu müssen.

Deutschnationales Denken – das klang in den zwanziger Jahren so wie im Bildband »Gedenkhalle« der Deutschen Buchgemeinschaft (1924):

> »In der Geschichte offenbart sich der göttliche Wille. Nichts anderes als Ehrfurcht vor ihm wird das neue Geschlecht, von dem wir die Zukunft unseres Volkes erwarten, beweisen, wenn es – unbekümmert um Gunst oder Haß der Welt – die Bürde deutschen Wesens auf sich nimmt. Dann wird es auch reif sein für den göttlichen *Führer*gedanken. Und so wird ihm der Himmel den Mann senden, der – selbst eine Verkörperung deutschen Wesens – die Ketten zerbricht, in die das heutige Geschlecht sich schmiegt. Und auf der Freiheit Alldeutschlands wird er den Frieden der Menschheit errichten, den schon Dante nur aus der Hand eines deutschen Kaisers erwartete.«

Aus solchen verworrenen Träumereien wurde dann tatsächlich der ersehnte Führerstaat, aus Alldeutschland (Hitlers Großdeutschland) einundzwanzig Jahre später ein kriegszerstörtes und geteiltes Land. 1924 erschien dieses irrlichternde Wortgeklingel. Vom Führer Adolf Hitler war damals allenfalls in Bayern die Rede.

Die Hoffnung auf den von Gott selbst gesandten Führer, den starken Mann, der im Reich wieder Ordnung schaffen würde, war die Folge der permanenten Unruhen, des politischen Terrors auf den Straßen und der hoffnungslosen Lage der Millionen Arbeitslosen. Zugleich verschärften sich die Auseinandersetzungen, nahm die

22

Zahl der Gewalttaten zu. Das alles aber war Nährboden für Hitlers Thesen und Ziele.

Von rechts tönte es immer lauter: Rache an den »Novemberverbrechern«, Rache am linken »Volksverderber«, Revanche für den verlorenen Krieg.

Der Fanatismus auf der rechten Seite wurde ständig glühender. Kanonaden von Gift und Haß, Verleumdungen und Beschwörungen wurden abgeschossen. Donnernde Demagogen lasteten die Schuld an Deutschlands Unglück dem »internationalen Judentum« an. So vermischten sich in jener Zeit Antisemitismus, pangermanischer Führungsanspruch und der Ruf nach Revanche zum Teufelsgebräu. Vor allem aus dem Süden der Republik kam die Kunde von vaterländisch gesonnenen Männern, die das Schicksal des Reiches wenden würden. Auch wenn nach dem mißglückten Hitlerputsch vom 9.11.1923 die Gefahr von rechts vorerst gebannt schien – bald darauf wurde der Ruf nach der nationalen Revolution wieder um so lauter. Anfang der zwanziger Jahre gesellte sich zu Hitler der Dichter Dietrich Eckardt, Antisemit und »Alldeutscher«. Er schrieb auch jenes polemisch-reißerische Gedicht, das dann zum Repertoire nationalsozialistischer Massenbeeinflussung gehörte. Nur einige Zeilen kommen mir heute noch in den Sinn:

> »Sturm, Sturm, Sturm,
> läutet die Glocken von Turm zu Turm!
> Läutet, daß blutig die Seile sich röten,
> rings lauter Brennen und Martern und Töten!
> Läutet als Donner der rettenden Rache –
> Wehe dem Volk, das heute noch träumt!
> Deutschland, erwache!«

So wurde die Saat der Gewalt gesät. So »kreierte« der bayerische antisemitische Dichter Dietrich Eckardt jenen damals vielgehörten Ruf der SA: »Deutschland erwache!« Längst machte nationalistisches Eifertum nicht mehr vor Schulräumen halt. Lehrer und Schulleiter ergingen sich an Gedenktagen in bombastischen Phrasen.

Immer wieder wurde der feldgraue Kämpfer des Weltkrieges als leuchtendes Vorbild präsentiert, heroisiert und idealisiert, und nicht selten erschien er als rächender Engel.

Von den Lehrern wurde bei feierlichen Anlässen das Eiserne Kreuz – soweit verliehen – stolz getragen; bei solchem Anblick wurden unsere Achtung und Zuneigung erheblich gesteigert.

Mein Lateinlehrer, ein früher Nationalsozialist, wobei der Ton auch bei ihm auf dem »national« lag, machte uns wiederholt klar, daß der Grundsatz der Französischen Revolution »Freiheit, Gleichheit, Brüderlichkeit« eine Irrlehre und ein Unding sei: Wo es Freiheit gebe, da bleibe die Gleichheit auf der Strecke und umgekehrt ...

Fast alle unsere Lehrer waren streng national – bis auf zwei. Die waren Sozialdemokraten und damit Außenseiter im Kollegium. Der eine, angeblich ein Spitzel der »Republikanischen Beschwerdestelle«, fragte mich einmal in einer Schulpause, wie ich mir das Schicksal der Millionen Sozialdemokraten vorstellen würde, wenn es je ein Nazi-Deutschland geben sollte. Soweit ich mich erinnere, habe ich ihm sinngemäß geantwortet: »Nicht liquidieren – überzeugen werden wir sie!«

Der andere »rote« Lehrer war zeitweilig mein Klassenlehrer. Er war ein freundlicher, ruhiger Mann, zweifellos ein guter Pädagoge und zudem ein begeisterter Wandervogel. Er hatte in unseren Augen nur den Fehler, ein Sozi zu sein. Auch die Söhne dieser beiden Lehrkräfte waren in meiner Klasse; sie wurden von den meisten »links« liegengelassen. Politische Toleranz war uns nun mal ein unbekannter Begriff.

Nachhaltig beeindruckt waren wir damals auch von den großen Filmen aus Hugenbergs UFA-Produktion (Geheimrat Hugenberg war Vorsitzender der Deutschnationalen Volkspartei). Da gab es auf der Leinwand imposante Schlachtengemälde, mit riesigem Aufwand an Menschen und Material gedreht. Zwei abendfüllende Filme waren dem Leben und vor allem den Kriegen Friedrichs des Großen gewidmet – »Fridericus Rex« – gespielt von Otto Gebühr. Seine Fridericus-Maske wurde sehr bald im Volk mit den Gesichtszügen des Alten Fritz identifiziert.

Dann gab es noch den Stummfilm über die Kaperfahrten und den heldenhaften Untergang des Kreuzers »Emden« am 9. November 1914 in der Südsee. Ich sehe die dramatischen Szenen noch vor mir, da die Reichskriegsflagge hoch am Mast noch flatterte, als der Kreuzer langsam in den Fluten versank.

Noch als das Schiff schon zu sinken begann, grüßten die überlebenden Offiziere die wehende Flagge. Der Klavierspieler, der den Film musikalisch begleiten mußte, haute dabei kräftig in die Tasten mit dem Flottenlied der kaiserlichen Marine: »Stolz weht die Flagge Schwarz-Weiß-Rot an uns'res Schiffes Mast ...«

Alle UFA-Filme hauten in die nationale Kerbe, daß die Tränen kamen. Mörderische Kriege und Kämpfe wurden zum Heldenepos hochstilisiert – selbst den furchtbaren Materialschlachten des Weltkrieges wurde heroisches Pathos unterlegt.

Als dann allerdings der realistischere Kriegsfilm »Im Westen nichts Neues« (nach dem Roman von Remarque) in die Kinos kam, wurden Stinkbomben und weiße Mäuse losgelassen, wurde »Nestbeschmutzung« geschrien. Die organisierten Krawalle waren so heftig, daß die Theaterbesitzer den Film schleunigst wieder absetzen mußten.

Nein, auf den Frontsoldaten, der den mörderischen Krieg tot oder lebendig, gesund oder verstümmelt durchzustehen hatte, ließ man nichts kommen, für die national Gesinnten war er zum Symbol geworden.

Bei den »Linken« war das anders. Sie hatten die Losung ausgegeben: »Nie wieder Krieg!« In der Straße, wo ich zu Hause war, hatte das Reichsbanner Schwarz-Rot-Gold unter dieser Überschrift ein Transparent von Haus zu Haus gespannt. Es zeigte in grellen Farben, meist blutrot, tote Soldaten, die blutüberströmt im Stacheldraht hingen.

Wir Jungen mochten dieses grausige Bild ganz und gar nicht. Wir wandten uns ab und sahen lieber hinüber zur Marktkirche. Vor ihr stand ein Kriegerdenkmal mit der in Stein geformten Figur eines in Schönheit den Heldentod sterbenden Kriegers.

Immer bürgerkriegsähnlicher wurden die politischen Auseinandersetzungen in den Jahren 1930 bis 1932. Mord beherrschte die Straßen. Wie fast immer, waren die meisten Opfer nicht die Fanatiker beider Seiten, sondern unbeteiligte Passanten. So gab es bei einem Demonstrationszug der Nationalsozialisten durch Hamburg am 17.7.1932 siebzehn Tote – Kommunisten, Nazis, Polizisten und Spaziergänger. Am gleichen Tag wurden in Greifswald drei SA-Männer getötet. Innerhalb von nur drei Wochen kamen im Juni 1932 zweiundachtzig Menschen durch politischen Terror um! Für die SA wurde der von einem Zuhälter ermordete Sturmführer

Horst Wessel zum Symbol für ihre zahlreichen Toten. Das von dem Toten geschriebene und nach ihm benannte Lied, das später zur zweiten Nationalhymne erklärt werden sollte, wurde zu jener Zeit – es war die Ära der Notverordnungen des Reichskanzlers Brüning – überall gesungen:

> »... es schau'n auf's Hakenkreuz
> voll Hoffnung schon Millionen –
> der Tag für Freiheit und für Brot
> bricht an!«

Goebbels Kunst wirksamer Propaganda und unvergleichlicher Massenhypnose begann sich auszuwirken.

Entsprechend seinem Vorbild wurden »Stoßtruppredner« der NSDAP geschult und losgeschickt. Sie putschten mit fanatischer Leidenschaft die Massen auf und provozierten blutige Saalschlachten.

Ihre zwar lautstarken, aber meist nicht sehr tiefschürfenden Reden fanden ihr Echo in den politisch naiven Seelen, die das derzeitige Elend in Deutschland der demokratischen Staatsform in die Schuhe schoben. Sie glaubten den Verführern, daß Hitler sie aus dem Teufelskreis von Gewalt und Arbeitslosigkeit herausführen würde. Auch mein Vater kam eines Abends ganz hingerissen nach Haus. Er hatte in einer solchen Versammlung der Nationalsozialisten Hauptmann Loeper gehört, wie er den derzeitigen Reichskanzler von Papen (von den Nazis als »Herrenreiter« apostrophiert) gründlich durch den Kakao zog: Er sprach dauernd von »Herrn von Pappen – Pappen – Pappen ...« Zweimal schritt die Polizei ein, um diese Beleidigung zu verhindern, aber der Redner wiederholte nur um so lauter »der Herr von Pappen ...«. Dann wurde unter dem Gelächter Hunderter brauner Anhänger die Versammlung geschlossen.

Das war allerdings schon Ende 1932, als Franz von Papen, später Vizekanzler in Hitlers erstem Kabinett, Zielscheibe nationalsozialistischer Angriffe war. Die Zahl der Arbeitslosen stieg auf über fünf Millionen an und würde Ende 1932 die Sechs-Millionen-Grenze überschreiten. Man hungerte auf den Straßen und wartete auf die Wende von rechts oder von links.

Die NSDAP wurde bei den Reichstagswahlen 1932 mit zweihundertdreißig Sitzen die stärkste Partei. Das war vor allem ein Erfolg der »Deutschlandflüge« Hitlers. Er war von einer Großstadt zu anderen geflogen und hatte so in kurzer Zeit Hunderttausende erreicht, die ihn begeistert empfingen. In dieser aufregenden, aufgewühlten Zeit wurde ich Mitglied der Hitlerjugend. Das war am 18. April 1931. Ein Klassenkamerad, Sohn eines aktiven Parteimitgliedes, späterer Oberbürgermeister in Dessau, hatte mich dazu überredet und mich gleichzeitig dazu gebracht, eine Schülergruppe der HJ aufzubauen.

Die Hitlerjugend war auf einem Parteitag in Weimar am 3. April 1926 unter Kurt Gruber gegründet worden. Sie nannte sich damals »Bund deutscher Arbeiterjugend«. Bestand sie anfangs nur aus kleinen Gruppen, denen sich der »NS-Schülerbund« und die »Schwesternschaft der Hitlerjugend« (später Bund deutscher Mädel) anschlossen, wuchs ihre Mitgliederzahl mit den Stimmen für die NSDAP. Hier waren Jungen und Mädel aus allen sozialen Schichten zusammengekommen, geeint in dem Glauben, daß nur Adolf Hitler der Retter aus der Not sei.

In einer Pause unterschrieb ich das Anmeldeformular und war mir dessen bewußt, daß ich damit gegen das Verbot politischer Betätigung an der Schule verstieß. Mit dem »Schülerverbot« wie mit dem Verbot des Tragens der braunen Uniform versuchte der Weimarer Staat mit untauglichen Mitteln, die braune Flut doch noch zu stoppen.

Der preußische Innenminister Severing war es, der das Uniformverbot erließ, weshalb SA und HJ fröhlich ihr Spottlied sangen:

»Herr Severing war in großer Not,
darum erließ er das Verbot.
Es blökt das Schaf, es lacht das Rind,
weil braune Hemden staatsgefährlich sind ...«

So sangen wir nach der Melodie des Soldatenliedes »Argonnerwald um Mitternacht«, und ahnten nicht im entferntesten, daß wir Jahrzehnte später allen Grund hatten, Herrn Severing Abbitte zu leisten.

Wieder einmal war während jener Monate ein SA-Mann aus dem Hinterhalt erschossen worden. Das war im benachbarten Blankenburg/Harz geschehen, wo der Ermordete feierlich zu Grabe getragen werden sollte. Auch von Quedlinburg aus startete dazu eine ganze Kolonne von Lastkraftwagen, voll besetzt von SA und Hitlerjugend. In unserer Stadt herrschte noch das Uniformverbot, also fuhren wir in weißen Hemden – in »Räuberzivil« – ab. Als wir dann nach einigen Kilometern die Grenze zum Braunschweigischen passierten, wo es kein Uniformverbot gab, wurden die Hemden gewechselt, aus den Brotbeuteln holten wir unsere Braunhemden und fuhren so stolz in schmucker Naziuniform nach Blankenburg weiter. Aus dem Trauerzug wurde wie üblich ein Demonstrationszug. Dabei wurden die Scharen der Hitlerjugend von SA und SS in die Mitte genommen, die schwarzbemützte Schutzstaffel marschierte am Ende des Zuges. Auch auf diesem Marsch fielen Schüsse, aber wir fühlten uns sehr mutig und waren stolz, dabeizusein.

Unsere neue Jugendgruppe, die anfangs aus Schülern des Quedlinburger Gymnasiums bestand, brauchte natürlich einen Wimpel. Das Hakenkreuz als Symbol kam zur Zeit des Verbotes nicht in Frage. Also stickte Tante Anna einen Wolfskopf auf die eine und eine Wolfsangel auf die andere Seite des schwarzen Tuches. Sie hatte das vortrefflich gemacht – der Wimpel mit den unverfänglichen Zeichen begleitete uns von nun an bei jedem Aufmarsch, auf Fahrt und Wanderung. Er wurde im Sturmlokal der SA »Preußischer Hof«, einer schäbigen, verräucherten Kneipe, geweiht.

Vor unserer kleinen Gruppe hielt der örtliche HJ-Führer, ein junger Arbeiter, die Weiherede. Er hatte sich dazu vor dem Wimpel postiert, die Fäuste nach kämpferischer Art geballt, und hielt so seine nach damaligem NS-Muster gestrickte Rede. Die wurde allerdings sehr bald jäh unterbrochen: Unser Wimpelträger war plötzlich kreidebleich geworden und sank dem Redner ohnmächtig in die Arme. Ihm war offensichtlich die Kneipenluft nicht bekommen. Nach wie vor mußten wir uns des Schülerverbotes wegen zurückhaltend benehmen, denn das Risiko, von der Schule geschaßt zu werden, wollten wir dann doch nicht eingehen.

Kurz darauf aber schien diese Drohung für mich akut zu werden: In Quedlinburg war Jahrmarkt. Mit einigen Freunden schob ich mich durchs Gedränge, als ich eine Hand spürte, die nach meiner Brust griff. Dort prangte mein Hakenkreuzabzeichen mit der Inschrift »Nun erst recht!« – und ehe ich mich dessen versah, war das Abzeichen weg. Erschrocken sah ich gerade noch, wie mein sozialdemokratischer Zeichenlehrer vor mir in der Menge verschwand.

Am nächsten Tag wurde ich dann auch prompt zum Direktor gerufen. Er musterte mich eine Weile streng, um dann mit leisem Lachen zu sagen: »In Zukunft trag' dein Hakenkreuz *in* der Brust und nicht *auf* der Brust ...!« Mir fiel ein Stein vom Herzen.

Die Hitlerjugend war zu jener Zeit keine Sektierergruppe mehr. Je härter der politische Kampf wurde, um so stärker drängte die Jugend zur HJ. Kampf und Abenteuer übten ihren Reiz aus. Auch bei der Jugend gab es weiterhin blutige Opfer. Am 24. Januar 1932 wurde der Hitlerjunge Herbert Norkus beim Flugblattverteilen durch die Straßen gehetzt und schließlich ermordet. Vier andere Hitlerjungen bezahlten im gleichen Jahr ihren politischen Einsatz mit dem Leben. Sie wurden zu Märtyrern der Jugendbewegung Adolf Hitlers.

Statt abzuschrecken, erhöhten diese Opfer noch den Reiz der Mitgliedschaft.

Auch auf unserer Schule war die Anhängerschaft der Hitlerbewegung dominierend. Das wußte der Direktor sehr genau – und im Prinzip sympathisierte er als Deutschnationaler wohl auch mit uns.

Die Deutschnationalen hatten sich in Bad Harzburg mit den Nationalsozialisten zur »Harzburger Front« zusammengeschlossen, gemeinsam galt ihr Kampf, unter Hitlers Führung, dem Feind von links.

Selbst die jüngsten Kämpfer im braunen Hemd wurden damals von der Staatsgewalt sehr ernst genommen. Als wir 1931 auf Pfingstfahrt waren, neun, acht bis vierzehn Jahre alte Jungen, hielt uns Polizei an. Als wären diese halben Kinder gefährliche Gangster, wurden sie von oben bis unten durchsucht und abgeklopft. Dabei hatten wir nicht einmal die sonst üblichen Fahrtenmesser bei uns.

Höhepunkt unserer Erlebnisse und Aktivitäten im Jahr 1932 war die Teilnahme am 1. Reichsjugendtreffen der Hitlerjugend in Potsdam vom 1. bis 2. Oktober. Wir wurden mit annähernd einhunderttausend Jungen und Mädchen eine allumfassende Jugendgemeinschaft. Die Organisatoren hatten etwa mit der Hälfte derer gerechnet, die dann tatsächlich gekommen waren. Wir hatten eine mühselige, von Kommunisten behinderte Fahrt in alten Lastkraftwagen hinter uns, waren durchgerüttelt und ohne Schlaf – aber als wir durch dieses jugendliche Heerlager in Potsdam fuhren, war alle Erschöpfung wie weggeblasen. Nur ein Gedanke hat uns damals beherrscht: Wir werden den Führer sehen ... Und so zog die Hitlerjugend sieben Stunden lang im Stadion am 2. Oktober 1932 an Hitler und seinem neu ernannten Reichsjugendführer Baldur von Schirach vorbei. Jeder, der an Hitler vorübermarschiert war, fühlte sich vom Blick der blauen Augen angesprochen und aufgerufen. Und das blieb auch so und behielt seine Wirkung, als sie sieben Jahre später »für Hitler durch Nacht und durch Not« marschierten – wie es ihnen Schirachs Fahnenlied prophezeit hatte.

Baldur von Schirach sah ich bei jenem Treffen zum ersten Mal. Ziemlich schmucklos, mit Kletterweste und in braunen Stiefelhosen, stand er vor seinem Führer und betrachtete die endlosen Scharen, die er gerufen hatte. Er schien mir ein sensibler, lyrischer Mensch, seine in der »Kampfzeit« entstandenen Gedichte rührten uns in jener Zeit, in der das Pathos eine so große Rolle spielte, unmittelbar an. Schirachs idealisierende Gedichte wurden bei den Heimabenden und Feierstunden der HJ oft und begeistert rezitiert. So klang das damals:

> »Wir hörten oftmals Deiner Stimme Klang
> und lauschten stumm und falteten die Hände,
> da jedes Wort in uns're Seelen drang.
> Wir wissen alle: Einmal kommt das Ende,
> das uns befreien wird aus Not und Zwang.
> Was ist ein Jahr der Zeitenwende!
> Was ist da ein Gesetz, das hemmen will –
> der reine Glaube, den Du uns gegeben
> durchpulst bestimmend unser Leben ...
> Mein Führer, Du allein bist Weg und Ziel!«

Auch heute noch bin ich überzeugt von Schirachs Aufrichtigkeit. So wie bei mir und der Mehrzahl meiner Gefährten von damals kamen solche Bekenntnisse von Herzen. Wieviel gläubige Hingabe, Liebe und Vertrauen sind damals mißbraucht und gemordet worden! Und wenn ich an jenen Vorbeimarsch am 2. Oktober 1932 denke und sich die Bilder vereinen mit denen vom Krieg, in den hinein sie alle dann weitermarschierten, dann drängt sich der Vergleich mit den todgeweihten Gladiatoren im antiken Rom auf, die an ihrem Triumphator mit dem Ruf vorbeizogen: »Caesar, morituri te salutant!« – »Führer, die du dem Tod weihtest, grüßen dich ...«

Aber damals erkannte die Welt, daß Hitlers Bewegung die deutsche Jugend gewonnen hatte ...

So kam der 30. Januar 1933.

Als ich an jenem Tag aus der Schule kam und das Radio anstellte, wurde gerade der Lebenslauf Adolf Hitlers verlesen. Mein Herz klopfte, als mir klar wurde, daß der greise Reichspräsident von Hindenburg den Gefreiten des Weltkrieges zum Reichskanzler ernannt hatte. Ich lief freudestrahlend meinen ebenfalls aufgeregten Eltern entgegen, die aus der Stadt kamen. An den Häusern erschienen spontan die ersten schwarzweißroten und Hakenkreuzfahnen. Nie vergessen kann man den Abend des 30.1.1933, als der große Fackelzug der SA und der vaterländischen Verbände in Berlin über alle Rundfunksender übertragen wurde, als die aufgewühlte Stimme des Ansagers vor Begeisterung sich überschlug, als Marschmusik, die Nationalhymne und die Sieg-Heil-Rufe nicht aufhörten. Es erschien uns wirklich wie der Aufbruch der Nation, das Erwachen aus Elend und Selbstzerfleischung. Dieser nicht enden wollende Zug durchs Brandenburger Tor kündigte eine neue Zeit an. Und noch hinterher schien mir wahr geworden zu sein, was später der tendenziöse und heldisch verkitschte SA-Film »Hans Westmar« zeigte: Wie beim Vorüberziehen der Fahnenwälder mit dem Hakenkreuz die geballten Fäuste der am Rande stehenden Kommunisten sich langsam öffneten zum alle vereinenden, alle versöhnenden Hitlergruß. Was hatte ich meinem Zeichenlehrer vor einem Jahr gesagt: »Wir werden sie überzeugen – nicht liquidieren ...«

In der Schule war am darauffolgenden Tag an Unterricht nicht zu denken. Plötzlich war eine große Hakenkreuzfahne da, mit ihr stürmte eine Schülergruppe hinauf zum Boden des Schulgebäudes. Der Direktor kam hinterhergerannt: Sie möchten doch noch warten mit der Flaggenhissung, noch habe er keinen Auftrag dazu ... Aber die Meute war nicht mehr zu bremsen. Binnen kurzem wehte auch von unserer Schule die rote Fahne mit Hitlers Zeichen.

Alles war außer Rand und Band. Am nächsten Abend zogen dann die langen Fackelzüge durch die Straßen der Städte und Dörfer in allen Provinzen. SA, Stahlhelm, Kriegervereine, Jugendgruppen, voran die HJ – alles marschierte, feierte den Sieg über die Not.

Mit Ausnahme der Kommunisten und Sozialdemokraten standen der riesige Rechtsblock und bald auch die Liberalen und das katholische Zentrum hinter Hitler. Ob aus Überzeugung oder Opportunismus – längst war auch das Großkapital, war die Industrie eine unheilige Allianz eingegangen mit den ursprünglich sozialistischen Braunhemden.

Noch in diesem Jahr 1933 schlug der politische Terror zu, vielleicht in der Erkenntnis ohnmächtiger Verzweiflung: Neben mehreren SA-Angehörigen wurden auch sechs Hitlerjungen die Mordopfer. Aber wir glaubten an die verkündete wahre Volksgemeinschaft aller Deutschen.

Daß dann bald politische Gegner in »Schutzhaft« genommen wurden, daß schon früh die ersten Konzentrationslager entstanden, daß Andersdenkende schikaniert und gequält wurden – das alles vollzog sich hinter unserem Rücken. Und wer es uns zuflüsterte – dem glaubten wir nicht.

Als überzeugender Ausdruck der ersehnten Volksgemeinschaft marschierten am 1. Mai 1933 gemeinsam Millionen zum Treuebekenntnis für den Führer auf, vom politischen Gegner war nach außen hin nichts mehr spürbar.

Das war nun keine klassenkämpferische Kundgebung der bereits zerschlagenen Gewerkschaften mehr, das war eine Huldigung, in der jeder Protest erstickt wurde. Natürlich blühte nun auch der nationale Kitsch: Führerbilder in allen Ausführungen, markige Sprüche im Eichenkranz, Hakenkreuze in Aschenbechern. Es begann die hektische Zeit der drei großen »F« – Fahnen, Fanfaren, Feste.

Auch unser Quedlinburger Männergesangverein mochte da angesichts dieses nationalen Rausches nicht zurückstehen. Ein Liedtext wurde gereimt, eine flotte Marschmelodie komponiert, und die achtzig wohlsituierten und meist wohlbeleibten Männer sangen inbrünstig ihr neues Lied mit dem weniger geistvollen, aber dafür forschen Kehrreim:

> »Wir wollen kämpfen, wollen siegen,
> und uns're Fahnen sollen fliegen ...!«

Aus heutiger Sicht
Die ersten Jahre nach dem 30. Januar 1933 waren für viele wie ein Rausch

Bei allem, worüber ich schreibe und berichte, sollte der Leser bedenken, daß ich damals ein junger Mensch war – begeisterungsfähig, sensibel und empfänglich für gefühlvolle, auf Wirkung bedachte Worte, Lieder, Darstellungen und für Begriffe wie »Volk«, »Heimat«, »Nation« ... In ihrer kritiklosen Vertrauensseligkeit unterschieden sich die meisten aus meiner Generation ganz und gar von der skeptischen und gegenüber schönen Worten mit Recht mißtrauischen Jugend unserer Zeit. Jede der ab 1933 in endloser Folge abrollenden Kundgebungen ging mir unter die Haut, und unsere Feierstunden wurden aufgenommen wie religiöse Handlungen. Ihre Wirkung blieb lange bestimmend.

Selbst heute noch – nach über fünfzig Jahren – kann ich meine damals so aufgewühlten Gefühle nachempfinden. Oft aber frage ich mich, wieso wir eigentlich bei all dieser Sensibilität Mitleid und Menschlichkeit so sehr vermissen ließen, als man begann, Andersdenkende, Andersrassische, Andersartige gnadenlos zu verfolgen. Heute kann ich dazu nur feststellen, daß wir darüber so gut wie nichts erfuhren, daß sich jene brutalen Handlungen im verborgenen und unter strengster Schweigepflicht vollzogen.

Wie auch immer – jede gute Erinnerung an die Jahre des so hoffnungsvollen Aufbruchs in eine bessere Zeit wird zugedeckt und ad absurdum geführt durch das heutige Wissen um die mörderischen Scheußlichkeiten, in die schließlich alles mündete.

Unser ganzes Leben lang werden uns fassungsloses Entsetzen, Abscheu und ohnmächtiger Zorn begleiten beim Gedenken an Vernichtungslager wie Auschwitz, Treblinka, Mauthausen, Dachau, Buchenwald, Bergen-Belsen ...

Zugleich sehe ich die fröhlichen und vertrauten Gesichter meiner HJ-Weggefährten vor mir – wie sie in ihren Zeltlagern herumtollten und Jahre später in den von ihnen gewiß nicht gewünschten Krieg zogen. Unwillkürlich kommt mir der Gedanke: Konnte einer von diesen so idealistisch gesonnenen Jungen später zum Henker werden? Und wenn – konnte er die Mordbefehle vollziehen, ohne seelisch zugrunde zu gehen?

Von allen Schul- und Behördengebäuden wehten nun – nach dem Tag des großen Fackelzugs – die Hakenkreuzfahnen und daneben die schwarzweißroten des Kaiserreiches. Beide Symbole vereint galten vorerst als Nationalfahnen. Im ersten Kabinett der neuen Reichsregierung unter Hitler waren ja auch Deutschnationale vertreten, so der Vorsitzende der DNVP, Hugenberg, und der »Stahlhelm«-Führer Franz Seldte. Sie waren den älteren der Hitlerjugendführer äußerst suspekt, denn die wollten die nationalsozialistische Revolution ohne Reaktionäre und Konservative. Sie, die jahrelang auf die Straßen gegangen waren, fühlten sich als Führer einer »Arbeiterjugend« und hatten mit dem später liquidierten Gregor Strasser vom linken Flügel der NSDAP sympathisiert.

Aber sehr bald steuerte ohnehin alles auf die Hitlerdiktatur zu – ohne Hugenberg, Seldte und von Papen. Für mich begann nun die aufregende Zeit in der Jugendbewegung des Dritten Reiches.

Vor allem die Zehn- bis Vierzehnjährigen drängten in das Deutsche Jungvolk, seit 1931 die Unterorganisation der Hitlerjugend. Auf dem Hof meiner Schule waren die Neulinge in den ersten Monaten des Jahres 1933 zu Hunderten angetreten und wurden in Jungzüge und Fähnlein eingeteilt. So wurden immer mehr Fähnlein (mit jeweils etwa einhundertfünfzig Jungen, die in drei Jungzüge aufgeteilt waren) aufgestellt. Auch die benötigten Führungskräfte waren sehr schnell da: Aus den vielen Gruppen der Bündischen Jugend waren sie zu uns gekommen, von den Pfadfindern, den Freischaren, von christlichen Gruppen und Wandervögeln.

Zwei von ihnen übernahmen auf der Stelle ihre Jungvolkeinheiten. Der eine – »Schorsch« – kam vom evangelischen Bibelkreis, der andere – »Tola« – von der »Deutschen Jungenschaft 1.11.«, deren zum Kommunismus übergegangener Führer Eberhard Köbel nach London emigriert war. Die »Bündischen« brachten ihre eigenen Formen, Sitten und Lieder mit zur HJ. Dazu gehörten die Lappenkoten, Zelte, bunt bemalt und mit Rauchabzug – ähnlich den Tipis der Indianer. Auch die neuen Stammfahnen und die vielen Wimpel trugen bündische Merkmale, bunt und phantasievoll. Das alles wurde noch eine Weile sanktioniert, ehe etwa drei Jahre später die große Gleichmacherei und Normierung fortschritt.

34

So ging die Hitlerjugend schnell ihren Weg zur Staatsjugend, zum alle umfassenden Jungen- und Mädelbund, der begeistert den neuen Führerstaat mittrug. Hunderttausende liefen ihm zu – sie kamen freiwillig und spontan – bis sechs Jahre nach der Machtübernahme etwa acht Millionen Mitglieder die HJ zur größten Jugendbewegung der Welt machten.

In Quedlinburg entstand ein Jungvolk-Stamm mit über sechshundert Jungen, dessen Führung man mir übertrug.

Die jungen Führer lernten in den zahlreichen Schulungsstunden, wie ihre Gefolgschaft interessiert werden konnte: durch Heimabende mit Vorlesungen und Liedern, durch Sport und Spiel im Gelände und durch die Wanderungen und Lager in den Harzwäldern.

Im September 1933 marschierte unser Stamm zum ersten Mal durch Quedlinburgs alte Straßen. Der Musikzug der SA gab uns das Geleit. So groß war damals die Sympathie der Bevölkerung für diese disziplinierte, aber stets fröhliche Jugend im Braunhemd, daß an jenem Tag aus vielen Fenstern Blumen auf die langen Kolonnen mit ihren Fahnen und Wimpeln geworfen wurden. Das machte uns alle natürlich stolz und glücklich.

Aufmärsche gehörten bald zum Ritual. So trafen sich zu Ostern 1934 in Quedlinburg etwa zweitausend Jungen aus dem ganzen Gaugebiet Magdeburg-Anhalt. Es waren Jungen, die bereits vor dem 1. Reichsjugendtreffen in Potsdam, also noch in der »Kampfzeit«, Hitlerjungen geworden waren. Für diese Gruppe wurde das Goldene HJ-Ehrenabzeichen ausgegeben, das sie als »alte Kämpfer« auswies. Meine Heimatstadt war drei Tage lang erfüllt vom Singen, vom hellen Klang der Fanfaren und vom dumpfen Poltern der Landsknechtstrommeln.

Die da in dichten Marschsäulen aufzogen, waren wahrhaftig keine Duckmäuser und stets strammstehende Miniatursoldaten – das waren Jungen, frisch und frech und stets bereit, ihre Meinung zu sagen. Sie waren außerordentlich selbstbewußt – kein Wunder angesichts der offiziellen Verherrlichung dieser Jugend als Garanten einer großen Zukunft im anbrechenden »tausendjährigen« Reich.

Ich sehe noch den wilden Haufen der etwa zweihundert Dessauer, die – die Haartollen tief in der Stirn, die Hosen noch kürzer als vorgeschrieben – in breiten Reihen die Straße voll ausfüllten, voran zehn Landsknechtstrommler, die einen rhythmisch aufputschenden

Heidenlärm machten. Kein Passant kam durch diese Phalanx – die jungen Dessauer grinsten und zogen lärmend weiter ihres Wegs, bis ich schließlich diesen unbotmäßigen Zug mit Hilfe mehrerer älterer Pimpfenführer auflösen konnte.

Am nächsten Tag, nach der großen Kundgebung auf dem Marktplatz, wurde Quedlinburg erneut aufgerüttelt durch ein wildes Geländespiel, das sich innerhalb der Altstadt abspielte. Mehr als tausend Pimpfe traten an zum Sturm auf die alte, auf Sandsteinfels gebaute Heinrichsburg. Die wurde von einer gleichen Anzahl kampfentschlossener Jungen verteidigt.

Im Sommer 1934 wurde mir die hauptamtliche Führung des Jungbannes 1/165 (Harz-Bode) angeboten. Der Jungbann mit seinen fünf Stämmen zählte etwa viertausend Jungen, sein Standort war Quedlinburg. »Hauptamtlich« bedeutete allerdings einen mageren Hungerlohn – mit 90,– RM fing es an. Aber was galt Geld für uns damals? So ging ich – ganze siebzehn Jahre alt – vom Gymnasium ab. Mein Vater warnte zwar, ich solle lieber erstmal den Abschluß machen und etwas Vernünftiges lernen, aber meine Mutter stand ganz zu mir: »Laß nur dem Jungen seine Ideale!« –

Bei Friedrichsbrunn im Harz pachtete ich als eine meiner ersten Aktivitäten eine acht Morgen große Wiese für unsere Zeltlager. Die »Jungbannwiese« lag idyllisch zwischen zwei größeren Harzteichen, in denen es sich herrlich schwimmen und baden ließ, und war von einem hochragenden Tannenwald umschlossen.

Zu Pfingsten, in den Sommerferien und auch an vielen Wochenenden hallte es hier vom fröhlichen Lärm der Lagerteilnehmer wider.

Dort war es auch, wo wir vom »Röhm-Putsch« am 30. Juni 1934 erfuhren. Nach jenen Tagen voller Gerüchte und Unruhe hieß es in unserer Stadt, unter den liquidierten SA-Führern sei auch ein örtlicher Sturmbannführer gewesen. Das Gerücht hielt sich hartnäckig, bis im »Quedlinburger Kreisblatt« eine Anzeige mit der Schlagzeile erschien: »Hei lewet noch!« So meldete sich der angeblich tote SA-Führer ins Leben zurück.

Von den Tagen ausgelassenen Lagerlebens auf der Jungbannwiese erzählen die Überlebenden noch heute. Ein Kochherd war auf der Wiese gemauert worden. SA-Köche bereiteten das frugale Mahl. Um die nahegelegene Ruine der Erichsburg wurde oft zünftig gekämpft, und auch in der Nähe lagernde HJ-Einheiten wurden von uns gern freundschaftlich überfallen. Nachts gab es Alarm und Schweigemärsche durch die dunklen Wälder, romantische Abende am Lagerfeuer und – zusammen mit den Eltern, die uns besuchten – einen lustigen Lagerzirkus.

Wir standen damals im Mittelpunkt des Interesses und hatten demgemäß oft auch offiziellen Besuch in den Lagern. Eines Tages kam auch eine britische Jugendgruppe mit ihrem Lehrer oder Führer in unser Lager. Wir bekamen im Nu guten Kontakt mit ihnen, führten sie durch die Zelte und spielten und sangen gemeinsam. Zu unserem Erstaunen stellten wir fest, daß ihnen viele unserer HJ-Lieder gut bekannt waren. So sangen sie auch jenes Lied mit, das Jahrzehnte später als Beweis der kriegerisch-zerstörerischen Einstellung der Hitlerjugend diente – das aber nie so von uns aufgefaßt wurde:

»Es zittern die morschen Knochen
der Welt vor dem roten Krieg.
Wir haben die Schrecken gebrochen,
für uns war's ein großer Sieg.
Wir werden weitermarschieren,
wenn alles in Scherben fällt,
denn heute da hört uns Deutschland
und morgen die ganze Welt!«

Wie schon gesagt: Weder die Briten noch wir selbst konnten damals ahnen, daß der Kehrreim einmal wörtlich aufgefaßt werden würde – belegt durch unvorstellbare Trümmer in ganz Europa, Folge unseres »Weitermarschierens«.

Aber in jenen Jahren galt uns das Lied als Ausdruck unserer Bereitschaft, für unsere Ideale durch dick und dünn zu gehen. Wir predigten an den Lagerfeuern keinen Haß, noch sprach niemand von »russischen Untermenschen« – Krieg und Zerstörung lagen weit zurück und gehörten zum Ersten Weltkrieg, in dem der Führer gaserblindet war, und dessen Schrecken er als Meldegänger an der Front erlebt hatte. Er würde gerade deshalb uns vor Gleichem bewahren. Natürlich wurde bei jeder Gelegenheit deutsch-preußische Geschichte verherrlicht, idealisiert – über allem als thronendes Symbol der Alte Fritz. Und daß wir unsere Heimat liebten, daß wir hingegeben das »Kein schöner Land in dieser Zeit« sangen, schloß doch nicht aus, daß wir auch anderen Ländern und Völkern unsere Achtung zollten.

Nein, jene Jahre schienen uns durch kein Wölkchen getrübt. Wir tummelten uns in der Sonne und prägten als fröhliche und disziplinierte Jugend das Bild unserer Städte und Dörfer mit. Die langen Schatten, die die Sonne warf, erkannten wir nicht. Auch dann nicht, als mich gewisse Anzeichen vorübergehend vor den Kopf stießen: Das war, als ich mit den vierzig Bläsern des Aschersleber Fanfarenzuges in Selketal (Ostharz) unterwegs war. Unter den aufgeweckten, musikalisch begabten und besonders dienstfreudigen Jungen war einer, der am ersten Abend völlig aufgelöst zu mir kam. Er müsse aus der HJ ausscheiden, weil sich herausgestellt habe, daß seine Großmutter Jüdin sei. Ich war ebenso erschüttert wie er und verstand die Welt nicht mehr. Was sollte das: Hier war einer unserer Besten, dessen Vater zudem im Weltkrieg das Eiserne Kreuz 1. Klasse erkämpft hatte – und ausgerechnet der sollte gehen wegen einer seiner Großmütter?

Ich weiß nicht mehr, wie es ihm und vor allem seinen Eltern und Großeltern dann erging, die Spuren verloren sich im Nebel, der sich über die grausamen Geschehnisse legte. Aber fast fünfzig Jahre danach erhielt ich eines Tages Besuch von jenem einstigen ausgestoßenen Hitlerjungen, nun ein weit über sechzigjähriger Mann. Niemand unternahm es, über die damaligen Ereignisse zu sprechen. Da war Jahrzehnte später immer noch eine unüberschreitbare Hemmschwelle – zu beschämend war die damalige Entwürdigung untadeliger Mitmenschen.

Ich erinnere mich in diesem Zusammenhang auch an den jüdischen Freund eines Vetters von mir, der jahrelang sein unzertrennlicher Weggefährte war. Als mein Vetter der Partei beitrat, verschwand der Freund im Dunkel der für ihn unheilvollen, wenn nicht tödlichen Zeit.

Als der Stellvertreter des Führers, Rudolf Heß, in Nürnberg die neuen »Rassengesetze« verlas, sahen wir noch immer keine tödlichen Gefahren für die unter uns lebenden Juden. Zwar wurden sie entwürdigt, ihre Geschäfte zuerst boykottiert, dann »arisiert« (in Friedrichsbrunn hatte der NSDAP-Ortsgruppenleiter ein Schild im Freibad anbringen lassen: »Hunden und Juden ist das Baden verboten«) – aber Massenmord? Wenn man von der Parole »Juden raus aus Deutschland« sprach, dann dachte man allenfalls an Ausweisung, an Auswanderung. Dem Charakter der NSDAP entsprechend, hatte die Hitlerjugend als eine ihrer Gliederungen selbstverständlich antisemitisch zu sein. Nie aber habe ich in der Jugendbewegung Adolf Hitlers irgendeine leidenschaftliche Resonanz gespürt. Pflichtgemäß wurden antisemitisch durchdrungene Themen für Heimabend und Schulung abgespult; niemals wurden uns damals der Rassenhochmut, die Menschenverachtung klar, die in diesen Thesen lagen. Allerdings – die schlimme Hetzzeitschrift des »Frankenführers« Julius Streicher, »Der Stürmer«, wurde von der HJ mit Abscheu abgelehnt.

Von Aktionen gegen Juden hielt sich meines Wissens die HJ fern. Zudem waren die jungen Führer meines Jahrganges zur »Reichskristallnacht« (9.11.1938) fast alle hinter Kasernenhofmauern isoliert. Auf der Reichsjugendführerschule – damals an der Glienicker Brücke in Potsdam gelegen – war oft davon die Rede, »das Blut, die Art rein zu halten«. Während meiner Besuche dieser HJ-Ausbildungsstätte – Vorläufer der späteren »Akademie für Jugendführung« – war auch der bekannte Zeichner und Grafiker Wolf Willrich zu Gast. Er brachte bis in die letzten Kriegsjahre germanische Heldengestalten aufs Papier – Männer wie Frauen, hellhaarig, rank und schlank, mit nordischen Gesichtszügen, im Krieg dann die Gesichter gezeichnet von Härte und Glauben.

Wolf Willrich also ließ im Jahre 1936 vor uns auf der Reichsjugendführerschule Frauengestalten erstehen, die dem damaligen Idealtyp entsprachen – Frauen vorwiegend von der Küste und aus den norddeutschen Gauen. Sie sollten diejenigen sein, die wir uns als ideale Ehefrauen erwählen sollten, sie seien die für unsere Kinder vorbestimmten Mütter.

Darüber wurde dann aber auch kontrovers diskutiert; wir lehnten es ziemlich einhellig ab, unsere Frauen nach rassischen und äußerlichen Merkmalen oder gar auf Empfehlung zu wählen.

Ein weiterer regelmäßiger Gast in der Reichsjugendführerschule war Oberst Rommel als Wehrmachts-Verbindungsoffizier zur Hitlerjugend. Es war uns bekannt, daß Rommel ein Verfechter der bei der Wehrmacht häufiger anzutreffenden Forderung war, die HJ stärker unter den Einfluß der bewaffneten Macht zu stellen. Die vormilitärische Ausbildung sollte dann von Leutnants vorgenommen werden.

Dem widersprach die Entscheidung Hitlers: »Jugend muß von Jugend geführt werden«, und auch die Reichsjugendführung wehrte sich mit Erfolg gegen solche Pläne. Zwischen Baldur von Schirach und Rommel soll es darüber zum ernstlichen Zwist gekommen sein, den der Reichsjugendführer mit den Worten beendet haben soll: »Ich erziehe die deutsche Jugend für den Frieden, nicht für den Krieg!« Wir fühlten uns auch keineswegs als »Pseudo-Militär«, wollten Jugendbewegung sein und bleiben, und betrachteten uns nach wie vor als junge Revolutionäre. Denn war es etwa keine Revolution, was sich vor uns und mit uns in Deutschland vollzog? Die Schaffung jener Volksgemeinschaft, in die der Arbeiter voll integriert war, das Ende des zerstörerischen Klassenkampfes, die Realisierung des Grundsatzes »Gemeinnutz geht vor Eigennutz« – war das alles nicht wirklich revolutionär im Vergleich zu dem, was vorher war? So sangen wir noch die Lieder aus der »Kampfzeit«, die für uns, im übertragenen Sinn, noch nicht zu Ende war:

> »Hört Ihr es grollen durch Straßen und Gassen,
> seht Ihr die Männer die Sturmfahnen fassen –
> hört Ihr den klirrenden, gellenden Ton:
> Revolution, Revolution ...«

Man wird heute nicht mehr begreifen können, welche Macht und welcher Einfluß von den Liedtexten und Gedichten jener Jahre ausging. Sie glichen Beschwörungen, Beteuerungen und heiligen Schwüren und wurden meist mit einer Inbrunst gesungen, die nur vergleichbar war mit dem Choralgesang einer Schar wirklich Gläubiger. Um die Hingabe zu verstehen, mit der Millionen junger Menschen ihrer Führung folgten, muß man jene Texte von Matthias Claudius, Baldur von Schirach, Eberhard Wolfgang Möller, Heribert Menzel und anderen kennen. Deshalb gehören sie dazu, wenn vom damals vermeintlichen »Aufbruch der jungen Nation« erzählt und berichtet wird.
Es war eben eine starke Kraft, die in der Hitlerjugend konzentriert war, kämpferisch zwar, aber keineswegs eingestellt auf Revanche und Krieg.
Seit dem Frühjahr 1935 führte ich zwei Jungbanne. Hinzugekommen war der Jungbann 2/165 (Harz-Halberstadt), dessen Gebiet über Halberstadt, Wernigerode sich bis zum Brocken, dem höchsten Berg des Harzes, erstreckte. Der bisherige Führer war ausge-

schieden, nachdem dessen Bruder als Gebietsjungvolkführer wegen gleichgeschlechtlicher Beziehungen zu seinen Unterführern zu acht Jahren Zuchthaus verurteilt worden war. So hart schlug man zu, wenn HJ-Führer gegen den § 175 verstießen.

Nunmehr führte ich an die zehntausend Pimpfe, hatte einen hauptamtlichen Stellvertreter und einen Dienstwagen der Marke »Adler-Trumpf-Junior«. Wo immer ich mit ihm – den rotweißroten Stander vorne rechts – auftauchte, kamen die Pimpfe angerannt und schaukelten mich mitsamt dem Auto, daß es bald in allen Fugen krachte. Das war ihre Art der Begrüßung.

1936 gab es die ersten »Pimpfenmusterungen«. Der Jahrgang 1926 wurde anhand moderner medizinischer Einrichtungen auf seine Gesundheit untersucht.

Ich schrieb schon über die Flut der HJ-Feierstunden – Morgenfeiern, oft über Rundfunk übertragen, Feiern aus besonderen geschichtlichen Anlässen – immer waren es Kundgebungen, die entscheidend zu unserer Formung beitrugen. So war es auch im Januar 1935, als ich mit einigen Gefährten nach Magdeburg fuhr. In der Stadthalle sprach Obergebietsführer Dr. Stellrecht. Über der Halle thronte ein Transparent mit der Aufschrift »Arbeiter – Bauern – Soldaten«. Über tausend Mädel des BDM und Hitlerjungen standen als mächtiger Chor auf der Empore, flankiert vom Wald der Fahnen – dazu ein HJ-Musikzug und ein Fanfarenkorps des Jungvolks. Details habe ich nicht mehr in Erinnerung, wohl aber weiß ich noch, wie uns die Rede Stellrechts ergriff, in höhere Sphären führte und zu höchster Begeisterung brachte. Die Feier schloß mit einem tausendfachen Bekenntnis unter dem Brausen der Orgel:

»Nichts kann uns rauben
Liebe und Glauben
zu unserem Land ...«

So wie wir es damals sangen, war es gewiß kein Lippenbekenntnis, da ging es uns unter die Haut. Und es gibt wahrhaftig auch heute keinen Grund, uns dessen zu schämen. Leidenschaftliche Liebe macht bekanntlich blind. Vielleicht war es diese vorbehaltlose Liebe zu unserem Land – so versponnen und romantisierend sie auch sein mochte –, die uns mit Blindheit schlug, als der Mann, der das Vaterland zu symbolisieren schien, die Gefühle dieser Jugend so schmählich mißbrauchte.

An das Gefühl appellierten auch die zahlreichen Redner, die die NS-Bewegung und die Hitlerjugend hervorgebracht hatten. Kritiklos und ohne Argwohn ließen wir uns willig auf den Wogen der Begeisterung tragen.

In der Leidenschaft und der bedingungslosen Hingabe jener jugendlichen Massen erkannte schon mancher ausländische Beobachter das bevorstehende Unheil. So beschrieb der damalige französische Botschafter in Deutschland, Robert Coulondre, seine Eindrücke von einer HJ-Kundgebung im Berliner Olympiastadion*:

> »Zehntausende von Jungen und Mädchen in ihren braunen und weißen Uniformen sind über die Stufen des riesigen Berliner Olympia-Stadions verteilt. Unzählige Hakenkreuzbanner flattern im Wind. Das große Oval der Arena umsäumen die Wimpel der einzelnen HJ-Formationen. Von Zeit zu Zeit wird die Aufstellung der Jugendlichen so verändert, daß durch den Gegensatz der weißen Mädchenblusen und der braunen Jungenhemden in lebendigen Buchstaben Sprüche zu Ehren Hitlers sich aus der Masse herausheben, zum Beispiel: ›Wir leben und sterben für unseren Führer.‹
>
> Patriotische Lieder steigen wie kirchliche Lobgesänge auf. Eine Gruppe junger Leute entfacht auf einem in der Mitte des Stadions errichteten gewaltigen Altar ein Feuer. Dann erhebt sich der Führer dieser Jugend, ihr Hohepriester von Schirach, der ebenso jung aussieht wie seine Zuhörer. Mit einfachen, unmißverständlichen Worten legt er ihr die Heiligkeit ihrer Aufgabe dar, zu der jener Mann sie berufen hat, den die Vorsehung zu ihrem Führer auserwählte. Dieser Mann zählt auf sie, wenn das Reich auf Wegen, die der Nationalsozialismus vorgezeichnet hat, seiner Bestimmung entgegengeführt wird ...
>
> Es ist zu spüren, daß eine innere Erregung diese jungen Leute packt, daß eine religiöse Begeisterung sie erfüllt.
>
> Baldur von Schirach verkündet den Führer wie Johannes der Täufer den Messias.

---

* Quelle: Dr. Kurt Zentner, Illustrierte Geschichte des Dritten Reiches (Lingen Verlag, Köln), Band 2.

Als Hitler erscheint – wie immer mit Verspätung –, schüttelt eine Art mystischer Verzückung die Menge, und die ersten Rufe, in die sie ausbricht, klingen wie ein Schluchzen.
Diese fanatisierte Jugend wird zum Angriff über die Maas gegen uns antreten.«

In Wahrheit allerdings hatten neben Hitler und dem neuen Reich damals Gedanken an einen Angriff gegen irgendein Volk in uns keinen Platz.

Das Gegenteil von Haß und Abgrenzung schien der Fall: So reiste die Rundfunkspielschar der HJ Berlin unter dem Obergebietsführer Carl Cerff, Leiter des Kulturamtes der RJF, im März 1935 nach Polen, um über alle polnischen und einige deutsche Sender eine Jugendaustauschsendung durchzuführen. In einem zeitgenössischen Bericht hieß es dazu:

> »Neben einem begeistert aufgenommenen Gemeinschaftssingen mit der polnischen Jugend sei ganz besonders die feierliche Kranzniederlegung am Grab des unbekannten Soldaten in der polnischen Hauptstadt erwähnt. Eine Minute stillen Gedenkens, in der die deutsche Gruppe die Toten einer fremden Nation ehrte, die Toten eines Krieges, von denen das deutsche Volk selbst zwei Millionen nennen kann, sagte hier mehr als noch so viele ausgeklügelte Worte über den Frieden. Es ist überhaupt bemerkenswert an Auslandsfahrten und Austauschsendungen, daß hier vom Frieden gesprochen wird ... Vom Frieden zu künden und zu sprechen, mag nützlich sein, nützlicher und überzeugender aber ist es, dies stark, wahrhaft und schlicht zu leben und für ihn zu arbeiten.«

Wahre Orgien des Jubels erlebte ich anläßlich der Reichsparteitage in Nürnberg 1935 und 1936. Unzählige Sonderzüge rollten kreuz und quer durchs Reich. Überall waren die Bahnhöfe geschmückt, weißgekleidete, adrette Helferinnen standen auf den Bahnsteigen mit Kaffee und Brötchen bereit. Wo immer die Züge mit den Frauen und Männern aller Gliederungen der NSDAP einliefen – überall waren die Bahnhofshallen erfüllt von übersprudelnder Fröhlichkeit. Während wir zur Kundgebung der sechzigtausend Hitlerjungen und BDM-Mädel vor dem Führer anrollten, kamen aus der Gegenrichtung die Züge mit der SA an, die bereits am Vortag vor Hitler aufmarschiert war. Die vollgestopften Züge fuhren aneinander vorbei, man winkte und jubelte, rief aus den Fenstern, die Welle der Begeisterung sprang über von Zug zu Zug. Es schien, als sei ganz Deutschland von einem Fieber ergriffen, als strebe man von überall her zu einem einzigen Punkt, zum Führer dieses Reiches, das sich wie Phönix aus der Asche zu erheben schien.

In der faszinierenden Heerschau von Nürnberg spiegelte sich die Stimmung jener Jahre, als es fünf Millionen Arbeitslose weniger gab als 1933, als dieser Schrecken gebannt war – als der Bau der Reichsautobahnen begann, der Volkswagen vor der Fertigstellung stand und eine Flotte von weißen »Kraft durch Freude«-Schiffen mit Arbeitern unterwegs war nach Madeira und zu den norwegischen Fjorden, als das Diktat von Versailles kühn zerrissen und die Wehrhoheit ohne Repressalien zurückerlangt wurde, als man in Hitler auch den Mann sah, der trotz allem den Frieden wahren würde.

Am 7. März 1936 waren Bataillone der Wehrmacht in die gemäß Versailler Vertrag entmilitarisierte Zone des Rheinlandes einmarschiert. Die Bevölkerung jubelte, das Ausland ließ es bei Drohgebärden bewenden.

Ein Jahr zuvor hatte Hitler die Wehrpflicht verkündet, aber zugleich in vielen Reden seine Friedensliebe leidenschaftlich beteuert. So auch in der Rede vom 21. Mai 1935 in der Berliner Kroll-Oper:

»Das nationalsozialistische Deutschland will den Frieden aus tief innersten, weltanschaulichen Überzeugungen. Es will ihn weiter aus der einfachen primitiven Erkenntnis, daß kein Krieg geeignet sein würde, das Wesen unserer allgemeinen europäischen Not zu beheben. Deutschland braucht den Frieden und es will den Frieden!«

Wie sollten wir, seine getreuen Gefolgsleute, an der Aufrichtigkeit seiner Worte zweifeln, wenn selbst die mißtrauische Auslandspresse positiv reagierte? So schrieb damals die »Times« über diese Hitler-Rede:

»Wie man sieht, ist die Rede maßvoll, aufrichtig und umfassend. Wer sie unvoreingenommen liest, kann nicht bezweifeln, daß die von Herrn Hitler umrissene Politik durchaus die Grundlage für eine Verständigung mit Deutschland bilden könnte – mit einem freien, gleichberechtigten und starken Deutschland an Stelle des gedemütigten Volkes, dem vor sechzehn Jahren der Frieden aufgezwungen wurde. Es ist zu hoffen, daß die Rede überall als eine aufrichtige und wohlerwogene Äußerung aufgenommen wird, die genau meint, was sie besagt.«

1936 – das war das Jahr der Olympischen Spiele in Berlin. Da zogen im neuen Olympiastadion die Sportler der Nationen an Hitler vorüber, manche – wie die Franzosen – unter dem Jubel der Massen mit hochgereckten Armen, dem »deutschen Gruß«.
Das waren die Tage der überwältigenden deutschen Sportsiege, aber auch des Triumphes des farbigen Amerikaners Jesse Owens, dem niemand im Dritten Reich damals die Anerkennung versagte.
Zusammen mit dem HJ-Gebietsführer war ich im schicken BMW-Dienstwagen der Gebietsführung in die Reichshauptstadt gefahren und erlebte dort das festlich herausgeputzte, siegeszuversichtlich und fröhlich gestimmte Berlin mit internationalem Flair. Überall gab es Sympathie und Verbrüderung.
Am 1. Dezember 1936 wurde das »Gesetz über die Hitlerjugend« erlassen. Es bestand aus vier kurzgefaßten Paragraphen und bestätigte im wesentlichen die Vertretung der gesamten deutschen Jugend durch die Hitlerjugend. Baldur von Schirach wurde »Jugendführer des Deutschen Reiches« und damit oberste Reichsinstanz.
Im wesentlichen blieb das Gesetz eine Formsache. Es gab keine Behörde mit Büros und Beamten, und vor allem gab es in der Praxis keinen unmittelbaren Zwang zur Jugenddienstpflicht. »Jugend muß von Jugend geführt werden« – das blieb oberster Grundsatz, die schwungvolle Jugendlichkeit blieb gewahrt.
Den Regierungspräsidenten und Reichsstatthaltern allerdings wurden HJ-Führer als Sachbearbeiter für Jugendfragen beigegeben. Sie erhielten staatliche Unterstützung für manche Förderungsaufgabe, zum Beispiel die Gesundheitsförderung, die kulturelle Arbeit, die sittliche Erziehung und die Beschaffung von Jugendheimen, Übungsstätten, Jugendherbergen usw. Erst im Krieg gab es Ansätze zur Pflichterfassung bestimmter Jahrgänge. So wurde der Jahrgang 1923 im Jahre 1940 erfaßt. Die Heranziehung – vor allem nach Beginn der Bombenangriffe auf unsere Städte – blieb den Führern der HJ-Gebiete, je nach den Erfordernissen des Krieges, überlassen.
Da aber damals die Jugend zum überwiegenden Teil ohnehin frei-

willig zur HJ gekommen war, blieben solche Erlasse nicht viel mehr als eine Formsache.

Als besondere Errungenschaft begrüßten wir damals im Jahre 1936 den »Staatsjugendtag«. Es war ein Sonnabend in jedem Monat, der allein dem Dienst im Deutschen Jungvolk vorbehalten war. Da tummelten sich auf allen Sportplätzen die Zehn- bis Vierzehnjährigen: die Jungmädel vom BDM und die Pimpfe des Jungvolks der HJ. Draußen in den Wäldern und den Randgebieten der Städte und Dörfer gab es Geländespiele, oder man sammelte sich zu Vorlesungen, zu Spiel und Gesang. Zwar herrschte auch bei den Pimpfen Disziplin und gerade den Jüngsten machte solch ein zackiges Auftreten Freude, aber das hatte nichts zu tun mit der Nachahmung des Militärischen. Wir waren nach unserem damaligen Sprachgebrauch »soldatisch«, worunter wir Eigenschaften wie »Härte, Disziplin, Kameradschaft und uneigennütziges Handeln« verstanden. »Militarismus« als Begriff sturer Söldnermentalität lehnten wir ab. Als oberster Grundsatz aber galt uns damals die innere und äußere Freiwilligkeit unseres Tuns.

Wir wissen längst, welchen Illusionen wir uns vor über fünfzig Jahren hingaben, aber auch in der Erinnerung kann der jugendliche Idealismus, der uns in jenem Jahr 1936 beseelte, nicht durch die ungeahnten Furchtbarkeiten späterer Jahre geschmälert werden.

Damals schrieb ich nieder, was mir so erhaben und einmalig erschien, schnitt die vielen Presseveröffentlichungen über unsere Aktivitäten aus, fügte Fotos hinzu und gestaltete so die Chronik des Jahres 1936 unter dem Titel: »Alle müssen mit!«

Diese in Holzdeckel gebundene Chronik fand ich – genau fünfzig Jahre später in der alten Heimat – heute DDR – wieder.

Wenn ich daraus im nachfolgenden Kapitel Texte auszugsweise wiedergebe, so bin ich mir im klaren darüber, daß es beim Lesen der euphorisch eingestimmten Berichte im damaligen Sprachgebrauch Kopfschütteln, ja Mißdeutungen geben kann. Aber so war es nun einmal: Die wilde Freude am jugendlichen Einsatz, die Gesänge und der Rhythmus, in dem unser Leben verlief, der Überschwang ohne Ahnung des kommenden Unheils – all das ging dem Inferno voraus. Jener Überschwang aber erklärt auch die oft kaum begreiflichen Leistungen der jungen deutschen Soldaten bei Hitlers verhängnisvollen Feldzügen.

Zeitungsausschnitte und Notizen 1936
»Alle müssen mit!«
Aus der Chronik der Harzjungbanne

Baldur von Schirach hat das Jahr 1936 zum »Jahr des Deutschen Jungvolks« erklärt. Nun soll auch der letzte der Zehn- bis Vierzehnjährigen Jungen, der bisher abseits stand, im Braunhemd seinen Dienst für Deutschland leisten. Schon marschieren mehr als achtzig Prozent hinter unseren Fahnen. Alles werden wir tun, um Eltern und Jungen so von unserem Auftrag, von unseren Ideen zu überzeugen, daß sie gern und freudigen Herzens kommen!

Innerhalb der beiden Harz-Jungbanne im Gebiet Mittelelbe sind nun schon zehntausend Pimpfe zusammengefaßt, für die ich mich verantwortlich fühle.

Junge Führer sind für ihre Aufgabe geschult, Jungzüge, Fähnlein und Jungstämme zu disziplinierten, gläubigen und fröhlichen Einheiten zu machen. Für die Aufgabe, die uns der Reichsjugendführer für dieses Jahr stellt, wird die Führerschaft unserer Jungen noch besser und intensiver vorbereitet werden.

In den Zeitungen ist am 1. März 1936 ein Aufruf erschienen:

»Jeder deutsche Junge ein Hitlerjunge!

Das ist der Befehl, den uns der Reichsjugendführer für dieses Jahr gegeben hat.

Wir rufen sie alle: die Zaghaften, die Verstreuten, die Einzelgänger. Wir rütteln sie auf und sammeln sie in dem großen Jungenheer unseres Führers.

Wir wollen sie alle in Marsch setzen für Deutschland! Einer Gemeinschaft sollen sie dienen, einer Kameradschaft leben, einer Fahne verschworen sein! Wir aber, die wir rufen, wollen noch mehr von uns fordern: Wir müssen noch straffer und lebendiger werden, unsere Reihen müssen sich noch fester schließen, unsere Kolonnen einsatzwilliger marschieren. Nicht stehenbleiben beim Erreichten, nicht träge werden im Siegen. Nein, härter und kampfbereiter wollen wir werden, den Willen zu größerer Tat in uns tragen.

Freudig wollen wir unsere Arbeit anpacken. Wir wollen lachen können, denn ein ernstes Feiertagsgesicht steht uns nicht. Der

Ernst, mit dem wir unsere Aufgaben erfüllen, liegt in unserer Freude, mit der wir singen und sprechen, marschieren und kämpfen. Jeder Tag soll uns tätig, jeder Dienst uns vorbereitet finden.

Wir stehen zu unseren Eltern, zur Schule, zu unserem Beruf. Überall wollen wir unsere Pflicht erfüllen. Denn wir sind die junge Gemeinschaft für das Volk. So werden wir von Woche zu Woche größer und besser. Fähnlein um Fähnlein wird zu einem lebendigeren, festeren Block wachsen. Und die kommenden Monate sehen uns dann ganz in unserer Arbeit: beim Heimabend, im Geländedienst, beim Sport, auf Fahrt und in großen Lagern.

Jeder deutsche Junge wird die Pimpfenprobe ablegen, jeder Pimpf das Leistungsabzeichen erlangen. Nie aber wollen wir uns nach abgelegten Prüfungen werten.

Das Jahr 1936 sieht uns tätig nach dem Befehl des Reichsjugendführers. *Ein* Wille wird jeden deutschen Jungen beseelen, ein Rhythmus das ganze Jungenheer formen: bereit, dem Führer mit ganzem Einsatz zu dienen!

Heinz Dieter.«

Für die hauptamtlichen Jugendführer sind zwar im Januar »Stabsferien der Hitlerjugend« angesetzt, aber für die meisten von uns gilt das nicht. Wir wollen keine Ferien, wir lieben unsere Arbeit und sind zu jung, um die Ruhe zu suchen.

Unsere Führertagungen und Schulungen in HJ-Heimen und Jugendherbergen beginnen mit der Erneuerung unseres Gelöbnisses, das Hitler und Deutschland gilt. Auch die nüchterne Tagung wird so zur Feierstunde.

Wir haben viel vor für 1936! Vor den Fähnlein- und Jungstammführern gebe ich das Programm bekannt, unsere Gäste sind die örtlichen Parteiführer, Behördenleiter und Offiziere der Garnison. Das haben wir uns unter anderem vorgenommen:

Führerschulungen in den Osterferien,
am 20. April Überführung der Vierzehnjährigen in die HJ,
Aufmarsch der Jungbanne in Wenigerode,
Lager und Geländespiele zu Pfingsten,
Sommerlager auf der Jungbannwiese,

als Abschluß das große Geländespiel »Sturm auf Magdeburg«,
Aufmarsch von fünfzehntausend Jungen,
Großfahrten nach Ostpreußen, in die Pfalz und ins Saarland,
Herbstschulung der jungen Führer,
zur Jahreswende: Flaggenhissung auf der Jungbannwiese.

Alljährlich in der Silvesternacht marschieren Tausende unserer Pimpfe von Gernrode aus in vierstündigem Marsch zu unserer fünfhundert Meter hoch gelegenen Wiese. Sie kommen freiwillig, um das Jahr mit der Hissung der Jugendfahne zu beginnen. Auch am Ende dieser Tagungen zum Auftakt unserer Jahresarbeit gelten Gruß und Spruch der Fahne:

»Gib, Herr, daß
dieser Fahne Schaft
in jungen Fäusten
ewig stehe!
Schenk uns den Kampf,
gib uns die Kraft,
daß dieses Deutschland
nie vergehe!

Noch in diesem ersten Monat des Jahres 1936 treffen sich in Quedlinburg die Fähnleinführer zur Wochenendschulung. Wir lernen neue Lieder, darunter eins aus den Bauernkriegen: »Die Glocken stürmten vom Bernwardsturm«. Schorsch hat es aus der bündischen Jugend mitgebracht, und es gefällt uns, wenn wir singen:

»... der Bauer stund auf im Lande,
und tausendjährige Bauernkraft
macht Schild und macht Schärpe zuschande.«

Im Mittelpunkt dieser Schulung steht eine Dunkelheitsübung vor der Stadt. Die Lage: Irgendwo da draußen hat der »Feind« sein Biwak aufgeschlagen. Das eigene Lager steht am Rande eines Felsenüberhangs, gut getarnt und von dichtem Unterholz umgeben. In jedem der »gegnerischen« Lager wird ein wichtiges Dokument streng bewacht. Der Auftrag lautet, es zu erspähen und zu erbeuten. Mit viel Mühe errichten wir auf total steinigem Boden unsere Zelte. Die Schläge der Feldspaten schallen weithin durch die Nacht, der Gegner wird es hören. Endlich steht das Lager, Äste werden als Tarnung über die Zelte geworfen, doch fällt helles Mondlicht darauf und wird zum Verräter. Streifen, Spähtrupps und Sicherungen werden ausgesandt, die den Gegner ausfindig machen und überwältigen sollen. Der Lagerführer kontrolliert das richtige Verhalten im Gelände bei Dunkelheit.

Plötzlich kommen dunkle Gestalten auf uns zu, zischend steigt eine weiße Leuchtkugel auf und beleuchtet uns, die wir schnell zu regungslosen Klumpen erstarren. Es hilft nichts, wir sind entdeckt. Schon kommt der Jubel der Eindringlinge aus unserem Lager – das Dokument ist in ihren Händen ... Rückmarsch, ein Lied. – –

Für Jungzug- und Fähnleinführer sind die Osterferien ausgefüllt mit mehrtägigen Schulungen.

In der Jugendherberge von Wernigerode sind unter meiner Führung achtundvierzig Fähnleinführer zusammengezogen.

Es sind durchweg gesunde, stramme und liebenswerte Jungen, jedes Gesicht ist mir vertraut. Der Dienstplan ist ziemlich hart: Um 6 Uhr Wecken, und gleich gehts raus zum Frühsport, mit dem ein längerer Waldlauf verbunden ist. Zur morgendlichen Flaggenhissung lautet am ersten Tag der Leitspruch:

>»Euer sind die Reben, Feste und Gesang;
unser ganzes Leben ist ein Opfergang.
Folgt Ihr eigenen Zielen, eigenen Glückes Spur –
unser Gang gilt vielen, doch den anderen nur!«

Muskelkater am Morgen, wohlige Müdigkeit am Abend und tagsüber Fröhlichkeit bei allem, was wir tun. Zur Schulung gehört auch eine Bücherstunde. Wir diskutieren über Jugendliteratur, mögen keinen süßlichen Kitsch, wohl aber Bücher, durch die uns vorbildliche Deutsche nahegebracht werden, die uns unsere Geschichte, unsere Herkunft und deutsches Wesen erläutern.

In der vorletzten Nacht gibt's Alarm. Es geht hinauf über den Rönneckenberg zum Brocken. Die beiden Jungbannfahnen mit dem silbern aufgestickten Adler werden vorangetragen durch eine stürmisch-regnerische Nacht. Oben auf dem eintausendeinhundertvierzig Meter hohen Gipfel wabert Nebel vor der aufsteigenden Sonne. In ihrem ersten Schein singen wir unser Lied. Nur schwer lassen sich die nassen Fahnen halten, als es wieder abwärts geht. Ehe wir auseinandergehen, verpflichten wir uns erneut, die letzten abseits stehenden Jungen zu gewinnen. Es gibt nur noch die Einheit der deutschen Jugendbewegung; nie wieder wird sie in Gruppen und Bünde zerfallen, nie wieder darf es eine Kluft geben zwischen dem höheren Schüler und dem Arbeiterjungen!

Wir haben aufgerufen zum Jungbannaufmarsch am 15. März in Wernigerode. Überall kleben unsere Plakate mit der Parole für dieses Treffen: »Alle müssen mit!«

Am fraglichen Wochenende regnet und schneit es – ein ganz schlimmes Wetter. Wer wird da schon kommen?

Aber dann sind sie doch unterwegs zur »bunten Stadt am Harz«: zusammengedrängt auf Lastkraftwagen, in großen Bussen, per Fahrrad und im Fußmarsch. Der Wernigeröder Anger ist schwarz von ihren winterlichen Jungvolkblusen, als sie antreten. Mit dreitausend hatte ich gerechnet, aber es sind über fünftausend Pimpfe aus allen Gebieten der Jungbanne Harz-Bode und Harz-Halberstadt.

Der Zug, der sich durch die alten Straßen mit ihren schönen Fachwerkhäusern bewegt, ist unendlich lang. Zwischen den aufmarschierenden Kolonnen schmettern die Fanfarenzüge, dröhnen die Trommeln, wehen unsere Fahnen und Wimpel. Auf dem Markt, wo unsere Kundgebung steigt, müssen teilweise die Bürgersteige von den Zuschauern geräumt werden, weil die fünftausend den Platz brauchen.

In allen Gesichtern steht die Freude. Noch spricht man über den Einzug der Wehrmacht in die gemäß Versailler Vertrag entmilitarisierte Zone am Rhein und von der Einberufung zur 7. Sitzung des Reichstages.

So hatte es im Aufruf zu diesem Treffen gestanden:

»Ein neues Deutschland marschiert. Durch den kompromißlosen Kurs des Führers wurde unser Volk frei von den Fesseln des Versailler Diktats. Was folgen wird, wissen wir zwar nicht, aber unser Vertrauen ist grenzenlos! Wir Jungen sind Fackelträger des Führers, wir werden Zweifelnde mit uns reißen!«

Von früh bis spät ist die alte Stadt am Harz angefüllt mit dem Marschtritt der Jungen, dem Dröhnen ihrer Trommeln und mit ihren Liedern.

Wir wissen: Wir haben auch die Älteren mitgerissen mit dem Schwung dieser Jugend. Das beweist uns auch der Text über dieses Erlebnis in der »Wernigeröder Zeitung« vom 17. März 1936:

»Wer die marschierenden Kolonnen sah, in denen sich die Jugend aller Stände unter der einen Fahne zusammengefunden hat, und die Freiwilligkeit ihres Dienens anerkannte, dem wurde offenbar, daß diese junge Generation nicht mehr zu vergleichen ist mit jener Jugend, die nach dem Krieg in unzähligen Gruppen und Vereinen verschiedenen Idealen und Zielen zustrebte. Die vom Führer geschaffene Einheit des Volkes hat in dieser Jugend ihren stärksten und für die Zukunft der Nation bedeutendsten Ausdruck gefunden.«

Am 20. April, dem Geburtstag des Führers, stehen überall die Jungen angetreten: Zehnjährige, die nun begeistert das braune Hemd anziehen dürfen, um Pimpfe zu werden, und Vierzehnjährige, die überwechseln zur Hitlerjugend. Sie werden die rotweißrote Hakenkreuzarmbinde tragen und mit den älteren Jungen ihren Weg weiterziehen. Es sind schon bedeutende Feiern, bei denen jedem klar wird: Ewig jung bleibt die Partei des Führers! Hier bei uns in Jungvolk und HJ wird der Grundstein gelegt für Denken und Handeln in der kommenden Zeit. Dies ist die Stunde der Verpflichtung:

> »Wir Jungen stehen schwurbereit,
> nach vorn gerichtet den Blick.
> Wir schreiten aufrecht in die Zeit
> und kennen kein Zurück.«

Und:

> »Wir sind nun angetreten zum großen Treueschwur.
> Ein jeder trägt im Herzen den einen Glauben nur:
> Den Glauben an das Volk, den Glauben an das Land,
> den Glauben an den Führer und an des Reichs Bestand!«

Hier wie im ganzen Reich schallt das Gelöbnis über Plätze und Straßen, übers ganze Land:

> »Ich gelobe, dem Führer Adolf Hitler treu und selbstlos in der Hitlerjugend zu dienen.
> Ich gelobe, mich allzeit einzusetzen für die Einigkeit und Kameradschaft der deutschen Jugend.
> Ich gelobe Gehorsam dem Reichsjugendführer und allen Führern der HJ.

Ich gelobe bei unserer heiligen Fahne, daß ich immer versuchen will, ihrer würdig zu sein – so wahr mir Gott helfe!«

Über Pfingsten wehen unsere Fahnen über den Zelten überall im Harz und im Harzvorland. Es gibt keine Muttersöhnchen mehr, die über Pfingsten am Rockzipfel hängen. Nein, jetzt sind sie in den Lagern, braungebrannt, frech und gottesfürchtig! Ihr Jubel bei Sport und Spiel findet in den Wäldern sein Echo. Ihre Eltern sind am ersten Feiertag zu Besuch gekommen und freuen sich über das gesunde Aussehen, die Frische und den Schwung ihrer Sprößlinge. Tausende erleben diese sonnenüberglänzten Tage in der schönen Natur ihrer Heimat und im Kreise der festgefügten Gemeinschaft.

Fast an jedem Tag dieses ersten Vierteljahres 1936 wird vor einer Schule im Bereich der Harzjungbanne die Fahne der HJ gehißt. Dies ist das Zeichen, daß mehr als neunzig Prozent der Schüler in der Hitlerjugend organisiert sind.

Die Hissung der Flagge in feierlicher Form entspricht einem Erlaß des Kultusministers gemeinsam mit dem Reichsjugendführer. Ständig bin ich unterwegs, begrüße Schulleiter, Lehrer und Gäste von Partei und Staat, grüße die angetretene Front der Jungen und BDM-Mädel und halte meine Ansprache. Von der Feier an der Mittelschule in Ballenstedt schreibt die »Anhalter Harzzeitung« am 23. Februar 1936 unter anderem:

> »Schule um Schule tritt mit ihrer Jugend in die Kolonnen Adolf Hitlers ein. Ringsum an den Bergen des Harzes stieg Fahne auf Fahne auf, Fahnen der Hitlerjugend.
> Gestern hatte die Mittelschule in Ballenstedt ihren Ehrentag. 27 Schulen im Kreis Ballenstedt sind es bereits. Der Vormarsch der Jugend geht weiter, läßt keinen Jungen, kein Mädel aus.«

Der Führer des HJ-Gebietes Mittelelbe (23), Oberbannführer Hubert Meiforth, ruft zur Teilnahme an den »Zeltburgen der Jugend« im Sommer 1936 auf!

Es war seine Idee, in der Altmark, der Börde um Magdeburg und Dessau, und bei uns im Harz Zeltburgen entstehen zu lassen, angelegt nach einem bestimmten Schema, umgeben von Wällen oder Palisaden. In den Sommerferien werden dann insgesamt dreißigtausend Hitlerjungen aus dem Gebiet diese Burgen beziehen. Die letzten der jeweils drei Lagerbesatzungen sollen dann in Marschblocks nach Magdeburg ziehen, um die Stadt an der Elbe zu belagern und möglichst zu erobern. Die HJ von Magdeburg wird ihre Stadt verteidigen. Das wird ein riesiges Getümmel geben, was schließlich enden soll in einem großen Aufmarsch angesichts des Domes von Magdeburg.

Hubert Meiforth beschließt seinen Appell mit diesen Worten:

»30 000 Jungen werden unsere Zeltburgen beziehen, um einmal zwölf Tage lang ganz für ihre Gemeinschaft zu leben. Arbeiterjungen, Bürgerkinder und Bauernsöhne; sie werden Stand und Herkunft vergessen und alle kleinen Sorgen des Alltags. Das Lagerleben schmiedet sie zusammen zu einem einzigen Heer junger politischer Soldaten!«

Drei Lagerabschnitte gibt es in der Zeit vom 2. Juli bis 9. August. Die Anmeldungen sind freiwillig, der Lagerbeitrag beträgt für jeden Jungen 10,– RM. Bei Notlage kann Ermäßigung beantragt werden. Auf einer Liste findet jeder Teilnehmer, was er an Ausrüstung mitzubringen hat. Die vorschriftsmäßige Uniform gehört dazu (Braunhemd mit vorschriftsmäßigen Abzeichen, schwarze Sommerdiensthose, Koppel mit Koppelschloß, schwarzer Schulterriemen, schwarzes Dreieckstuch mit Lederknoten, HJ-Abzeichen, blaue Jungvolkbluse usw.).

Nun gilt es: Jedem Jungen ab elf Jahren soll dieses große Erlebnis ermöglicht werden.

Oben auf der Jungbannwiese zimmert ein Vorkommando einen Jägerzaun zusammen, der das ganze Lager mit seinen weißen Zelten umgeben wird. Auch ein hölzerner Kommandoturm mit Fahnenmast und ein Lagertor mit versilbertem Hoheitsadler über dem Eingang sind in Arbeit. Weitere Fahnenmasten werden aufgestellt, und schließlich treffen rund hundert von der Gebietsführung gelieferte Rundzelte ein.

Am Rande der Wiese wird ein fester Herd gebaut, fünf Feldküchen sind im Anrollen – eine umfassende Organisation ist im Gange.

In den Dörfern und Städten meiner Jungbanne rüsten sich die Teilnehmer am ersten Lagerabschnitt, und schließlich ist es soweit: Fast eintausend Jungen sind unterwegs zu unserer Wiese, diesem wunderschönen Stück Harzheimat.

Der 2. Juli 1936 ist für meine Heimatstadt Quedlinburg ein großer

Tag. Zum tausendjährigen Todestag Heinrichs I. wird auf seiner einstigen Burg – hoch auf Sandsteinfels im Herzen der alten Reichs- und Hansestadt gebaut – seiner gedacht. Die SS unter Heinrich Himmler hat diese Feier vorbereitet. Überall an den Eingängen zur Burg, vor dem Rathaus und anderen Gebäuden stehen die schwarz- gekleideten SS-Soldaten unterm Stahlhelm mit weißem Koppelzeug – unbeweglich, starr und steif. Musikkapellen sind aufgezogen, Quedlinburg ist ein Fahnenmeer, viele alte Fachwerkhäuser sind für diesen Tag neu gestrichen worden, in allen Straßen herrscht Ge- dränge. Auch die Hitlerjugend nutzt diesen Anlaß: Unser Reichsju- gendführer weiht im Hof der Burg fünfhundert neue Hitlerjugend- Fahnen. Noch am gleichen Tag tragen sie die fünfzig Fähnleinführer der Harzjungbanne von der Weihe in der Burg hinauf in den Harz zum Lager auf der Jungbannwiese. Zwanzig Kilometer weit ist der Marsch, und der Regen strömt unablässig. Der Wald schwarzer Fahnen mit der Sigrune des Jungvolks wird in den Harzorten, durch die er zieht, bestaunt und mit erhobenem Arm gegrüßt. Es geht bergan, und die Fahnen werden immer schwerer.

Als wir uns dem Lager nähern, kommt der Fanfarenruf vom Lager- tor durch die Wälder zu uns. Die Melodie wiederholt sich, findet ihr Echo und wird von den Bläsern an der Spitze unseres Zuges beant- wortet. So gehen die klingenden Rufe der Fanfaren hin und her. Der Regen hat aufgehört, es ist Abend geworden, der Schein von Fak- keln dringt durch die Walddunkelheit. Dann ziehen die geweihten Fahnen durch das Tor, die tausend Jungen im Lager sind angetreten. Vor der Hissung der Flaggen zum Zeichen der Eröffnung des La- gers hallen die Worte eines Sprechers klar in der Stille und der Dun- kelheit, die nur vom zuckenden Schein des Feuers und der Fackeln erhellt ist:

»Stellt Euch um die Standarte rund,
die Hände schlagt um ihren Schaft –
von dieser Fahne kommt die Kraft,
die Burgen baut dem jungen Bund!«

Dann geht zum Klang des Fanfarenzuges die Fahne am Mast hoch, die Lagerfeuer werden entzündet: Das Lager, unsere Zeltburg, ist eröffnet.

Sommerselige Tage inmitten hoher Tannen, in würziger Luft, nahe zwei Harzteichen, in denen man schwimmen und herumtollen kann, und nahe der Ruine einer alten Raubritterburg! Das waren Tage voller glücklicher Jugenderlebnisse: Schweigemärsche durch nachtdunklen Wald, Seeschlachten auf den Teichen, Lagerzirkus voller Übermut, Elterntage mit Ausmarsch ins nahe Friedrichsbrunn, wo sich alles in die mit Kuchen eingedeckten Kaffeehäuser ergoß, abendliche Erzählungen und Lieder am flackernden Lagerfeuer. Viertausend Pimpfe aus dem Harz und seinem Vorland sind durch die Zeltburg auf der Jungbannwiese gegangen und braungebrannt nach Haus zurückgekehrt, randvoll mit Erinnerungen. Die tausend Jungen der dritten Lagerperiode ziehen in sechs Marschsäulen über die Landstraßen nach Magdeburg. Sie gestalten mit der Bevölkerung in den Dörfern, die sie passieren, Gemeinschaftsabende und ziehen am nächsten Morgen weiter, um – wie weiland Tilly – Magdeburg zu erobern. Rund um die Stadt brennen die Lagerfeuer der örtlichen HJ, bewacht von starken Posten. Sie zu überwinden, die Feuer zu löschen, ist Aufgabe der Anstürmenden. Es gibt Keilereien, Handgemenge, die Nacht ist erfüllt vom Geschrei der Jungen. Aber am Morgen ziehen wir durch die Straßen, voran unsere Fanfarenzüge, wir sind wie berauscht und singen die Lieder, die wir oben in der Zeltburg im Harz lernten:

> »... und keiner ist da,
> der feige verzagt,
> der müde nach dem Weg uns fragt,
> den uns der Tambour schlägt!«

Dann folgt der große Aufmarsch von fünfzehntausend Hitlerjungen, vorausgeht die Kundgebung vor dem Dom.
Darüber schreibt der »Magdeburger General-Anzeiger« vom 10.8.1936 unter anderem:

> »Obwohl sie über sechzig Kilometer marschiert waren, obwohl sie in der vergangenen Nacht kaum geschlafen hatten, waren sie schon wieder hinter ihren Trommeln und Fahnen aufmarschiert, standen in breiter Front vor dem Dom.
> Niemand sah ihnen Ermüdung oder Erschöpfung an – tatsächlich: diese Jugend ist unverwüstlich.
> An den Anfang seiner Rede stellt stellvertretender Gauleiter Eggeling den Dank an die Jungen. Er selbst hat tagelang ihre Zelt-

burgen besucht und ist begeistert über das, was er dort erlebte. Eine neue Generation reife nun heran. Ihr komme es auf die unverbrüchliche Kameradschaft an, auf Einsatzbereitschaft und Willensgleichheit. Diese Jugend baue auf im Bewußtsein der großen Tradition unseres Volkes. Unter ihren Fahnen würden sie eine große und friedliche Zukunft schaffen!

Aus Tausenden junger Kehlen braust nach der Ansprache ein Lied auf und bricht sich an den steinernen Wänden des Domes.

Dann zog unter Hörnerklang und mit eichenlaubgeschmückten Fahnen Bann auf Bann am Tannenbergplatz am stellvertretenden Gauleiter und am Stabsführer der Hitlerjugend, Hartmann Lauterbacher, vorbei.

Eine nach Tausenden zählende Menschenmenge, die die Straßen des Vorbeimarsches säumte, bedachte die Jungen reich mit Blumen.«

Nun gehört das alles schon der Vergangenheit an. Unsere Jungbannwiese liegt wieder still und verlassen, Zelte und Einzäunung sind verschwunden, nur das Lagertor und der Fahnenmast erinnern noch an das ausgelassene Lagerleben in diesem Sommer. So still ist es, daß der stündliche Klang der Glocke aus dem fernen Friedrichsbrunn auf der Wiese klar und deutlich zu hören ist.

Aus heutiger Sicht
Der Weg, den wir alle gehen mußten:
Hitlerjugend, Reichsarbeitsdienst, Wehrmacht –
»Unsere Freiheit heißt Dienst«

Über den mörderischen Krieg und die Trümmer des Dritten Reiches hinweg ist die Erinnerung an jene Sommertage geblieben. Wann immer ich später einen der Überlebenden traf, der 1936 mit dabei war, stets kam die Frage: »Weißt du noch – damals auf der Jungbannwiese?«

Wir gingen so sehr im Gemeinschaftserlebnis jener Zeit vor dem Kriege auf, daß wahrhaftig kein Platz blieb für irgendwelche Haßgefühle. Wir waren keine »verhetzte« Jugend. Systematisch wurde von der HJ Auslandsarbeit betrieben. Sie hatte allein das Ziel, die Zusammenarbeit der europäischen Jugend zu fördern, sich kennenzulernen und durch gegenseitige Achtung dem Frieden zu dienen. Schon 1934 schrieb Baldur von Schirach als Reichsjugendführer der NSDAP in seinem Buch »Hitlerjugend – Idee und Gestalt«:

> »Besonders das nationalsozialistische Deutschland ist daran interessiert, daß seine Jugendlichen möglichst frühzeitig andere Nationen kennen und achten lernen. Je besser sich die Jugend Europas verstehen lernt, um so schöner für die Zukunft.«

Gegenseitige Besuche, Schüleraustausch und ständige Auslandsfahrten der HJ waren bald eine ebensolche Selbstverständlichkeit wie die bis zum Kriegsausbruch mehrmals jährlich durchgeführten deutsch-englischen Jugendlager.

Ich schrieb es schon: Selbst Hitlers fanatischer Antisemitismus berührte uns verhältnismäßig wenig. Zwar gehörte zu den Thesen der Jugendführung die »Reinhaltung der Art« wie die »Zurückdämmung des jüdischen Einflusses«, aber »die Möglichkeit einer leiblichen Vernichtung des jüdischen Volkes war unvorstellbar. Äußerungen von Haß gegenüber Juden oder Anstiftung dazu wird man im Schulungsmaterial der Hitlerjugend und des Bundes Deutscher Mädel nicht finden. Der Reichsjugendführer verbot bereits 1933 der Jugend das Lesen der von Julius Streicher herausgegebenen antisemitischen Zeitschrift ›Der Stürmer‹.

1938 wurden drei Angehörige der Hitlerjugend, die an einer Demonstration gegen Juden teilgenommen hatten, aus der Hitlerjugend ausgeschlossen.« (Dies sind Feststellungen der ehemaligen Reichsreferentin für den Bund Deutscher Mädel, Dr. Jutta Rüdiger in ihrem 1983 erschienenen Buch »Die Hitlerjugend und ihr Selbstverständnis«.)

Dies alles kann natürlich nicht die Tatsache verschleiern, daß wir Hitlers folgenschwere Behauptungen von der jüdischen Weltverschwörung, vom verderblichen Einfluß des Judentums auf unser Volk ebenso akzeptierten wie das Schlagwort »Die Juden sind unser Unglück«. Hitler war tabu, sein Wort galt und blieb unkritisch das Manifest seiner Bewegung.

Auch wenn uns damals der Begriff vom »Herrenmenschen« noch fremd war – der wurde allenfalls in SS-Zirkeln verwendet –, Rassenhochmut wurde dennoch gezüchtet. Kein Wunder, denn auf allen Führerlehrgängen wurde uns immer wieder die Überlegenheit des deutschen Menschen, der arischen Rasse demonstriert. Das geschah mit wissenschaftlichem Anstrich, wobei der rednerisch sehr begabte Leiter des Rassenpolitischen Amtes der NSDAP, Dr. Walter Groß, Wortführer war. Hin und wieder erschien in einem der Themen für Heimabend und Schulung der »ewige Jude«, der »Kriegsgewinnler und Schieber« der Nachkriegszeit. Ich erinnere mich an einen Heimabend mit dem Thema »Händler und Helden«. Da wurde der selbstlos sich für Volk und Vaterland aufopfernde Soldat dem nur auf Geld und Gewinn erpichten Krämer gegenübergestellt. Baldur von Schirach brachte das in Versen so zum Ausdruck:

»Die einen sind vom Fressen satt
und ernten fremde Saaten
und haben Haus und Hof und Statt –
die andern sind Soldaten.

Die einen wurden riesenreich,
die andern ruh'n in Flandern:
Sind sie vor Gottes Sonne gleich,
die einen und die andern?«

Die einseitige Beeinflussung der jungen Menschen wurde vielfach noch durch das bürgerliche Elternhaus verstärkt. In den meisten deutschen Familien des gehobenen Bürgertums war Antisemitismus Tradition – lange vor Hitler.

Durch Hitlers Attacken fand man sich dort nur bestätigt. Das mag – neben der Furcht vor dem Bolschewismus – einer der Gründe sein, warum gerade das national gesonnene Bürgertum so schnell dem großen Verführer erlag.

Spottgedichte auf Juden, auf jüdische Bankiers- und Geschäftskreise machten die Runde; ich habe so etwas auch zu Hause gehört. Wir nahmen es kritiklos hin; einen Schuldigen am deutschen Elend der zwanziger Jahre mußte es ja auch geben.

Niemand war da, uns auf die mannigfache Befruchtung unserer Kultur durch jüdische Dichter, Komponisten, Schauspieler, Sänger, Maler, Bildhauer usw. hinzuweisen, niemand, der darauf aufmerksam gemacht hätte, daß rund zwölftausend jüdische Mitbürger als deutsche Soldaten im Ersten Weltkrieg für Deutschland fielen.

Nein, unser Leitbild war der deutschstämmige tapfere Kämpfer, der Ritter ohne Furcht und Tadel von germanischem Geblüt. Diese Hinwendung zu äußerlichen Merkmalen führte nicht selten zu merkwürdigen Absonderlichkeiten:

Zum Appell kam irgendwann im Jahre 1937 der neue Gebietsjungvolkführer aus Magdeburg. Seine hochgewachsene Figur mit glattem Blauaugen-Gesicht steckte in einer maßgeschneiderten Uniform. Dies vor allem, aber auch sein offensichtlich geringer Intelligenzgrad machten ihn bei allen Jungvolkführern zur Spottfigur. Da er einen ähnlichen Namen hatte, nannten wir ihn »Unmöglich«. Er kam also und besichtigte einige Fähnlein des Jungvolks in Ballenstedt. Sein Blick fiel auf einen hellblonden, blauäugigen Pimpf im dritten Glied. »So einer muß Jungzugführer werden!« sagte »Unmöglich« und wies energisch auf den blonden Knaben. Die Führer dieses Musterobjekts konnten nur mühsam ihr prustendes Gelächter verbergen: Jener so germanisch ausschauende Junge war ausgesprochen doof, seine Intelligenz weit unter dem Durchschnitt. Es lag uns damals noch fern, aus dieser lächerlichen und negativen »Führerauslese« naheliegende Denkfolgerungen zu ziehen: Was ist und was wird, wenn in den oberen Führungsetagen nach ähnlichem Muster verfahren wird?

Wir glaubten an eine neue Gemeinschaft – frei von Klassenkampf, brüderlich vereint unter dem selbst erwählten Führer, kraftvoll, antikapitalistisch, national und sozialistisch. So sollte diese neue Gesellschaft aus der Jugendbewegung erwachsen. Unser Kampf galt nun vor allem den profitgierigen »Plutokraten« und den eitlen, selbstsüchtigen Spießern. So lautete denn auch der Kehrreim eines Liedes von Werner Altendorf, HJ-Gebietsführer in Schlesien:

> »... und wenn unser Singen und Klingen
> auch dem Mucker und dem Spießer nicht gefällt –
> uns jungen Hitlersoldaten – heißa –, uns gehört die Welt!«

Im Überschwang unseres Eifers für die neue Volksgemeinschaft zogen in vielen Städten die Fähnlein und Gefolgschaften der Jugend auf öffentliche Plätze, wo die höheren Schüler unter ihnen symbolhaft ihre bunten Schülermützen verbrannten: »Weg mit diesen äußeren Abzeichen von Standesdünkel – wir sind alle Kameraden!« In Aschersleben war der Stamm von sechshundert Jungen angetreten, voran die aufgespießten Mützen der höheren Schulen. Noch bevor das Feuer entzündet werden konnte, kam ein Verbot der Polizei. Wir erfuhren, daß der Direktor des Gymnasiums der Veranlasser war; so formierten wir uns zum Protestmarsch. Der Fanfarenzug blies ohrenbetäubende Katzenmusik, während der Zug der sechshundert mehrere Runden mit mißtönender Fanfarenmusik und markigen Sprechchören vor dem Haus des Gymnasialdirektors drehte ... So massiv war die Auflehnung der Hitlerjugend gegen die althergebrachten bürgerlichen Strukturen:

> »... das Alte wankt, das Morsche fällt,
> wir sind der junge Sturm, wir sind der Sieg –
> Sprung auf, marsch, marsch –
> die Fahne auf den Turm!«

Den älteren und politisch mitdenkenden Jugendführern blieb allerdings nicht verborgen, daß sich seit dem Frühjahr 1933 ein unaufhörlicher Strom von Opportunisten, Wichtigtuern und Geschäftemachern in die NSDAP und ihre Gliederungen ergoß. Mit ihm kamen Mittelmäßigkeit, Egoismus, Kriecherei und arrogante Dummheit von rechts und von links; sie zogen ein in alle Parteiämter und spielten sich dort auf. Der Spießbürger hatte das braune Hemd übergezogen! Da sang die HJ:

»Achtung HJ,
die Roten sind bezwungen,
am Boden liegt das ganze Bonzenpack,
doch schon erhebt sich frech der fette Spießer,
der nie gekämpft und nie geblutet hat!
Ihr Bonzen, Ihr Spießer, seid auf der Hut:
Wir sind ja die alten noch heut' –
wir haben im Kampfe vergossen viel Blut
für Deutschland, doch niemals für Euch!«

Aber wir blieben Toren und Träumer, denn längst herrschten Bonzentum und Korruption schlimmer als je zuvor. Dazu wurden der Einfluß der Großindustrie, die riesige Rüstungsgewinne erwartete, und des konservativen Teiles des Offizierskorps immer größer. Sie wurden zu Hitlers entscheidenden Helfern bei seinen Eroberungsplänen und seinem antisemitischen Wahn.
Industriebosse wurden vielfach »Ehrenführer der SS« oder zumindest ihre »fördernden Mitglieder«.
So verriet Hitler den sozialistischen Inhalt seines Programms, mit dem er einst angetreten war, und auch den Frieden, den er seinem Volk versprochen hatte.
Natürlich gingen unsere Einsichten damals noch lange nicht soweit. Und wer den schleichenden Verrat fühlte, hoffte auf die Zukunft der jungen Generation. So wie wir – als wir uns auf den Schlachtfeldern wiederfanden – beteuerten: »Wenn der Krieg gewonnen ist, wird unter den Bonzen aufgeräumt ...« Vorerst aber lebten wir nach wie vor in unserer Traumwelt, zumal wir älteren Jahrgänge bereits im Reichsarbeitsdienst oder in der Wehrmacht isoliert waren. Weniger als ein Jahr nach jenem in der alten Chronik geschilderten Lagerleben mußte ich schon weitergehen auf dem vorgeschriebenen Weg: Anfang April 1937 zog ich im Barackenlager nahe Öbisfelde/Altmark die erdgrauen Kleider eines Arbeitsmannes an.
Der Reichsarbeitsdienst erschien uns damals als der Inbegriff, die Realisierung der »Volksgemeinschaft«. Denn »Volksgemeinschaft« war das Schlagwort, das für nationalen Sozialismus stand. Den Dienst mit dem Spaten an der deutschen Erde hatte jeder zu leisten, jeder wurde zum Arbeitsmann, ordnete sich in die große Gemeinschaft über Rang, Stand und Klasse hinweg ein.

»Volksgemeinschaft« sollte eben mehr sein als der gemeinsame Eintopf des ganzen Volkes am ersten Sonntag im Monat, mehr als der Inhalt von Morgenfeiern – das war gelebte Kameradschaft. Die, die davon brutal ausgeschlossen waren, die in finsteren Konzentrationslagern entwürdigt wurden, sah man nicht ... Auf den Straßen feierte das Volk; Wissenschaftler, Künstler, Schauspieler mit berühmten Namen feierten mit und sammelten fürs Winterhilfswerk. Fahnenwälder waren die Kulisse, Marschmusik die Melodie, die dann bald zum Totentanz aufgespielt wurde.

Wir Arbeitssoldaten aber sahen uns als Repräsentanten und Künder des Friedens, denn unsere Waffen waren die Spaten, unser Auftrag war die Verbesserung der ökonomischen und ökologischen Substanz. Ideologische Schulung blieb meist auf der Strecke – dazu wären die Unterführer ohnehin kaum imstande gewesen.

Schon während der Elendsjahre gab es einen freiwilligen Arbeitsdienst, der manchem Arbeitslosen eine primitive Existenzgrundlage und seelischen Halt gab. Mit der Arbeitsdienstpflicht reduzierte sich das Millionenheer der Arbeitslosen; auch die Führerschaft des Reichsarbeitsdienstes bestand zum Teil aus Arbeitslosen. An ihrer Unzulänglichkeit litt der Arbeitsdienst nicht unerheblich. Das etwas lächerliche und absurde Spatenexerzieren mag man für überflüssig halten, aber nichts ändert sich an der Tatsache, daß die Kraft von Millionen junger Menschen für die Gemeinschaft nutzbar gemacht wurde, daß ein Gemeinschaftsgefühl ohnegleichen entstand.

Es mag auch heute noch eine großartige Utopie sein, davon zu träumen, daß die jungen Männer in aller Welt mit Spaten statt mit tödlichen Waffen ausgerüstet werden. Hitler aber hatte sich für den Krieg entschieden. Damit zerplatzte auch sein Reichsarbeitsdienst wie eine Seifenblase. Arbeitsmänner zogen bald hinter der kämpfenden Truppe her, um die Vormarschstraßen in Ordnung zu halten, Stellungen auszubauen oder Knüppeldämme anzulegen, um so der furchtbaren Kriegsmaschine ein willkommener Helfer zu sein.

So blieb nur die Erinnerung an die Armee mit dem Spaten, die einer friedlichen Zukunft entgegenzuziehen schien: »... unsere Spaten sind Waffen des Friedens.«

Mit dem knapp zwei Wochen nach Entlassung aus dem Reichsarbeitsdienst beginnenden Dienst in der Wehrmacht vollendete sich der Weg, den man mir wie meiner ganzen Generation gewiesen hatte. Diesen Weg hatte Hitler in einer seiner Reden so umschrieben:

»... Diese Jugend lernt ja nichts anderes als deutsch denken, deutsch handeln. Wenn diese Knaben mit zehn Jahren in unsere Organisation hereinkommen und dort oft zum ersten Mal überhaupt eine frische Luft bekommen und fühlen – dann kommen sie vier Jahre später vom Jungvolk in die Hitlerjugend, und dort behalten wir sie wieder vier Jahre. Und dann geben wir sie erst recht nicht zurück in die Hände unserer alten Klassen- und Standeserzeuger, sondern dann nehmen wir sie sofort in die Partei, in die Arbeitsfront, in die SA oder SS, in das NSKK und so weiter.

Und wenn sie dort zwei Jahre oder anderthalb Jahre sind und noch nicht ganze Nationalsozialisten geworden sein sollten, dann kommen sie in den Arbeitsdienst und werden dort wieder sechs bis sieben Monate geschliffen, alles mit einem Symbol, dem deutschen Spaten. Und was dann noch nach sechs oder sieben Monaten an Klassenbewußtsein oder Standesdünkel da oder da noch vorhanden sein sollte, das übernimmt dann die Wehrmacht zur weiteren Behandlung für zwei Jahre, und wenn sie nach zwei, drei oder vier Jahren zurückkehren, dann nehmen wir sie – damit sie auf keinen Fall rückfällig werden – sofort wieder in die SA, SS und so weiter – und sie werden nicht mehr frei ihr ganzes Leben ...«

Diese Sätze versteht man heute so, wie sie wohl auch gemeint waren: als die zynische und brutale Verkündung der vom Diktator verordneten lebenslangen Unfreiheit.
Als ich damals als junger Mann diese Rede hörte, verstand ich sie wie Millionen meiner Altersgefährten gänzlich anders – ganz in unserem Sinn:
Gläubige Hitlerjungen hatten von dem Begriff »Freiheit« ihre besondere Vorstellung. Für sie war Freiheit der innerlich frei vollzogene und stets freiwillige Dienst am Volk. Das klang damals so:

»Frei sind wir immer!
Frei haben wir uns den Führer gewählt und ohne Zwang uns zum Reich bekannt. Frei sind wir gekommen und haben in Freiheit den Eid geschworen!

Was jene Freiheit nennen, die sich ausleben, nennen wir
Schwachheit,
was jene Freiheit nennen, die sich ausschreien, nennen wir
Dummheit.
Unsere Freiheit heißt: Gehorsam, Zucht, Treue!
Unsere Freiheit heißt Dienst!«

(Sprechchor der Hitlerjugend)

Abgesehen von solcher uneingeschränkten Unterwerfung unter den
Willen des Führers – Hitlers so zum Ausdruck gebrachter Plan blieb
eine Utopie.

In den wenigen Friedensjahren des Dritten Reiches war es immer
nur ein verhältnismäßig geringer Teil der Bevölkerung, der sich irgendeiner Gliederung der NSDAP anschloß. Zwang wurde zwar
hier und da moralisch ausgeübt, wurde aber im großen und ganzen
nicht effektiv. Zudem: Hitlers Krieg machte solche Zukunftspläne
ohnehin sehr schnell zunichte. Für mich folgte auf die Jahre jugendlichen Überschwanges mit grenzenloser Begeisterung in der Hitlerjugend die Ernüchterung im Reichsarbeitsdienst und dann unter
dem Stahlhelm der Wehrmacht. Aber fast bis zum Ende sagte ich
mir – und dachte wie Millionen: »Zähne zusammenbeißen und
durch! Du tust es für Deutschland ...«

Aufzeichnungen 1937
April bis Oktober 1937:
Beim Reichsarbeitsdienst (RAD)

Hymne des Reichsarbeitsdienstes:

>»Gott – segne die Arbeit und unser Beginnen,
>Gott – segne die Spaten mit blankem Schein,
>Werk uns'rer Hände – laß es gelingen,
>denn jeder Spatenstich, den wir vollbringen,
>soll ein Gebet für Deutschland sein ...!«

Der Drömling:
Sumpfniederung im Südwesten der Altmark, neunhundert Quadratkilometer, etwa sechzig Meter über dem Meeresspiegel, durch Trockenlegung, mit der Friedrich der Große begann, in Wiese und Weide (Pferde- und Rinderzucht) umgewandelt. Im Dritten Reich setzt der Reichsarbeitsdienst die Bodenverbesserungsarbeiten fort. Öbisfelde in der Altmark ist die Endstation des Zuges, der mich mit über hundert Gefährten zum Einsatzort als Arbeitsmann bringt.
Von da geht's zu Fuß durch die stille, im April noch graue und flache Landschaft nach Röwitz, einen Flecken, dessen einfache, niedrige Häuser man schnell zählen kann.
Schließlich empfangen uns die hölzernen graugrünen Einheitsbaracken des Reichsarbeitsdienstes, Abteilung 2/132. Der Ort ist von hier nicht mehr auszumachen, ringsum gähnt die weite Flur, hier und da von einer Baumgruppe unterbrochen.
Oberstfeldmeister Mühl, der Abteilungsführer, erwartet die Ankömmlinge zusammen mit seinen Truppführern und Feldmeistern, die uns mit eiserner Miene entgegensehen. Das Lager ist angeordnet wie jedes der vielen RAD-Lager im Reich: In weitem Rechteck umstehen die Baracken einen Platz, der mit einem steinernen Becken und kargen Grünpflanzen ausgestattet ist. In der Mitte steht der Mast mit der Fahne des Reichsarbeitsdienstes. Auch das hölzerne Lagertor zeigt oben das geschnitzte Emblem, den Spaten mit Hakenkreuz und zwei Ähren.
Mir ist etwas beklommen zumute. Am Vormittag noch hat mich der Quedlinburger Fanfarenzug des Jungvolks zum Bahnhof begleitet

und mir ein Abschiedsständchen gebracht. Jahre froher, ausgelassener Jugendaktionen in den weiten Harzwäldern liegen hinter mir. Und nun stehe ich in der Einöde des Drömlings, werde sofort vom Truppführer angeschrien und mit sechzehn Kameraden in einem der mehr als einfachen Mannschaftsräume untergebracht.

Der Ton der Truppführer ist im allgemeinen rüde, gänzlich neue und unbekannte Schimpfworte und Bezeichnungen werden laut, Ausdrücke, die uns »reine Toren« von der HJ erröten lassen und die so gar nicht in unsere Idealvorstellungen vom Dienst mit dem Spaten passen wollen. Aber: »Landgraf werde hart!« Und eine härtere Schule als dieser Arbeitsdienst ist kaum denkbar.

Auch hier werden wir auf die Fahne vereidigt, müssen wir dem Führer aufs neue Treue und Gehorsam schwören. Feierliche Gelöbnisse und Lieder spielen auch beim Reichsarbeitsdienst trotz aller Nüchternheit eine große Rolle.

Diese Gemeinschaft von Arbeitsmännern ist etwas Erstmaliges. Aus allen Schichten kommen wir hier zusammen und ringen dem Boden durch harte Arbeit höhere Erträge ab. Oft singen wir das Lied, das diesen neuen Pflichtarbeitsdienst im Dritten Reich kennzeichnet:

> »Unsere Spaten sind Waffen des Friedens,
> unsere Lager sind Burgen im Land;
> gestern in Klassen und Stände geschieden,
> gestern der eine den ander'n gemieden –
> graben wir heute gemeinsam im Sand –
> treu dem Befehl des Führers ...«

Zwei Spaten werden jedem Mann ausgehändigt: der Arbeitsspaten und der Exerzierspaten. Stumpf von den Erdarbeiten der erstere, glänzend und blitzend, weil täglich gewienert, der zweite.

Die Arbeit und das Leben im Barackenlager sind körperlich und auch seelisch härter, als wir uns das vorgestellt haben.

Früh um vier 'raus aus den Betten zum ausgiebigen Geländelauf mit Frühsport, dann Waschen, Frühstück, feierliche Flaggenhissung – und schon um fünf Uhr geht es im Arbeits-Drillichzeug mit geschulterten Arbeitsspaten zur Einsatzstelle.

Täglich ist es die gleiche, anstrengende Akkordarbeit: In einer Tiefe und Breite von jeweils etwa drei Metern werden Gräben ausgehoben, wobei jedem Arbeitsmann ein gleich großer Arbeitsabschnitt zugeteilt wird. Der Boden besteht in den oberen Schichten aus Moor und Schlick, in den unteren aus Sand, oft aber ist er durchsetzt mit schweren Gesteinsbrocken. Schlick und Sand werden nach dem Aushub rechts und links vom Graben planiert. Auf diese Weise wird der Boden angereichert und bringt Rekordernten. Aber die Arbeit ist schweißtreibend, denn die einmal angefangenen Gräben müssen am gleichen Tag fertiggestellt sein, sonst ersaufen sie im schnell steigenden Grundwasser. Ob also der Boden leicht oder infolge der Steine schwer zu bearbeiten ist – in jedem Fall muß der Grabenabschnitt fertig werden, muß jeder das ihm zugewiesene Stück schaffen.

Der Sommer 1937 ist heiß, die Sonne brennt an jedem Tag. Wir arbeiten halbnackt, der Schweiß läuft in Strömen an uns herunter, der Durst ist quälend. Der Tee in der Feldflasche muß für den Arbeitstag reichen – das ist knapp, Rationierung daher erforderlich, und das heißt wiederum: Beherrschung. Noch nie hat mir ein fader Tee so gut geschmeckt, habe ich so danach gelechzt wie in diesen Wochen und Monaten.

Mit solcher Arbeit völlig unvertraut, gibt es an den Händen Risse und Schwielen, Blasen und Abschürfungen. Wir sind sehr bald total erschöpft, denn es gibt täglich bei der Arbeit nur eine kurze Pause. Und die Truppführer passen mit Argusaugen auf, daß niemand ein »Arbeiterdenkmal« baut.

Mit weichen Knien, aber erleichtert, daß das Tagespensum wieder mal geschafft ist, treten wir den Rückmarsch an. Das Singen fällt jetzt ebenso schwer wie der ganze Marsch zurück zur Unterkunft. Nach dem Mittagessen – es gibt sehr häufig Kartoffelsuppe – und einer kurzen Schlafpause wird schon wieder im sauberen Drillichzeug (erste Garnitur) und dem blinkenden Exerzierspaten angetreten. Und dann werden die müden Körper erneut beim Spatenexerzieren traktiert. Nie hab' ich geahnt, was man mit so einem Spaten alles anfangen kann: »Spaten über«, »Spaten ab«, »Präsentiert den Spaten« usw. – hinlegen mit Spaten, über die Eskaladierwand mit Spaten – da bleibt wenig von euphorischer Feierstimmung.

Aber trotz allem – wahrscheinlich gerade wegen der gemeinsam ertragenen Strapazen – wächst schnell das Gefühl kameradschaftlicher Zusammengehörigkeit. Die Lieder, die wir in aller Herrgottsfrühe beim Ausmarsch singen, klingen von Woche zu Woche fröhlicher, und bald fühlen wir uns ganz und gar als Räder in einem großen, gemeinsamen Werk. Wir wissen ja: Hier in der kargen Landschaft des Drömlings liegt ein Arbeitsdienstlager neben dem anderen – Tausende sind wie wir dabei, das Land fruchtbarer zu machen. So erleben wir hier, was wir unter »Volksgemeinschaft« verstehen. Und wir setzen unseren Begriff vom nationalen Sozialismus in die Tat um: Alle sind wir gleich beim Dienst für unser Volk, niemand wird nach Herkunft oder Stand gefragt, arm und reich – wen interessiert das schon –. Dünkel, Klassenbewußtsein, Neid und Bequemlichkeit sind auf der Straße geblieben. Dies ist der Weg vom »Ich« zum »Wir«.

Daß hier dem Bauern unter die Arme gegriffen wird, daß im Drömling bald mehr Getreidehalme zur Erntezeit im Winde wogen als je zuvor – das zu wissen, läßt uns die Härte der Arbeit, die Sturheit mancher Unterführer leichter ertragen.

Bei den Nürnberger Reichsparteitagen erregt der Reichsarbeitsdienst besonderes Aufsehen.

In diesem Jahr stellt auch unsere Abteilung einen kleinen Trupp für Nürnberg ab. Er besteht aus ausgesuchten, gutgewachsenen Männern, die nun eigens für den Reichsparteitag gedrillt werden.

Später höre ich von Augenzeugen über den RAD-Aufmarsch Berichte, die ahnen lassen, wie nachhaltig die Kundgebung auf alle Teilnehmer und Gäste, vor allem aber auf die zahlreich anwesenden Ausländer, gewirkt hat.

Da waren Zehntausende stattlich aussehender Arbeitsmänner mit geschulterten Spaten aufmarschiert. Ringsum wehten die Fahnen mit dem Emblem des Arbeitsdienstes. Als Fanfaren das Nahen des Führers ankündigten und das Kommando »Präsentiert den Spaten!« erschallte, kehrten sich urplötzlich und blitzartig über zehntausend blank geputzte Spatenblätter der Sonne zu, so daß sie aufleuchteten und fast die Augen der Zuschauer blendeten – gleichzeitig erscholl die Hymne des Reichsarbeitsdienstes, während Hitler auf der Kanzel die Meldung des Reichsarbeitsführers Hierl entgegennahm.

Auf den Tribünen hielt man den Atem an, bei nicht wenigen steigerten sich die Gefühle von Verzückung bis zur Hysterie. –

Längst sind wir eine wirkliche Lagergemeinschaft geworden, die

Arbeit ist mittlerweile Routine. In der Freizeit wird gespielt und gesungen. Ein junger Schauspieler aus Thale/Harz übt mit einigen Gefährten Shakespeares »Sommernachtstraum« ein, der dann auch mit vollem Erfolg aufgeführt wird.

Ein dumpfes Bangen und Ahnen spüren wir in diesen Wochen: In Spanien wird gekämpft. Unsere Luftwaffe ist dabei, den Weg für General Franco freizubomben. Da wird das Panzerschiff »Deutschland« von der Bombe eines roten Flugzeuges getroffen, es gibt Tote, und auf einmal ist die Drohung eines Krieges auch über uns. Wir sind voller Spannung: Wie wird Hitler antworten?

In Berlin lockt gerade eine große Ausstellung, die Hitlers Friedenswerk, die machtvolle Gegenwart und die Zukunft dokumentieren will, sie hat als Titel Hitlers Appell: »Gebt mir vier Jahre Zeit!«

Auch unsere Abteilung macht sich per Bahn auf den Weg zur Reichshauptstadt.

In den Straßen Berlins, auf dem Weg zur Deutschlandhalle, ist es auch, wo wir durch Flugblätter von der Vergeltung des Reiches erfahren: Hitler hat den Befehl gegeben, den rotspanischen Kriegshafen Ibiza zu bombardieren. Weitere Konsequenzen scheint es nicht zu geben – wir atmen auf und widmen uns nun gelöst den riesigen Fotos von der wirtschaftlichen, politischen und militärischen Wiedergeburt des Reiches. Wir haben Grund, stolz zu sein! Wie ein weiteres Fanal deutscher Stärke erscheinen am Himmel die riesigen Zeppeline »Hindenburg« und »Graf Zeppelin« und ziehen ihre Runde über jubelnden Menschenansammlungen, während die Zeppelin-Fanfaren weit über die Stadt schallen. Solche Eindrücke geben Kraft für die harte Arbeit in den Gräben des Drömlings.

Für das Ende der Arbeitsdienstzeit habe ich mir etwas Besonderes vorgenommen:

Es soll einen dreitägigen »Marsch durch den Harz« geben. Unsere angesichts der Monotonie der kargen Landschaft und der kräftezehrenden Eintönigkeit der Arbeit wirklich nicht verwöhnte Abteilung wird meine schöne Heimat, den Ostharz, kennenlernen, das wildromantische Bodetal, die idyllischen Städtchen am Harzrand; die Männer werden mit der Bevölkerung ihre »Manöverbälle« haben und sollen überall fürstlich empfangen werden.

Auf einer kurzen Vorbereitungsfahrt mobilisierte ich die jungen

Führer meiner einstigen Jungbanne, die eifrig Quartier machten und alle organisatorischen Vorbereitungen trafen.

So kommt es, daß wir drei unvergeßliche Tage im Harz erleben. Nach tagelangen Vorbereitungen fahren wir im Sonderzug den Harzbergen entgegen – die Uniformen sauber gebürstet, die Spaten blitzblank gewienert.

Es wird ein rauschendes Fest der Gemeinsamkeit und der Zusammengehörigkeit. Schon auf den Bahnhöfen, die wir durchfahren, sind Einheiten des Jungvolks angetreten, wehen ihre Wimpel und Fahnen, erklingen die Willkommenssignale ihrer Fanfaren.

Beim Empfang in Thale, bei dem uns die Kolonnen der HJ durch die Stadt begleiten, werden Blumen über Blumen auf uns geworfen. Das treibt manchem Arbeitsmann die Tränen in die Augen. Mädchen flanieren mit dem Zug und schauen sich nach ihrem Partner für den Tanz am Abend um – die halbe Stadt scheint auf den Beinen –, wir ziehen sie Spaten vorschriftsmäßig an und stolzieren mit eiserner Miene durch das Spalier.

Am Abend singen wir unsere Lieder. Hitlerjugend, Arbeitsmänner – jung und alt –, alle sind wir eins. Die Bevölkerung weiß unser Tun zu schätzen, ihre Anerkennung und Zustimmung versöhnt uns längst mit der Härte unserer Arbeit.

Gefeiert und getanzt wird auch am nächsten Abend in dem schmukken Harzstädtchen Ballenstedt. Dort bildet der Bund Deutscher Mädchen ein Spalier, als wir, von den Bergen kommend, einmarschieren. So viele hübsche, sportliche Mädchen, die sich fröhlich den Arbeitsmännern zuwenden, lassen bei diesen leicht Verlegenheit aufkommen. Aber eingekeilt in ihre Marschkolonne, den Blick geradeaus gerichtet, werfen sie sich in die Brust und tun, als rühre sie diese winkende, blumenspendende BDM-Schar überhaupt nicht an.

Am Nachmittag dieses Tages hatten wir oben auf der Jungbannwiese bei Friedrichsbrunn gestanden, begrüßt von Fanfarenbläsern auf dem Lagertor, begleitet von jungen Pimpfenführern, die mit uns eine Feierstunde im Angesicht der ragenden Tannen gestalteten. Sie gipfelte in dem Appell des Arbeitsdienstes: »Jungen, bewahrt euch eure Begeisterung und euren Idealismus, wenn ihr nun bald unsere Spaten in eure Hände nehmt, um harte Arbeit für unser Volk zu leisten!«

Nun sind wir vor dem Ballenstedter Rathaus angetreten und werden vom Bürgermeister und dem Ortsgruppenleiter der NSDAP feierlich begrüßt. Dann geht's ab in die Quartiere zu netten Leuten, die alles daransetzen, ihre »Drömlingskosaken« zu mästen.

Auch hier am Abend wieder Blasmusik, Jugendfanfaren, feierliche Worte und Lieder – und dann Tanz bis in die Morgenstunden.

Als am Tage darauf die RAD-Abteilung 2/132 auf dem Bahnhof Abschied nimmt, ist dort alles schwarz von Menschen. Auf dem Bahnsteig drängen sich Pimpfe in Braunhemden, Mädchen in den weißen Blusen des BDM und die Quartiereltern im Sonntagsstaat. Viele Arbeitsmänner haben Blumen im Knopfloch. Nun schallt aus den Abteilfenstern ihr Lied:

> »Drömlingskosaken werden wir genannt,
> sind im ganzen Drömling wohlbekannt,
> wir arbeiten hart den ganzen Tag –
> Drömlingskosak, Drömlingskosak!«

Wir sind geradezu berauscht von diesen Tagen, da uns die Bevölkerung so deutlich ihre Zuneigung und Sympathie bekundet hat, berauscht von den Mädchen und den Blumen, die sie uns gaben, und von der liebevollen Betreuung in den Quartieren ...

Diese Begeisterung hat auch jene Männer angesteckt, die sich offensichtlich nicht zum Nationalsozialismus bekennen. Noch vor kurzem hat mir einer meiner Stubenkameraden, der offen zugab, noch Kommunist zu sein, anvertraut, daß er nichts, aber auch gar nichts von unserer »Volksgemeinschaft« halte. Nach wie vor sei die Wirklichkeit vom Klassenkampf bestimmt. Der Arbeiter würde noch mehr als vorher ausgebeutet, zudem würde er gezwungen, »Kanonen statt Butter« zu produzieren – und das würden Waffen gegen die Genossen in der Sowjetunion sein. Jetzt aber, in diesem auf der Rückfahrt befindlichen Sonderzug, der von fröhlichem Lärm erfüllt ist, hat auch er eine Blume im Knopfloch und scheint sichtlich bewegt. Und ich frage ihn: »Hast du sie nun gespürt – die nationalsozialistische Volksgemeinschaft?«

Die Arbeitsdienstzeit wird wegen der Erntehilfe um vier Wochen verlängert.

Ich werde in diesen letzten Wochen nach Potsdam zur Reichsjugendführerschule beordert, ziehe also meine Bannführer-Uniform an und verlebe dort – im Haus an der Glienecker Brücke – erlebnisreiche Tage.

Mussolini ist gerade zum Staatsbesuch da. Wir stehen auf der Treppe der Technischen Hochschule in Berlin und beobachten fasziniert den Vorbeimarsch der Wehrmacht an Adolf Hitler und seinem italienischen Gast. Am Abend sind wir im Olympiastadion dabei, als die befreundeten Staatsmänner unter einem von der Flugabwehr gebildeten Scheinwerferdom ihre Reden halten und versichern, daß die beiden Völker durch nichts mehr auseinanderzubringen seien. Der Frieden scheint gesichert. Bewegt lauschen wir dem anschließenden Konzert von einem riesigen Musikkorps unserer Wehrmacht, während über uns die Strahlen der Scheinwerfer wie Finger über den Nachthimmel tasten. Zwei Tage danach fahren die Teilnehmer an diesem Lehrgang der Reichsjugendführerschule in Bussen an die Ostgrenze, nach Schlesien und Oberschlesien. Wir erleben die Not dieser Grenze, schauen hinüber in deutsches Land, das nun die Polen beherrschen, und gedenken der Abstimmung in Oberschlesien kurz nach dem Krieg, bei der sich über neunzig Prozent der Bevölkerung spontan für Deutschland entschieden.

Zurück im Lager der Arbeitsdienstabteilung, werde ich zum »Vormann« befördert. Dann werden wir entlassen. Schon in einer Woche werde ich mich beim Infanterie-Regiment 12 in Halberstadt zum Dienstantritt zu melden haben.

Aufzeichnungen 1939
Von der Truppe ins letzte Friedens-Zeltlager der HJ –
»In den Ostwind hebt die Fahnen ...«

Nie im Leben werde ich wohl jene Geräusche vergessen, die zu jedem der zahlreichen Übungsmärsche gehören, zu denen wir im Frühjahr und Sommer dieses Jahres 1939 mehrmals in jeder Woche antreten müssen: Das harte Knallen der benagelten Stiefel auf Asphalt und Pflaster, das Trappeln der Pferde, das Klappern ihrer Hufe und hinter ihnen das Geräusch der gummibereiften Gefechtswagen; hin und wieder muß gesungen werden, dann erschallt aus rauhen Kehlen eines der alten oder neuen Soldatenlieder:

> »Im ganzen Land marschieren
> nun Soldaten –
> Helm und Gewehre bereit ...«

Die Sonne brennt heiß, der Schweiß läuft am Körper herab. Dann wird »Marscherleichterung« befohlen, die obersten Knöpfe der Feldbluse werden geöffnet, der Stahlhelm abgenommen. Aber immer noch schwer hängen am Koppel die Gasmaske und das Seitengewehr.
Marschieren, marschieren. Vorn reitet der Kompaniechef und läßt ab und zu die Männer an sich vorüberziehen. In den Dörfern, durch die wir ziehen, reichen uns Frauen Wassereimer. Wir begießen uns gegenseitig mit dem erfrischenden Naß. Es geht weiter in der glühenden Hitze, wir träumen von eiskaltem Bier. Hin und wieder sackt einer am Straßenrand zusammen und muß von den Sanis versorgt werden.
Auch meinen Rekrutenunteroffizier, »Schnauze« Schmidt, werde ich so bald nicht vergessen, wie er uns hinaufscheucht auf die Höhen des Übungsgeländes in den Spiegelsbergen bei Halberstadt. Ich habe in beiden Händen die Munitionskästen fürs Maschinengewehr, prall gefüllt mit den schweren Geschossen, ich keuche damit bergauf, die Knie versagen den Dienst, die Pumpe hämmert bis zum Hals.
Aber da oben steht, die Arme verschränkt, mein Unteroffizier und schreit: »Los, los, keine Müdigkeit vorschützen, reißen Sie sich zu-

sammen!« Mancher läuft schon blau an, aber es gibt keine Scho-
nung. Abends kommt Schnauze Schmidt in die Stube, setzt sich gemütlich zu uns und lacht und scherzt und singt mit uns wie ein guter
Kamerad. So mancher meiner Vorgesetzten bei der 11. Kompanie
vom Infanterie-Regiment wird mir in der Erinnerung bleiben: der
schon recht ältliche Kompaniechef Major von Petersdorff, der sich
selten blicken läßt, der junge Rekrutenleutnant – schneidig, schneidig –, der uns in der dritten Person, wie weiland der Alte Fritz, anre-
det, oder der Feldwebel, der mich bei jeder Gelegenheit anschreit:
»Sie Bulle, Sie!«
Man gewöhnt sich daran, zumal die Gemeinschaft mit den Kameraden über vieles hinweghilft – und schließlich rückt der Tag der Entlassung näher. Im September ist es soweit.
Im November 1937 begann mein Dienst im feldgrauen Ehrenkleid.
Da begrüßte uns junge Rekruten der Regimentskommandeur, ein
kleines dünnes Männchen mit einer krächzenden, kaum verständli-
chen Stimme und dem riesigen Weltkriegs-Stahlhelm auf dem Kopf.
Rund anderthalb Jahre hinter Kasernenhofmauern liegen hinter
mir: ein Jahr beim III. Bataillon in Halberstadt, wo auch der Regi-
mentsstab liegt. Jetzt in Blankenburg am Harz beim I. Bataillon, wo
die Kompanie von einem jungen Adligen – Benno von Bonin – geführt wird – für mich der Prototyp des deutschen Offiziers, untadelig, diszipliniert, streng und gerecht.
»Draußen« ist seit meiner Einziehung viel geschehen: die Lösung
der »Sudetenkrise«, der bejubelte Einmarsch in Österreich und
schließlich – im März dieses Jahres – der Einzug in Prag, die Grün-
dung des »Protektorats Böhmen und Mähren«.
Immer haben wir in den Kasernen Gewehr bei Fuß gestanden; der
Urlaub wurde gesperrt, es gab Alarmbereitschaft. Und immer erst
danach erfuhren wir über das Rundfunkgerät oder in den Unter-
richtsstunden von dem, was Geschichte gemacht hat.
Hin und wieder wurde auch angetreten zum Großen Zapfenstreich. Die Fackeln brannten, das Gebet erklang und nach den
Nationalhymnen das »Sieg Heil« auf den Führer. In den Straßen
der Garnisonstadt feierte die Bevölkerung, marschierten SA, SS
und HJ auf, überall sind die Sprechchöre: »Ein Volk – ein Reich –
ein Führer!« und »Wir danken unserem Führer!« Wir aber marschieren, üben, schießen auf dem Stand und werden gedrillt zur

besten Armee der Welt. Um auf die nach meiner bald beendeten Wehrdienstzeit wieder beginnende Arbeit mit und an der Jugend vorbereitet zu sein, hat mich die Gebietsführung der HJ vom Regiment angefordert. Ich soll von 11. bis 21. Juli 1939 ein Zeltlager in Klötze/Altmark übernehmen, das ausschließlich von Spezialeinheiten der Hitlerjugend belegt sein wird, von Motor-, Nachrichten-, Marine- und Flieger-HJ. Am 6. Juli nehme ich dazu Urlaub und tausche den feldgrauen Rock – jetzt mit Unteroffiziersklappen – mit der HJ-Uniform.

Am Grabe Albrechts des Bären, mit Otto I. einer der Vorkämpfer im Ostland, eröffnet der Jugendführer des Reiches, Baldur von Schirach, feierlich die diesjährigen Zeltburgen der Jugend im HJ-Gebiet Mittelelbe. Im illuminierten Schloßpark zu Ballenstedt steht am Abend die Feier im Zeichen des Ostlandfahrers. Fahrtengruppen sind schon unterwegs nach Ostpreußen, Schlesien und Oberschlesien.

Hier geht der Ruf an die schweigende Versammlung der Mädel und Jungen: »In den Ostwind hebt die Fahnen!« Die Musik fällt ein und der Chor der HJ:

»In den Ostwind hebt die Fahnen,
denn im Osten steh'n sie gut,
dann befehlen sie zum Aufbruch
und den Ruf hört unser Blut.
Und ein Land gibt uns die Antwort
und das trägt ein deutsch' Gesicht –
dafür haben viel geblutet
und drum schweigt der Boden nicht!«

An den Fahnentüchern zerrt der Wind. Die Stimme des Sprechers:

»Volk will zu Volk!
Ein Opferstrom soll alle Herzen einen –
hoch über *einem* deutschen Dom
soll Gottes Sonne scheinen!«

Musik und Chor: »Nach Ostland wollen wir reiten ...« Fackelschein zuckt über das Grün der Bäume im Park. Unsere Herzen sind aufgeschlossen, wir fühlen uns eins mit den Deutschen jenseits der blutenden Grenzen, die auf den Einzug des Führers warten:

76

»So wollen wir Dich einst begrüßen
in unserm lieben Heimatland:
Wohin Du kommst, wird Dir zu Füßen
ein Blumenteppich ausgespannt,
und an den Fenstern, in den Gängen
werden die bunten Kränze hängen ...!«

Ganz auf den Osten ist in diesem Jahr die Sommerarbeit der Hitlerjugend ausgerichtet.
Am nächsten Tag, 10. Juli 1939, marschieren vierzigtausend Hitlerjungen in Magdeburg auf. Sie tragen die Teilnehmerplaketten mit
dem Kopf Ottos I.
Von den Türmen der Kirchen schmettern Fanfaren ihre Grüße, die
Musikzüge der HJ antworten, überall ist ein Singen und Klingen.
Baldur von Schirach spricht, seinen Worten folgt ein Sprechchor aus
tausend jugendlichen Stimmen:

»Horcht auf!
Es schmettert mit Eisenkraft
das Horn durchs Land!
Der mit uns Jungen die Freiheit schafft –
der Mann erstand!«

Dann marschieren sie an ihrem Reichsjugendführer vorbei. Ich fah-
re weiter nach Klötze, einem kleinen Städtchen in der Altmark, wo
ich vor zwei Jahren als Arbeitsmann schuftete.
Von einer die kleine Stadt überragenden Höhe leuchten weiße
Spitzzelte.
Hier kommen etwa vierhundert Hitlerjungen aus den verschiedenen Spezialeinheiten der Hitlerjugend unseres Gebietes zusammen.
Sie reisen aus allen Teilen des Gaues an, aus Magdeburg, Dessau,
Halberstadt, aus Stendal, Zerbst und Köthen. Singend ziehen sie in
die Zeltburg auf dem Zinnberg ein.
Als das Abendrot heraufzieht, sind sie alle in den Zelten unterge-
bracht. Ich atme tief durch: Dies alles ist mir so vertraut – die Zelte
in der Landschaft, der Duft nach Holzfeuer, die Flagge der HJ über
allem und das fröhliche Lachen der Jungen. Sie haben mit Mühe und
Sorgfalt Figuren und Sprüche in den Sand vor ihren Zelten gebaut.
Erster Abend im Lager. Der Himmel ist sternenübersät, unterhalb
des Zinnbergs flimmern die Lichter der kleinen Altmarkstadt. Die

junge Mannschaft wird von mir begrüßt. Da die diesjährige Zeltlager-Aktion unter dem Zeichen des deutschen Ostens steht, ist auch die erste Ansprache darauf ausgerichtet: »Die Zukunft Deutschlands liegt im Osten – dafür sollt ihr stark und bereit sein ...«

In der Nähe stehen die Baracken einer Truppführerschule des Reichsarbeitsdienstes. Von da kommen Harmonikaklänge.

Später gehe ich durch die Zelte, wünsche allen eine gute Nacht und stelle bei dieser Gelegenheit fest, daß das Lager mit vierhundertzwanzig Jungen voll belegt ist.

Gemeinsam mit einigen der angereisten Schar- und Gefolgschaftsführer organisiere ich das Notwendige, teile die zuständigen Unterführer ein und lege den Dienstplan für den nächsten Tag fest.

Ein Fortschritt: Dieses Lager hat sogar eine Lautsprecheranlage! Wie oft habe ich mich früher in den Zeltlagern auf der Jungbannwiese heiser geschrien, weil jede elektrische Unterstützung fehlte. Jetzt kann ich fast flüstern, die Lautsprecher tragen meine Stimme in jeden Winkel des Lagers.

Durch diese Stimme werden am frühen Morgen die Schläfer hochgerissen und zum Appellplatz gerufen. Dann geht's ins Wasser des nahen Freibads. Auch da gibt es vertraute Geräusche – prusten, jubeln, schreien ... Die Sonne bleibt uns während der folgenden Tage treu. Morgens geht's ins Wasser. Die Feldküchen dampfen, der Duft nach dem Morgenkaffee durchzieht die Zeltgassen. Aus dem Lautsprecher kommt Musik. Dann wird gefrühstückt, anschließend gehe ich von Zeltgruppe zu Zeltgruppe und unterhalte mich mit den Jungen. Beim Abmarsch ins Gelände wird das Lagertor passiert, die Jungen auf den Krafträdern knattern hinterher. Ein LKW der Wehrmacht wird abgeladen. Da kommen Kabel, Stangen zum Legen einer Fernsprechleitung und weiteres Übungsmaterial zum Vorschein.

Nach der Mittagspause ist Liederstunde, da klingen unsere Kampf- und Fahrtenlieder ebenso auf wie alte Volksweisen.

Am Abend sitzen wir wieder ums Lagerfeuer. Das ist die Stunde, die einer Andacht gleicht.

Eines Tages besucht uns der Kreisleiter von Klötze, geht die Front der Lagermannschaft ab und singt mit ihr dann gemeinsam unsere Lieder. Er läßt sich anstecken von der freien Fröhlichkeit hier im Lager und meint vielsagend: »Hier ist die Luft noch rein!« Geländespiele, Balgereien, deren Opfer ich auch dann und wann bin, lösen den strengen Dienst ab.

Am Sonntag, 17. Juli 1939, steigt der große Lagerzirkus, angekündigt von der örtlichen Presse und von vielen Menschen besucht.

Zu diesem Höhepunkt des Lagerlebens besteht die Wache am Lagertor aus fünfundzwanzig ausgesuchten Lagerteilnehmern. In schnurgerader Reihe stehen im Lager die Krafträder, genau ausgerichtet. Auch das Nachrichtenmaterial ist in mustergültiger Ordnung ausgestellt. Ein Kleinkaliber-Schießstand ist eingerichtet, auch ist geplant, zur Schau Fernsprechleitungen innerhalb kürzester Zeit zu legen. Flugmodelle würden starten, dazu soll ein zünftiger Sportbetrieb die Besucher begeistern.

Als Höhepunkt des Tages aber wird ein »Stoßtruppredner« der Partei aus Plauen erwartet. Er soll als »alter Kämpfer« und Träger des Goldenen Parteiabzeichens zu den Jungen sprechen.

Was ist dies für ein schöner Sonntag auf dem Zinnberg! Als dann noch gegen Mittag ein herrlicher Duft nach Gulasch übers Lager zieht, ist das Vergnügen doppelt groß.

Alles verläuft nach Plan. Menschen kommen zuhauf, ein langer Strom zieht von der Stadt hinauf zu den Zelten – Bauern, lachende Mädchen, besorgte Mütter – alle schieben sich durchs Lagertor.

Auch der Stoßtruppredner kommt und staunt über die beachtlichen Leistungen der HJ-Spezialeinheiten, die mit Eifer bei der Sache sind, Strippen legen, Fernsprechleitungen in Betrieb setzen, ihre Fahrleistungen auf den Krafträdern unter Beweis stellen und Segelflugmodelle fliegen lassen.

Danach heißt es »Umziehen in zwei Minuten!« – und schon sind sie im Sportzeug wieder da und zeigen disziplinierte Gymnastik unter dem Beifall der vielen Besucher. Zum Schluß steigt der Lagerzirkus mit einer Vielzahl lustiger Einfälle.

Unser Gast aus Plauen spricht zur Lagermannschaft: »Die Welt rüstet gegen Deutschland. Aber sie schätzt uns falsch ein. Denn sie nimmt hinter dem grauen Heer unserer Volksarmee nicht die entscheidende Quelle unserer Kraft wahr – sie weiß nichts von eurer Begeisterung, eurer Zuversicht und Stärke! Eingehend in die Wehrmacht, werdet ihr im Ernstfalle den Sieg an eure Fahnen heften. Wer kann sich in der Welt mit der Kraft vergleichen, die in euren Herzen wohnt ...«

Wir singen, und alle Gäste ringsum fallen ein, während unten in Klötze die Abendglocken läuten:

>»Nur der Freiheit gehört unser Leben,
laßt die Fahnen dem Wind!
Einer stehet dem ander'n daneben,
aufgeboten wir sind.
Freiheit ist das Feuer, ist der helle Schein –
solang sie noch lodert, ist die Welt nicht klein!«

Langsam leert sich das Lager. Die Mannschaft hat bis 21 Uhr Urlaub und darf Klötze unsicher machen.
Als die Flagge eingeholt wird und der Zapfenstreich ertönt, geht die Sonne glutrot hinter dem Zinnberg unter.
Die Tage vergehen schnell. Beim Gepäckmarsch über fünfundzwanzig Kilometer beweisen die Jungen erneut, daß sie körperlich auf der Höhe sind. Sie sind am Ende des anstrengenden Marsches so aufgekratzt, daß alle vierhundert so laut ihr Lied singen, daß man es unten in Klötze hört.
Die von Lampen angestrahlten Zelte leuchten der langen Marschkolonne bei ihrer Rückkehr entgegen. Die Wache tritt heraus. Dann wird die Flagge eingezogen und das Abendlied gesungen:

>»Gute Nacht, Kameraden,
bewahrt Euch diesen Tag –
und Fröhlichkeit in Euren Augen,
denn fröhlich kommt der Tag
daher wie Glockenschlag –
und für ihn sollt Ihr taugen!«

Am 22. Juli wird zum letzten Mal zum Appell angetreten. Braungebrannte Gesichter lächeln mich an. Ich bin aufgewühlt von den Erlebnissen dieser Sommertage in der beglückenden Gemeinschaft des Lagers. Aber selbst bis hierher sind die alarmierenden Nachrichten gedrungen von knisternder Spannung an unserer Ostgrenze. Ich habe Ähnliches nun schon mindestens zweimal in letzter Zeit verspürt: Damals im Jahre 1937, als die Bomben der Roten auf unseren Kreuzer »Deutschland« vor Spaniens Küste fielen, und ein Jahr später, als wir uns schon gegen die Tschechen antreten sahen. Jedesmal hat uns der Führer den Frieden erhalten. Nicht anders wird es diesmal sein. So grüßen wir zuversichtlich die niedergehende Lagerfahne und den Führer des Reiches. Das Lager 1939 wird mit dem Fahnenlied der HJ beendet:

»... und die Fahne führt uns in die Ewigkeit –
ja, die Fahne ist mehr als der Tod!«

Aus heutiger Sicht
Mystifizierung von Fahne und Heldentod

Die begriffliche Verbindung von Fahne und Tod begleitete uns in Liedern und Gedichten unentwegt und untrennbar durch die Jahre des Dritten Reiches.

Das wird besonders deutlich im »Fahnenlied« der HJ. Baldur von Schirach verfaßte es für den UFA-Film »Hitlerjunge Quex«. Ursprünglich eigentlich ein Filmschlager, sollte es dann viele Jahre lang die Jugend mitreißen:

> »Vorwärts! Vorwärts! schmettern die hellen Fanfaren,
> Vorwärts, vorwärts, Jugend kennt keine Gefahren.
> Deutschland, Du wirst leuchtend stehn,
> mögen wir auch untergehn.
> Vorwärts, vorwärts, schmettern die hellen Fanfaren,
> vorwärts, vorwärts, Jugend kennt keine Gefahren –
> ist das Ziel auch noch so hoch,
> Jugend zwingt es doch!
>
> Unsre Fahne flattert uns voran,
> in die Zukunft ziehn wir Mann für Mann,
> wir marschieren für Hitler durch Nacht und durch Not
> mit der Fahne der Jugend für Freiheit und Brot.
> Unsre Fahne flattert uns voran,
> unsre Fahne ist die neue Zeit.
> Und die Fahne führt uns in die Ewigkeit –
> ja, die Fahne ist mehr als der Tod!
>
> Jugend! Jugend! Wir sind der Zukunft Soldaten,
> Jugend, Jugend, Träger der kommenden Taten.
> Ja, durch unsre Fäuste fällt,
> was sich uns entgegenstellt.
> Jugend! Jugend! Wir sind der Zukunft Soldaten,
> Jugend, Jugend, Träger der kommenden Taten –
> Führer, wir gehören Dir,
> Wir Kameraden Dir!
>
> Unsre Fahne flattert uns voran.

In die Zukunft ziehn wir Mann für Mann.
Wir marschieren für Hitler durch Nacht und durch Not
mit der Fahne der Jugend für Freiheit und Brot.
Unsre Fahne flattert uns voran,
unsre Fahne ist die neue Zeit.
Und die Fahne führt uns in die Ewigkeit –
ja, die Fahne ist mehr als der Tod!«

Der Film glorifizierte mit renommierten Schauspielern wie Heinrich George den Tod des Hitlerjungen Herbert Norkus, der am 24. Januar 1932 ermordet worden war. Zum Filmende ziehen die Scharen der Hitlerjugend mit ihren Bannern und Schirachs Lied auf den Lippen als Geisterheer über den sterbenden Kameraden in eine hellere Zukunft.

Der UFA-Tonfilm wurde kurz nach der Machtergreifung zum großen Heldenepos der HJ und trug dazu bei, die Jugend weiter für Hitler zu mobilisieren. Die Melodie des Fahnenliedes übernahmen die Musikzüge der Hitlerjugend, und bald endete jede Jugendkundgebung mit dem Fahnenlied. Mit dem Kehrreim »Unsre Fahne flattert uns voran« erschollen Achtung-Kommandos, die Arme erhoben sich zum Hitlergruß, die Fahnen wurden hochgerissen, Trommeln und Fanfaren setzten ein. Kaum einer, der dies aktiv oder als Zuschauer miterlebte, konnte sich der Wirkung solch dramatisierter Höhepunkte entziehen.

Fahnen, immer wieder Fahnen.

Die Fahnen der HJ waren rotweißrot mit dem schwarzen Hakenkreuz, die riesigen Bannfahnen (ein Bann bzw. Jungbann umfaßte etwa dreitausend Jungen) zeigten in der Mitte den schwarzen preußischen Adler. Die Fahnen des Jungvolks waren tiefschwarz mit der weißen Sigrune, die Fahnen der Jungbanne aus schwarzem Tuch mit aufgesetztem silbernem Adler.

Jeder Aufmarsch, jede Kundgebung war von einem wahren Fahnenwald begleitet, ihm erwies jeder die Ehre durch den Gruß mit erhobenem Arm. Kaum ein Gedicht ohne Anbetung der Fahne, kein Lagertag ohne das Hissen und Niederholen der rotweißroten Jugendflagge.

Am 24. Januar 1935, genau drei Jahre nach dem Tode von Herbert Norkus, weihte der Stabsführer der HJ, Hartmann Lauterbacher, im Remter der Marienburg/Westpreußen fünfhundertsiebenundneunzig neue Jungbannfahnen.

Dabei wurden die Fahnentücher mit dem Fahnentuch berührt, dem einst Herbert Norkus gefolgt war. Dieser Vorgang war der Weihe der SA-Standarten mit der »Blutfahne« des 9. November 1923 nachempfunden. Da standen Führer und Gefolgschaft mit ernsten, angespannten Gesichtern dabei, und mancher glaubte wohl tatsächlich in einer Art Verzückung oder abergläubischer Einbildung zu spüren, wie die Blutfahne eine geheimnisvolle Kraft ausstrahlte ... Auch ich war tief beeindruckt von der Weihe auf der Marienburg und überführte die neue Jungbannfahne in meine Heimatstadt Quedlinburg, wo vor dem Bahnhof die örtliche Hitlerjugend ihre Fahne mit klingendem Spiel und allen Ehrungen empfing.

Seit dem Jahre 1936 wurden aus allen Gebieten des Reiches die HJ-Bannfahnen im Sternmarsch zum Reichsparteitag nach Nürnberg getragen. Zu diesem »Adolf-Hitler-Marsch« wurden bewährte sechzehn- bis siebzehnjährige Hitlerjungen ausgesucht, die bis zu achthundert Kilometer Marschstrecke mit ihren schweren Fahnen zurückzulegen hatten. Ich war im Sommer 1936 gerade in Bad Lauterberg im Harz, als ich inmitten der grünen Wälder die rotweißroten Bannfahnen aufleuchten sah. Der Zug der etwa achtzig Fahnenträger vom Gebiet Niedersachsen zog auf schmalen Waldwegen dem so weit entfernten Nürnberg entgegen, die Fahnentücher bildeten einen wirkungsvollen Kontrast zur Waldkulisse. Beim Beginn des Reichsparteitages marschierten dann die Fahnenabordnungen – 1938 waren es zweitausend Jungen – mit flatternden Bannern und bei dröhnender Marschmusik an Adolf Hitler vorbei und entfachten wahre Begeisterungsstürme.

Bei der großen Kundgebung der Hitlerjugend im Nürnberger Stadion erlebte ich selbst das Erscheinen des Waldes von Bannfahnen. Sie wurden langsam und rhythmisch zur Melodie eines unserer Feierlieder die Treppen hinabgetragen, die zur Tribüne führten, auf der kurz darauf Hitler sprechen sollte. Die Musik intonierte, Jungen und Mädel sangen, die Fahnen wallten im Gleichklang treppab:

»Unter der Fahne schreiten wir,
unter der Fahne streiten wir –
unter der Fahne sausendem Schwung
wagen wir alle nach vorwärts den Sprung!

84

In langen Reihen marschieren wir,
voran unser leuchtendes Siegespanier –
hebt hoch unsre Fahnen –
die Fahnen hebt hoch!«

Alles war meisterhaft inszeniert, des Effektes sicher. Schon seit Jahrhunderten symbolisierten Fahnen die Ideale der Gemeinschaft, noch nie aber wurde der Kult so gepflegt und übersteigert wie in jener Zeit. Die bunten Tücher wurden für uns bald mehr als ein Symbol, sie schienen Leben zu gewinnen, wenn der Wind mit ihnen spielte, und wurden der optische Mittelpunkt unserer Gemeinschaft.

»Es saß ein Junge am Waldrand und schrieb:
Mutter, ich hab' unsere Lagerfahne lieb.«

Zu solchen Verstiegenheiten führte der Fahnenkult. Zur Flaggenhissung, zum Einholen der Flagge – jedesmal erschallte die Stimme des Sprechers, jedesmal war ein beschwörendes Gedicht oder ein eifernder Spruch fällig, während im Hintergrund die Flammen des Lagerfeuers knisterten:

»Fahne, wir haben Dir alles gegeben,
Freude und Jugend, Liebe und Leben.
Aber Du gabst uns Glauben und Kraft,
gabst uns heilige Leidenschaft!
Gib uns von neuem Glauben und Mut,
gieß uns neues Feuer ins Blut!
Fahne, reiß unsere Herzen hinauf –
Fahne, steig auf!«

Das klingt heute pathetisch und bombastisch, kaum erträglich. Solche Schwüre aber waren es, die zu jener fast unglaublichen Hingabe an die Bewegung Adolf Hitlers beitrugen – zu jener Haltung, die uns nahezu bis zum Untergang beseelte und jede wache, klare und objektive Sicht ausschloß. Inbegriffen ist die Intoleranz, zu der sich Hitler ja auch persönlich bekannte, die völlige Unduldsamkeit gegenüber dem, der unserer Fahne nicht die erwartete Ehrenbezeigung erwies. Oft gingen Aufpasser neben den Fahnenabordnungen her und wiesen manchen mehr oder weniger rabiat zurecht, der nicht beim Vorüberziehen den Arm hob. Manches Lied auch legte

Zeugnis ab von dieser Intoleranz – aber auch von unserer Bedenkenlosigkeit:

> »Es dröhnen Trommeln durch das Land,
> die Trommeln der HJ –
> die Fahne weht in uns'rer Hand,
> die Fahne ist das Vaterland –
> ihr Feind muß auf's Schafott ...«

Die einen aufs Schafott, die anderen Opfer auf dem »Altar des Vaterlandes«: »... hier uns're Leiber, hier unser Leben – alles für Deutschland zum Opfer zu geben!« – Ob irgendeiner der jungen Dichter und der Millionen Sänger solcher Liedtexte auch nur im entferntesten daran gedacht haben mag, daß einmal blutig-grausige Realität daraus werden würde ...?

Mein Lateinlehrer war schon lange vor der Machtergreifung ein fanatischer Nationalsozialist. Bei mancher Gelegenheit zitierte er vor der Klasse den Spruch, den man auf vielen Kriegerdenkmälern eingemeißelt fand: »Dulce et decorum est, pro patria mori ...«

Der »süße Tod fürs Vaterland« – was für die alten Römer galt, die ihr Imperium mit Schwert und Schwefel eroberten, sollte auch jetzt noch gültig sein – trotz der Materialschlachten des Ersten Weltkrieges, die einem Massenmord gleichkamen.

Ich erwähnte schon die Bedeutung der UFA-Mammutfilme. Der Heldentod spielte in ihnen oft eine tragende Rolle. Sie starben aufrecht angesichts der wehenden Reichskriegsflagge auf untergehenden Schiffen und sinkenden U-Booten, sie wurden in Wesel vom »Erbfeind« erschossen wie die elf Schillschen Offiziere oder Albert Leo Schlageter in der Golzheimer Heide, sie gingen mit tapferem Lächeln und dem Gruß an Deutschland in den Tod oder starben – wie bei Langemarck – mit dem Deutschlandlied auf den Lippen.

Dann wurden die nationalsozialistischen Opfer des politischen Kampfes auf den Straßen gefeiert, von den Toten des 9. November 1923 bis zu Horst Wessel, dessen Lied schließlich zur zweiten Nationalhymne wurde:

> »... Kameraden, die Rotfront und Reaktion erschossen
> marschier'n im Geist in unsern Reihen mit ...«

Ich erlebte den 9.11.1936 in München mit, als die Sarkophage der Opfer von Hitlers erster Revolution zu der »Ewigen Wache« auf dem Königsplatz überführt wurden: Flammen loderten in den Schalen vor den neu gebauten Grabstätten. Ein Sprecher rief jeden einzelnen Namen der Gefallenen auf, und Tausende angetretener SA- und SS-Männer riefen im Chor: »Hier!« Vorher war der Zug mit den »alten Kämpfern« an der Spitze durch das schweigende München gezogen, während über der Stadt durch eine Unzahl von Lautsprechern die Nationalhymne erklang und Artillerie ihren Salut für die Toten von Minute zu Minute schoß – ein Totenkult ohnegleichen. Kaum ein Lied, kaum ein Gedicht der HJ, in dem der Tod fürs Vaterland nicht besungen oder gefeiert wurde:

»Einer muß das Signal zum Angriff geben
und die Fahne hoch in den Himmel heben!
Trommel und Fahne reißen mit,
keiner wird müde, jeder hält Schritt!
Keiner dabei, der den Führer verläßt!
Lacht, Kameraden, unser Tod wird ein Fest!«

Heute zurückschauend, wissen wir von Massenmord und Massenerschießungen, Millionen Unschuldiger und Wehrloser wurden ohne Gnade liquidiert, verscharrt oder verbrannt. Und keiner der Henker weinte ihnen eine Träne nach. Angesichts solcher Greuel erscheint heute die Heldenverehrung von damals wie eine Farce ... Damals senkten sich am Heldengedenktag überall die Fahnen – gemessenen Schrittes und mit versteinertem Gesicht ging Hitler zu den Gedenkstätten der toten Soldaten und war doch schon entschlossen, ihre Zahl um ein Vielfaches zu steigern.
In den Heimen der Hitlerjugend aber leuchteten Inschriften wie »Deutschland muß leben, auch wenn wir sterben müssen« oder »Deutschland, nichts als Deutschland!«. In bewegenden Feierstunden legten sie immer wieder ihr Bekenntnis zur Todesbereitschaft ab:

»Deutschland, sieh uns:
Wir weihen Dir den Tod als kleinste Tat –
grüßt er einst uns're Reihen
werden wir die große Saat!«

Ich wurde einmal von einem jungen Mann gefragt, was wir uns wohl damals bei solchen Schwüren gedacht haben. Die Antwort ist gar nicht einfach. Sicherlich haben viele diese Texte gedankenlos mitgesungen – so wie auch in jeder Kirchengemeinde fromme Texte ohne Nachdenken mitgesungen werden; aber es gab doch damals viele jugendliche Führer – wahrscheinlich mehr, als man vermuten möchte –, die solche Schwüre und Beteuerungen durchaus ernst nahmen, die ehrlichen Herzens und in idealistischer Gesinnung ihre Bereitschaft bekunden wollten, ihr Letztes im Falle der Not »für Führer und Reich« zu geben. Die Not aber, der Notfall, konnte nur die Verteidigung gegen eine feindliche Welt sein. (Immer wird ja von »Verteidigung« gesprochen, stets geht es um die »Erhaltung der Freiheit«. In ihrem Namen werden Feindbilder aufgebaut und immer furchtbarere Waffen bereitgestellt. Auch damals – vor fünfzig Jahren – sprach niemand von Angriff. Selbst als es in den Krieg ging, glaubten wir immer noch, uns verteidigen zu müssen.)

Mit Sprüchen, Liedern und nationalsozialistischen Gebeten geistig aufgerüstet, marschierten wir über die Grenzen in einen Vernichtungskampf, der alles Lügen strafte und zugrunde richtete, was wir als Glaubensbekenntnis in uns trugen.

Aufzeichnungen 1939
Die Wochen, bevor alle Lichter erloschen

Mein Zug fährt der Heimat entgegen. In der Garnisonstadt spüre ich Unruhe unter den Menschen. Die Atmosphäre ist geladen, die Tage sind gewitterschwül. Das liegt nicht nur an den heißen Sommertagen, sondern auch an den Nachrichten, die aus dem Radio kommen.

Die Polen drohen, sie lehnen Hitlers Forderungen auf Rückgabe Danzigs und Abstimmung im ehemals deutschen Teil Polens brüsk ab und terrorisieren voller Haß die deutsche Bevölkerung in Bromberg und anderen Städten.

Noch scheint nichts verloren, noch scheint man zu verhandeln.

Mein Regiment ist schon vor Tagen an die Ostgrenze verlegt worden, angeblich zu Schanzarbeiten. Niemand weiß, ob es zurückkehren wird.

Aber in der Nacht zum 2. August erwartet man in den Kasernen die Rückkehr der Kompanie. Uns fällt ein Stein vom Herzen. Von weitem dringen die dumpfen Schläge der Pauke schon herüber: »Sie kommen!« Das Restkommando tritt heraus. Näher und näher kommt die Bataillonsmusik, schon glänzen im Licht der Straßenlaternen draußen matt die langen Reihen der Stahlhelme. Und nun dröhnt in die Marschmusik hinein der Gleichschritt der Kolonnen. Sie marschieren durchs Tor, an der Wache vorbei. Die Musik schallt gegen die Fronten der umstehenden Gebäude. »Achtung!« Klapp-klapp-klapp, im Achtungsmarsch zieht auch meine 3. Kompanie heran, die Gewehre der Kameraden stehen wie eine Eins, die Gesichter sind starr und dunkel. Dann steht die Kompanie.

Ich höre die helle vertraute Stimme des Hauptfeldwebels. Drüben tritt die »Zweite« bereits weg, und nun strömen auch unsere in den Block und erfüllen Flure und Stuben mit ihrem Leben. Die Gewehre knallen in die Ständer, Stahlhelme fliegen in die Ecke, das Marschgepäck daneben, die Feldbluse weg. Sie sind erhitzt vom Marsch und müde vom langen Transport, der sie von der Ostgrenze zurück ins »grüne Herz Deutschlands« brachte. Ich schüttle Hände, die dreckig und feucht sind. Nun herrscht wieder vertrautes Leben. In den Waschräumen läuft das Wasser, im Duschraum plätschern die Brausen. Dann liegen die Kameraden endlich in ihren frischbezogenen Betten, schlafen schnell ein und schnarchen nach Landserart.

Am nächsten Tag wird viel von der Grenzwacht im Osten erzählt. Unheimlich ruhig war's dort. Selten war von drüben ein Schuß zu hören, manchmal auch Schreie oder Kommandos – aber sonst tat sich nichts. Nur die Spannung war groß, zumal am nächtlichen Himmel mehrfach Lichtpunkte beobachtet wurden, die sich schnell fortbewegten und für die es keine Erklärung gab.

Blutende Grenze im Osten. Durch Häuser zieht sie sich quer hindurch, trennt Küche und Schlafzimmer und teilt fruchtbare Äcker in deutsch und polnisch. –

Am Morgen des 2. August 1939 herrscht in allen großdeutschen Kasernen reges Leben. Es beginnt mit dem Appell der Kompanien im Tuchanzug. Die Flaggen werden unter den Klängen des Präsentiermarsches gehißt, denn es gilt, des 2. August 1914 zu gedenken, als feldgraue Kolonnen unter dem Jubel der Bevölkerung blumengeschmückt in den verhängnisvollen Krieg zogen.

Und heute – fünfundzwanzig Jahre danach – ziehen wieder graue Kolonnen durch die Straßen, harte Gesichter unter'm Stahlhelm, die Waffen bereit. Im ganzen Reich treten sie an zum Großen Zapfenstreich.

Vorn flattert heute die leuchtend weiße Fahne des Bataillons. Im weiten offenen Viereck sind wir angetreten auf dem nachtdunklen Jahnplatz in Blankenburg/Harz. Rings um die Kompanien ballen sich die Menschen zu Trauben. Fackeln werden von Soldaten gehalten, ihr Schein spiegelt sich in den Instrumenten der Bataillonsmusik.

Der Wirbel der Trommeln geht heute durch Mark und Bein, denn in dieses Gedenken an den großen Krieg 1914–1918 mischt sich die Angst vor dem, was auf uns zuzukommen scheint. Musik klingt auf, der große Schellenbaum klingelt beim Auf- und Abnehmen. »Helm ab zum Gebet!« Schweigend verharrt die Menge mit entblößten Häuptern, Fackelschein zuckt, während der Choral aufklingt »Ich bete an die Macht der Liebe ...«. Ich denke an die Liebe zu unserem Land, die uns einst aufrief, die Liebe zu dem Land, für das so viele gestorben sind. Als das Deutschlandlied ertönt, gehen die Gedanken zurück nach Langemarck, als junge Deutsche mit diesem Lied in den Tod stürmten.

Fackeln und Musik bewegen tief. In meine Erinnerung kommt das Gedicht, das der 1917 gefallene Kriegsfreiwillige Walter Flex schrieb und das so oft in HJ-Feierstunden zitiert wurde:

»Wir sanken hin für Deutschlands Glanz.
Blüh, Deutschland, uns als Totenkranz!
Der Bruder, der den Acker pflügt,
ist mir ein Denkmal wohlgefügt.
Die Mutter, die ihr Kindlein hegt,
ein Blümlein überm Grab mir pflegt.
Die Büblein schlank, die Dirnlein rank
blühn mir als Totengärtlein Dank.
Blüh, Deutschland, überm Grabe mein
jung, stark und schön als Heldenhain!«

Am 5. August 1939 verläßt ein langer Transportzug den Bahnhof von Blankenburg, um das III. Bataillon wie das gesamte Infanterie-Regiment 12 zum Truppenübungsplatz Bergen in der Lüneburger Heide zu bringen.

Hinter uns verschwinden die Harzberge, an deren Hängen bunte Häuser grüßen. Zusammengedrängt hocken wir in den Güterwagen und schauen aus der offenen Schiebetür in die schnell vorbeiziehende sommerliche Landschaft. Noch einmal tauchen bei Goslar die Harzberge auf, im herrschenden Nebel düster und schattenhaft. Dann blicken wir ins flache Land und denken an Wacholder, Hünengräber, an Hermann Löns und seine Heidelieder. Doch diese Heide spricht dann zu uns nicht als träumende Ferienlandschaft, sondern bringt uns in eine Wirklichkeit voller anstrengender Übungen, Märsche im Sand und lärmender Gefechte.

Die Kasernen in Bergen sind neu, die Anlagen von breiten Straßen durchzogen, parkähnliches Grün lockert das Grau auf. Ein groß und modern angelegtes Soldatenkino bringt die neuesten Filme. Wir sehen am Abend nach unserem Dienst Zarah Leander in »La Habanera«, Willi Forst in »Bel ami« und unseren Lieblingshelden Hans Albers in »Wasser für Canitoga«.

In der weiten Heidelandschaft stehen verlassene Bauernhöfe. Leer und tot glotzen die Fensterhöhlen. Viele Bauern, deren Geschlechter oft jahrhundertelang hier wirkten, mußten den heimatlichen Standort verlassen und wurden für den Schutz des Reiches umgesiedelt. Über ihre alten Höfe hinweg zischen und heulen jetzt Granaten, Panzer brechen die uralten Bäume wie Streichhölzer. Hier werden Deutschlands Waffen erprobt. Wir üben diesmal mit scharfer Munition. Zum ersten Mal gehen wir zum Angriff unter dem Einsatz scharf schießender Artillerie vor.

Das Kommando »Mit scharfer Munition laden und sichern« versetzt uns in eine eigentümliche Anspannung. Die Gewehrkammern rasseln, die gelben, todbringenden Geschosse werden eingeführt. Während wir noch in Bereitstellung sind, fahren langsam einige Generäle an den Truppen entlang. Dann blasen die Hornisten: »Das Ganze marsch!« Und schon dröhnen hinter uns die Abschüsse der Geschütze, fegen heulend die Granaten über uns hinweg, um weit vor uns dumpf zu krepieren. Wir gehen im Schützenrudel vor. Ziel: Die Höhe mit den vielen dunklen Baumstümpfen. Dort hinein prasseln nun die Maschinengewehrgarben. – »Volle Deckung!« Lange liegen wir platt im Heidekraut und lauschen dem ungewohnten Gefechtslärm. Aber beruhigend machen wir uns klar: Es ist ja nur eine Übung. Die geht schnell vorüber. Schiedsrichter mit weißer Armbinde machen das ohnehin klar. Gerade ruft einer: »... der Oberfeldwebel da – der ist tot, ausgefallen!« Der Befehl, ihn zu ersetzen, ergeht vom Kompanieführer an mich. Ich habe jetzt den Zug an die Höhe heranzubringen. Schweres Maschinengewehrfeuer, Artillerieeinschläge, das Bellen der Granatwerfer, der Knall der Panzerabwehrkanonen – wir sind mittendrin im Inferno der modernen Waffen. Durch Sumpf und Heide, keuchend und schwitzend erreichen wir schließlich die Höhe. Da kommt auch schon schmetternd das erlösende Signal: »Das Ganze halt!«

Soldaten schwärmen aus, um den »Feind« einzusammeln – noch besteht er nur aus Pappkameraden, mit Gesichtern bemalten Pappscheiben, die unbeweglich zu uns herüberstarren.

Auf dem Rückmarsch sind wir müde und erschöpft und latschen stumm voran, bis die Bataillonsmusik sich unterwegs an die Spitze setzt und ihre Märsche uns wieder hochreißen. Die Musiker haben offensichtlich ein Gefühl für die richtige Weise, denn sie spielen lustig: »Rosamunde, schenk mir dein Herz und dein Ja ...!« Da ist denn auch bei uns alle Erschöpfung abgefallen. – Nur zehn Tage bringen wir auf dem Übungsplatz Bergen zu. Die ganze Zeit während der Rückfahrt denken wir »Zweijährigen« an unseren bevorstehenden Abschied vom Soldatenleben – der 20. September soll der Entlassungstag sein ... Wieder Kasernenhofdienst.

Die politische Lage wird von Tag zu Tag aufregender und angespannter. Die Meldungen im Radio überschlagen sich: Der Pole zieht große Truppenmassen an seiner Westgrenze zusammen, im »Korridor« um Posen und Bromberg führt fanatischer Deutschenhaß zu blutigen Orgien. England und Frankreich schließen mit Polen einen Beistandspakt; polnische Geschütze richten ihre Rohre auf Danzig. Alles spricht von Krieg. Da schlägt wie eine Bombe die Meldung vom deutschen Nichtangriffspakt mit der Sowjetunion ein. Die Zeitungen bringen sie in riesigen Schlagzeilen. Alles atmet auf und glaubt an die endgültige Entspannung. Reichsaußenminister von Ribbentrop reist zur Unterschrift unter das für uns alle völlig überraschende Abkommen nach Moskau. Der Führer kehrt zur Bismarckschen Politik zurück – glaubt mancher – wonach das Reich sich den Rücken im Osten freihalten muß ... Wieder scheint es der Führer geschafft zu haben, den Frieden zu bewahren – wie es in unserem Lied heißt:

> »... dem Frieden dient das graue Kleid
> und nicht dem Krieg der Schmerzen –
> wir tragen eine neue Zeit
> in unser'n jungen Herzen!«

In Polen aber wird mobil gemacht!

Am 24. August fahre ich mit einem Kameraden mal wieder hinüber nach Quedlinburg. Gemütlich sitzen wir im Elternhaus zusammen und sprechen von der bevorstehenden Entlassung aus dem Wehrdienst. Auch hier geistert das sich zusammenbrauende Unheil durch alle Gespräche. »Hitler bedeutet Krieg«, hat mein Schwager immer schon behauptet, und ich habe es lachend bestritten – sollte er recht behalten? Doch was nicht sein darf, wird nicht sein; bisher ging doch alles gut ab: der Einmarsch ins entmilitarisierte Rheinland, die Gewinnung der deutschen Ostmark, des Sudeten- und Memellandes. Wir sitzen in einem vertrauten Café und lauschen den sentimentalen Weisen eines kleinen Orchesters. Die Stimmung ist gedrückt, dem Kellner scheint schiere Angst im Gesicht zu stehen. Da sind sie auch wieder, die Nachrichten des »drahtlosen Dienstes«: »... so daß in jedem Augenblick mit einem Handstreich der Polen auf Danzig gerechnet werden muß ...« Die Musik hat ihre Melodie jäh abgebrochen. Auch mit unserer Ruhe ist es vorbei, wir haben nur einen Gedanken: Sofort zurück zur Kompanie!

Doch in den abendlichen Straßen unserer Garnisonstadt Blankenburg flanieren wie immer Soldaten mit ihren Mädchen. –

Am nächsten Tag – Freitag, dem 25. August 1939 – veranstalten Offiziere und Unteroffiziere meiner Kompanie ein schon lange vorbereitetes Wettschießen auf dem in einem Kiefernwäldchen abseits der Kasernen gelegenen Schießstand.

Wie üblich wird viel getrunken, die Musik spielt auf. Wir sitzen an einer langen Tafel. Es ist ein herrlicher, sonniger Sommertag.

Am Abend läßt die Sonne alles in rosigem Licht erstrahlen – die alte Raubritterruine Regenstein, die Wälder ringsum und die nahen Harzberge. In die Fenster des Schlosses wirft die Sonne lohenden Feuerschein.

Wir schießen auf Scheiben mit dem Abbild eines Hirsches. Ich bin immer schon ein schlechter Schütze, sozusagen ein richtiger »Schlumpschütze«. Deshalb bin ich mehr als verwundert, als der Gefreite aus der Deckung kommt und die beschossene Ehrenscheibe vorzeigt: Wahrhaftig, heute bin ich der beste Schütze gewesen! Da grinst selbst der Kompaniechef und meint: »Sie sehen: ab und zu findet auch ein blindes Huhn sein Korn ...«

Stolz klemme ich mir die Ehrenscheibe unter den Arm. Diesen Schuß werde ich nie vergessen – den Ehrenschuß, den Volltreffer an diesem Tag!

Unser Fest geht weiter. Einer der Unteroffiziere singt schmelzend, die halbvolle Flasche in der Hand.

In seiner kurz abgehackten, schneidigen Art spricht der Chef vom Dienst und von der Kameradschaft. Da rast per Rad ein Bote aus der Schreibstube heran, schmeißt das Rad gegen den Zaun, nimmt schwer atmend Haltung an und flüstert dem Kompaniechef etwas ins Ohr, das uns unverständlich bleibt, aber offensichtlich ernst und dringend ist. Der Oberleutnant erhebt sich denn auch und verläßt uns eilig mit den Worten: »Kameraden, Ihr wißt, daß die politische Lage außerordentlich gespannt ist. Wichtige Meldungen zwingen mich, euren Kreis jetzt zu verlassen, und ich muß euch bitten, ebenfalls bis 20 Uhr in der Kaserne zu sein. Bis dahin laßt euch beim Feiern nicht stören!«

Wir versuchen zwar, weiter zu trinken und zu singen, doch es gelingt nicht mehr. Die anwesenden Ehefrauen einiger Unteroffiziere veranlassen ihre Männer zum Aufbruch. Schließlich sind wir nur noch sieben Mann, die etwas unruhig den restlichen Alkohol austrinken. Selten erlebte ich einen so faszinierenden Sonnenuntergang wie auf dem Heimweg an diesem Abend. In seinem Schein leuchtete alles blutrot wie ein einziges Flammenmeer.

Als wir zur Kaserne kommen, sind alle Gebäude von unruhigem Betrieb erfüllt. Überall brennt das Licht, auf den Fluren dröhnen fortwährend die Kommißstiefel, und immer wieder ertönen Klingelzeichen des Unteroffiziers vom Dienst.

Und da wird uns schon entgegengerufen: »Geheime Mobilmachung!«

Deutschland macht mobil, die Welt hält den Atem an ... »Kompanie raustreten!« Der Spieß gibt bekannt: Sachen abgeben, kriegsmäßige Garnitur und Gerät empfangen, keine Post mehr verschicken! Feldpostkarten werden ausgegeben, Soldbücher, und schließlich sind die Erkennungsmarken um den Hals zu hängen ... Kompanie ist ab morgen marschbereit.

Soll es nun tatsächlich losgehen, sind alle unsere Träume vom Frieden im neuen Reich gestorben? Behält Baldur von Schirach recht, der vor zehn Jahren in dem Gedicht »Unseres Daseins Sinn« so deutete:

> »... uns hat der Krieg behütet für den Krieg«?

Es bleibt uns nicht viel Zeit für schwere Gedanken. Soldaten singen zur Ziehharmonika:

> »Kameraden, die Trompete ruft,
> heute heißt es wandern –
> morgen scheint die Sonne uns
> in Polen oder Flandern ...«

Während sich die Kompanien rüsten, erhalten ich und drei andere Unteroffiziere den Befehl, uns für einen Lehrgang auf der Infanterieschule in Berlin-Döberitz bereitzuhalten.

Auf den nächtlichen Straßen der Stadt bilden sich Menschengruppen, debattieren und schauen nach oben, wo Staffel auf Staffel unserer Luftwaffe nach Osten braust. Hitlerjungen sind bis spät in die

Nacht unterwegs, um Gestellungsbefehle zu überbringen. Aus ihren weichen Betten werden Reservisten und Wehrfähige geholt, Stammtischbrüder lassen ihr Bier stehen und laufen heimwärts. Unser Land braucht sie nun alle ...

Noch immer tönt es aus den Volksempfängern: »Terror in Polen! Volksdeutsche verschleppt, mißhandelt und ermordet! Immer mehr polnische Geschütze bedrohen Danzig, dort steht SS-Heimwehr bereit ...«

Die Reservisten unserer Kompanie, die mit uns zur Übung auf dem Truppenübungsplatz Bergen waren, ziehen ihr Zivil an und werden in die Heimat entlassen, um dort auf den Einberufungsbefehl zu ihrem eigentlichen Truppenteil zu warten.

Am nächsten Tag – Sonnabend, 26. August 1939 –, dem ersten Mobilmachungstag, ist seit dem frühen Morgen ein einziges Kommen und Gehen im Kasernenbereich. Lange Züge von Zivilisten ziehen mit ihren Koffern durchs Kasernentor. Sie halten vor dem Stabsgebäude des Bataillons. Dort werden sie aufgerufen und auf die einzelnen Kompanien verteilt. Während die einen von ihnen bereits in Feldgrau wieder auf dem Hof erscheinen, ziehen schon die nächsten in Zivil ein. Vor der Kaserne sammelt sich die Bevölkerung. Hinein kommt niemand, ganz gleich, ob es sich um Eltern, Ehefrauen oder Bräute handelt. Auf allen Gesichtern steht die bange Frage: »Wann geht's los?«

Währenddessen versammeln sich viele Soldaten vor dem Radiogerät in der Kantine: »Im Kriegshafen Gdingen werden starke polnische Truppen zusammengezogen – Danzig in größter Gefahr!« Hitlerjugend singt: »Nach Ostland wollen wir reiten ...«

Überall werden nun die letzten Vorbereitungen für den Abmarsch getroffen, letzte Einkäufe in der Stadt gemacht. Mit einem neuen Einkaufsbuch, das nur für die Kriegszeit gedruckt wurde, ziehe ich von Laden zu Laden, mit einer umfangreichen Liste in der Hand, die mir der Spieß aushändigte: Taschenlampen, Feldstühle, Peitschen für die Pferdegespanne und vieles mehr. Blankenburgs Straßen zeigen ihr vertrautes Gesicht. Im Freibad tummelt sich die Jugend, die Berge des Harzes liegen in strahlendem Sonnenschein. Und dennoch – manches ist anders: So stehen auf einem Platz Dutzende von Privatautos, die beschlagnahmt wurden und nun mit grauer Farbe bespritzt werden; an einer anderen Stelle in der Stadt werden Pferde gemustert. Ohne Unterbrechung zieht der Strom der einberufenen Reservisten an mir vorüber. Aus Lautsprechern kommt Marschmusik.

Ich bin wieder zurück in meiner aufgewühlten Kompanie. Soldaten bringen in Koffern ihre Privatsachen zur Post, die Männer von der Schreibstube packen ihre Utensilien ein.

An das Grauen eines Krieges scheint immer noch keiner zu denken. Es gibt zwar nirgends einen Hurra-Patriotismus, aber es herrscht eine Stimmung wie etwa: »... denen werden wir kräftig den Hintern versohlen!«

Alte Frontkämpfer aus dem Ersten Weltkrieg sind plötzlich unter uns und haben noch einmal Feldgrau angelegt. Sie sollen mit ihrer Kriegserfahrung den jungen Soldaten im Felde beistehen.

Konfiszierte Pferde mit neuen, noch glänzenden Geschirren werden vor die MG- und Gefechtsfahrzeuge gespannt und zur Probe eingelaufen.

Mitten auf dem Kasernenhof stehen Kraftwagen in langer Reihe. Vor wenigen Stunden trugen sie noch Firmenaufschriften, jetzt steht auf ihren Nummernschildern das »WH« (Wehrmacht Heer).

Am Abend sitzen wir nochmal alle beieinander. Morgen oder übermorgen soll es losgehen, vorerst soll am nächsten Morgen kriegsmäßig rausgetreten werden. Wir erzählen von vergangenen Zeiten und vor allem von der nun total zerstörten Hoffnung, am 20. September nach Haus entlassen zu werden. Wie weit liegt das! Ich sehe aus dem Fenster: Wie immer flimmern von den Bergen die Lichter der Warten und Gasthäuser. Auch die vertrauten Laternen an der von der Stadt zur Kaserne führenden Straße verbreiten ihr gewohntes ruhiges Licht. Das Lichtermeer von Blankenburg ist wie ein Sternenhimmel. Alles ist wie sonst – nur das ununterbrochene Gedröhn der Flugzeugmotoren über uns klingt ungewohnt und drohend.

Am frühen Sonntagmorgen – 27. August 1939 – schrillt das Klingelzeichen des Unteroffiziers vom Dienst: »Kompanie raustreten!«

Scharfe Patronen in den ledernen Taschen am Koppel, Erkennungsmarke um den Hals, treten sie feldmarschmäßig an. Draußen vor dem Tor weinen Frauen, jubeln Kinder.

Das Bataillon mit seinem umfangreichen Gefechtstroß ordnet sich zu einem weiten Viereck. Ein behelfsmäßiges Rednerpodium wird aufgebaut. Meldung an den Bataillonskommandeur. Matt und bewegungslos verharrt die lange Reihe der grauen Stahlhelmträger, unruhig tänzeln die Pferde.

Jetzt spricht der Kommandeur vom Fahneneid und von der Treue. Wir spüren, daß seine Worte von tödlichem Ernst sind.

Kompanieweise marschiert das Bataillon zum Tor hinaus. Munitions- und Gefechtswagen sind voll beladen. Draußen zerteilt sich die Menschenmauer. Frauen und Mädchen laufen neben den Kompanien her und suchen ihre Männer.

Noch einmal aber kehrt die Truppe zurück, es war nur eine Belastungsprobe. Nun gibt es Ausgang, freudestrahlend nehmen die wartenden Angehörigen endlich ihre Soldaten in die Arme. Wieviel Zeit bleibt ihnen – Minuten, Stunden?

An diesem Sonntag wird in allen Wirtschaften getanzt, werden die Blankenburger Mädchen tüchtig herumgeschwenkt, erklingen die neuesten Schlager. Amüsiert euch, nutzt die Stunde.

> »... tadelt nicht die Taten der Soldaten,
> laßt sie lieben, laßt sie küssen –
> wer weiß, wie bald sie sterben müssen ...«

Im Kurhaus gastiert noch immer eine britische Tanzkapelle, dort schmettert »The King of Trumpets« deutsche und amerikanische Weisen in den Saal, der vor lauter Feldgrau zu platzen droht.

Auf dem Bahnhof aber stehen die Transportzüge abfahrbereit.

Am späten Abend nach Zapfenstreich gehe ich noch einmal in die vertraute Stube, wo die Kameraden meiner alten Gruppe schlafen. Da schnarchen sie, als gäbe es nirgends aufmarschierende feindliche Armeen. Ich schaue in ihre Gesichter. Einer der mir besonders liebgewordenen Gefährten läßt den einen Arm weit aus dem Bett hängen, aus dem Nachthemd baumelt am langen Faden die Erkennungsmarke. Da überkommt mich die Vorahnung vom Tod auf dem Schlachtfeld, von verstümmelten Körpern, die nur noch durch die Erkennungsmarke zu identifizieren sind ...

Am frühen Morgen des 28. August 1939 verläßt das I. Bataillon des I. R. 12 seine Kaserne in Blankenburg. Nur wenige Menschen stehen mit besorgten Gesichtern an den Bürgersteigen. Singend marschieren die Kompanien zum Bahnhof. Der Gefechtsstroß ist bereits verladen. Ich gehe neben meiner Kompanie her, und mir ist recht weh ums Herz – sie ziehen ins Feld, ich muß zum Drill nach Döberitz ...

Fenster öffnen sich, als der dröhnende Marschrhythmus der tausend Kommißstiefel auf das Pflaster knallt. Aber die Menschen äußern keine Regung, kein Mitgefühl. Sie schauen dem Bataillon schweigend nach, als zögen die Soldaten zum Übungsplatz. Keine Blumen, kein Rufen, nur das Lied der Kompanien bricht sich an den Häuserwänden:

»Die Fahne hoch – marschiert,
voran der Führer führt –
mit unseren Fahnen ist der Sieg –
flieg, deutsche Fahne, flieg!«

Der Zug wartet, die Lokomotive stößt lärmend Dampf aus. Schon sind die Güterwagen vollgestopft mit Soldaten, hinten auf dem Flugzeugabwehrwagen stehen jetzt Soldaten an den Flugabwehrwaffen, die Munition ist scharf. Unheimlich blinken die gelben Geschoßpatronen. Ein letztes Abschiednehmen: »Auf ein gesundes Wiedersehen!« Ein Blick noch zu den Harzbergen, die auch heute wieder in der Sonne leuchten.
Da kommt der Schrei der Lokomotive, der Zug zieht an, verläßt den Bahnhof, verläßt die Heimat. Aus den Waggons klingen Lieder. Wir winken, winken – bis der Zug im Dunst der Ferne verschwunden ist.
So ziehen die Soldaten dem Krieg entgegen. Ganz und gar nicht in Todesängsten, sondern in jenem Selbstbewußtsein und im Vertrauen auf den Sieg, zu dem sie als Hitlerjungen erzogen sind. Und ebenso wie sie voller Sehnsucht an ihre zurückgelassenen Mädchen und Bräute denken, erfüllt sie der Treueschwur, den sie in der HJ, im Arbeitsdienst und bei der Wehrmacht Volk und Führer geleistet haben. –
Wir sind zurückgeblieben – drei für die weitere Ausbildung in Döberitz bereitgestellte Unteroffiziere, die sich durchaus nicht glücklich fühlen. Uns ist, als wäre es ein Wunder, daß die Berge noch in all ihrer Pracht stehen, daß in den Straßen und Parks nach wie vor die vertrauten Menschen unterwegs sind. Aber unsere Kompanie ist fort, und damit die Kameraden, die uns Nestwärme geben.
In der Kaserne herrscht noch Hochbetrieb. Neue Soldaten älterer Jahrgänge sind dabei, sich in den Stuben häuslich einzurichten.
Auch in der Stadt hat sich die Hektik noch gesteigert. Immer neue

Gruppen von Reservisten tauchen auf, und auf den Plätzen wird die Zahl der eingezogenen Autos immer größer.

Da unser Marschbefehl zur Infanterieschule Döberitz erst für Donnerstag, den 31. August, gilt, überbrücken wir die verbleibende Zeit mit Ausflügen in den Harz. Richtig genießen allerdings können wir sie nicht, wir sind voller Unruhe und Spannung und hören fast stündlich die Nachrichten. Nach wie vor überschlagen sich die Hiobsmeldungen: Terror der Polen gegen alles Deutsche – England und Frankreich ratifizieren ihr Beistandsabkommen mit Polen ...

Noch immer glaubt niemand von uns, daß der Krieg unausweichlich sei. Zu oft schon rettete Hitler entgegen allem Anschein den Frieden.

Aber ein Mobilmachungstag folgt dem anderen, ununterbrochen dampfen Züge nach Ost und West, vollgepfercht mit Feldgrauen. In das jubelnde Danzig läuft das Schulschiff »Schleswig-Holstein« der Kriegsmarine ein. Marschmusik im Radio: »Volk ans Gewehr!«

Endlich kommt der Tag unserer Abfahrt, der 31. August. Es ist der sechste Mobilmachungstag. Morgens um 6.20 Uhr fahren wir ab. Der Zug braucht viel Zeit, hat lange Aufenthalte – alle Fahrpläne sind geändert, die meisten Regelzüge fahren zur Zeit nicht – Militärtransporte haben Vorrang.

Als wir auf dem Potsdamer Bahnhof halten, tönt von überall der Ruf: »Extrablatt!« Wir greifen zu und lesen: »Großzügiges Angebot des Führers an Polen zur friedlichen Regelung der Danzig- und Korridorfrage! – Die Polen haben nicht geantwortet!«

Es werden die deutschen Vorschläge genannt: Abtretung Danzigs an das Reich, Abstimmung in den polnischen Gebieten mit deutscher Bevölkerung!

Aber die Polen verhandeln nicht – und Deutschlands Soldaten stehen längst entlang ihrer Grenze ...

Unsere Fahrt geht langsam weiter.

Die Nacht ist voller Unruhe. Immer neue Rufe kündigen Extrablätter an, die Meldungen überschlagen sich.

Gegen 1 Uhr nachts kommen wir endlich auf dem kleinen Bahnhof von Döberitz an und begeben uns zum Haupttor der Infanterieschule. Dort sagt man uns lapidar, daß diese Lehrgänge überfüllt seien und wir uns am Morgen wieder zum Stammtruppenteil zurückzubegeben hätten.

Also fährt uns der Zug dieselbe Strecke zurück.

In den Morgenzeitungen des 1. September 1939 steht die Ankündigung, daß der Reichstag zur Entgegennahme einer Erklärung des Führers um 11 Uhr zusammentritt.

Rechts und links auf den Bahnhöfen, die wir durchfahren, stehen lange Lazarettzüge unter Dampf. Frischbezogene Betten leuchten herüber, Ärzte stehen an den Fenstern; auf den Wagendächern und an den Türen leuchtet das Zeichen des Roten Kreuzes. Das ist der Krieg! Bald werden diese Züge zurückkommen mit der Fracht stöhnender Verwundeter.

Wir sind in der Reichshauptstadt und haben vier Stunden Aufenthalt.

Es ist gerade 11 Uhr durch. Also auf zur Kroll-Oper, wo jetzt der Führer spricht!

Auf den die Kroll-Oper umgebenden Straßen tönt seine dunkle Stimme bereits aus den Lautsprechern, vor denen sich immer mehr Menschen sammeln.

Nun ist es heraus: »... seit heute früh 5.45 Uhr wird zurückgeschossen!«

Der Krieg, den jeder fürchtete und an den doch niemand so recht glauben mochte, ist da!

Drinnen unterbricht tosender Jubel die Worte Hitlers, hier draußen beginnen Frauen, haltlos zu weinen.

Ich denke an das Schicksal unserer Kameraden da draußen, denen vielleicht gerade jetzt die ersten Blutopfer abverlangt werden.

Nun ertönt aus den Lautsprechern das Deutschlandlied. In die hier verharrenden Massen kommt Bewegung, aus dem anfänglichen Raunen wird etwas verhaltener Jubel – der Führer fährt vorbei!

Hitler trägt zum ersten Mal den feldgrauen Rock, grüßt mit ernstem Gesicht und fährt weiter durch das Brandenburger Tor. Hermann Göring folgt im neuen Volkswagen, in den er kaum hineinpaßt; auch er grüßt und nickt jovial nach allen Seiten.

Wir folgen dem Strom der Menschen und stehen unversehens vor der Reichskanzlei. Dort stauen sich wieder die Massen, jubeln »Sieg Heil!« und lassen ihre Sprechchöre los: »Joseph, mach mal Propaganda und hol Adolf zur Veranda!« Es ist, als habe man gar nicht mitbekommen, daß sich unser Volk im Krieg befindet. Hitler läßt sich trotz der vorgefahrenen Wagen der Tonfilm-Wochenschau und aller Rufe nicht auf dem Balkon sehen.

Ringsum auf den Hochhäusern stehen Flak-Kanoniere an den Abwehrgeschützen, und dieser Anblick führt zurück in die Realität des Kriegszustandes.

Wir treten die Heimfahrt an. Als die Dämmerung hereinbricht, fällt uns die Düsternis auf, in die alle Städte gehüllt sind: Kein Licht mehr auf den Bahnhöfen, keine traulich erleuchteten Fenster, keine hellen, einladenden Schaufenster – alles hat die Dunkelheit verschlungen. Im finsteren Abteil sitzen wir schweigend nebeneinander, während wir in das ebenfalls völlig unkenntlich im Dunkel liegende Garnisonstädtchen Blankenburg einfahren. Wie ganz anders war es doch noch vor drei Tagen, ja fast vor Stunden, als wir abends der Stadt entgegengefahren sind und sich die blinkenden Lichter an den Berghängen hinaufzogen.

Der Krieg hat nun das Lichtermeer gelöscht ...

Aus heutiger Sicht
Der Gleichschritt schluckte unsere Ängste

So sollten sich hinterher die Warnungen der Sozialdemokraten »Hitler bedeutet Krieg« doch noch als völlig berechtigt erweisen. Auch ihr vor 1933 gebrauchter »Sinnspruch«: »Nur die allerdümmsten Kälber wählen ihren Metzger selber«, sollte uns eigentlich jetzt, da der Marsch in den Krieg begann, zu Überlegungen veranlaßt haben ... Das aber war beileibe nicht der Fall. Wie wir fest an Hitlers Friedenswillen geglaubt hatten, glaubten wir nun den offiziellen Thesen, wonach uns dieser Krieg aufgezwungen war von einem neidischen, haßerfüllten Gegner, der Deutschland wieder eingekreist hatte wie einst vor genau fünfundzwanzig Jahren. Wir konnten ja nichts ahnen von dem von uns selbst inszenierten »Überfall der Polen« auf den Sender Gleiwitz, von der Entschlossenheit Hitlers, »so oder so« den Krieg gegen Polen zu beginnen. Was einst vor sechs oder sieben Jahren als romantische Versponnenheit begonnen hatte, mündete nun in eine Vernichtungsorgie ohnegleichen.

Auch sie konnten wir nicht voraussehen. Unsere vielen Schwüre und Gelöbnisse galten doch keinem Mörder oder mörderischem Wahnwitzigen, sondern dem Mann, dem der überwiegende Teil der Deutschen immer noch in Liebe und Verehrung zugetan war, bei dessen Anblick nicht selten leidenschaftliche Hysterie ausgebrochen war, und dem bei Fackelschein und dem Flattern von ganzen Fahnenwäldern Hunderttausende huldigten. Nun hatte er das Volk, das ihm so blind vertraute, zum Kampf aufgerufen, und die Kolonnen marschierten – wie auch mein Bataillon an jenem Augusttag des Jahres 1939 zur Verladung nach Osten zum Blankenburger Bahnhof zog. Zwar gab es keinen Jubel, keine Blumen, kein Hurra und sicher hatten viele böse und düstere Vorahnungen – aber unser Eid galt – und »Hitler ist Deutschland, und Deutschland ist Hitler«, wie es Goebbels, Göring und Heß zum frenetischen Beifall der Menge verkündeten ...

Hatte er nicht »Großdeutschland« geschaffen, die Arbeitslosigkeit und das Elend beseitigt, unserem Volk neuen Optimismus gegeben und es schließlich aus jeder Gefahrenzone gebracht? Er zerriß das Versailler Diktat, er ließ deutsche Truppen ins Rheinland marschie-

ren, machte Österreich zur deutschen Ostmark, befreite das Sude-
tenland, das Memelland und holte Hunderttausende heim ins Reich.
Wir Jungen waren uns nie der möglichen Folgen von Hitlers Katastrophenpolitik bewußt geworden; wir hatten unsere eigene Welt
aufgebaut, den Führer mit einem Glorienschein versehen und das
neuerstandene Reich, unser Volk und die Heimat zum Mittelpunkt
unserer Gefühle gemacht. Eine tragende Rolle spielte das tief emp-
fundene Gemeinschaftsgefühl. Mit dem Ruf »Deutschland erwache!« hatte es begonnen, aber eine nur ans Gefühl appellierende Beeinflussung hatte uns eingeschläfert. Geblieben war eine Opferbereitschaft ohnegleichen:

»Heilig Vaterland, heb' zur Stunde
kühn Dein Angesicht in die Runde:
Sieh uns all entbrannt Sohn bei Söhnen stehn,
Du sollst bleiben, Land, wir vergehn!«

So zog die Armee einstiger Hitlerjungen in den Krieg, pflichtbe-
wußt und gehorsam, wenn auch nicht ohne Angst – aber der Gleichschritt der Marschkolonnen schluckte unsere Ängste ... Die Magie
des gemeinsamen Marsches, des gemeinsamen Schicksals und der
immer wirksamen Kameradschaft half uns, das uns aufgezwungene
Geschick zu ertragen.
Das betraf auch die, die nie Nazis waren, die Andersdenkenden, die
Wachen, die Zweifler; sie waren eingekeilt in die Gemeinschaft,
auch für sie gab es kein Ausweichen, auch ihnen war der Eid heilig.
Natürlich gab es unter Soldaten und Offizieren auch 1939 Kritiker,
ja Gegner des Regimes – aber sie zogen schweigend mit in den
Kampf. Die Masse der jüngsten Offiziere aber war geprägt vom
Geist der Hitlerjugend.
Noch in der Zeit vor dem Krieg war ich einmal als Rekrut Gast in
der Stube meines Leutnants. Er hatte Schallplatten mit klassischer
Musik aufgelegt und sprach über die Unsterblichkeit der alten Meister:
Bei der Musik sei es doch ganz anders als bei der Politik; die große
Musik begleite die Menschen über Jahrhunderte – die Erscheinun-
gen der Politik seien allenfalls dem Zeitgeist verhaftet und schnell
vergänglich. Das gelte auch für den Nationalsozialismus ... Sicher
war dieser junge Leutnant – trotz HJ – kein Einzelfall. (Auch im

Volk sang man ja bald heimlich: »Es geht alles vorüber, es geht alles vorbei – auch Adolf Hitler mit seiner Partei ...«) Und dabei hatte der Führer doch gerade sein Reich als das »tausendjährige« prophezeit.

Ob gläubig oder nicht – sie zogen mitsammen in den unheilvollen Krieg – siegeszuversichtlich die meisten; mit Zweifeln belasteten sich damals zu Beginn des Feldzuges nur wenige.

Und es waren auch nicht viele, die damals ahnten, wie schnell sich die These des Rekrutenoffiziers von der Vergänglichkeit des Nationalsozialismus unter schrecklichsten Umständen bewahrheiten sollte.

Aufzeichnungen 1939/1940
Warten im Westen – Berlin 1940

Es ist schon ein zwiespältiges Gefühl, in der Heimatgarnison beim »Ersatzhaufen« bleiben zu müssen, während die Kameraden dem Sieg in Polen entgegenziehen. Als dann aber die ersten Nachrichten über ihre Schicksale zu uns kommen, wird die Siegeseuphorie beeinträchtigt durch die Trauer um die Toten.

Wochen später erfahren wir, was in den ersten Stunden des Feldzuges geschah:

Als am 1. September Adolf Hitler Deutschlands Vorgehen gegen Polen verkündet, ist das Regiment längst unterwegs. Die Soldaten hören nichts von seiner Rede und leben nur von Gerüchten und Mutmaßungen. Man spricht vom »Angriffsziel Warschau«. Am 27. August 1939 werden sie in Oppeln ausgeladen, dann sind sie tagelang marschiert, bis sie am 30. August in einem Waldstück gruppenweise zur kriegsmäßigen Rast übergehen.

In den Dörfern entlang der Grenze fragen die Einwohner verängstigt, ob es nun doch Krieg mit Polen gäbe. So richtig kann es immer noch niemand glauben. Aber in der Welt überschlagen sich die Nachrichten. Auch Großbritannien und Frankreich machen mobil.

Am nächsten Tag kommt der Befehl, daß die Kompanien um 19 Uhr zum Feldgottesdienst anzutreten haben. Da werden die Gesichter ernst: »Die letzte Ölung ...«

In einer Waldlichtung formiert sich das Bataillon zum offenen Viereck. Die Waffen sind geputzt zum Totentanz. Der Divisionspfarrer spricht von Glaube, Liebe, Hoffnung und von »Sei getreu bis in den Tod«.

Wenige Stunden danach wird mit scharfer Munition geladen. Sie marschieren bis zur deutsch-polnischen Grenze vor. Dann gehen die Kompanien gruppenweise hinter einer Höhe in Stellung. Die Unteroffiziere werden zusammengerufen: »Um 4.45 Uhr beginnt der Angriff. Etwa vier Kilometer ostwärts der Grenze ist mit der ersten Widerstandslinie zu rechnen!«

Unruhiger Schlaf auf nachtkühler Erde.

3 Uhr morgens – 4 – 4.30 – die meisten sind hellwach, schauen auf die Leuchtziffern ihrer Uhren und starren in die Dunkelheit.

4.45 Uhr: Nun bricht die Hölle los, zum ersten Mal in diesem Krieg schießt die deutsche Artillerie Vernichtungsfeuer. Zugleich erscheinen unter dem heller werdenden Himmel die Staffeln und Geschwader der deutschen Luftwaffe, endlose Ketten von Flugzeugen fliegen zum Feind. Die Infanteristen winken, schreien hinauf und wissen, daß ihr Angriff von denen da oben freigebombt wird. Stunden später erst bricht die Kompanie auf und geht über die nun nicht mehr vorhandene Grenze.

Wir Daheimgebliebenen verfolgen in Gedanken den Weg der Kameraden. Durchs Radio kommt die Nachricht vom Ultimatum der Engländer an das Reich, seine Truppen unverzüglich aus Polen zurückzuziehen. Das ist die Kriegserklärung, nun befinden wir uns auch mit England und Frankreich im Krieg. Ist das der Zweite Weltkrieg?

Aber ohne Unterlaß kommen die Siegesmeldungen durch den Rundfunk, immer begleitet vom neuen »Marsch der Deutschen in Polen«. Der einstige »polnische Korridor« ist eingenommen, Lodz eingenommen. In Krakau steht eine deutsche Ehrenwache am Grabmal des polnischen Marschalls Pilsudski. Mit ihm hatte Hitler fünf Jahre zuvor einen Friedensvertrag mit Polen für die Dauer von zehn Jahren abgeschlossen.

In den Zeitungen erscheinen die ersten schwarzumrandeten Anzeigen: »Gefallen für Großdeutschland ...« Auch mir vertraute Kameraden sind dabei, die sich noch vor kurzem auf das Ende ihrer Wehrdienstzeit gefreut haben. Sonst ist hier in der Heimat vom Krieg wenig zu spüren. Man geht der üblichen Beschäftigung nach, liest die Zeitung wohl etwas intensiver und wartet auf die nächsten Rundfunkmeldungen. Es gibt weder Jubel noch Trübsinn. Ein Kamerad meines alten Regiments schildert die Durchfahrt seines Truppentransportes durch das Reich: Da standen in den Städten und Dörfern viele Menschen an der Bahnstrecke und grüßten schweigend ihre Soldaten; aber in diesem Schweigen hätte man doch die Sympathie gespürt. Zum Jubeln aber war niemandem zumute. Als dann aber die siegreichen deutschen Truppen im eroberten Warschau an ihrem Führer vorbeimarschieren, läßt der deutsche Triumph alle Zweifel und jeden Pessimismus vergessen. Schnell steigt die Stimmung, man trägt den Kopf wieder höher und vernimmt wieder einmal, was man in den letzten Jahren so häufig hörte: »Seht ihr, der

Führer schafft es!« Immer mehr Truppentransporte rollen durch Deutschland von Ost nach West, auch mein Regiment steht mittlerweile irgendwo im Rheinland.

Währenddessen begegneten sich die deutschen Einheiten und die von Osten einmarschierende Rote Armee. In Brest-Litowsk paradieren deutsche und sowjetische Truppen gemeinsam vor ihren Kommandeuren. Polen ist wieder einmal zwischen den Großmächten aufgeteilt, und kein Brite, kein Franzose konnte es davor bewahren.

Im Deutschen Reich aber läuten überall die Glocken, in allen Straßen wehen die Hakenkreuzfahnen, und im Radio ertönt der Choral »Nun danket alle Gott ...«.

Wir Daheimgebliebenen hoffen auf die »Front«. Die gibt es zur Zeit nicht, wenigstens nicht in diesem Sinne. Im Westen gibt es nur Scharmützel und Plänkeleien. Es scheint, als mache der Krieg eine Atempause.

In Deutschland wehen die Fahnen als Ausdruck des Triumphes ganze acht Tage lang.

Endlich – am 22. Oktober 1939 – kommt für mich und zwei Kameraden der Befehl zum Aufbruch. Irgendwo im Rheinland erwartet uns unser Regiment, unsere alte Kompanie. Nun geht alles im Eiltempo: Sachen in der Kammer abgeben, neue Sachen empfangen, Abmeldung beim Kommandeur des Ersatzbataillons und Abschied vom lieben Harzstädtchen Blankenburg. Als wir noch mal durch die Straßen gehen, ist es dunkler, verdunkelter Abend. Wir können uns in unserer Phantasie und Erinnerung nur ausmalen, wie es eigentlich aussehen müßte und wie es war, als noch Frieden herrschte: Da sprang im Park die Fontäne hoch, ihr Wasser sprühte in vielen Farben; von deren Berghängen leuchteten traulich die Lichter, und aus dem Kurhaus klang Tanzmusik; die sich rhythmisch wiegenden Tanzpaare wurden hinter den Gardinen der hohen Fenster schemenhaft sichtbar. Im Kurpark promenierten unter den gelbschimmernden Lampen Pärchen, und vom Harz wehte eine leichte Brise.

Nun aber ist alles anders. Unsere schweren Marschstiefel knallen auf das Pflaster, die wenigen Menschen, die sich in diese Finsternis hinauswagen, weichen unseren Schritten ängstlich aus, um den Zusammenstoß zu vermeiden.

In Halberstadt werden wir zu einer ganzen Kolonne zusammengestellt. Wir sind nun Ersatz für das Regiment in der Stärke einer Kompanie.

Unser Zug fährt stundenlang durch den sich bald neigenden Tag in die Nacht. Spärlich und versteckt beleuchtete Bahnhöfe flitzen am Fenster vorüber. In der Bahnhofshalle von Soest stehen junge Helferinnen mit der Binde der NSV (Nationalsozialistische Volkswohlfahrt) auf dem Bahnsteig und bieten freundlich dampfenden Kaffee an.

Im Morgengrauen sind wir am Ziel – ein kleiner Ort bei Düsseldorf. Ehe wir uns dessen versehen, stehen wir schon in der »Schreibstube« der Kompanie, einem kleinen Raum in einer Dorfkneipe. Im Nebenraum unterhalten sich rauh und lärmend mehrere Unteroffiziere, deren Stimmen uns vertraut sind. Wir fallen uns in die Arme und sind nun wieder ganz daheim.

Stundenlang wird erzählt. Die schlimmen Wochen in Polen sind nun, da die Kompanie wieder in Deutschland ist, rosa überzuckert. Sie berichten von Heldentaten, vom Kampf und vom Vorbeimarsch am Führer.

Wir erfahren aber auch, daß der Marsch schon am frühen Morgen weitergehen wird. Das ist gut – wir sind ja wieder in der alten Gemeinschaft.

Vor einem recht stattlichen Hotel wird das »Halt« befohlen. Es liegt am Ufer eines ausgedehnten Sees. Im freundlich hellen Saal wird die Kompanie auf einem schnell zubereiteten Strohlager untergebracht. Wo einst befrackte Kellner gutsituierte Bürger an weißgedeckten Tischen bedienten, wo Kaffeemusik die Gespräche begleitete, entfaltet sich nun rauhes Soldatenleben.

Hier bleiben wir mehrere Wochen hindurch.

Als ich nach einiger Zeit den Auftrag erhalte, einen Kompanieabend vorzubereiten, setze ich mich mit den örtlichen Hitlerjugendführern und den Mädelführerinnen des BDM in Verbindung. Die Mädel werden Blumen stiften und Kuchen backen, die Pimpfe sollen mit ihren dreißig Fanfarenbläsern in den Saal einmarschieren – ich bin wieder ganz in meinem Element. Mit der Küche wird wegen Glühwein, Bratkartoffeln und Würstchen verhandelt, mit der Kompanie übe ich neue Lieder ein. Im Städtchen rüstet sich schon die HJ, der BDM ist beim Backen – da kommt der Befehl zum Weitermarsch. Pech, weiter geht's zu neuen Zielen, hin und her wird so am

Rande des Ruhrgebiets marschiert. Wir sind die ganze Nacht unterwegs, singen Schlager und trauern den zurückgebliebenen Mädchen nach. Nur einmal wird aus den Schlagern ein trotziges Lied. Da marschiert die Kompanie durch eine der dunklen Industriestädte. Kein Mensch ist zu sehen, alles schläft wohl – nur wir kämpfen gegen die Müdigkeit an. Da singen wir mit voller Lautstärke, und als die Truppe hält, pflanzt sich das Lied von Kompanie zu Kompanie fort und schallt brausend gegen die öden Häuserfassaden:

»Die dunkle Nacht ist nun vorbei
und herrlich beginnt es zu tagen!
Kamerad, pack an, die Arbeit macht frei –
frischauf, wir wollen es wagen!
Grau wie die Erde ist unser Kleid –
graue Soldaten in sturmschwerer Zeit!«

Das ist eigentlich ein Lied des Arbeitsdienstes, aber wir singen es oft – es paßt so gut: »... graue Soldaten in sturmschwerer Zeit«. Wann bricht er los – der Sturm?

Vorerst wird wieder in einem Gasthaussaal übernachtet, am nächsten Morgen soll's weitergehen, doch elf Wochen bleiben wir hier. Morgens geht es ins Gelände zum üblichen Dienst, begleitet von den neugierigen und immer interessierten Kindern. Nach dem Wegtreten zur Mittagspause schiebt sich manches Kinderhändchen in eine schwielige Soldatenhand, und eine helle Stimme fragt: »Onkel, willste bei uns zu Mittag essen?«

So kommt es, daß bald die halbe Kompanie mittags aus der Unterkunft verschwunden ist und irgendwo bei einer Bergarbeiterfamilie am Tisch sitzt, die ihre Mahlzeit mit dem Soldaten teilt.

Adventszeit 1939. Am 23. Dezember feiert die Kompanie Weihnachten. Bunte und reich bestückte Teller sind für jeden fertig gemacht, Tannenzweige liegen auf weißgedeckter Tafel, und unsere kleine Kompaniemusik mit Geige, Ziehharmonika und Klavier spielt die vertrauten Melodien. Am hohen Weihnachtsbaum im Saal glitzert Lametta. Für jeden Landser gibt es einen Stollen und eine Flasche Wein. Es wird gesungen, vorgelesen und viel vom Frieden gesprochen. Der Krieg scheint gleichsam vom Frost dieses Winters erstarrt ... Der Wehrmachtsbericht hat fast täglich den gleichen Wortlaut: »Im Westen geringe Artillerie – und Spähtrupptätigkeit ...« Unsere Flugzeuge aber kehren oft wackelnd zu ihren Stützpunkten zurück, und das Wackeln ihrer Tragflächen bedeutet: Wieder soundsoviel britische Tonnage im Atlantik versenkt! Siegesfanfaren kündigen fast täglich solche Erfolge unserer Luftwaffe und U-Boote an.

Am Heiligen Abend zieht das Bataillon schweigend zur Andacht in die Kirche. Schwer stampfen die Stiefel aufs Pflaster, die Gesichter unterm Stahlhelm sind feierlich eingestimmt, durch die geöffneten Türen der Kirche kommen die Klänge der Orgel. Stahlhelm ab! Schnell füllt sich der nach Kerzen und Tannengrün duftende Innenraum. Oben auf der Empore blitzen die Instrumente des Musikkorps. Wir singen, und die Musik intoniert »Stille Nacht, heilige Nacht«. Da ist wohl keiner, der jetzt nicht an sein Zuhause denkt, an die Lieben in der Heimat in der Hoffnung aufs Wiedersehen.

Neujahr 1940. Die Ruhe, in der wir bei beachtlichen Kältegraden unserem Dienst nachgehen, kann nur die Ruhe vor dem Sturm sein. Denn ganz Westdeutschland ist vollgestopft mit kampfbereiten Verbänden, aber am Westwall gibt es nach wie vor »Geplänkel«.

Da erhalte ich den Marschbefehl zur Infanterieschule Döberitz. Erst vor knapp fünf Monaten hatte ich mich dort vergeblich melden müssen und darüber den Polenfeldzug versäumt – nun scheint es also soweit zu sein. Wieder muß ich mich von den Kameraden verabschieden, bei denen ich so gern geblieben wäre, um mit ihnen hinzunehmen und durchzustehen, was dieser Krieg für uns noch bereithält ...

5. Februar 1940. »Wustermark-Verschiebebahnhof!« Ein Meer von feldgrauen Unteroffizieren ergießt sich auf den Bahnsteig, drängt durch die Sperre, prustet und stöhnt unter der Last der mitgeschleppten Koffer. Würdig werden wir empfangen: »Wollt ihr wohl auf Vordermann gehen! Ihr wollt Korporäle sein?« Trotz der klirrenden Kälte läuft uns der Schweiß in den Nacken – zu viel Zeug hängt an uns rum, dazu noch die schweren Gepäckstücke. Ich stelle den Koffer für einen Moment ab, und schon sitzt mir die scharfe Stimme eines Feldwebels im Genick: »Sie woll'n wohl nicht mehr?« Schnell nehme ich den Koffer wieder auf. Hunderte marschieren so in die Kasernen: Unteroffiziere ROA (Reserveoffiziersanwärter) auf dem dornigen Weg, der zur Beförderung führen soll. »Döberitz-Elsgrund« heißen unsere Unterkünfte.

Jetzt bist du wieder mal Rekrut, wirst mit dem Maschinengewehr kurze Sprünge durch den Schnee machen, wirst zu mehreren Runden um den Kasernenhof befohlen, weil du zu leise geantwortet hast, und beim Unterricht einen aussichtslosen Kampf mit dem Schlafbedarf führen, wirst morgens dein Bett brav in die richtigen Falten legen – kurz: Jetzt bist du wieder »Schütze Arsch«! Döberitz enttäuscht wirklich nicht.

Wir werden nach Strich und Faden geschliffen, mit Schwerpunkt auf der Gefechtsausbildung. Aber wir wissen ja, worum es geht, und gewöhnen uns schnell an diesen abermaligen Drill. Zudem – der Frühling kommt und läßt die Birken im Übungsgelände aufleuchten. Und dann ist da noch Berlin ...

Im Schillertheater erlebe ich Horst Caspar und Heinrich George im »Prinz von Homburg«, in der Staatsoper Unter den Linden »La Boheme« mit Peter Anders als Sänger und einige Tage später Wagners »Meistersinger« mit den besten Kräften im Reich. Berlin 1940 – das ist eine optimistisch gestimmte, quicklebendige Reichshauptstadt mit vielfältigen Möglichkeiten für junge Soldaten, die am Wochenende was erleben wollen ...

Am 20. April – Hitler wird einundfünfzig Jahre alt – stehe ich mit Tausenden vor der Reichskanzlei. Sie stehen hier schon seit Stunden, rufen, jubeln und warten auf das Erscheinen des Führers. Einer ihrer Sprechchöre: »Lieber Führer, komm geschwind, eh die Verdunkelung beginnt!« Und schließlich steht er grüßend da, während der jubelnde Lärm sich zur Orgie steigert. Fanfarenchöre der Hitlerjugend schmettern dazwischen, und immer wieder das Rufen im gleichen Rhythmus. Man registriert, daß der Führer zuversichtlich und leutselig lächelt. Blumensträuße werden ihm entgegengereicht, zehntausend Arme recken sich, auf allen Bäumen hocken sie, um ihm näher zu sein. Ein altes Mütterchen flüstert mir später zu: »Seit heute früh stehe ich hier, fünfmal habe ich in meinem Leben den Führer schon gesehen – heute hat er uns zugelacht, nun ist alles in Ordnung!«

Es sind die Wochen, da die deutsche Wehrmacht in Norwegen den Briten zuvorgekommen ist und nun auch dort unaufhaltsam vordringt.

Als wir eines Tages im Gelände einer Schießvorführung schwerer Infanteriewaffen beiwohnen, tippt mir jemand auf die Schulter:

»Du kennst doch sicher Baldur? – Dort steht er!« Und da sehe ich auch unseren Reichsjugendführer. Als Schütze steht er da in der grauen Feldbluse, die Hose in den ungefügen Marschstiefeln und auf dem Kopf eine etwas zu große Feldmütze. Neben einem Offizier beobachtet er durch sein Fernglas die Einschläge der schweren Infanteriegeschütze.

Ich bin ihm dann öfter begegnet. Baldur von Schirach, den wir mit dem HJ-gemäßen »Du« anreden, hat uns seit Jahren mit seinen Gedichten aufgepulvert, wir mögen ihn. Und nun steht er hier unter uns Soldaten als Soldat, umgeben von einer sich schnell ausbreitenden Unruhe. Überall kennt man ihn, fast alle hier waren ja »seine« Jugendführer. Sie zücken Ferngläser und Fotoapparate und winken ihm zu.

Am Abend desselben Tages treffen wir – einige Angehörige des HJ-Führerkorps – Baldur in einer engen Kantine des Olympischen Dorfes. Das geschieht bis zum Ende des Kurses von nun an jeden Mittwoch abends. Aus der Nähe bestätigt sich, was ich immer von ihm hielt: ein etwas verträumter Idealist, einer, der die Jugend für Adolf Hitler gewonnen hat – ein Lyriker (»Die Fahne der Verfolgten« – seine Gedichte aus der »Kampfzeit«), der so gar nicht dem Idealbild des »harten Kämpfers« entspricht.

Am 3. Mai 1940 spricht im Berliner Sportpalast der Führer zu uns. Sechstausend Offiziersanwärter sind vor ihm versammelt, die den fast viermonatigen Lehrgang auf der Infanterieschule mit dieser Kundgebung abschließen.

Ich sitze ziemlich weit vorn, etwa in der fünften Reihe. Keine fünfzig Meter vor mir sitzt hinter dem flaggengeschmückten Rednerpodium die Spitze des Dritten Reiches: Hermann Göring, Heinrich Himmler und der Generalstab. Hell leuchtet das Rot ihrer Biesen. Wagnersche Musik gibt den feierlichen Auftakt, dann betritt der gewichtige Schauspieler Heinrich George die Bühne und zitiert ein Frühlingsgedicht.

Adolf Hitler holt bei seiner Rede weit aus. Er geht zurück in die Zeit nach dem Ersten Weltkrieg, als er Politiker zu werden beschloß und als solcher dann schließlich die Schmach von Versailles tilgte. Er spricht vom bevorstehenden größten Sieg in der deutschen Geschichte und stellt den deutschen Soldaten heraus als Urbild des anständigen, zu jedem Opfer bereiten deutschen Menschen. In unseren Soldaten stets Volksgenossen zu sehen, das sei unser Auftrag, immer sollten wir dem Wert und der Kraft des deutschen Arbeiters vertrauen. Mit ihm würde er unserer Welt neuen Inhalt, neue Kraft geben ...

Wie immer stehen wir unter dem Bann seiner Rede. Wie vor vier Jahren in Nürnberg, als er uns Jungen zurief, schnell zu sein wie Windhunde, zäh wie Leder und hart wie Kruppstahl.

Adolf Hitler verläßt den Sportpalast, geht grüßend durch die Reihen der künftigen Offiziere, und wir verharren stumm, den Arm zum Gruß erhoben.

Ich bin in die Heimatgarnison entlassen. Entsprechend dem Befehl des Oberkommandos des Heeres verbleibe ich – wie fast alle Lehrgangsteilnehmer – bis auf weiteres als Führerreserve beim Ersatzbataillon.

Als ich am Morgen des 10. Mai 1940 von der Stimme im Lautsprecher aufwache, die vom Einmarsch deutscher Truppen in Holland, Belgien und Luxemburg spricht, weiß ich, daß meine Kameraden, die ich Ende Januar verlassen mußte, wieder dabei sind – es geht nun gegen Frankreich. Plötzlich und mit ungeheurer Wucht ist das deutsche Westheer angetreten.

Während sich die Kriegsereignisse überschlagen, exerziere ich wieder beim Ersatzbataillon 12 in Halberstadt. Holland kapituliert, die belgische Armee legt die Waffen nieder, deutsche Truppen kesseln die französischen und britischen Armeen in Flandern ein, 1,2 Millionen sind gefangen, Dünkirchen erobert und – wir sitzen gerade im Kasino beim Mittagsmahl, als die aufregende Nachricht kommt: Paris ist gefallen!

Es ist der 14. Juni. Oben in Norwegen kämpft noch ein Häuflein deutscher Gebirgsjäger unter General Dietl um Narvik gegen eine vielfache Übermacht. Aber auch von dort heißt es bald: Narvik gefallen!

Unser Volk ist wie im Taumel und rüstet sich in Berlin zum Empfang seines wieder einmal siegreichen Führers. Am 15. Juni läßt mich die Schreibstube der Kompanie wissen, daß ich endlich hier rauskomme – am 19. Juni soll es in Richtung Frankreich gehen.

Für drei Tage darf ich noch mal nach Hause auf Kurzurlaub fahren. Der erste Heuduft liegt über den Wiesen, und die Linden duften betäubend. Meine Schwester in Quedlinburg berichtet am 17. Juni,

was soeben durch Lautsprecher auf dem Marktplatz bekanntge-
macht worden sei:

Der neue Ministerpräsident von Frankreich, Marschall Pétain, Sieger im Ersten Weltkrieg, habe das Deutsche Reich um die Bekannt-
gabe der Waffenstillstandsbedingungen ersucht. – Da hätten viele
Frauen geweint, und auch die Männer seien vor Ergriffenheit
stumm geworden. Vor der Abfahrt meines Transportzuges ab
Halberstadt liege ich an einem heißen, wunderschönen Sommertag
im Freibad der Stadt. Um mich herum toben wieder die Pimpfe und
viele ihrer jungen Führer. Sie haben mich schnell entdeckt, necken
mich, klauen mir die Badeutensilien und berichten von ihren Lagern. Am nächsten Tag begleiten mich viele von ihnen zum Bahnhof
bis zu dem unter Dampf stehenden Zug. Als der schon angefahren
ist, höre ich noch ihre Stimmen: »Komm gesund zu uns zurück!«

Aus heutiger Sicht
Baldur von Schirachs Traumwelt –
Die musische Seite der HJ

Die Erinnerung an meine Begegnungen mit dem »Schützen« Baldur von Schirach in der Infanterieschule Döberitz läßt die Gedanken wach werden an den einstigen Reichsjugendführer (bis 1940). Ganz ohne Zweifel – er war sympathisch, von angenehmem Äußeren und verbindlichem Wesen, feinsinnig und ethisch den anderen Nazigrößen weit überlegen.

Zum ersten Mal sah ich ihn am 2. Oktober 1932, als wir beim 1. Reichsjugendtreffen der Hitlerjugend in Potsdam an Hitler und ihm vorbeimarschierten. Da stand er seitwärts von seinem Führer – in schmuckloser Kletterweste ohne Rangabzeichen und sichtlich stolz auf die einhunderttausend Mädel und Jungen, die seinem Ruf gefolgt waren.

Sein Verhältnis zu den von ihm geführten jungen Menschen – acht Millionen standen unter der HJ-Fahne – beruhte auf einer Wechselwirkung: Er fand in unkomplizierter, aufrichtig wirkender Weise sofort den Kontakt zu ihnen, und sie ließen sich von ihm begeistern, was ihn stets im Glauben an seine Mission bestärkte. Er mochte ein romantischer »Spinner« sein, der blumenreich und leidenschaftlich zu reden verstand – aber seine Reden hatten stets Niveau. Zudem spürte man, daß er fest glaubte, was er aussprach. Sein Glaube aber galt zuerst und zuletzt seinem Führer Adolf Hitler. Seine Mission schien ihm die Erziehung der Jugend zu unbedingter Treue zu sein. Das klang bei ihm so: »Höher als den schärfsten Intellekt schätzen wir ein treues und tapferes Herz!« Oder: »Die kalten Klugen können irren, allein die Treuen sind immer im Recht. Die Klugheit fragt oft nach dem Vorteil, die Treue kennt nur eine Pflicht!«

Wie stark muß die Faszination Hitlers gewesen sein, daß ein feinsinniger Mensch wie Schirach mit solcher Hingabe zu seinem Priester wurde! Unter seinem Einfluß ließ sich die Mehrheit der deutschen Jugend von solchen Führerelogen ihres Reichsjugendführers beeindrucken, ja berauschen:

> »Dem Führer
> Das ist die Wahrheit, die mich Dir verband:

Ich suchte Dich und fand mein Vaterland.
Ich war ein Blatt im unbegrenzten Raum,
nun bist Du Heimat mir und bist mein Baum.
Wie weit verweht, verginge ich im Wind,
wärst Du nicht Kraft, die von der Wurzel rinnt.
Ich glaub an Dich, denn Du bist die Nation,
ich glaub an Deutschland, weil Du Deutschlands Sohn ...«

»Hitler
Ihr seid viel Tausend hinter mir,
und Ihr seid ich und ich bin Ihr.
Ich habe keinen Gedanken gelebt,
der nicht in Eurem Herzen gebebt.
Und forme ich Worte, so weiß ich keins,
das nicht mit Eurem Wollen eins.
Denn ich bin Ihr und Ihr seid ich,
und wir alle glauben, Deutschland, an Dich!«

»Das Größte
Das ist an ihm das Größte: daß er nicht
nur unser Führer ist und vieler Held,
sondern er selber: grade, fest und schlicht,
daß in ihm ruhn die Wurzeln unsrer Welt,
und seine Seele an die Sterne strich
und er doch Mensch blieb, so wie Du und ich ...«

Natürlich weiß ich, daß diese gereimten Hymnen an den Führer, die
übrigens vor der »Machtergreifung« 1933 entstanden sind, heute
verstiegen, überschwenglich und albern klingen. Und doch, wenn
ich sie heute wieder lese, bin ich mir noch immer der Wirkung bewußt, die sie damals auf mich und viele meiner Gefährten hatten.
Bei alt und jung war in der Zeit der Weimarer Republik die Sehnsucht nach einer kraftvollen Führerpersönlichkeit besonders groß.
Angesichts des moralischen Tiefstandes nach dem Ersten Weltkrieg
erschien uns Hitler wie ein neuer Messias für unser gedemütigtes
Volk. So führten Sehnsüchte, Hoffnungen und Traumvorstellungen
zu solcher Führerverehrung – natürlich neben Hitlers außerordent-
lichen demagogischen Fähigkeiten. Es muß wohl ein sehr weiter
und schwerer Weg gewesen sein, den Baldur von Schirach gehen
mußte, als er das Ausmaß der Täuschung erkannte, der er wie Mil-

lionen Deutscher erlegen war. Je höher einer steht, um so tiefer kann er fallen. Das galt wohl auch für ihn, als er am 13. August 1945 in der Nürnberger Haft seiner Stimmung Ausdruck gab:

> »Ob wir in Freiheit gefallen oder Gefangene sind:
> Wir sind, mit allen, ja allen, nichts als Spreu vor dem Wind.
> Was uns die Frauen geboren, trugen in süßer Geduld –
> Wir haben alles verloren, alles durch eigene Schuld.
> Heimat und Häuser und Herde sind von den Hufen zerstampft
> Apokalyptischer Pferde, sind nur noch Asche, die dampft.
> In dem gewaltigen Grauen, das dem Getrümmer entquillt,
> Schaudern die Augen und schauen, aber sie fassen kein Bild.«

Ich glaube, daß Schirach immer aufrichtig war, daß er wahrscheinlich bis zuletzt den vollen Umfang der Verbrechen des Regimes nicht zu erkennen vermochte – oder sich selbst zu täuschen begann. Vor dem internationalen Militärtribunal in Nürnberg bekannte er sich am 24. Mai 1946 zu seiner Schuld und beteuerte die Schuldlosigkeit der von ihm geführten deutschen Jugend.

Als ich mit anderen Inhaftierten 1946 im Internierungslager sein Bekenntnis hörte, klammerten wir uns noch immer an den Aberglauben von »Verrat« und »Greuelmärchen«, die grausige Wahrheit war noch nicht zu verkraften. So verurteilten wir insgeheim auch unseren einstigen Reichsjugendführer und hielten ihn für »abtrünnig«. Bald danach wußten wir es endgültig: Angesichts der kaum begreifbaren Unmenschlichkeiten konnte Schirach nicht anders sprechen; so ging er denn den schwersten Weg konsequent und aufrichtig.

Bei einer Befragung im Zweiten Deutschen Fernsehen – ich glaube, es war 1987 – hat sich sein Enkel zu ihm bekannt. Er bezeichnete ihn als »eine Art reiner Tor«. Zum letzten Opfer bereit, hoffend, glaubend und sicher dann auch mit Scheuklappen versehen, waren dies wohl sehr viele von uns.

Von Baldurs Haltung und Handlungen als Gauleiter und Reichsstatthalter in Wien ist mir persönlich nichts bekannt geworden. Von seinen Richtern in Nürnberg wurde er wegen seiner Handlungsweise in dieser Zeit (1940 bis Kriegsende) zu zwanzig Jahren Haft in Spandau verurteilt, es ging um seine Verantwortlichkeit für die Deportation der jüdischen Bevölkerung in der österreichischen Metropole ...

So bleibt – vor allem beim Blick auf seine Wiener Zeit – manches in Schirachs Wesen und Haltung zwiespältig und undurchschaubar. Das aber gilt auch für Tausende anderer Führungskräfte in Hitlers Reich. Wir können ihn nicht mehr nach manchem Rätsel fragen: Krank und zerbrochen, starb er im Jahr 1974. Die Erinnerung an die ihm zujubelnde, arglose deutsche Jugend mag ihn bis zuletzt begleitet haben. Das findet auf seinem Grabstein Ausdruck: »Ich war einer von euch.«

Zurück zur Zeit des Aufbruches, als die Massenorganisation der Hitlerjugend sich einer neuen Zeit verschwor: In ihrem Reichsjugendführer hatte sie einen wahrhaft musischen Menschen. Er sprach vom »musischen Menschen in soldatischer Haltung« und gab der HJ-Kulturarbeit klare Vorgaben: Die Hitlerjugend sollte im Gegensatz zum ausschließlich militant-politischen Typ ihr Gepräge durch stärkere Betonung des »Musischen« erhalten.

So entstanden Spielscharen, bildeten sich Theaterringe; Jugendorchester wurden immer zahlreicher, bei den Mädeln gab es Tanz- und Gymnastikgruppen. Dichterlesungen, Jugendfilmstunden und Morgenfeiern gehörten bald zum festen Programm. Das Kulturamt der Reichsjugendführung, 1935 von Baldur von Schirach gegründet, schuf 1938 die »Weimarer Festspiele der deutschen Jugend«; der Reichsrundfunk übertrug sonntags die Morgenfeiern der HJ.

Als Beispiel für die Inhalte solcher Feierstunden der Jugend diene hier ein kurzer Ausschnitt. Rudolf Kinau, Bruder von Gorch Fock, hatte einige seiner Ansprachen zu den HJ-Morgenfeiern in einem Büchlein zusammengefaßt (»Kamerad und Kameradin«, Worte aus den Morgenfeiern). Die folgenden Worte wurden in der HJ-Morgenfeier vom 8. Januar 1939 zitiert:

»Wieviel Freude schläft in uns«, sagt Gorch Fock, »und wir wecken sie nicht! Wir sind allesamt Schuldner: Wir sind der Welt jeden Tag ein freundliches Gesicht und ein freundliches Wort schuldig!«

»Und irgendeine gute Tat«, wollen wir ruhig hinzusetzen. Denn auch das wollen wir bedenken; fast alles, was wir sonst tun im Leben, tun wir doch zum weitaus größten Teil für uns selbst, um klingenden Lohn oder um eine Anerkennung! Wir wollen doch darüber hinaus auch wenigstens jeden Tag ein Teil

– irgendein gutes Werk oder einen Weg oder ein helfendes Wort – nur für andere tun, ohne dabei an Dank oder Lob zu denken. Wir wollen es uns jeden Tag und immer wieder sagen: »Nur was wir für die anderen tun, bestimmt den Wert unseres Lebens!«

Die Wirklichkeit im Dritten Reich hatte zwei Gesichter: Hier die idealistisch gesonnene Jugend mit ihren Träumereien von der einzigartigen Gemeinschaft aller Deutschen, von geistiger Erneuerung und der Stärke des Reiches, mit Jugenderlebnissen, wie sie es nie zuvor gegeben hatte – und dort die Intoleranz gegenüber Andersdenkenden, Andersrassischen, Verfolgung, Demütigung bis hin zur Vernichtung. Wir aber sahen nur das eine, das optimistische Gesicht. Das andere blieb uns verborgen. Ob die jüngeren Menschen heute – in der Kenntnis all dessen, was geschah – es zu glauben vermögen oder nicht – die Tarnung war so komplett, daß wir sie nicht durchschauen konnten.
So sang und spielte die Hitlerjugend, feierte und stählte sich.
Bis der Mann, dessen Namen sie so stolz trug, ihr den Marschbefehl in die Todeszonen seiner Schlachten gab.
Noch einmal in dieser Abhandlung sei Baldur von Schirach zitiert – in seiner fanatischen Gläubigkeit, die ganz auf Hitler und seine Fahne ausgerichtet war – Schirach, als er neben Hitler ein Stern am Traumhimmel der Jugend war:

> »Was zweifelst Du? Dort oben stehen Sterne!
> Solange sie leuchten, gibt es einen Gott.
> Den Tapfern nah, den Feigen furchtbar ferne,
> zeigt er den Weg trotz Schächer und Schafott.
>
> Was zweifelst Du? Wenn wir die Hände heben,
> gibts keine Macht, die von der Freiheit trennt!
> Wir sind das Schicksal und wir sind das Leben
> und unsre Fahne ist das Firmament!«
>   (Entstanden vor 1933 in der »Kampfzeit« der Hitlerbewegung)

Aufzeichnungen 1940/1941

Ein Sommer und ein Winter in Frankreich –
»Unternehmen Seelöwe«

In der Frontleitstelle Hannover stoßen wir auf weitere Kameraden, die auf dem gleichen Wege sind. Ein Major ist unser Transportleiter. In der Nacht schreckt uns Sirenengeheul aus dem Schlaf – Fliegeralarm! Draußen ballert die Flak, dumpf hallen die schweren, bellend die leichten Abwehrkanonen. Wir stehen schläfrig im Keller und warten, bis die Entwarnung kommt.

Am nächsten Morgen erfahren wir, daß die Briten einige Öltanks in der Umgebung von Hannover getroffen haben, heller Feuerschein habe am Nachthimmel gezuckt.

In Köln dasselbe: Fliegeralarm, alles in den Keller. Wir liegen auf rohen Brettern und pennen weiter, bis wir nach zwei Stunden wieder nach oben können. In Eile gehts zum Transportzug – kaum daß wir einen Blick auf den Dom werfen können.

Es geht der Grenze entgegen. Holland: Ordentlich bebaute Felder, blitzsaubere Ortschaften – ein Bilderbuchland, das in tiefem Frieden zu ruhen scheint. Im Winde wogt Getreide. Von Maastricht aus soll die Fahrt in Omnibussen fortgesetzt werden. Auf dem Maastrichter Bahnhof werden wir von Händlern angesprochen: »Schokolade?« Wir stürzen uns auf die schon lange entbehrten Süßigkeiten. In den von uns verlassenen Zug steigen Trupps holländischer Soldaten ein. Für sie ist der Krieg aus – die Deutschen entlassen die holländischen und belgischen Kriegsgefangenen in ihre Heimat.

Unsere Fahrt geht in bereitstehenden Bussen weiter über die belgische Grenze. Leere Bunker starren uns entgegen, die Stacheldrahtzäune ringsum sind zerfetzt, rechts und links der Straße klaffen Trichter, die Stukabomben aufgewühlt haben. Auf den Feldern stehen ausgebrannte Panzer, und weiter hinten liegen die Reste eines abgeschossenen Kampfflugzeuges. Aber ansonsten stehen auch hier die Getreidefelder gelb wogend in voller Frucht – schnell ist der deutsche Angriff über das Land hinweggerollt. Jetzt scheinen wieder Frieden und Geruhsamkeit zurückgekehrt zu sein; die gutgenährten Kühe, die behaglich wiederkäuend auf den Wiesen liegen, sind ein Symbol dafür.

Doch die ersten Dörfer auf belgischem Boden liegen teilweise in Trümmern, die hier und da noch qualmen.

Von einem kleinen belgischen Städtchen aus wird unsere Fahrt in Richtung Brüssel per Eisenbahn fortgesetzt. Hier sehen wir auch zum ersten Mal eine größere Anzahl gefangener Franzosen. Sie sitzen dicht gedrängt in den Waggons und lassen ihre Beine aus den offenen Türen baumeln. Deutsche Soldaten bewachen den Zug, und mancher, der ein bißchen Französisch sprechen kann, unterhält sich mit ihnen. Das alles macht so gar nicht den Eindruck von Feindseligkeit.

In einem flämischen Dorf gibt es einen längeren Aufenthalt. Die Häuser sind vom Kampf verschont geblieben. Frauen sitzen strikkend auf Bänken und blicken uns gleichmütig nach.

Nun geht es in belgischen Bussen weiter.

Im Dunkel der Nacht erreichen wir Brüssel, geschlafen wird in der »Frontleitstelle«. Hier geht es äußerst lebhaft zu: Soldaten kommen und gehen. Viele von ihnen waren während des Urlaubs vom Beginn des Westfeldzuges überrascht worden und sind nun auf der Suche nach ihrer Truppe. Die aber ist so schnell vorangekommen, daß die Nachzügler kaum hinterherkommen. Auch Leichtverwundete sind unter ihnen, die schon wieder zu ihren Kameraden unterwegs sind. Den Aufenthalt in der belgischen Hauptstadt nutzen wir zur Einkehr in Cafés oder Weinstuben. Die Kellner sprechen fast alle deutsch, manch einer grüßt mit »Heil Hitler«. An einer Hauswand lädt ein riesiges Plakat unsere Soldaten zum Besuch eines Varietés ein. Da sind die Propagandakompanien bereits am Werk, unsere Landser bei Laune zu halten.

Wir erreichen Frankreich, die Stadt Valenciennes.

Ein völlig zerstörter Bahnhof spricht von hartem Kampf, ebenso wie die Anlagen mit hochragenden Gleisen, ausgebrannten Zügen, demolierten Bahnsteigen und einem Trümmerhaufen, der mal das Bahnhofsgebäude war. Davor Reste einer niedergebrannten Fabrik, niedergerissene Sandsackbarrikaden, ausgehobene Schützenmulden und mittendrin zurückkehrende, verstört dreinblickende Flüchtlinge. Dies ist für uns die Straße des Sieges, für die Franzosen Stätte unheilvollen Geschehens.

Überall gähnen Bombentrichter, liegen ausgebrannte Autos und zerstörte Panzer – mahnen frische Gräber mit französischen, englischen und deutschen Stahlhelmen über schlichten Holzkreuzen.

Einmal halten unsere Busse: Die Straße führt durch das Gebiet der letzten großen Offensive von 1918. Am Horizont ragt dunkel das Ehrenmal auf, ringsum stehen Zehntausende von Kreuzen aus Stein oder Birkenholz. Halt in Cambrai. Der Name dieser Stadt erinnert uns an jene erste große Panzerschlacht 1917, als die Alliierten zum ersten Mal die neuen Ungetüme von Tanks gegen die überraschten Deutschen einsetzten.

Auch jetzt war Cambrai wieder Schauplatz schwerer Kämpfe. Am zerstörten Bahnhof wird schon mit den Aufräumungsarbeiten begonnen. Stukas haben hier gehaust. Die Bevölkerung verließ Hals über Kopf ihre Häuser. In den Quartieren, die wir beziehen, liegt noch alles so, wie es die Bewohner bei ihrer erschreckten Flucht verlassen haben: Betten zerwühlt, das Rasierzeug voll eingetrockneten Schaumes, ein Buch noch aufgeschlagen ...

In unserer Straße ist in einer sonst unversehrten Häuserreihe ein Haus gänzlich zerstört und zusammengefallen – nur die Haustür mit der Nummer 13 steht noch.

Vier Wochen lang sind wir in Cambrai und warten hier auf unsere weitere Aufteilung und den Weitertransport. Wir nutzen die Zeit und setzen Kriegsgefangene für Räumungsarbeiten ein.

Etwa zwanzig Engländer, hochgewachsene, drahtige Burschen mit frischen, freundlichen Gesichtern, zitieren wir in einer Villa ans Klavier, um von ihnen den auch bei uns bekannten, jetzt natürlich belächelten Song zu hören: »We are hanging our washing on the Sigfried-Line ...« Sie singen, trotzig und nicht ohne Selbstironie.

Die Nacht vom 24. auf den 25. Juni 1940 ist über Cambrai gewitterschwül und voller am Nachthimmel zuckender Blitze. Bei jedem Aufblitzen spiegelt sich der Schein in den dunklen Wolken über der zerstörten Stadt.

Sonst ist es still in den Straßen, obwohl gerade am vergangenen Tag Tausende geflüchteter Bürger zurückgekommen sind.

Wir sitzen auf einer Bank vor dem offenen Fenster, als um Mitternacht alle Glocken von den Kirchtürmen zu läuten beginnen, daß es über uns dröhnt und hallt. Es ist uns klar, daß das Geläut dem nunmehr wohl in Kraft tretenden Waffenstillstand gilt.

Da stehen wir auf und stoßen mit unseren Gläsern voll guten Bordeaux-Weines auf den Sieg unserer Waffen und den Frieden unter unseren Völkern an. –

Tags darauf sind wir wieder unterwegs und erreichen Paris. Die als offene Stadt unseren Truppen übergebene Metropole ist vor elf Tagen besetzt worden. Hinter zerstörten Flugzeughallen und am Boden vernichteten Flugzeugen erhebt sich die Stadt mit ihrem Häusermeer nun vor uns, unversehrt und mit dem alles überragenden Eiffelturm.

Gerade, als wir in eine dunkle Vorstadt einfahren, schallt uns von überall her das deutsche Signal zum Zapfenstreich entgegen. Mitten in der Nacht fahren wir durch das schweigende Paris, am Triumphbogen vorbei, wo geisterhaft die bläuliche Flamme ihren Schein bis zu uns wirft, das ewige Feuer als Ehrung für die Gefallenen ...

Am nächsten Morgen stehe ich mit meinen Mitreisenden im Spiegelsaal des Schlosses von Versailles. Durch den riesigen Bau wuchten die Schritte der Feldgrauen. Über den Gebäuden weht die Hakenkreuzfahne. Angesichts einer solchen historischen Stunde sind wir fast atemlos. Verwirrt sehen wir Kolonnen über Kolonnen unserer Kameraden durch Frankreichs Herzstück marschieren. Argwöhnisch betrachten sie die Franzosen, vor denen sich nun preußisch-deutsche Disziplin und Machtentfaltung präsentieren in den Gestalten gesunder und sauberer Soldaten. Die erscheinen ihnen nun doch etwas anders, als sie ihnen vorher in ihrer Presse geschildert wurden – halb verhungert und von trauriger Moral ... Was hier vorbeizieht, ist die geballte Kraft des neu erstandenen Reiches.

Weiter geht es, immer weiter südwärts! Tours, von Stukas arg mitgenommen – noch vor wenigen Tagen waren hier unsere Soldaten bei starkem Abwehrfeuer über die Loire gesetzt. Poitiers, nicht mehr stark betroffen, lebendig und voller Flüchtlingskolonnen, die nun wieder nach Norden ziehen. Dazwischen überall unsere Truppen, die munter und fröhlich nach Süden marschieren. Kaffeehäuser und Läden sind überfüllt.

Wir fahren durch weite Weinfelder und durch kleine Dörfer.

Am Abend des 28. Juni erreiche ich endlich die Truppe, in der ich nun für eine Weile meine Heimstatt haben werde.

Es ist die 8. Infanterie-Division, eine aus Schlesiern, Oberschlesiern und Sudetendeutschen bestehende Einheit, gut angesehen und kampfstark. Das »Pierronje« der Soldaten aus Oberschlesien klingt mir noch recht fremd in den Ohren.

Sie sind unterwegs in südlicher Richtung, alle auf requirierten Fahrrädern – die ganze Division fährt per Rad! Der Gegner ist allzu schnell zurückgegangen, der Vormarsch zu sehr beschleunigt, so beschaffte sich eben jedermann ein Fahrrad.

Als ich mich beim Kompaniechef melde, sitzt der zusammen mit seinen Zugführern gerade an hölzernen Tischen inmitten einer Obstplantage bei Bordeaux und Champagner. So geselle ich mich denn zu den meist mit dem Eisernen Kreuz dekorierten Feldwebeln und trinke mit ihnen auf unsere ungewisse Zukunft. Sie erhoffen sich von ihr nichts anderes als die baldige Heimkehr an Oder und Neiße. Sie erzählen auch von den Kampfhandlungen der letzten Wochen. Die »Achte« war während des ganzen Feldzuges ganz vorn im Einsatz.

Sie haben die südbelgischen Grenzbefestigungen und die Ardennen kämpfend überwunden, sind bei Yvoir über die Maas gegangen und haben bei Denée am 15. Juni starke Panzerkräfte der Franzosen vernichtet.

Hier ist ihr Bericht über diese Kämpfe:

Ihre Kompanie liegt in vorderster Linie und hat keine Anlehnung, als sich plötzlich schwarze Ungetüme auf breiter Front nähern und der Alarmruf »Panzer!« alle aufschreckt. Überall sind die Kolosse, sogar schon dicht vorm Bataillonsgefechtsstand. Manche glauben, das können doch nur Deutsche sein, zumal sie quer zur Front fahren! Es handelt sich um schwere 32-Tonner mit starrem Buggeschütz. Als sie näher kommen, hört man das Brummen ihrer Motoren. Plötzlich beginnen sie, mit ihren Geschützen und Maschinengewehren wild zu schießen. Eigene Panzerabwehrkanonen werden schnell nach vorn gebracht, aber ihre 3,7-cm-Granaten prallen am Stahl glatt ab und kommen als Querschläger zurück. Die französischen Panzer setzen ihre Fahrt unbeirrt fort, einer hinter dem andern sind sie bald heran. Da zieht der Kommandeur einer Artillerie-Abteilung seine Geschütze nach vorn und nimmt die Panzer unter direkten Beschuß. Der Turm des ersten Stahlkolosses fliegt durch die Luft, ein zweiter brennt mit schwarzer Rauchfahne, der dritte ist nicht mehr bewegungsfähig. Immer wieder fliegt eins der Ungetüme auseinander. Die deutschen Infanteristen drücken sich im Straßengraben tief in die Erde, wenn nicht weit von ihnen die Artillerie-granaten auf Stahl treffen und ihn mühelos durchschlagen. Die Panzerbesatzungen springen heraus, in braunes Leder gehüllte Gestalten. Unsere Infanteristen sind nun dran. Schützend stellt sich ein französischer Soldat vor seinen Leutnant. Aber es kommt kaum zum Schußwechsel. Die Franzosen ergeben sich, blanker Schrecken steht in ihren Augen. Die deutsche Batterie hat in schneller Folge zwanzig Panzer vernichtet. Verzweifelt fragt der französische Capitain nach der Munition, mit der seine für unverwundbar gehaltenen Panzer vernichtet wurden. Der Kommandeur dieser Artillerie-Abteilung erhält wenig später das Ritterkreuz.

Einige Tage danach bricht die Division in die Maginot-Linie ein und überwindet sie nach harten Gefechten. – So wird erzählt, Stolz und Freude schwingen mit – Freude über das schnelle Ende des Feldzuges und über das so schöne Land, das sie nun gefahrlos durchqueren. Jeden Morgen gehts auf die Fahrräder – Richtung Süden, Hauptrichtung Bordeaux. Rechts und links sind die Straßen nach wie vor von Weinfeldern flankiert, dazwischen ragen hohe, schlanke Pappeln zum Himmel, und manchmal leuchtet ein weißes Gehöft. Nachtquartier beziehen wir in diesen warmen Sommernächten meist auf irgendeiner Wiese. Die Sonne brennt tagsüber heiß, unsere Haut beginnt sich zu schälen, die Bärte wachsen.

Das Land im Süden Frankreichs hat die Greuel und Zerstörungen des Krieges nicht durchstehen müssen. Wohl ziehen von morgens bis abends deutsche Soldaten braungebrannt und guter Dinge über die Straßen, verstopfen Flüchtlingskolonnen die Durchfahrten – aber es gibt keine Stukatrichter, keine Ruinen. So kommen uns die Franzosen fast immer ohne Scheu entgegen, sie scheinen außer acht zu lassen, daß wir ihre Besatzer sind.

Am Abend geht hinter Weinfeldern und Dörfern mit ihren weißgetünchten Häusern und den flachen Dächern die Sonne rot unter, vom Horizont heben sich einzelne Palmen ab. Unsere Soldaten sitzen mit evakuierten Elsässern zusammen und unterhalten sich mit ihnen in der Muttersprache.

Am nächsten Mittag ist unser vorläufiges Ziel erreicht: Ville Franche de Longchapt in der Dordogne, etwa sechzig Kilometer nordöstlich von Bordeaux.

Mein Zug marschiert allerdings noch drei Kilometer weiter zu einem alten Schloß namens Montpeyroux, von wo wir die Sicherung der neu gezogenen Demarkationslinie zum unbesetzten Frankreich übernehmen sollen. Blonde Kinder kommen uns entgegen, als wir in den verwahrlosten Park einziehen, der das Château umgibt, ein weißhaariger Mann ist dabei. Es sind Elsässer, die der Krieg hierher verschlagen hat. Es hilft nichts, wir müssen uns auch ihnen gegenüber als Besatzer aufführen: Das Schloß, in dem sie mehrere Zimmer belegt haben, muß unverzüglich für die Truppe geräumt werden. Da helfen keine Tränen und keine Bitten.

So beginnt unser Gastspiel als Grenzsicherung in Südfrankreich.

Ein junger Leutnant, der über französische Sprachkenntnisse verfügt, wird Ortskommandant von Montpeyroux. Sofort setzt auch der unvermeidliche Papierkrieg ein. Ungezählte Anweisungen für die Durchführung des Grenzverkehrs nach Vichy-Frankreich werden erlassen, wir finden uns da kaum noch raus, viel weniger natürlich die Franzosen.

Die kommen nun in nicht endenwollendem Strom ins Büro und jammern über die komplizierten Vorschriften. Zum Teil liegen ihre Felder zu beiden Seiten der Demarkationslinie; um sie zu passieren, bedarf es der schriftlichen Genehmigung. Nur gut, daß sich ein junger elsässischer Flüchtling zur Verfügung stellt, um bei diesem Wirrwarr von Anordnungen und Mißverständnissen zu dolmetschen.

Bald hängt der erste Befehl für die Bevölkerung an den Wänden. Zuerst wird die deutsche Sommerzeit eingeführt, damit wenigstens die Uhren auf einen Stand gebracht werden. Dann heißt es unter anderem:

»Wer einen deutschen Soldaten verletzt oder tötet, wird erschossen. Bei Nichtfeststellung des Täters haftet der Bürgermeister mit seinem Kopf. –
Wer morgen, 12 Uhr mittags, noch Waffen in seinem Besitz hat, wird erschossen. Sämtliche Waffen sind bis dahin auf der Ortskommandantur abzugeben. –
Nach 22 Uhr darf keine Zivilperson mehr auf der Straße sein ...«
Und so weiter.

Berge von Waffen werden auf unserer Kommandantur abgegeben. Meist sind es Schrotflinten, aber sogar ein Spielzeuggewehr ist dabei, was wir fröhlich quittieren.

Um die Posten an den Straßenkreuzungen kontrollieren zu können, bedarf es dringend eines Autos. Wir schauen uns lange danach um und finden schließlich eine alte Kiste aus dem Jahre 1921. In allen Fugen klappernd und mit erheblicher Lautstärke, bewegt sie sich im Schneckentempo, bringt uns aber immerhin zu allen Zielen.

Um unser Glück noch zu steigern, kommt der Bürgermeister hin und wieder mit einer ganzen Fuhre von etwa fünfzig Flaschen besten Champagners. Wir müssen ihm pro Flasche ganze zehn Francs zahlen, das sind etwa fünfzig Pfennige. Eines Sonntagmorgens fehlt unser elsässischer Dolmetscher. Da neben unserem Château Polen einquartiert sind und unsere oberschlesischen Landser fast alle polnisch sprechen können, holen wir eine junge Polin, die für uns französisch/polnisch übersetzt. Einer unserer »Pierrons« übersetzt dann aus dem Polnischen ins Deutsche. Das klappt hervorragend.

Gerade ist unser Betrieb in Montpeyroux bestens eingelaufen, die Organisation perfekt, da kommt plötzlich der Befehl:

»Montpeyroux ist zu räumen. Die Demarkationslinie wird in den Abschnitt Ville Franche zurückverlegt.«

Wir erfahren, daß unser Montpeyroux schon seit dem Waffenstillstand zum unbesetzten Frankreich gehört, daß sich aber die Fronttruppe, die hier angekommen war, gesagt hat: Hier ist's zu schön, um wegzugehen ...

So beziehen wir notgedrungen neue Quartiere in den Häusern von Ville Franche de Longchapt; auch unsere Posten nehmen neue Stellungen ein.

Jede zweite Nacht bin ich stundenlang unterwegs, um die Feldposten an der neuen Grenzlinie zu überwachen.

Auch tagsüber führt mich mein Weg häufig dorthin, so daß ich bald jeden Baum und Strauch kenne.

Bei mancher Postenmeldung schlägt mir eine gewaltige Alkoholfahne entgegen. Der Genuß von Alkohol ist zwar während des Dienstes strafbar, aber ich will die Männer deshalb nicht hochgehen lassen. Sie haben nach Wochen harter, schwerer Kämpfe, nach all dem Erleben von Blut und Tod, solchen Genuß und Ruhe verdient, zumal uns ja nun kein kämpferischer Gegner mehr gegenübersteht.

Es ist auch zu verführerisch: Neben ihrem Postenbereich stehen stattliche Höfe, in deren kühlen Kellern viele Fässer lagern, alle voll des süßen Weins. Auch sonst ist dieser Dienst an der Demarkationslinie nicht ganz einfach: Da kommen junge hübsche Französinnen – die sollte ein ausgehungerter Landser so einfach passieren lassen? Was Wunder, daß manche junge Dame mehr als eine halbe Stunde Aufenthalt bei unserem Posten hat ...

Natürlich kommt auch mal ein »ernster« Fall vor. So wird an der Grenze zu Vichy-Frankreich ein Autotransporter mit zehn Peugeot-Wagen festgehalten, weil der begleitende Ingenieur keinen Passierschein vorweisen kann. Zwei Tage lang stehen die Wagen im Ort, warten ihre Fahrer. Ihr Chef, höflich und liebenswürdig, fährt zwangsläufig zurück nach Bordeaux und trifft nach zwei Tagen mit dem von der dortigen deutschen Kommandantur ausgestellten Passierschein wieder ein. Ehe er seine Fahrt fortsetzt, unterhalten wir uns ein wenig mit ihm, der ganz gut deutsch spricht. Anlaß ist der berüchtigte britische Überfall auf die französische Flotte vor Oran, bei dem Englands Schiffsgeschütze viele Franzosen in den Tod schickten. Allmählich gehören wir zu dieser Landschaft und ihren Menschen – wenigstens scheint es uns so, als seien wir mittlerweile eine ganz angenehme Abwechslung für die Bevölkerung in der sonstigen Eintönigkeit ihres Alltags geworden. Es gibt keine Übergriffe, nicht einmal Unhöflichkeiten.

Oft sitzen unsere Soldaten gemeinsam mit Frauen und älteren Männern aus dem Dorf vor den Türen. Die Landser singen ihnen etwas vor, denn fast alle Oberschlesier sind musikalisch und singen mit viel Hingabe. Meist sind es sentimentale Lieder wie ihr Heimatlied »Du oberschlesische Heimat, du wälderrauschendes Land ...« oder »Vor meinem Vaterhaus steht eine Linde« von Robert Stolz. Ihre ganze Sehnsucht, nach Haus zu kommen, liegt in ihrem Singen, und die Franzosen spüren das wohl.

An einer anderen Ecke wird auf dem Schifferklavier gespielt. Da hocken Mädchen mit dem dunklen Teint der Südfranzösinnen zusammen mit Blondinen aus dem Elsaß und schäkern mit den Soldaten.

Manchmal bin ich abends Gast bei einer Familie aus Straßburg. Auch hier wird musiziert und gesungen, dazu gibt es Wein und Kekse. Ein junger Elsässer zeigt mir die Titelseite einer französischen Illustrierten. Sie zeigt das Bild einer hübschen jungen Dame. Er erläutert, daß dies die Geliebte Adolf Hitlers sei – sie heiße Eva Braun. Das bringt uns zum Lachen: »Braun« – ausgerechnet

»Braun«, schon an der Namengebung sieht man, daß dies doch nur ins Reich der Phantasie gehört ...

Hitler soll auch Doppelgänger haben, erzählt der junge Straßburger weiter, die schickt er an seiner Stelle vor – er selbst wage sich kaum noch unters Volk. Das provoziert uns, wir wissen es besser. Aber bald verlassen wir dieses Thema und singen und schunkeln wieder.

Die Elsässer bereiten sich auf ihre Heimkehr vor – dann würden sie zurückkehren ins »deutsche Elsaß«! – An einem sonnigen Tag fahre ich mit den Gruppen, die zur Zeit keinen Dienst an der Grenze haben, ins nahe Städtchen Montpont an der Isle. Dieser breite, im Sonnenlicht glitzernde Fluß lädt zum Baden ein. Also hinein! An den Ufern sitzen Frauen und Mädchen und beobachten das ungewohnte Treiben der deutschen Soldaten. Die haben meist nicht mal eine Badehose, sondern ziehen in Frankreich »erbeutete« Schlüpfer an, die allerdings ziemlich durchsichtig sind. Das macht ihnen nichts aus, sie planschen im Wasser, liefern sich Wasserschlachten und benehmen sich ausgelassen wie übermütige Jungen.

Gegen Abend gibt auf dem Marktplatz von Montpont eine deutsche Regimentskapelle ein Standkonzert. Stumm und zurückhaltend hören die Franzosen zu. Wir aber singen übermütig mit, als sie das »Engellandlied« spielen:

> »... denn wir fahren gegen Engelland!«

Frankreich ist besiegt, was wird nun mit England? Wir ahnen, daß sich nunmehr die geballte Kraft der siegreichen deutschen Armeen gegen das Inselreich wenden wird. Wir werden sicher dabeisein – aber wie wird das vor sich gehen?

Auf der Rückfahrt hören wir, daß am Abend eine Rede Hitlers vor dem Reichstag übertragen wird. Es ist der 19. Juli 1940.

Wir sind pünktlich im Quartier und sitzen gemeinsam mit den elsässischen Freunden vor dem Rundfunkgerät, aus dem die dunkle Stimme des Führers kommt.

Ganz Europa hört ihm jetzt voller Spannung zu. Was er sagt, empfinden wir jedenfalls nicht als das martialische Geifern eines blindwütigen Tyrannen, sondern als die versöhnliche Rede eines Siegers, der Frieden will. Seine Rede richtet sich vor allem an Großbritannien, dessen Kriegserklärung vor nunmehr zehn Monaten ihn besonders geschockt haben soll. Er spricht Churchill an: »Ich sehe

keinen Grund, der zur Fortsetzung dieses Krieges zwingen könnte ...!«

Wenn – wie gewohnt – während seiner Rede der Beifall aufbraust,
lächelt der junge Elsässer mokant und meint: »... Schallplatten!«
Hitlers Rede macht uns Hoffnung auf eine baldige Heimkehr.

Als dann auch tatsächlich der Befehl zum Abtransport kommt, tippen wir glückselig auf »Parole Heimat«. Am 27. Juli 1940 sind die
Straßen in Richtung Libourne wieder belebt von grauen Kolonnen,
die auf Fahrrädern dem Bahnhofsgelände zustreben. Die ganze
8. Infanterie-Division ist unterwegs. Die Dordogne liegt nun hinter
uns als das fröhliche Land mit seinen Weinfeldern, den gutmütigen
Menschen und den elsässischen Gästen, unter denen mancher Landser sein Liebchen gefunden hat.

Wir sehen, wie überall Soldaten im Alltag mithelfen, sie streichen
Grenzpfähle rotweißrot an, helfen mit auf den Feldern und Wiesen.
Fast beneiden wir sie, die uns bei unserem friedlichen Einsatz an der
Demarkationslinie ablösten. Wenn da nicht die Hoffnung auf eine
Fahrt nach Deutschland gewesen wäre ...!

Der Zug rüttelt uns in der hereinbrechenden Nacht tüchtig durch.
Erst am Abend fuhren wir los und nun sitzen und liegen wir in allen
möglichen Gruppierungen in den Abteilen, während draußen das
südliche Frankreich an uns vorbeiflitzt.

Wir verschlafen alles und werden erst hellwach, als Paris vor uns
auftaucht. Vorher sind wir bei Champagne über die Oise gefahren.
Vom Abteilfenster aus sahen wir Soldatengräber mit deutschen
Stahlhelmen und ringsum ausgehobene Schützenlöcher. Da besinnt
sich mancher, daß immer noch Krieg herrscht. –

Paris. Hier nun muß sich entscheiden, welche Richtung unser Zug
einschlägt, in die Heimat östlich von hier oder nach Westen in Richtung Küste, in Richtung England ...

Noch sind wir im Osten der Hauptstadt, noch gibt es die ersehnte
Chance; nun fährt er in eine Westkurve – das macht einen ja ganz
verrückt! Nach einer Stunde haben wir noch immer den Eiffelturm
uns gegenüber. Paris. Erinnerungen werden wieder wach bei denen,
die dabeigewesen sind:

Am 14. Juni sammelt sich die Division in St. Denis, einem nördli-
chen Vorort. Es ist ein heißer Sommertag. Um 8.15 Uhr wird zum
Einzug in die Hauptstadt angetreten, voran das Regiment, das als

letzte entscheidende Tat den Übergang über die Oise erzwungen hat. Das Musikkorps ist nicht zur Stelle, es hat sich irgendwo verfahren. So läßt der Divisionsgeneral einen Lautsprecherwagen der PK (Propagandakompanie) mitfahren, der für die Marschmusik sorgt. Am Arc de Triomphe nimmt der Kommandeur den Vorbeimarsch seiner Truppen ab.

An der Südseite des Triumphbogens marschiert die 28. Division, über den Place de la Concorde geht der Marsch einer bayerischen Truppe.

Während einer Marschpause ehrt der Divisionskommandeur die Gefallenen des Gegners mit stummem Gruß am Grabmal des Unbekannten Soldaten ...

Das alles – der triumphale Marsch durch das schweigende Paris – soll erst wenige Wochen her sein?

Nun fahren wir an Paris vorbei, plötzlich biegt der Zug scharf nach Westen ab! Da scheint es festzustehen, daß es an die Küste geht. Das Lied wird angestimmt, mehr trotzig als jubelnd: »... denn wir fahren gegen Engelland!«

Noch eine Nacht schüttelt und rüttelt der Zug uns durch. Dann lesen wir am nächsten Tag das Ortsschild des Zielbahnhofes: »Dieppe«. Karten raus – alles klar: Angriffsziel: Über den Kanal nach England!

Als wir im Hafen von Dieppe um uns schauen, sehen wir halb versunkene, verbrannte Schiffe aus dem schmutzigen Wasser ragen. Ihnen entströmt ein infernalischer Gestank – es riecht nach Tod und Vernichtung.

An anderer Stelle ist man schon wieder mit Kränen dabei, gesunkene Schiffe zu heben. Rings um den Hafen bezeugen Ruinen die harten Kämpfe. Aber über die Boulevards wird schon wieder flaniert, demobilisierte Poilus streben ihren Heimen zu. Jubelnd und laut wie bei uns zu Haus spielen überall sorglos die Kinder. Es bleibt uns nicht viel Zeit zum Umschauen. Kaum sind die Fahrräder ausgeladen, kaum ist ein Schlag Nudelsuppe aus der Gulaschkanone verdrückt, kommt der Marschbefehl: Weiter ins Innere der Normandie.

Beim Abmarsch und bei einem letzten Blick auf den zerstörten Hafen bewegt uns die bange Frage: Werden wir hier in die Transportschiffe verladen?

Wir durchqueren blühendes, grünes Land – Weiden, von Buchen- und Eichenwäldern unterbrochen –, saubere Dörfer, muntere Bäche mit hochragenden Pappeln an ihren Ufern.

Nach etwa dreißig Kilometern erreicht unsere Kompanie ihr Ziel: das Château »La crique«. Ein Idyll wie aus einer Novelle von Eichendorff. Ein normannisches Schloß, von altem Buchenbestand umgeben, ein verwilderter Park, eine weite Rasenfläche; ein schnurgerade verlaufender Kiesweg führt in eine kleine Kirche.

Wenige Kilometer weiter liegt das Städtchen Bellencombre, wo der Bataillonsstab sein Quartier nimmt. In dieser Einsamkeit findet die Kompanie ihr vorläufiges Domizil.

Spuren des Krieges gibt es auch hier: Die Kirchturmspitze in Bellencombre ist zerschossen, Panzer und Autowracks liegen an den Straßenrändern, und dann stoßen wir immer wieder auf Soldatengräber. Sieben englische Soldaten sind unter einer Linde begraben, deren riesige Äste weit hinausragen. Dies war wohl eine der Etappen der Schlacht von Flandern und im Artois, ein Punkt auf dem Rückzug der Tommies zum Meer.

Unsere Posten ziehen vor dem Schloß auf, an einem schnell aufgerichteten Mast wird die Hakenkreuzflagge gehißt.

Wie immer in ruhigen Zeiten, beginnt der Dienst mit dem üblichen Unterricht, dem Exerzieren und Geländedrill.

Am 3. August 1940 feiert die Kompanie. Vornan steht das Gedenken an die Gefallenen dieses Feldzuges. Die Soldaten sind unter dem Dom der Buchen im Park angetreten – sauber die Uniformen, glänzend die Stiefel, die Haare gekämmt, die Scheitel schnurgerade gezogen. Gewehrpyramiden, Hakenkreuzfahne und Blumen über Blumen als Symbol des Gedenkens sind der optische Mittelpunkt der Feier.

Bis in die Nacht hinein wird gesungen, getrunken, werden Sketche vorgeführt, Gedichte vorgetragen – bis sich endlich alle zum Gute-Nacht-Lied erheben. In das Lied hinein schallt hell das Signal des Hornisten zum Zapfenstreich.

Tage und Wochen vergehen. Mittags sitzen die Unteroffiziere der Kompanie gemeinsam auf der Holzveranda des Châteaus. Oft gibt es selbsterlegte Hasen oder Fasanen. Im Keller fanden wir ein Fäßchen mit gutem Rotwein, der jedes Mahl abrundet.

Manchmal fahren wir in das nicht allzu ferne Rouen. Einmal sehen wir im Soldatenkino den schmissigen Musikfilm »Hallo, Janine!«. Auch die berühmte Kathedrale wird besichtigt, die deutsche Soldaten nach einem britischen Bombenangriff vorm Feuer gerettet haben.

In den ersten Augusttagen – ich bin gerade zum Leutnant befördert worden – werden wir auf Lastkraftwagen nach Dieppe zu einer mehrtägigen Übung gefahren.

Wir beziehen ein prächtiges Quartier unmittelbar an der Strandpromenade – das repräsentative Hotel »Royal«. Fast eine Woche lang bewohnen wir die großen, mit allem Komfort ausgestatteten Zimmer mit Blick aufs Meer.

Aus dem Wasser ragen auch hier die Spitzen eines versenkten Schiffes; direkt an der Hafeneinfahrt versperrt ein umgestürzter Lastkahn die Zufahrt.

Am Strand vergnügen sich unsere Landser, sonntags kommen die Franzosen hinzu und verfolgen ihre Spiele und Späße.

Der Dienst ist nicht sehr strapaziös, der Auftrag lautet »Gewöhnung ans Meer«. Das ist für unsere oberschlesischen Landratten, die noch nie auch nur einen Blick aufs weite Meer geworfen haben, auch dringend nötig. So gehen wir mit Schwung ins Wasser, tollen darin herum und liefern uns Reiterkämpfe wie einst im Zeltlager der HJ. Pioniere befördern uns mehrmals auf Floßsäcken weit aufs Meer hinaus. Da allerdings wird manches Gesicht ängstlich, und die Augen hängen sehnsuchtsvoll am Küstenstreifen. Auch die Kreidefelsen an der Küste werden übungshalber erklommen; Taue sind gespannt, und jedermann muß hinauf. Ähnlich soll es an der englischen Küste aussehen, so daß diese Kletter- und Wasserübungen eine – allerdings recht friedsame – Einstimmung sind.

Einmal schreckt uns das Ballern unserer Flak oben auf den Felsen auf, die Fensterscheiben des Hotels vibrieren. Wir verfolgen mit Ferngläsern die kleinen weißen Sprengwölkchen und erkennen auch bald den britischen Bomber, der sich hierher gewagt hat. Aber bald ist er hinter einer dicken Wolke verschwunden.

Am Abend feiere ich stinkvornehm im Hotel meine Beförderung. Fünfzehn Mann sind in Dieppe unterwegs, jeder soll drei Flaschen Wein einkaufen. Das gibt dann ein Gewirr von über vierzig verschiedenen Weinmarken – um den Erfolg braucht uns nicht bange zu sein. Er ist so umwerfend, daß wir selbst fallende Bomben nicht

134

wahrnehmen ... Dem entspricht der Kater am Morgen danach. Ausgerechnet an diesem Morgen aber geht's auf alten Lastkähnen und in noch älteren Motorbooten hinaus auf das gerade ziemlich bewegte Meer. Es pfeift ein starker Wind und versetzt die Boote in schwingende Bewegung. Meinen braven Soldaten wird speiübel, fast jeder bringt Neptun sein Opfer dar, auch ich bewahre nur mit äußerster Beherrschung einigermaßen Haltung.

Doch auch diese unvergeßliche Leidenstour auf den mehr oder weniger verrotteten Kähnen geht dem Ende zu, unser vornehmes Quartier taucht wieder vor uns auf. Dicht vor dem Sandstreifen der Küste werden wir in Floßsäcken wieder an Land gebracht.

Nein, wohl ist niemandem bei dem Gedanken, in so alten Dingern über den Kanal gegen England zu fahren – von vorn und von oben mit Bomben und Granaten bedacht ... Am Sonntagvormittag inspiziert der Oberbefehlshaber des Heeres, Generalfeldmarschall von Brauchitsch, unser Regiment. Ringsum sichert Flak aller Kaliber das Gelände. Aber es läßt sich da oben kein Tommy sehen. Rot und golden glänzen die Generaluniformen, als wir im weiten Viereck vor dem Oberbefehlshaber angetreten sind. Angesichts dieses kraftvollen Aufmarsches und der anspornenden, zuversichtlichen Rede des Generalfeldmarschalls vergessen wir vorübergehend unsere Ängste.

In diesen Tagen ist die Luft über uns oft erfüllt vom Brummen und Donnern der Flugzeugmotoren; die deutsche Luftwaffe fliegt gegen England. Bombt sie uns den Weg frei?

Vorerst aber geht es wieder zurück nach »La crique«. Wieder der Dreißig-Kilometer-Marsch durch die Landschaft der Normandie. Wir sind's gewöhnt, doch gibt es immer wieder schmerzende Blasen.

Die Wälder um unser Schloß beginnen sich zu färben. Noch immer gibt es keinen Einsatzbefehl für den Angriff auf das britische Inselreich. Längst sind die Generalstabskarten an die Stäbe ausgegeben, die Angriffsstreifen auch für unsere Einheit festgelegt. Aber der Befehl bleibt aus.

Am Morgen des 1. Oktober rückt die Kompanie aus zu einem Übungsschießen mit dem leichten Granatwerfer. Die beiden Schützen am Werfer treffen exakt. Ziel ist eine halb verfallene Scheune vor uns. Von einem Strohhaufen aus beobachten der Kompaniechef und ich die Einschläge. Dann kommt der Befehl: »Fünf Schuß Wirkungsfeuer!« Der erste Abschuß. Da kracht eine Detonation hinter uns – in unserem Rücken! Was ist da geschehen, wir sind vor Schreck erstarrt – Rohrkrepierer! Was das bedeutet, ist jedem klar: In Polen hat ein Rohrkrepierer beim leichten Granatwerfer die Köpfe der beiden Schützen vom Rumpf getrennt ...

Schon kommt der Schrei nach dem Sanitäter. Das Schießen stockt, jeder starrt zum Werfer. An dem liegen die zwei Schützen noch genauso in Deckung wie beim Abschuß, die Köpfe nach unten. Die Hand des einen ist noch am Abzug, die blutigen Hände seines Kameraden umklammern das Rohr. Beim Näherkommen erkennen wir die unnatürliche Lage der beiden. Eben hofften wir noch, sie würden sich gleich wieder aufrichten. Einer von ihnen stirbt, Splitter haben seinen Stahlhelm durchschlagen, der ganze Körper ist voller gräßlicher Wunden, die Uniform zerfetzt. Der andere lebt, schaut mit ganz klaren Augen hinüber zum sterbenden Kameraden und preßt die Lippen fest aufeinander. Als man ihn umdrehen will, ist seine Stimme deutlich vernehmbar: »Laßt mich doch so liegen ...«

Dann schließt er die Augen, sein Gesicht verzerrt sich. Um ihn bildet sich eine Mauer von Kameraden, die jeden Windhauch abhalten soll, denn der Herbstwind weht heute früh kalt und scharf.

Der Granatwerfer in der Mitte dieser lebenden Mauer steht da als unheilvoller Zeuge. Sein Rohr ist zum größten Teil weggeflogen, das Ende der Granate steckt noch im übriggebliebenen Teil, der aufgeblättert ist wie eine blühende Rose aus Stahl.

Ungeduldig warten wir auf den längst alarmierten Sanitätskraftwagen. Unser schwerverletzter Kamerad atmet schwer, Minuten werden zur Ewigkeit.

Dann kommt der Wagen mit dem roten Kreuz, der Unterarzt springt raus, kniet bei dem Verletzten nieder und schüttelt resignierend den Kopf. Der Kopf des jungen Soldaten hängt in verzerrter Stellung, das Gesicht ist blau angelaufen, aus dem Mund quillt weißer Schaum. Der Arzt kann hier nichts mehr tun.

Die Gefreiten Erich Hubrich und Karl Semmig sind im Park von »La crique« während der großen Pause, die uns der Krieg gewährte, gestorben. Es ist, als sollten wir mit brutaler Gewalt daran erinnert werden, daß es eben nur eine Pause für uns alle ist ...

Zur gleichen Zeit, als die beiden sterben, morgens um 10.15 Uhr, reißt der Sturm unsere Flagge vom Mast und weht sie weit ins Gelände.

Es hilft nichts – der Alltagsdienst geht weiter. Unser täglicher Morgenlauf führt nun vorüber an einem großen Holzkreuz und zwei Gräbern.

In das Gleichmaß des Dienstes fällt ein für mich sehr angenehmer Auftrag: Ich soll zusammen mit einem Gefährten für zwei Tage nach Paris fahren, um dort eine Besichtigungsfahrt vorzubereiten. Die für unsere Aufgabe erforderlichen Formalitäten sind bald erledigt, so daß viel Zeit bleibt, Paris zu durchstreifen. Notre Dame, Louvre, Eiffelturm, der Invalidendom mit dem Sarkophag des Kaisers Napoleon I. – Paris ist schön, respektabel und voller Leben. Seine Prachtstraßen sind viel befahren, auf mehreren Plätzen musizieren deutsche Militärkapellen. Die Kaffeehäuser sind voll besetzt. Dazwischen sehen wir Gruppen demobilisierter französischer Soldaten. In den »Folies Bergères« schwingen die mehr oder weniger nackten Mädchen ihre langen Beine, auch in diesem Saal gibt es Feldgrau, nur Feldgrau. Wir fahren zum Schloß von Versailles, durchwandern Park und Spiegelsaal, wo vor fast achtzig Jahren Bismarck das neue Deutsche Reich ausrief und Wilhelm I. als deutschen Kaiser grüßte. Als wir – wieder in Paris – vom Montmartre hinunterschauen auf das Häusermeer, ertönt plötzlich aus der Menschenmenge ein bekanntes deutsches Volkslied, von jungen Stimmen gesungen: Da steht auf den breiten Treppen ein viele Mädchen und Jungen umfassender Chor. Weiß leuchten die Blusen des BDM, braun die Hemden der Hitlerjungen. Ich dränge mich durch die Menschen und begrüße den Chorleiter, HJ-Bannführer Heinrich Spitta, Gestalter vieler unserer neuen Lieder. Hitlerjugend singt auf den Stufen zur Sacre Cœur. Die Franzosen hören zu, und in ihren Augen ist keine Feindschaft. –

Wieder in »La crique«. Keine besonderen Ereignisse.

Gegen Abend beginnt fast täglich über uns das Gebrumm der Flugzeuge, die auf dem Weg zur Insel sind. Und wir warten.

Anfang Dezember trifft junger Ersatz aus der Heimat ein. Die neuen Kameraden werden schnell heimisch, nicht zuletzt dank des Ausbildungsdienstes, der sie nicht auf Gedanken kommen läßt, die sie nur beschweren könnten. Als es Weihnachten wird, sind wir mit den jungen Soldaten wieder eine geschlossene und gestärkte Kompanie.

Kurz vor Ostern 1941 müssen die Landkarten von England zurückgegeben werden – Unternehmen »Seelöwe« scheint abgeblasen oder verschoben worden zu sein ...

Ich selbst werde beauftragt, einen Haufen überflüssiger Akten des Bataillons nach Metz/Lothringen zum dort stationierten Ersatztruppenteil zu bringen.

Ich darf bei dieser Gelegenheit einen Abstecher nach Straßburg machen und alte Bekannte aus der Dordogne wiedersehen.

Die heißen mich und meine Ordonnanz freundlich und herzlich willkommen.

Der junge Mann, der vor etwa zehn Monaten für uns gedolmetscht hatte und sich so spöttisch über den Führer geäußert hat, trägt jetzt eine braune Uniform; er ist Mitglied beim NSKK (NS Kraftfahrerkorps) ...

Während meines Aufenthalts im Elsaß gehen wieder Siegesfanfaren über den Rundfunk: Deutsche Truppen dringen in Griechenland und Jugoslawien unaufhaltsam vor.

Es ist nicht zu fassen – in alle Himmelsrichtungen Europas bewegen sich die feldgrauen Kolonnen.

Gemeinsam mit unseren Straßburger Freunden stehen wir auf dem Turm des Münsters und schauen hinüber über den Rhein zu den dunklen Höhen des Schwarzwaldes im Altreich.

Aus heutiger Sicht

Sommer 1940: Faszination und nationalistischer Rausch auf dem Höhepunkt – Großer Zapfenstreich

Als Hitler am 19. Juli 1940 als Triumphator in das von Fahnen und Blumen übersäte Berlin einzog, seine siegreichen Generäle im Gefolge, die er dann zu Feldmarschällen ernannte – da kannten Jubel und Verehrung keine Grenzen. Der Blumenteppich, der sich auf seinem Wege ausbreitete, war ein Ausdruck grenzenloser Verehrung durch weite Kreise des Volkes. Der Chef seines Wehrmachtsstabes, Generalfeldmarschall Keitel, nannte ihn den »größten Feldherrn aller Zeiten« (das zu gewissen Erkenntnissen gekommene Volk machte daraus den »Gröfaz«). Mit der Euphorie über den Sieg in Frankreich verband sich nun auch die Hoffnung auf Frieden. Hitlers Rede vor dem Reichstag kam diesen Hoffnungen entgegen. Er appellierte an Großbritannien und fand dort kein Gehör. Man stellte Bedingungen, von denen von vornherein klar war, daß Hitler sie zurückweisen würde.

Der Sieg im Westen wurde tagelang gefeiert. Die Wehrmacht trat in den Garnisonen und draußen in den eroberten Gebieten zum Großen Zapfenstreich an.

Großer Zapfenstreich ... In die Zeit, in der ich diese Zeilen schreibe, fällt auch ein solcher Großer Zapfenstreich – mit einigen Modernisierungen, aber doch anrührend wie eh und je: Es ist die Feier des Gründungstages der Bundeswehr vor dreißig Jahren. Ich beobachte die Zeremonie vor dem Fernsehgerät, erlebe, wie sich dieses traditionsreiche Schauspiel im Fackelschein vollzieht, sehe die jungen Gesichter unter den Stahlhelmen, und plötzlich scheint es mir in der aufkommenden Erinnerung, es seien die Gesichter meiner Kameraden von einst. Sie standen damals in der gleichen Haltung mit demselben Ernst einer neben dem anderen, präsentierten das Gewehr beim Ertönen der Nationalhymne und nahmen vorher den Helm ab zum Gebet. »Ich bete an die Macht der Liebe ...«

Und ich frage mich: Welche Liebe hat sie alle denn hineingerissen in den tödlichen Abgrund, hat sie verstümmeln und sterben lassen?

Großer Zapfenstreich – so waren wir am 2. August 1939 – kurz bevor man uns in den Krieg marschieren ließ – angetreten, um des

Kriegsausbruches vor fünfundzwanzig Jahren zu gedenken. Auch da beteten wir bei Musik und Fackelschein an die Macht der Liebe, während unsere Führung längst zur Vernichtung eines Nachbarvolkes bereit war. Und während die feierliche Darbietung mit Trommelwirbel, Signalen, Choral und Hymne zum großen Sieg im Juni 1940 überall im Reich Millionen anrührte, plante Hitler die Eroberung Sowjetrußlands.

Wir übten da noch an der Küste der Normandie für das Unternehmen »Seelöwe«, verluden in Dieppe unsere Fahrzeuge und Waffen auf Transportschiffe und warteten auf den Angriffsbefehl gegen England, das trotz der offensichtlichen Unüberwindbarkeit der Deutschen keineswegs zu einer wie auch immer gearteten Kapitulation bereit war. Was aber Hitler gegen das Inselreich zu unternehmen schien, diente nun zum Teil nur noch der Tarnung seiner wahren Absichten. Während er noch die Opfer des Feldzuges in Frankreich bedauerte (Aus seiner Rede vom 19. Juli 1940: »... ich bedauere die Opfer, die eine Fortsetzung des Krieges fordern würde. Auch meinem eigenen Volk möchte ich sie ersparen ...«), stellte er die größte Angriffsmacht der Geschichte für den Osten zusammen.

Die nach dem Sieg in Frankreich geplante Auflösung von fünfunddreißig Divisionen fand nicht statt – statt dessen wurden neue Divisionen schnell aufgestellt. Der Krieg weitete sich auf den Balkan aus, wo Hitler seinem Bundesgenossen Italien, der in Griechenland in Bedrängnis gekommen war, zu Hilfe eilte und wo Jugoslawien niedergeworfen wurde.

Nichts konnte den Taumel beeinträchtigen, in den unser Volk verfallen war, nichts ahnend, was sich da an Furchtbarem vorbereitete.

Mir scheint, als wäre Hitler auf jenem Höhepunkt seiner Macht, als er mehr als die Hälfte Europas unterworfen hatte, vollends von jenem Machtwahn und Größenwahnsinn befallen worden, der ihn sicherlich schon vorher im Griff hatte. Die Vergötterung durch die Massen, die bis zur Hysterie gehende Verehrung, das schweigende Hinnehmen seiner Ideen und Anordnungen ohne Kritik und Widerspruch durch seine maßgeblichen Gefolgsleute – einschließlich der Generalität – und schließlich seine an Wunder grenzenden Erfolge bei allen waghalsigen Unternehmungen – das alles muß jeden Menschen überfordern, seinen Realitätssinn schwächen und ihn

maßloser Hybris ausliefern. In drei Wochen Frankreich geschlagen
– da wurde Hitlers Sendungsbewußtsein zum Wahn.

Es begann die Kette von Fehleinschätzungen und Irrtümern, die
schließlich zur Selbstvernichtung der Diktatur führen mußte.

Am 31. Juli 1940 offenbarte Hitler den Oberbefehlshabern des Heeres und der Marine seinen Plan zur Eroberung Sowjetrußlands als
endgültig. Kein ernstlicher Widerspruch erhob sich, obwohl klar
war, daß damit alle bisherigen Erfolge im Krieg in Frage gestellt und
sich Risiken und Gefahren ohnegleichen ergeben würden.

Am 18. Dezember desselben Jahres legte Hitler die Grundzüge des
Feldzuges gegen Rußland fest. Das war die berüchtigte Führerwei-
sung Nr. 21, genannt »Barbarossa«. Barbarossa – Kaiser Friedrich I.
– da war wieder die Gedankenverbindung mit einem Kreuzzug (in
dem Barbarossa auch umkam) ... Kreuzzug gegen die »Ausgeburt
des Teufels«, den Bolschewismus, das »Böse in der Welt« ... Wir
braven und gläubigen Soldaten tollten währenddessen in Frankreich
herum und hofften auf die Heimkehr.

Uns beseelten weder Fanatismus noch Haß auf irgendwelche Feinde. Im Gegenteil – den Franzosen, die wir während der Besatzungs-
zeit kennenlernten, brachten wir Sympathie entgegen. Auch hatte
das Kriegsgeschehen unsere Landser – wie ich es erleben konnte –
keineswegs brutaler gemacht.

Vielfältig waren die Gefühle, die damals mich und sicher auch die
meisten meiner Kameraden heimsuchten: Da war zuerst das Grauen
beim Anblick zerstörter Städte und Dörfer und zugleich die Angst
vor dem, was da noch kommen würde, vor allem auch vor der real
kaum denkbaren Operation gegen England. Da war aber auch Stolz,
ja Übermut, bei der Begegnung mit dem eroberten Frankreich, dem
Anblick der marschierenden Feldgrauen, der Hakenkreuzfahne
über Versailles und der Nachricht von der Unterzeichnung des
Waffenstillstandes im Wald von Compiègne in jenem Eisenbahn-
waggon, in dem am 11. November 1918 das Deutsche Reich seine
Niederlage besiegeln mußte.

Welchen Deutschen, und sei er auch kein Nazi gewesen, übermann-
ten da nicht Stolz und Genugtuung?

Mehr als je zuvor galt Hitler als tabu, als Retter und der Mann, der
uns nach dem Sieg den Frieden bringen würde. So kam zu allen Gefühlen bei uns auch das der Hoffnung hinzu.

Als damals in der Dordogne unser elsässischer Freund auf Eva Braun als die Geliebte des Führers zu sprechen kam, haben wir ungläubig gelacht: Der Führer war dem ganzen Volk vermählt, er würde ohne Partner bleiben, um sich ganz und gar dem Dienst an Deutschland zu widmen.

Lauter und überzeugter klangen die Sprechchöre: »Führer befiehl – wir folgen!« Bis Jahre danach daraus das spöttisch-resignierende »Führer befiehl – wir tragen die Folgen« wurde.

Ein halbes Jahrhundert ist seitdem vergangen.

Großer Zapfenstreich 1985. Wir sind mißtrauisch geworden bei solchem militärischen Gepränge, empfindlich gegenüber heldischem Pathos.

Damals verbarg sich hinter nationalen Phrasen der menschenverachtende Eroberungswille des Führers. Immer ging und geht es um eine »heilige Sache«, wenn Menschen auf Befehl sterben müssen. Aber nichts, gar nichts kann es wert sein, unzählige unschuldige Menschen zu opfern.

Noch immer herrschen in der Welt Mißtrauen und Argwohn, werden Feindbilder gepflegt oder aufgebaut. Mit ihnen werden die Billionen an Rüstungsgeldern gerechtfertigt. Versöhnung und Vertrauen lassen trotz aller Bemühungen viel zu lange auf sich warten, obwohl sie doch Wunsch und Wille der Menschen sind. –

Großer Zapfenstreich.

Da sind sie wieder angetreten, die jungen Männer, und haben Helme, Gewehre und brennende Fackeln; die Kommandos klingen wie damals, die Musik und auch der Gleichschritt ... Kann es verwundern, wenn uns alte Soldaten des grausamen Krieges Mißtrauen überkommt und Angst?

Aufzeichnungen 1941
Nun geht die Fahrt ostwärts – Die Stunde X

Die Übungen auf den alten Elbkähnen, die schaukelnd mit der Fracht seekranker Landser den Atlantik bei Dieppe durchpflügten, die Kletterkunststücke an den Kreidefelsen der Normandie liegen hinter uns, die Generalstabskarten mit den für unser Bataillon festgelegten Angriffsstreifen auf der Insel drüben sind längst eingesammelt, das »Unternehmen Seelöwe« ist abgeblasen. Die Gründe ahnen wir nicht. Will Hitler die Engländer schonen oder scheint ihm das Unternehmen doch zu riskant zu sein? Fragen über Fragen.

Wie dem nun sei – die Truppen bringen Ordnung in ihre »inneren Angelegenheiten«, alte Akten werden zu den Ersatzeinheiten gebracht, Waffen und Geräte ergänzt. Dann dauert es nicht mehr lange: Im April 1941 rollen unsere Transportzüge von der Kanalküste nach Osten. Auf den Waggons sind die Fahrzeuge verkeilt, die das taktische Zeichen der 8. Infanterie-Division zeigen: ein weißes Sonnenrad. So verlassen wir Frankreichs schöne Landschaft.

Unterwegs im Zuge gibt es wieder das große Rätselraten: Wohin geht diese Reise? Abermals tippen die unverbesserlichen Optimisten auf »Parole Heimat«, aber diesmal beschleicht die meisten von uns eine dumpfe Ahnung, daß es einem Schlachtfeld entgegengeht. Welches sollte es sein? Auf dem Balkan geht der Kampf seinem Ende zu; Jugoslawien hat kapituliert, Kroatien seine Unabhängigkeit erklärt, und Griechenlands Hauptstadt ist fest in deutscher Hand. – Dahin kämen wir also zu spät.

Nun, wir haben an das »Führer befiehl, wir folgen« nie Bedingungen geknüpft und singen in den Abteilen siegesbewußter und vertrauensvoller denn je eines der neuen Soldatenlieder:

»Jetzt müssen wir marschieren,
ich und mein Kamerad!
In langen Reihen zu vieren,
denn ich bin Soldat.
Wissen wir auch nicht, wohin es geht –
wenn nur die Fahne vor uns weht ...!«

Als wir jetzt von Frankreich Abschied nehmen, scheint die Früh-

143

lingssonne dort strahlend, Bäume und Sträucher zeigen das erste Grün, die Forsythien blühen überall leuchtend gelb.

Noch einmal taucht der Umriß der Küste, das Meer vor uns auf, hören wir von fern das Rauschen der Brandung. Irgendwo westlich hinter dem Horizont liegt die Insel, auf der wir uns schon kämpfend gesehen hatten.

Auf der Fahrt nach Osten fliegen draußen bald schon Landschaften und Städte in Deutschland an uns vorüber. Die Halte auf deutschen Bahnhöfen sind nur kurz. Sehnsüchtig werden die Köpfe aus den Waggons herausgestreckt, jede Kleinigkeit, die da draußen zu beobachten ist, wird registriert. Überall sehen wir Hakenkreuzfahnen wehen – heute hat der Führer Geburtstag.

Weiter, weiter ostwärts. Berlins Häusermassen und Türme winken von weitem. Dann sind wir in Ostpreußen. Das Land empfängt uns mit verhangenem Himmel, Regen, Schnee und Hagel. Wo ist die wärmende Sonne über Frankreich?

Aus dem Dunst tauchen Wälder und Seen in Masuren auf. Sturm und Schneegestöber werden immer ärger.

Die Landser hängen sich fröstelnd die Decken um und besehen sich stumm und stur die bei diesem Wetter so trostlose Gegend.

Dann kommt für den Transport das endgültige Halt. In einem kleinen Nest nahe Lyck werden wir ausgeladen. Hier wie auf allen Bahnhöfen in diesem Raum laufen jetzt Tag für Tag die Militärtransporte unserer Division ein. Sie alle, Offiziere und Landser, sind vom Frühling in den Winter gefahren.

Galgenhumor macht sich breit: »Was haben wir bloß verbrochen, daß man uns hierher verfrachtet ...« – »Pierronje, jetzt können wir nochmal Weihnachten feiern!«

Vom Verladebahnhof bis zur Unterkunft sind etwa fünfzig Kilometer zurückzulegen. Fußmarsch. Der Hagel wird vom Sturm gegen uns gepeitscht, Regen trommelt auf Stahlhelme und umgehängte Zeltbahnen. Solche Strapazen sind wir nicht mehr gewöhnt – auch die Pferde nicht; eins kippt um und muß erschossen werden.

Seen blinken oft durch die düsteren Wälder, aber bei diesem bleifarbenen Himmel fehlt ihnen der Glanz.

Das Regiment zieht auf den Truppenübungsplatz Arys. Die Obergefreiten im vierten Dienstjahr, die den Drill auf so manchem Übungsplatz in unguter Erinnerung haben, knurren beim Anblick der Kasernen und Baracken ein »Pierronje« nach dem anderen. Mehr sagen sie heute nicht – der wunden Füße wegen.

Der Übungsplatzbetrieb beginnt.

Wochenlang bleibt es bei Schnee und Regen, bei Düsternis und Kälte.

Dann plötzlich – genau zu Beginn des Wonnemonds – verschwinden die dunklen Wolken, die Sonne bricht hervor und verwandelt alles.

Wie durch Zauberhand ist Ostpreußen ein strahlendes, grünes Land geworden, der weite Arys-See leuchtet und glänzt, die Birken an seinen Ufern sind unwahrscheinlich weiß, und in allen Bäumen ist ein gewaltiges Singen und Jubilieren. Auf so manchem Dachfirst klappert der Stroch. Boote sind auf dem See, fröhliches Lachen schallt herüber.

Mit einer jungen BDM-Führerin freunde ich mich an und verlebe mit ihr unvergeßliche Stunden, gemeinsam wandern wir durch die Heide oder lassen uns vom alten Fährmann übersetzen zur »Roseninsel« im Arys-See.

Da ist ein bemoostes, steinaltes Gasthaus, aber urgemütlich, wie ich selten eines fand. Wir sitzen in der holzgetäfelten Gaststube beim anheimelnden Funzeln der Petroleumlampe. Draußen fliegt im Abenddunkel der Storch zu seinem Nest.

Wir wagen nicht von der Zukunft zu sprechen, Ungewißheit lastet auf uns. Warum sind wir hier in solcher Massierung? Wohin mag der Marsch all dieser Truppenkolonnen gehen?

Schon wird in den Kompanien Unterricht über Rußland gegeben, werden die kyrillischen Buchstaben gelernt. Die absonderlichsten Gerüchte durchschwirren das Lager: Da sollen deutsche Truppen mit Genehmigung der Sowjetregierung – mit der wir doch einen Wirtschafts- und Nichtangriffspakt geschlossen haben! – durch Rußland fahren, um die Tommies in Indien zu packen – da sollen sich unsere Truppen im Kaukasus mit Rommel vereinigen ... Andere malen das Grauen eines Feldzuges gegen Rußland an die Wand. –

Es ist, als wolle uns das Schicksal im voraus mit wundervollen Tagen für kommende schlimme Zeiten entschädigen. Was sind das für Abende, wenn die Sonne blutrot hinter den Wäldern versinkt, wenn aus den Mannschaftsblocks die Töne der Ziehharmonika kommen und die vertrauten Soldatenlieder gesungen werden!

Oft knallen aber auch bei den Übungen die Platzpatronen, werden Höhen verteidigt und genommen.

Einmal tritt das Regiment zur großen Parade an. Anlaß ist ein Kommandeurswechsel. In seiner kurzen Ansprache gibt der neue Regimentskommandeur bekannt, daß der Stellvertreter des Führers, Rudolf Heß, auf eigene Initiative nach Großbritannien geflogen und dort festgesetzt worden sei – die verworrene Tat eines verdienten Mannes, der plötzlich seine Zurechnungsfähigkeit verloren habe ... Dann knallt der Marschtritt der Bataillone und Kompanien auf den harten Asphalt der Lagerstraße. Das Regiment zieht am Kommandeur vorbei. Nichts ist der Truppe anzumerken von Entbehrungen und verlustreichen Feldzügen. Ich reite als Ordonnanzoffizier auf meinem unruhigen Schimmel »Ordensritter« seitwärts hinter dem Bataillonskommandeur, als das Pferd plötzlich vor der Musik ausbricht. Mir rutscht der Stahlhelm so tief über die Augen, daß mir jegliche Sicht versperrt ist, blind lege ich die Hand an den Helm, als ich den Kommandeur vor mir vermute, und kann nur mit Mühe ein totales Ausscheren aus den marschierenden Kolonnen verhindern. Meine Kameraden verbeißen krampfhaft ihr Gelächter.

In diese Frühlingstage fällt auch die Einladung des BDM und der Hitlerjugend von Arys an die Offiziere des Bataillons zu einem ostpreußischen Heimatabend. Ich habe das mit gewohnter Hingabe vorbereitet und bin dabei wieder ganz in meinem Element. Der Abend wird uns eine willkommene Abwechslung im täglichen Drill sein, das Zusammensein mit unserer fröhlichen Jugend muntert immer auf.

Bunte Reihen der Offiziere mit den BDM-Führerinnen und den jungen Führern der HJ. Das Ostland beherrscht alle Texte und Lieder:

> »Meine Heimat reckt sich am Ostseestrand,
> zwischen Weichselfluten und Slawenland –
> wo der Nordstern kreist,
> wo die Dünen weh'n,
> wo die hellen Nächte des Sommers steh'n ...«

Der jahrhundertealte Zug in den Osten, die Kämpfe zwischen Slawen und Ordensrittern, der Russeneinfall – Tannenberg 1410 und 1914 –, umkämpfte Erde, blutende Grenzen. Hitlerjugend singt:

146

»In den Ostwind hebt die Fahnen,
denn der Ostwind macht sie weit!
Drüben geht es an ein Bauen,
das ist größer als die Zeit!«

Die meisten Offiziere kennen die Lieder und singen mit, drei Ak-
kordeons begleiten die Melodien. So sind sie alle ein Herz und eine
Seele, denn auch die Feldgrauen kommen ja aus der HJ – und die
Jungen der HJ werden bald zu ihnen gehören.
Nach den aus Frankreich mitgebrachten Platten auf einem alten
Grammophon wird getanzt. Mancher von uns ahnt, daß nun bald
zu einem ganz anderen Tanz aufgespielt werden wird. –
Am 24. Mai 1941 steht eine kleine Gruppe des Offizierskorps unse-
res Bataillons im Hof des Tannenberg-Ehrenmals. Hier stehen die
Wachen reglos vor der Grabkammer des Generalfeldmarschalls von
Hindenburg, Sieger von Tannenberg 1914 und letzter Reichspräsi-
dent der Weimarer Republik.
Das Land leuchtet im Sonnenschein. Abends sitzen wir in einem
Café in Allenstein und beobachten die frühlingsmäßig gekleideten
Menschen, die hier geruhsam promenieren.
Wenige Tage danach erreicht uns der Befehl zum Abmarsch. Am
zweiten Pfingstfeiertag setzt sich unser Regiment in Marsch. Mit
klingendem Spiel zieht es durch Arys. Unser Bataillon hat den ganzen sonnigen Tag über am See gerastet und fädelt sich nun in die Kolonnen auf der Straße nach Lyck ein.
Blutrot geht die Sonne unter, der See ist wie ein einziges Flammenmeer, die Wälder scheinen zu glühen.
Wir nehmen schweren Herzens Abschied von Arys, das wir anfangs
so zum Teufel gewünscht hatten. Ich trage das Bild eines ostpreußischen Mädchens bei mir, auf diesem Weg ins Ungewisse.
Der Marsch geht über Lyck. Überall sind endlose graue Kolonnen
in Bewegung; an den verschiedenen Divisionskennzeichen erkennen wir den Umfang dieses Aufmarsches. In der Stadt Lyck, die im
Jahre 1914 von Kosaken arg heimgesucht worden war, ehe diese die
deutsche Gegenoffensive vertrieb, hören wir im Vorüberziehen
Nachrichten aus Lautsprechern: Deutsche Fallschirmjäger haben
nach harten Kämpfen Kreta genommen!
Über die Straße schallt das Lied:

»Rot scheint die Sonne,
fertiggemacht!
Wer weiß, ob sie morgen uns auch
noch so lacht ...
Werft an die Motore, gebt Vollgas hinein –
da draußen im Westen – da wartet der Feind!«

Wir aber marschieren nach Osten – wartet da nun auch der Feind?
Die ausgebauten Straßen sind zu Ende, weiter geht es auf lockeren
Sandwegen, die dicht eingehüllt sind von gelben Staubwolken.
Schon liegt vor uns, wenn auch nicht sichtbar, die ehemalige
deutsch-polnische Grenze, über die es nun ins Suwalki-Gebiet
geht.
Soviel wir wissen, schweigen sich daheim Presse und Rundfunk aus
über das, was sich hier nahe der sowjetrussischen Grenze abspielt.
Die Zeitungen haben jetzt Kreta im Visier, nicht die Ostgrenze.
Wir sind auf Bauernhöfen im Raum Treuburg untergebracht und
warten.
Am 14. Juni geht es auf grundlosen Wegen in die Sumpfwildnis von
Suwalki. Milliarden Mücken quälen uns. Die Wälder sind angefüllt
mit Truppen aller Waffengattungen, Geschütze aller Kaliber richten
ihre getarnten Rohre nach Osten. Man munkelt, daß es am Sonntag,
dem 22. Juni, losgehen soll. Was wir so lange nicht wahrhaben wollten, scheint nun furchtbare Realität zu werden: der Befehl zum Angriff auf die endlosen Weiten Rußlands und ihr unübersehbares
Menschenpotential.
Ich sehe mich als jungen, optimistischen Jungvolkführer im Nürnberger Stadion, es war der machtvolle Reichsparteitag 1936, sehe die
sechshundert Bannfahnen der HJ die Treppen herunter wallen, höre
in Gedanken unsere bewegende Hymne »Deutschland, heiliges
Wort ...« und zugleich die Schlußworte von Hitlers Ansprache:
»... und kommt die Zeit, dann mag unser alter Widersacher aufstehen, dann mag er sein Sowjetzeichen vor sich hertragen – wir aber
werden in unserem Zeichen wieder siegen!«
Die Zeit scheint gekommen ...
Wir liegen vor den Zelten, schreiben Briefe und machen uns wenig
Gedanken.
Motoren dröhnen auf den Waldwegen, ihr Schall muß weithin über

die Grenze gehen, riesige Staubwolken steigen über den Wäldern auf – marschierende Infanterie.

Am frühen Morgen des 16. Juni erreichen wir das Polendorf Nowinka. Der Marsch ist oft dicht an der sowjetischen Grenze entlang gegangen; Blenden rechts an der neu gebauten Straße sollen vor Einsicht schützen. Wir beziehen Baracken, der weiteren Befehle gewärtig.

Ohne Ende geht der Zug der marschierenden, reitenden oder fahrenden Kolonnen durch Nowinka – der aufgehenden Sonne entgegen. Auch unser Marsch geht weiter – wie es offiziell heißt: »zur Sicherung der Reichsgrenze«. Es erreichen uns Meldungen wie diese: »Ein sowjetischer Angriff ist zwar unwahrscheinlich, aber mit den jenseits der Grenze aufmarschierten Truppen jederzeit möglich.« Dann kommt die schriftliche Warnung: »Es ist ein russischer Infanterieangriff mit Panzerkräften aus Richtung Augustowo zu erwarten ...«

Mit angestrengten Augen suchen wir die Grenze ab – nichts. Nur aus weiter Entfernung kommt hin und wieder der Hall einer Maschinenpistole.

Am 19. Juni endet unser Marsch dicht an der Grenze zum Sowjetreich. Noch einmal bauen wir unsere Zelte, graben Wasserlöcher und entfachen ein großes Feuer, um die Mücken abzuwehren. Bereitstellung zum Angriff!

Am 20. Juni fahren wir Zugführer mit dem Kompaniechef in den Bereitstellungsraum hart an der Grenze.

Wir sehen hinüber ins Reich der Sowjets. Von einem hölzernen Beobachtungsturm lugt ein russischer Posten herüber. Arbeiter und Soldaten, halbnackt auf ihre Spaten gestützt, heben offensichtlich Panzergräben aus. Aber sie lassen sich viel Zeit damit und starren seelenruhig in die Sonne oder unterhalten sich mit vielen Gesten.

Hinter uns aber rechnet und vermißt die Artillerie, richten sich ihre 15-cm-Rohre, die Sturmgeschütze ebenso wie die 30-cm-Mörser auf die Bunker drüben ein. Der Befehl ist da:

Am 22. Juni 1941 früh um X-Zeit beginnt der zwanzig Minuten dauernde Feuerschlag der Artillerie, zehn Minuten nach X-Zeit wird das Feuer vorverlegt. Das ist die Stunde der Infanterie, dann stürmt die Armee über die Grenze.

Die letzte ruhige Nacht, die Nacht zum 21. Juni.

Der Lärm der Motoren ist verstummt, sie sind wohl alle im befohlenen Raum.

Leise rauscht der Wind in den Bäumen, als wir wie sonst in den festen Schlaf des Soldaten fallen.

Auch am nächsten Morgen wird die unheimliche Stille durch nichts unterbrochen. Wir gehen den üblichen Tätigkeiten nach, bis die Offiziere am Nachmittag zum Bataillonskommandeur befohlen werden.

Unser Kreis hat sich erheblich erweitert: Offiziere der Artillerie und der Sturmpioniere sind dabei, die Karten unter dem Arm.

Wir wissen schon: Unser Bataillon ist vorn eingesetzt, wir werden die ersten über der Grenze sein.

X-Zeit ist 3.05 Uhr, X-Zeit plus zehn Minuten tritt das Bataillon zum Angriff an.

Drüben sind über zwanzig Bunker, rote Flecke auf unseren Karten. Ein Bach, die Wolkuschanka, wird uns nicht aufhalten; Pioniere werden schnell die schon fertiggestellten Stege von Ufer zu Ufer legen.

Die Artilleristen sind fertig mit ihren Vorbereitungen. Ahnt man, hört man, spürt man jenseits der Grenze noch immer nichts?

»Wird der Angriff abgeblasen, so erfolgt dies auf das Stichwort: ›Holz zum Barackenbau bleibt liegen.‹ Ergeht der Bescheid bis 20 Uhr nicht – dann gilt's!«

Um 20 Uhr steht im weiten Viereck das Bataillon vor seinem Kommandeur. Friedlich stehen die Wälder, hinter denen die Sonne sinkt – im Westen, wo die Heimat liegt. Schweigend grüßt der Major die Soldaten. Dann verliest er den Aufruf des Führers ... »Soldaten der Ostfront, damit tretet Ihr an zu einem schweren und verantwortungsvollen Kampf ...«

Eine riesige Aufmarschfront steht vom Eismeer bis zum Schwarzen Meer zum Angriff gegen den Bolschewismus bereit.

Hitler macht nun, im dritten Kriegsjahr, wahr, was er schon in seinem Buch »Mein Kampf« ankündigte. Was vor Jahrhunderten Otto I. begann, was blutig über siebenhundert Jahre und länger fortgesetzt wurde – Hitler vollendet die Geschichte des Ostens. Sein Befehl setzt die größte Armee in Marsch, die die Welt je sah.

Die Soldaten stehen stumm und ernst. Für viele wird es morgen die Feuertaufe sein, für manche der letzte Gang. –

Drüben steht der Russe – so erschallt jetzt zum Abschluß nicht das gewohnte »Sieg Heil«.

Das Bataillon marschiert in die Bereitstellung. Kein Sprechen, kein Geräteklappern soll den russischen Horchposten die Bewegung verraten. Aber wir schweigen ohnehin, keinem ist nach reden zumute.

Die Nacht kommt. Über uns ziehen Leuchtkörper gleich Sternen ostwärts, sie scheinen den Granaten die Bahn zu weisen.

Wird der Russe die Bereitstellung stören, und in die mit Truppen angefüllten Wälder schießen?

Wir graben uns ein und legen uns in die Erdlöcher. Selbst jetzt können wir noch schlafen wie in Abrahams Schoß. Es geht gegen 2 Uhr. In wenig mehr als einer Stunde wird die Hölle los sein.

3 Uhr. Die Stahlhelme sind aufgesetzt, die Handgranaten im Koppel, die Gewehre geladen. Alles starrt nach vorn, die Nerven aufs äußerste angespannt – da kracht hinter uns der erste Abschuß!

Nun dröhnt und bebt die Erde, vor uns zuckt Feuerschein. Über uns braust und heult es in ununterbrochenem Orkan wie die wilde Jagd nach Osten.

Ob die da drüben wach geworden sind? –

Zwei oder drei russische Granaten schlagen hinter uns im Walde ein, man hört sie nicht im Donnern der eigenen Geschütze.

Die Zeit für die Infanteristen ist da. Wir rasen nach vorn, raus aus dem Wald, über den Drahtzaun hinweg, der die Grenze war, und über die Wolkuschanka – hinüber zu den Höhen, die eingehüllt sind in Feuer und Rauch und von denen uns gestern noch die Bunker entgegenstarrten.

Hinter uns die Grenze, vor uns der weite, weite Raum – nur nicht nachdenken – weiter!

Aus heutiger Sicht

»Unternehmen Barbarossa«: Anfang vom Ende –
»Wir sind Soldaten und keine Mörder!«

Es war sicher mehr Selbsterhaltungstrieb als Überzeugung, mehr
Angst als reales Denken, daß wir bis zum letzten Augenblick nicht
an einen Angriff auf Sowjetrußland glauben wollten. Für die wirklich nicht zu übersehenden Angriffsvorbereitungen fanden wir die
oft phantasievollsten Begründungen.

Aber es war doch wahrhaftig unglaublich: Neben der nach wie vor
vorhandenen Front gegen England im Westen nun eine Ostfront!
Hatte Hitler nicht selbst erklärt, daß er nie die Dummheit eines
Zweifrontenkrieges wiederholen würde?

Nun, den »guten« Soldaten zeichnet immer duldende Hinnahme
jedweden Befehls aus – was sollte er auch tun? So ging er auch in diesen Vernichtungskampf mit der dem Soldaten gemäßen stoischen
Ruhe. Zudem war da noch immer das ungebrochene Vertrauen zum
Führer: »Er wird's schon machen!«

Mit der moralischen Vorbereitung auf dieses Geschehen hatte man
ja schon längst begonnen: Da wurde stets die Teufelsfratze des Bolschewismus in der schlimmsten Weise ausgemalt, die Bedrohung
der ganzen Welt durch den internationalen Kommunismus, geführt
– nach Hitlers Vorstellung – vom Weltjudentum.

Der im August 1939 mit der Sowjetunion abgeschlossene Wirt-
schafts- und Nichtangriffspakt überraschte und verblüffte zwar,
gab uns aber angesichts der bedrohlichen Lage ein Gefühl der Erleichterung, er schien uns den Rücken frei zu machen zur unver-
meidlichen Auseinandersetzung mit Polen. Und dann war der Vertrag nichts weiter als ein zerrissener Papierfetzen. Er wurde durch
unseren Angriff gebrochen, als bei Brest-Litowsk noch ein sowjetischer Getreidezug im Rahmen des Wirtschaftsabkommens nach
Deutschland fuhr ...

Der Aufruf Hitlers an seine Soldaten, am Vorabend des Angriffs
verlesen, sollte uns klarmachen, daß es sich um eine Präventivmaß-
nahme handelte, daß wir den Russen um unserer Freiheit willen zu-
vorkommen müßten.

Als wir dann im zügigen Vorgehen waren, konnte keine Rede davon sein, daß wir in eine Angriffsvorbereitung gestoßen waren. Die uns entgegengeworfenen Kräfte des Gegners machten einen ausgesprochen schwächlichen Eindruck.

Da uns aber das Sowjetreich Stalins seit Jahr und Tag als eine Art Ausgeburt der Hölle geschildert worden war, trauten wir ihm alles zu – erst recht den Angriff nach Westen trotz des mit Hitler abgeschlossenen Vertrages.

So gab es bei diesem folgenschweren Überfall auf die UdSSR bei uns kein Unrechtsbewußtsein.

Heute wissen wir es längst: Stalins Verbrechen – die brutale Ausrottung seiner politischen Gegner oder Rivalen, die mörderische Zwangskollektivierung der Bauern, die Erschießung fähigster Offiziere der Roten Armee – sind auch in Rußland unter Gorbatschow nicht mehr tabu. Aus Hitlers Krieg zog Stalin seinen Nutzen und teilte sich Polen mit den Nationalsozialisten. Aber daß er zu jenem Zeitpunkt das Deutsche Reich angreifen wollte, konnte ihm niemand nachweisen.

Auch hier erschien uns Hitler wieder als Lichtgestalt gegenüber einem blutrünstigen roten Diktator.

Das wurde unterstrichen, als uns beim Vormarsch durch russische Dörfer vielfach die Bauern mit bekränzten Hitlerbildern zujubelten.

Niemand von uns konnte sich vorstellen, was sich hinter der kämpfenden Truppe bald abspielen sollte. Wir ahnten nicht, daß die eroberten Gebiete der Kontrolle der Wehrmacht entzogen wurden. Auf Hitlers, Himmlers und Rosenbergs Geheiß begann die Ausplünderung, gab es die Zwangsdeportationen nach Deutschland und die Ausrottung des jüdischen Bevölkerungsteiles.

Vorn an den Fronten wurden wir nie Augenzeugen der Exzesse. Drang ein entsprechendes Gerücht wirklich einmal an unsere Ohren, taten wir es entrüstet als »Greuelpropaganda« ab. Hatte man unsere Soldaten nicht auch im Ersten Weltkrieg schon als Barbaren verleumdet, die kleinen Kindern die Hände abhackten?

Jetzt, Ende der achtziger Jahre, las ich in dem internen und nicht veröffentlichten Lebensbericht eines Militärarztes unserer 8. Division unter anderem diese entsetzliche Notiz:

»Beim Marsch von Wjasma zum Verladebahnhof Polozk war ich aufgrund meiner russischen Sprachkenntnisse Quartiermacher. Schrecklichstes Erlebnis bei dieser Tätigkeit war die Feststellung, daß in fast allen Orten menschenleere Häuser vorhanden waren. Häuser, die kurze Zeit vor mir von ihren Bewohnern – Juden – ›entleert‹ worden waren. Und zwar in die nächste Sandgrube, wo sie von SS-Angehörigen vom kleinen Kind bis zum Greis erschossen wurden.

Soldaten und Offiziere unserer Truppe waren gleichermaßen entsetzt. Jeder beteuerte, er würde einem solchen Befehl nicht gehorcht haben.«

In das Entsetzen, das uns beim Lesen auch heute noch befällt, mischt sich immer wieder unsere Frage: Was waren das für Menschen, die unbeschadet an Leib und Seele solches zu vollbringen imstande waren? Haben unsere Truppenkommandeure davon gewußt? Was wäre aus der intakten Moral der Soldaten geworden, wenn diese Mordaktionen bekannt geworden wären? Da war auch der berüchtigte »Kommissarbefehl«, der es zur Pflicht machen sollte, jeden gefaßten Politruk (politischer Kommissar bei den Verbänden der Roten Armee) sofort zu erschießen. Auch der Widerstand der Oberkommandierenden konnte diesen mörderischen Beschluß Hitlers nicht verhindern. Als der Befehl dann bei den Bataillonen und Regimentern ankam, stieß er bei den Offizieren auf entrüstete Ablehnung. So stellte der Kommandeur meines Nachbarbataillons, Graf Saurma-Jeltsch, vor den versammelten Offizieren fest: »Dieser Befehl existiert nicht in unserem Bataillon. Wir sind Soldaten und keine Mörder!«

(Der Erschießungsbefehl wurde später widerrufen, seine Wirkung war die Verhärtung des sowjetischen Widerstandes.)

So marschierten wir kämpfend, leidend und sterbend in die Weite Rußlands, stets im Bewußtsein, als gute Soldaten unsere harte Pflicht zu erfüllen. Und es gab keine Horrorvisionen vom brutalen Terror in unserem Rücken.

Angesichts der Siege bis zum Einbruch des Winters 1941/42, der Hunderttausende sowjetischer Kriegsgefangener (deren Leidensweg wohl noch niemandem bewußt wurde) ließ man sich in der Heimat immer wieder aufpulvern, wenn nach den Erfolgsmeldungen im Radio das Lied erschallte:

154

»... von Finnland bis zum Schwarzen Meer:
vorwärts, vorwärts nach Osten,
du stürmend Heer!
Freiheit das Ziel, Sieg das Panier –
Führer befiehl, wir folgen Dir!«

Unter jener bedingungslosen Gefolgschaftstreue, die heute weitgehend unverständlich scheint, leidet noch immer die halbe Welt. Gesundheit und Leben von Millionen und Abermillionen schuldloser Menschen waren der Preis für unsere Naivität, die nicht rechtzeitig das Gewirr von falschem Pathos und Lügen zu erkennen vermochte, das sich hinter dem patriotischen Gebaren verbarg.

Aufzeichnungen 1941
**»Der Weg nach Moskau ist noch weit« –
Auf den Vormarschstraßen nach Smolensk**

Der Angriff rollt. Wir sind an die Höhen herangekommen. Noch immer fällt aus den russischen Bunkern kein Schuß. Die Überraschung ist komplett.

Vorn krepieren noch deutsche Granaten; die feindliche Artillerie schweigt – sofern sie überhaupt irgendwo steht. Links von uns rasseln unsere Maschinengewehre; irgendwo schreit einer nach dem Sanitäter.

Wir gehen weiter vor. Flammenwerfer speien ihre Lohe in die Bunkeröffnungen. Vor den Betonklötzen stehen noch die Sichtblenden – es war wohl keine Zeit mehr, sie zu entfernen.

Über uns hinweg brausen die Geschwader der Luftwaffe – Stukas, Jäger, Bomber – feindwärts.

Die ersten Russen tauchen mit erhobenen Armen vor uns auf. Sie sind durchweg blutjung, der Schrecken steht in ihren weit geöffneten Augen. Das höllische Feuer hat sie aus dem Schlaf gerissen; die meisten haben noch ihre Nachtgarnituren an.

Rechts von uns zirpen über uns Geschosse vorbei. In schmaler, tiefer Gliederung folgt mir mein Zug. Vor uns steht ein verlassenes Zeltlager in Flammen, mittendrin, verloren und verlassen, ein Schimmel.

Aus einer Erhebung, die wie ein Schotterhaufen aussieht, kommt plötzlich das Feuer einer Maschinenpistole. Handgranate rein – weiter! Ein Haus vor uns brennt lichterloh. Soldaten mit schußbereiten Gewehren umstellen es. Ein sowjetischer Soldat stürzt heraus, verharrt sekundenlang inmitten der Landser und versucht dann zu entkommen, bis ihn ein Schuß niederstreckt. Nun kommen sie in Scharen, rennen davon, werfen ihre Waffen weg; einer gibt sein Gewehr einem unserer Soldaten und rennt dann ebenfalls davon.

Rasselnd überholt uns ein Sturmgeschütz. Noch fallen hier und da Schüsse, rattern Maschinengewehre. Aber die Bunkerlinie liegt in unserem Rücken, und kein Leben regt sich mehr in ihr.

Wir stoßen auf das erste polnische Dorf. Händeringend und weinend kommen die Polen uns entgegen, aber wir sind schon vorbei.

Auf freiem Feld steht eine verlassene Geschützbatterie. Von ihr kamen wohl die ersten und einzigen Abwehrgranaten.

Angriffsziel ist eine breite Straße vor uns. Ein grünlicher LKW rollt dort vorbei – Feuer frei! Wir finden den Wagen im nächsten Dorf – mit zwei toten russischen Offizieren oder Kommissaren als Ladung. Wir stehen an der Straße. In etwa vierhundert Meter Entfernung wird ein Geschütz von einem Traktor weggezogen. Unsere SMG-Gruppe geht in Stellung und schießt, die russische Geschützbedienung flieht und verschwindet im hohen Getreide.

Kurze Atempause. Die Chefs der vorderen angreifenden Kompanien reichen sich die Hände, der Führer der Sturmpioniere fehlt ... Die 10. Kompanie hat zwei Tote, unsere 11. hat bisher Glück.

Noch immer ist die Luft über uns erfüllt vom Brausen der Luftgeschwader.

Das nächste Dorf heißt Holynka. Seine Häuser werden durchsucht, aber es zeigt sich kein Feind. An der Ecke liegt ein toter sowjetischer Offizier. Offensichtlich sind die Soldaten schneller gerannt, Offiziere und Kommissare zurückgeblieben und ein Opfer unseres allzu geschwinden Vorgehens geworden.

Wir ergreifen einen jungen, aufgeregten Rotarmisten, der uns zu erzählen versucht, daß er gerade beim Wodka saß, als Himmel und Erde zu beben begannen. Wir stoßen durch das Dorf und igeln uns ein. Über eine Stunde liegen wir in den aufgeworfenen Erdlöchern. Bei der Nachbarkompanie krepieren russische Granaten. Schon fährt eines unserer Sturmgeschütze heran, feuert, und der Beschuß von vorn hört auf. Ein fremdes Motorengeräusch ist über uns – Sowjetbomber! Sie fliegen nach Westen. Schon vernehmen wir den singenden Ton unserer Messerschmitt-Jäger – die Russen werden nicht weit kommen ...

Ein großer Teil der Landser ist in den Erdlöchern eingeschlafen, sie schnarchen und atmen tief, als lägen sie ungestört in Mutters Federbett.

Drüben auf der Straße herrscht Hochbetrieb. Es ist kaum zu glauben: Da rollen schon die ersten deutschen Geschütze an, die noch um 3.05 Uhr ihre Granaten herübergefeuert haben! Da kommen Radfahrkompanien, dann die Panzerjäger mit weithin leuchtenden Hakenkreuz-Fahnentüchern auf ihren Kübelwagen, den eigenen Fliegern als Erkennungszeichen: »Hier sind wir!« Lastkraftwagen rasseln vorüber, Fahrzeuge der Nachrichtenabteilung. Es quillt förmlich der endlose Heerwurm von Westen heran, Kolonne hinter Kolonne, Fahrzeug hinter Fahrzeug.

Unsere Kompanie bleibt auf der beherrschenden Höhe liegen, gräbt sich ein und beobachtet das Gelände ringsum. Hinter den Wäldern am Horizont fließt der Njemen (Memel), irgendwo erheben sich die Türme der Stadt Grodno. Über ihr mit ihrer starken Garnison haben Bomber und Stukas ihre Bomben abgeworfen. Teile unserer Division werden noch heute Abend den Njemen überschreiten; Grodno soll im Handstreich noch an diesem ersten Angriffstag genommen werden.

Der Vormarsch auf der Straße hinter uns gerät ins Stocken. Geschütze fahren vorn auf – und schon kommt der Ruf: »Panzer von der Höhe drüben!« Als wir dem ausgestreckten Arm folgen, erkennen wir dunkle Schemen, die sich langsam auf uns zu bewegen.

Die dem Bataillon unterstellten Panzerabwehrkanonen gehen in Stellung und richten ihre Rohre.

Hunderte von Landseraugen blicken den näher und näher rollenden Festungen entgegen, schon sind die Geschütze auf den vordersten Panzern klar erkennbar. Uns klopft das Herz bis zum Hals, denn wieder kommt der Ruf: »Panzer auch von der Höhe im Norden – neben den Fabrikschornsteinen!«

Rechts von uns rollt ein Sturmgeschütz rasselnd heran, schon kracht der Abschuß seines Geschützes – drüben ein heller Knall – Treffer! Dunkle Rauchwolken quellen aus dem Panzer. Nun schießen auch die Panzerabwehrkanonen. Der nächste russische Panzer bleibt getroffen stehen, die Besatzung – schwarze Pünktchen im Gelände – springt heraus und taucht in den Getreidefeldern unter. Unsere SMG-Gruppe streut die Gegend ab.

Das Bataillon hat einen Igel gebildet. Unten rechts vor einem kleinen Dorf steht eine Batterie leichter Feldhaubitzen. Auch vor ihr tauchen ringsum am Horizont die dunklen Ungetüme auf – Panzereinheiten, die aus den Kasernen von Grodno kommen. Sie sind umschwärmt von nachfolgender Infanterie.

Da verläßt Granate auf Granate die Rohre der Feldhaubitzen, die ersten Häuser im Dorf drüben gehen in Flammen auf. Wieder bleiben mehrere Panzer regungslos stehen, eingehüllt in Qualm und

Flammen. Auch unsere Pak bellt ununterbrochen. Bald ist das Gelände vor uns übersät mit brennenden Wracks.

Drüben im Südosten ist von der russischen Infanterie nichts mehr zu sehen. Das Dorf brennt wie eine einzige lodernde Fackel.

Unsere Kompanie hat bei diesem Gefecht keine Ausfälle. Am Nachmittag setzt das Regiment den Angriff fort, ein anderes unserer 8. Infanterie-Division geht auf Grodno vor.

Weit auseinandergezogen greifen die Bataillone durch die hohen Getreidefelder an. Vor uns knattern oft sowjetische Maschinengewehre, aber wir können ihre Standorte nicht ausmachen. Das wogende Getreide bietet ideale Verstecke und Tarnmöglichkeiten. Dennoch legen die feldgrauen Angreifer Kilometer zurück.

Wir kommen vorbei an den zerstörten Panzern – es sind kleinere Kampfwagen, die von unseren Abwehrwaffen mühelos zerstört werden konnten. Furchtbar verstümmelte Körper russischer Soldaten liegen oft daneben. Zuerst bin ich bei ihrem Anblick verstört, dann schaue ich weg, und schließlich haben sich Auge und Gefühl an den grausamen Anblick gewöhnt ...

Ein Panzer halblinks von uns kommt plötzlich auf uns zugefahren, sein Geschütz dreht sich – er schießt! Schreie gellen, Rauch steigt auf – unser Geschütz hat einen Volltreffer!

Nun schießt die Pak – der Panzer bleibt liegen, hat sich in einem Sumpfstück festgefahren. Weiter geht der Angriff. Rechts von uns reitet der Kommandeur des Nachbarbataillons vor seinen Soldaten her – hoch zu Roß wie einst zu Kaiser Wilhelms Zeiten ...

Die Kuppel des steckengebliebenen Panzers, den wir alle für erledigt halten, dreht sich, das Geschützrohr zielt direkt auf den Reiter – und schon zischt die Granate über uns hinweg zu ihm hinüber – schwerverwundet stürzt der Offizier von seinem Pferd.

Im nächsten Moment fährt dem Panzer die Munition unserer Pak in den stählernen Leib. Drei russische Soldaten versuchen, im Getreide zu entkommen.

Hinter einem vor uns liegenden Waldstück tauchen jetzt die Türme von Grodno auf, schwarze Rauchwolken stehen neben und hinter ihnen.

Etwa dreißig Kilometer sind wir an diesem 22. Juni 1941 kämpfend vorangekommen.

Als wir am Abend in einer Senke in unseren Erdlöchern liegen, vom

Original-Bataillonsbefehl vom 23. Juni 1941

III. Bataillon
Inf. Regt. 28

1.) Feind hatte am 23.6.41 abend an der Vormarschstraße des Rgts. Höhe 119,5 2 km
westl. Skidel schwach besetzt.
Angriff schwacher feindl. Kräfte mit Panzern aus südl. und südostw. Richtung gegen Grodno und Kotra wurden abgewiesen.
2.) I.R. 28 setzt am 24.6.41 im Rahmen der Div. auf Straße Skidel–Kamionka–Szczuc-
zyn den Vormarsch fort.
3.) III. /–* mit unterstellter 5. /– (Radfahrerkomp.), einem Zug 14. /–, 1 Zug 13. /– und
1 Battr. A.R. 8 ist Vorhut und tritt um 12 Uhr mit Inf. Spitze von der Einmündung des
Feldweges, in den gestern Abend das Batl. Biwak bezog, wie folgt an:

Vortrupp:
11. /– mit 1 s.M. Gruppe und 1 s.Gr.W. Gruppe, Abstand 1 000 m
Haupttruppe: 10. /–
Stab
1 Battr. A.R. 8
1 Zug 13. /– (der bzw. die sich auf dem kürzesten Weg aus ihrem Biwakraum einfä-
deln)
12. /– (Rest)
9. /–
Gefechtsfahrzeuge 12. /–
Gefechtsfahrzeuge, Gef.–Tross und V.I.
Gefechtsfahrzeuge 12. /–, Führer Futtermeister 12. /–
Gefechtsfahrzeuge, Gefechts-Tross und V.I. des ganzen Batls. u. der Schützen-
komp., Führer: Uffz. Musiol.
5. Radfahrkomp., sprungweise über Kotra zunächst bis Skidel voraus, dann nach
Zalesna, von dort nach Kamionka. Sie klärt entlang der Vormarschstraße auf.

Feindmeldungen (m. Einzelheiten u. Stärke) treffen mich am Anfang des Haupttrupps.
Unterstellter Zug 14. /– schützt Vorhut gegen feindl. Panzerangriffe mit einem Geschütz bei Vortrupp, mit zwei Geschützen am Anfang und Ende des Haupttrupps.
Besonders zu beachten: ostw. und südl. Richtung.
4.) Rgts.-Reiterzug ist zur Aufklärung der rechten Flanke angesetzt von Kotra aus
längs der Bahn über Mostowlany-Chaninwiege-Kisiele.
Zwillingssockelfahrzeuge sind besetzt. Bei feindl. Tieffliegerangriffen beteiligen
sich auch die Schtz.Komp. mit M.G. und Gewehr an der Abwehr. Beim Erscheinen
feindl. Aufklärungsflugzeuge wird weitermarschiert.
5.) Abschrift von Rundspruchsendung des A.O.K. 9:
Armee ist im erfolgreichen Angriff auf der ganzen Front und hat bis zum Abend Höhen nordostw. Nowograd, Kolno, Kuda, Jeziorki (westl. Augustow), Augustow,
Lipsk, N.W. Dwor, Njemen-Übergänge bei Ostrowec, Sztabany, Merkino und Olita
(Brücken bei Herkine und Clita unzerstört in unserer Hand), Marianpole genommen.
Ähnliche Erfolge bei rechtem und linken Nachbarn.
Fliegerkorps hat nahezu 500 Flugzeuge vernichtet. – Weitergabe der Rundspruch-
sendung an die Männer hat zu erfolgen.

gez. Roßkopf

---

* /– taktisches Zeichen für Bataillon (III.) bzw. Kompanie (11.)

dicken Staub unserer Wege überkrustet, ist der Himmel vor und über uns blutrot. Diesmal ist es nicht das erhebende Bild eines Sonnenuntergangs, sondern die unheimliche Kulisse brennender Munitionslager. Es ist ein höllisches Konzert, ein Bersten, Krachen und Knattern. Angesichts dieses Infernos schlafen wir ein, erschöpft und uns dessen bewußt, daß wir diesen Tag überlebt haben. –

Grodno wird noch am Abend des ersten Angriffstages genommen, der Njemen überschritten. Unser Regiment zieht am 23. Juni durch die brennende, verwüstete Stadt. Der Himmel ist in der nächsten Nacht blutrot vom Schein brennender Dörfer.

Am 24. Juni biegt das Bataillon südwestlich von Skidel von der Vormarschstraße ab, um eine schwächere Feindgruppe anzugreifen, die sich abseits der Straße noch in einem Waldstück hält.

Das verladene Gerät wird freigemacht. Es geht über provisorische Laufstege über einen breiten Bach, die Kotra, Aufklärung voraus. Ganz vorn in einer Mulde, dicht vor dem besetzten Wald, liegt schon seit Stunden die Radfahrkompanie des Regiments.

MG- und Granatwerferfeuer von vorn zwingen uns in Deckung. Rasselnd fährt die dem Bataillon zugeteilte Heeres-Fla heran. Kaum sind die Fahrzeuge auf freiem Feld, krachen rechts und links die Einschläge der russischen Artillerie.

Da bekomme ich – in diesem Feldzug zum ersten Mal – vom Kommandeur den Auftrag: »Gehen Sie mit einem Spähtrupp nach vorn!«

Kaum jemand, der inmitten des feindlichen Feuers einen solchen Auftrag erhält, dürfte frei sein von Angst. Dies hier ist nun anders als die vielen Geschichten von Spähtruppunternehmen im vorigen Krieg, die ich den Pimpfen am Lagerfeuer vorlas – dies ist harte Wirklichkeit.

Acht Mann schleichen mit mir im Schutz der Böschung am Straßenrand vor, überholen die vordersten Sicherungen. Hinter uns krepieren Granaten. Das Birkenwäldchen in etwa dreihundert Meter Entfernung ist unser Ziel. Von da ist der gegenüberliegende Waldrand gut einzusehen. »Ich will wissen, ob der Feind am Waldrand sitzt und mit welchen Waffen er ausgerüstet ist«, hatte der Kommandeur gesagt.

Hinter uns steht schief und brennend eines der Kettenfahrzeuge der Heeres-Fla. Nach wie vor detonieren Granaten, jetzt kommt aus dem Wald auch Maschinengewehrfeuer, stockender und viel langsamer in der Schußfolge als die deutschen Schnellschießer. Von den Rotarmisten sind nur hin und wieder bräunliche Tupfen zu sehen, sie sind Meister der Tarnung.

Wir haben genug gesehen – zurück, Meldung an den Kommandeur. Das Bataillon gräbt sich ein. Über uns hinweg heulen die Granaten hin und her. Als um Mittag die Feldküchen herangekommen sind, geht nicht jeder, seinen Schlag Essen zu holen – die Luft ist zu eisenhaltig ...

Punkt 19 Uhr dröhnt zum Angriffsauftakt der Feuerschlag der eigenen Artillerie. Die Kompanien gehen tiefgestaffelt vor. Aber aus dem Wald drüben kommt kein Schuß mehr, wir stoßen ins Leere.

Da erklingt plötzlich – wie einst auf den Übungsplätzen – hell das Hornsignal: »Das Ganze halt!«

Erleichtert, fast lachend, bleiben wir stehen. –

»Stahlhelm ab, Gewehre entladen ...« So weit ist es allerdings noch lange nicht. Aber für heute ist der Angriff beendet, das Gelände bis Skidel frei vom Feind. Und wer denkt weiter als bis heute abend?

Am Njemen bezieht das Bataillon bei dem Dorf Kurpiki Stellung, um Durchbruchsversuche abzuwehren.

Zwei Tage sitzen wir hier in den Erdlöchern. Aus der Ferne aber dringt ständig Gefechtslärm bis hierher: das Geheul der niederstoßenden Sturzkampfbomber, das Detonieren ihrer Bomben und das Rasseln unserer Maschinengewehre. Die Memel fließt so ruhig und friedlich, daß ich der Versuchung nicht widerstehe, ein erfrischendes Bad zu nehmen. Ein Stückchen trägt mich der Fluß stromabwärts.

In der nächsten Nacht fährt ein russischer Spähtrupp in einem Schlauchboot ahnungslos der Nachbarkompanie in die Arme.

Der Kessel von Minsk-Bialystok ist für den Gegner zur Zange geworden. Motorisierte Verbände sind weit vor uns, wir folgen ihnen durch den Sandstaub der Wege und in der glühenden Hitze des russischen Sommers. Wochenlang kämpfen wir Infanteristen nicht gegen den Feind, sondern gegen quälenden Durst, gegen Erschöpfung, Sonnenbrand und Ungeziefer.

Ein Gedicht faßt die Atmosphäre dieser Wochen des Sommers 1941 in Worte:

»Am Acker platt gewalzt der Halm,
die Dörfer nur noch Schutt und Qualm,

und hinter uns liegen die Leichen.
Wir müssen Slonim noch erreichen.

Die Räder wirbeln durch den Staub,
bis bleiern grau: Pferd, Mann und Laub,
nur vorwärts im Schritt der Millionen!
Es tanzen die kleinen Kanonen.

Die Infanterie setzt Schritt um Schritt,
Kolonnen Seit an Seit selbdritt –
ein Heerwurm aus ehernem Gusse.
Und südlich von Minsk steht der Russe ...«

Marschieren, marschieren.
Die Vormarschstraßen sind eine einzige heiße Staubwolke. Die Landser scheren ihre Haarpracht ratzekahl ab – des Schmutzes und der Läuse wegen. In ihren Feldflaschen sind nur noch wenige Tropfen, meist der Rest vom französischen Cognac; Wasser aus den Brunnen zu trinken, ist streng untersagt – das könnte vergiftet sein. Schon lange wird nicht mehr gesungen, kaum gesprochen – die Sonne drückt gar zu sehr.
Auch die Landschaft auf den Wegen nach Smolensk kann uns nicht aufmuntern: Flache Ebene, hier und da spärlicher Wald, dann und wann überragt von den Zwiebeltürmen einer Kirche. Hat man den Bau allerdings erreicht, entpuppt er sich als zerfallen und verkommen, meist als Kino noch genutzt. Holzhütten, oft auch halb zerfallen, bilden ein Dorf; meist unterbricht die Öde der Ansiedlung ein kahler Steinbau in der Dorfmitte, der, mit vielen Fenstern und einer Gipsfigur von Lenin davor, sich als Parteibüro entpuppt.
Unsere Köpfe gehen nach unten, der Blick findet nichts, an dem er haftenbleiben könnte, die Hitze sengt den Marschanzug.
Wir gaukeln uns Bilder der Heimat vor. Bier spielt dabei eine tragende Rolle, eiskaltes, schäumendes Bier, das der Wirt in blendend weißer Schürze aus sauberen Gläsern reicht.
Am Ende des Tagesmarsches ist die elendeste Scheune willkommen, wenn sie nur Ruhe und Schatten spendet. Kommt dann am Abend auch noch Feldpost, wird der Tag zum Sonntag.
Die Dörfer, durch die wir marschieren, sind von der Roten Armee geräumt, oft erst wenige Stunden vor unserem Anrücken. Weit vor der Marschspitze der Division verläuft die Front.

Eines Abends, als das Bataillon den Ort Naskowo erreicht, peitschen Schüsse von vorn. Meldung: »Ort ist feindbesetzt!«

Unsere Quartiermacher sind in das Dorf gekommen, als ihnen langsam und gänzlich unbefangen ein russischer Lastkraftwagen entgegenkommt. Offiziere und Soldaten sind in ein Gespräch vertieft, als sie Schüsse aus deutschen Gewehren treffen. Der LKW rast gegen eine Holzwand, die stürzt ein, der Wagen brennt im Nu. Einige der Sowjetsoldaten fallen, die anderen ergeben sich.

Als der Ort systematisch durchkämmt wird, stoßen unsere Männer in vielen Holzhäusern auf schlafende Rotarmisten, die ihre Waffen irgendwo in einer Ecke der Stube abgestellt haben. Sie schlafen fest den Schlaf der Gerechten, von keiner Wache behütet. Unsere Rufe schrecken sie auf, die Arme werden automatisch hochgereckt. Nur einer versucht vergeblich, mit der Pistole in der Hand durchs Fenster zu entkommen. Ansonsten sieht es so aus, als hätten sie uns erwartet, denn sie machen keine Versuche, ihre Waffen an sich zu reißen – sie kramen aus ihren Taschen weiße Zettel hervor und winken damit. Es sind deutsche Flugblätter in russischer Sprache: »Ihr seid eingeschlossen. Widerstand ist Euer Tod. Gebt Euch gefangen!«

Ihre Kampfkraft ist zerbrochen, sie haben nichts mehr zu essen, und ihre Füße sind blutig von weiten Märschen in schlechtem Schuhwerk. Über dreihundert Soldaten in erdbraunen Jacken ziehen in die Gefangenschaft. Die Hitze wird immer unerträglicher, die Straßen sind in schlimmem Zustand und wirbeln unter unseren Schritten dichte Sand- und Dreckwolken auf.

Eine Stadt: Nowogrodek. Eine Stadt war das wohl mal, jetzt nichts als ein Trümmerhaufen. Aus den Kellern werden russische Soldaten geholt, die dort wohl schon seit Tagen ihr Dasein fristen.

Am Morgen des 22. Juni war das in Nowogrodek liegende Panzerregiment alarmiert worden. Es dauerte nach dem Ausrücken nicht lange, da kamen die Reste, zersprengt und demoralisiert, zurück. Ein Stukaverband hatte die Truppe völlig zerschlagen. Zum Einsatz ist sie gar nicht gekommen.

Wir stöbern in einer Kaserne herum. Da liegt alles wüst durcheinander: Bilder von Lenin, Stalin, Timoschenko, Woroschilow – Bilder von Paraden der Roten Armee, von Straßenkämpfen aus der Revolutionszeit, dazu natürlich Stalin als Kinderfreund.

Die Betten in den Mannschaftsräumen sind durcheinandergewühlt.

Auf dem Hof der Kaserne sind deutlich noch die Spuren der Panzerfahrzeuge erkennbar.

Weiter. Am Straßenrand steht der Divisionskommandeur, von den Landsern gern gesehen, geachtet und beliebt – »Papa« Höhne. Er grüßt sie freundlich, vor seinem Wagen stehend: »Jungens, der Weg nach Moskau ist noch weit ...!« –

Weiter durch das zerstörte Lida. Zwischendurch gibt es einen Ruhetag. Wir lagern auf einer Wiese, durch die sich ein Bach schlängelt. In seinem Wasser können wir uns endlich einmal herrlich erfrischen. Abends gibt es noch dazu Feldpost. –

Dann kommt der Befehl, nur noch nachts zu marschieren. Die Hitze des Tages zermürbt Mensch und Tier, beeinträchtigt die Leistungskraft.

Nun sehen wir an jedem Morgen bei Beginn der Rast vor uns die Sonne als rotglühenden Ball aufsteigen – etwa in der Richtung, wo Moskau liegen muß ...

Am 15. Juli überquert über eine Holzbrücke unser Bataillon die Beresina, jenen Fluß, an dem sich im Jahre 1812 das Schicksal des Moskau-Eroberers Napoleon entschied, als sein Stern sank und seine Soldaten in Rußlands verschneiten Weiten erfroren. Man munkelt, irgendeine Truppe sei hier auf einen interessanten Fund gestoßen: einen Helm von Napoleons Garde ...

Wo uns bei solchen Erinnerungen Unbehagen und Ängste beschleichen, wehren wir sie in der Hoffnung ab, daß dieser Feldzug noch vor Einbruch des Winters siegreich beendet sein würde ...

Zur Unterstreichung unserer optimistischen Prognose kommen uns unübersehbare Kolonnen russischer Kriegsgefangener entgegen.

Schwere Gewitter gehen auf uns nieder. Zeltbahnen umgehängt, Stahlhelm auf – in den Stiefeln quietscht das Wasser.

Einmal steht in so einer Gewitternacht der Lautsprecherwagen einer Propagandakompanie am Straßenrand. Ich bin gerade Schlußoffizier des Bataillons und bleibe einen Moment dort stehen, bewegt von der vertrauten Melodie. Der Regen prasselt herunter. Über die aufgeweichte Erde geht der Schritt der Zehntausende. Sie ziehen vorbei wie schweigende Schatten, wie Spukgestalten oder ein Heerbann aus längst vergangener Zeit – tauchen auf, verschwinden wieder im Dunkel, dazwischen Pferdegetrappel, Räderrasseln, dann wieder Kolonnen –, und hier klingt es aus dem Lautsprecher wie aus einer fernen, fernen Welt:

»Komm zurück, ich warte auf Dich,
denn Du bist für mich all mein Glück ...«

Zug auf Zug stampft vorbei, die Melodie weht über die Soldaten hin, verweht, wird vom Marschtritt verschlungen. Vorbei – ab und zu noch trägt ein Windstoß abgerissene Töne zu den Marschierenden:

»... darum bitte ich Dich:
Komm zurück!«

Am 23. Juli ändert sich alles. Unser Marsch wird schneller, anstrengender, es wird auch wieder am Tage marschiert. Schon haben wir fünfunddreißig Kilometer geschafft. Die Landser hinken, schlürfen, stöhnen unter der Last der freigemachten Waffen und des Sturmgepäcks.

Nach den wenigen Marschpausen kommen sie aus der Liegestellung kaum wieder hoch, schleppen sich mühsam in die Marschordnung. Blasen platzen auf, Strümpfe werden blutig.

Um uns herum riecht es nach Verwesung. Aufgedunsene Pferdeleichen liegen am Wegrand, zerschossene Lastkraftwagen und Panzer, die ausgebrannt sind, deren Geschütze uns jedoch noch drohend anzuglotzen scheinen.

Nach vierzig Kilometern erreichen wir eine kleine Stadt, zerstört, ausgebrannt – Rudnja. Irgendwo nicht weit dahinter muß Smolensk liegen, Brennpunkt einer gewaltigen Umfassungsschlacht der Heeresgruppe Mitte. Die Stadt Smolensk ist schon seit dem 16. Juli in deutscher Hand.

Aus einem zerstörten Haus kriecht auf allen vieren ein schwerverletzter Russe.

Achtundfünfzig Kilometer hat uns heute ein Befehl vorangebracht; hundemüde und völlig kaputt bauen wir an einem einladenden See unsere Zelte auf.

Es wird dunkel. Gar nicht weit von uns zucken im Osten Flammen, grummelt Artillerie, dröhnt die Front.

Hinein ins Wasser des Sees! Das läßt die Strapazen vergessen, macht die Füße wieder frisch und gibt neuen Mut.

Der nächste Tag, 24. Juli, beschert uns bis zum späten Abend Ruhe.

Eine reichliche Menge Post ist angekommen und wird verteilt. Wir schwelgen im warmen Wasser des Sees wie in einer Badewanne und versenken uns selig in die Briefe von daheim.

Dann kommt der Befehl: Bereitstellung zum Angriff. Im Nachtdunkel ziehen wir durch die vom Feuerschein brennender Dörfer erhellte Landschaft. Nach einer Weile biegen wir von der nach Smolensk führenden Straße ab. Rings um die besetzte Stadt sollen noch starke Russenkräfte massiert sein. Aber mancher Ort, der vor Stunden noch in den Händen des Feindes war, wird jetzt als feindfrei gemeldet. So geht der Marsch noch zehn Kilometer weiter. Schwere Artillerie rasselt an uns vorbei, Panzerjäger überholen uns.

Erst im Morgengrauen wird auf einer Wiese die Bereitstellung eingenommen. Noch ist von vorn nichts zu hören. Drei Stunden lang dürfen wir noch pennen.

Das dann von vorn durchgegebene »Antreten!« scheucht uns auf. Wieder geht's durch brennende Dörfer, ein Munitionslager steht in Flammen; ganz in unserer Nähe schlägt eine Granate ein.

Entlang einer Eisenbahnlinie geht es weiter, bis von vorn Halt geboten wird. Die Höhen vor uns sind vom Feind besetzt. Und schon krepieren die ersten Granaten zwischen uns, die Kompanien graben sich ein.

Oben in einem Dorf, in dem die 9. Kompanie liegt, scheint die Hölle los zu sein. Granaten bersten dort unaufhörlich, Maschinengewehre rasseln.

Wir liegen in Deckung an einer Bachböschung mit Blick auf die Höhen, auf denen wir mit bloßem Auge Bewegungen erkennen. Ein Spähtrupp meiner Kompanie ist voraus, um Klarheit über die Stärke des Feindes zu gewinnen.

Die sieben Soldaten arbeiten sich mühsam durch sumpfiges Gelände vor.

Schon wird es Abend, steigen ringsum weiße Leuchtkugeln hoch zum Zeichen: »Hier sind wir!« Da kommt endlich vom Spähtrupp ein Melder: Sie mußten einen Toten zurücklassen, zwei sind verwundet und werden langsam zurückgetragen. Der Sanitätskraftwagen fährt ihnen entgegen. Der Tote liegt noch im Niemandsland. Sechs Freiwillige holen ihn – ohne Feindeinwirkung.

Als am nächsten Tag der Angriff fortgesetzt wird, steht am Wege das Birkenkreuz mit dem durchschossenen Stahlhelm und der schnell geschriebenen Inschrift:

»... gefallen für Großdeutschland am 25. Juli 1941.«

Die Russen auf jener Höhe ergeben sich der angreifenden 6. Kompanie, ohne auch nur noch einen Schuß abzugeben. Weiter geht es entlang der Eisenbahnlinie, über deren Damm die Geschosse des Feindes kommen. Sie zielen gut, Angriffsziel ist das vor uns liegende Dorf mit Namen Kuprino. Die Bahn überquert eine Fahrstraße, die Brücke ist gesprengt. Jenseits ist der Kampf um Kuprino im Gange.

Da erreicht mich der Befehl des Bataillonskommandeurs: »Sie gehen mit zwei Gruppen rechts der Eisenbahnlinie vor bis in Höhe des Dorfes. Ich will wissen, ob dort der Feind steckt und wie stark er ist!«

Ein weites Gelände mit wogenden Getreidefeldern dehnt sich vor uns aus. Steckt der Russe im Korn? An den Bahndamm geschmiegt, liegen drei tote deutsche Soldaten auf den Gesichtern. Das würgt einem im Hals, doch der Spähtrupp muß weiter, schleicht wie die Indianer von Busch zu Busch, verhält hin und wieder, um zu beobachten. Vorn regt sich nichts. Wir gehen schneller und stoßen auf eine ausgedehnte Stellung. Ein Teil ist verlassen, aber aus dem anderen Teil der Erdaufwürfe und Stolleneingänge kommen Schüsse. Als wir das Feuer erwidern, kommen mit erhobenen Armen aus allen Löchern braune Gestalten. Einer ist dabei – ein blutjunger Soldat mit frischem Jungengesicht –, der mit angstvollen Gebärden in der Tasche kramt und schließlich das Bild einer hübschen jungen Frau hochhält. In seiner Gebärdensprache will er uns sagen: »Schießt mich nicht tot! Ihr habt doch zu Haus auch so ein Mädchen ... –«

Wir beruhigen ihn und weisen ihn wie seine Kameraden in Richtung Bataillons-Gefechtsstand.

Drüben auf der anderen Seite ist jetzt die 10. Kompanie bis in unsere Höhe vorgekommen. Sie erhält Feuer von einem schweren Maschinengewehr, das wir von unserer Seite aus gut einsehen und beschreiben können. Bald liegt es unter unserem Feuer, seine Bedienung flieht. Unser Ziel – das Dorf Kuprino – ist erreicht, der Feind hat sich zurückgezogen. Eine Menge seines unversehrten Gerätes ist stehengeblieben. Beim Durchkämmen der Häuser holen wir noch ganze Trupps von Rotarmisten heraus. Als wir den jenseitigen Dorfrand erreichen, prasselt es von vorn aus dichtem Buschwerk auf uns herein – in den Hecken sind russische Scharfschützen. Der helle, laute Knall der Explosivgeschosse geht an die Nerven. Zugleich schießt von links die russische Artillerie. Der Kompaniechef schreit: »Weiter vorarbeiten!« Also raus aus der Deckung und nach vorn, wo ein kleiner Graben ein wenig Schutz bietet. Neben mir geht der Chef in volle Deckung. Das Maschinengewehrfeuer geht über uns hinweg, dafür liegen die Einschläge der sowjetischen Artillerie verdammt nahe. Schreie gellen, Volltreffer in unmittelbarer Nähe, und schon haut's erneut rein, Drecklawinen gehen auf uns nieder.

Der kleine Graben war unsere Rettung. Jetzt nur weg hier, denn die Folge der berstenden Granaten wird immer schneller. Es riecht derartig nach Sprengstoff, daß ein sonst besonnener Unteroffizier laut »Gas!« schreit. Krachen überall – und dann sind wir plötzlich raus aus dem Inferno.

Die relative Ruhe inmitten eines Getreidefeldes kommt uns vor wie ein Geschenk des Himmels.

Wir suchen unsere Männer zusammen; viele fehlen. Am nächsten Tag ist es klar: Ein Leutnant und zwei Schützen sind tot, mehrere schwer verwundet. Die Versprengten finden sich bald wieder ein.

Als wir in der Dunkelheit antreten, um die Verbindung mit den anderen Teilen des Bataillons wieder aufzunehmen, fährt uns eine russische Feldküche samt Personal in die Arme. In ihrem Innern brodelt noch die Suppe. Die erdbraunen Gestalten sind fassungslos und begreifen nicht, daß ihnen von Osten her, wo sie ihre Genossen vermuten, deutsche Soldaten entgegenkommen. –

Das Bataillon führt jetzt über hundert Gefangene mit. Wir aber graben am Waldrand ostwärts Kuprino unsere Löcher und pennen darin tief und fest, trotz des überstandenen schweren Kampftages – es war ein Sonnabend, der 26. Juli 1941, ein wahrhaft »heiteres Wochenende«. Um 8 Uhr geht es weiter. Heute meint es das Schicksal gut mit uns und beschert uns sonntägliche Ruhe.

Wir sind auf einer Höhe eingegraben und bestens gegen Sicht geschützt.

Unter uns stehen die Holzhäuser von zwei Dörfern, die voller Russen sind. Dahinter erhebt sich ein dunkler Wald, ringsum ein Getreidefeld und weiter hinten wieder ein Dorf.

Um dieses Gebiet – eng geworden und angefüllt mit den Resten russischer Truppeneinheiten – zieht sich der Ring deutscher Divisionen ständig dichter zusammen. Auch wir gehören dazu als ein Teil des kleinen Kessels in der großen Umfassungsschlacht von Smolensk.

Wie ein lebendig gewordenes Schlachtenrelief sehen wir von unserer Höhe aus den Verlauf des Kampfes, beobachten die Einschläge der Artillerie in den Dörfern, die aufsteigenden weißen Leuchtkugeln unserer Soldaten auf allen Seiten und die hin und her flutenden Russen. Es heißt, daß von Nordwesten das Infanterie-Regiment 38 unserer Division erwartet wird – und tatsächlich steigen aus dieser Richtung nach etwa zwei Stunden Staubwolken auf, in denen sich Kolonnen abwärts ins Tal bewegen. Durch das Fernglas sind auf ihren Fahrzeugen die Hakenkreuzfahnen erkennbar. Wir erfahren auch, daß von Norden Teile des V. Armeekorps herunterstoßen – auch dort sind bald Bewegungen zu erkennen: Feldgraue, die weit auseinandergezogen vorgehen.

Von Süden geht unsere Nachbardivision vor, schon machen wir beim Feind die Einschläge ihrer Artillerie aus. Noch detonieren russische Granaten zwischen den stetig vorrückenden Deutschen, aber es dürften bald die letzten Schüsse der Russen sein – ihre Nervosität ist nicht zu übersehen. Staubwolken zeigen ihre Fluchtwege an. So verfolgen wir hier ungestört die Entwicklung der Schlacht, erleben einen seltenen Anschauungsunterricht in Sachen deutscher Taktik ...

Den ganzen Sonntag verbringen wir auf dieser Erhebung. Die folgende Nacht ist erhellt vom Schein der Brände, vom Aufsteigen der Leuchtkugeln und den aufblitzenden Abschüssen der Artillerie auf beiden Seiten.

Ein Spähtrupp ist vom Kommandeur in jenen Wald geschickt, in dem es noch vor kurzem von russischen Soldaten wimmelte. Aber er hat keine Feindberührung mehr. Nur einige müde, abgekämpfte Rotarmisten ergeben sich ihm. Der Spähtrupp wird beim weiteren Vorgehen wieder aufgenommen. Am Montag werden neue Angriffsziele gesteckt. In einem mit MGs ausgerüsteten Fahrzeug fährt wieder eine kampfstarke Gruppe voraus. Sie soll in ein feindbesetztes Dorf eindringen.

Aufs äußerste angespannt, sitzen die Männer hinter den Maschinengewehren, der Fahrer tritt immer zögernder auf das Gas. Noch zeigt sich kein Russe, fällt kein Schuß. Vorn sammelt sich die Dorfbevölkerung, groß und klein, um einen Panjewagen. Ein Stahlhelm überragt die Versammlung – aber ein deutscher! Und als der Fahrer nun kräftig Gas gibt und der Wagen heranrast, erkennen die Männer des Spähtrupps einen wohlgenährten älteren Obergefreiten als den Fahrer jenes Panjewagens. Er raucht in Seelenruhe seine Pfeife und versucht mit allerhand Zeichen, sich den Dorfbewohnern verständlich zu machen. Dem erstaunten Spähtruppführer erklärt er: »Ich habe das Dorf hier erobert – lasse mir gerade Tee machen ...!«

Unsere Soldaten trauen kaum ihren Augen, und als der eine meint: »Mensch, hier steckt doch alles noch voller Iwans!«, meint der Dikke und nimmt nicht mal die Pfeife aus dem Mund: »Na und? Ich hab' doch meine Knarre ...« Wieder liegen wir in der Dunkelheit in unseren Deckungslöchern und sichern nach vorn.

Noch vor kurzem tobte nur einen Kilometer vor uns ein heftiges Gefecht, bis sich die Russen auch hier zurückzogen.

Gegen 11 Uhr nachts tauchen vor meiner Stellung zwei schemenhafte Gestalten auf, russische Soldaten, Zeltbahnen umgehängt, die Gewehre in der Hand.

»Stoi!« Unser Ruf bringt sie zum Erstarren, der Schreck läßt sie keinen Entschluß mehr fassen. Ihre Gewehre werden am nächsten Stein zerschlagen.

Als wir Stunden später den Vormarsch fortsetzen, steht uns nichts mehr im Wege. Während wir gegen Mittag eine willkommene Rast machen, liegt vor uns auf der Straße ein dichter Sperriegel der feindlichen Geschütze, ein Wall von Feuer und Rauch. Bald antworten unsere Kanonen, und der Marsch kann weitergehen, gestärkt durch die Feldküche, die in diesen Tagen ihre Suppen mit zwanzig und mehr Hühnern würzt.

Hin und wieder gibt es einen Feuerüberfall durch russische Geschützpanzer – jene bewegliche Artillerie des Feindes, die wegen ihres schnellen Stellungswechsels ganz schwer auszumachen ist und manche Lücke in unsere Reihen reißt.

Ein Spähtrupp, den ich in ein Waldstück zu führen habe, löst sich in Wohlgefallen auf: Im Wald haben sich bereits die Soldaten unserer Nachbardivision festgesetzt.

Als die Abendsonne die gelben Felder vergoldet und ihnen einen heimatlich-friedlichen Glanz gibt, ertönt über uns das Singen der

Messerschmitt-Jäger. Kurz darauf folgen Ketten von Stukas. Das gibt uns neuen Auftrieb, wir stehen in unseren Löchern und verfolgen den Flug der Kameraden feindwärts. Wir sehen sie über den Wäldern kreisen, dann niederstürzen, hören das Heulen ihrer entnervenden Sirenen und sehen die dunklen Rauchpilze ihrer Bomben aufsteigen. Sie machen uns den Weg frei!

Die Höhen, über die am nächsten Tag unser Marsch geht, sind übersät mit gefallenen Russen. Ich marschiere wie die anderen Kameraden an diesen Opfern der Schlacht verhältnismäßig gelassen vorbei und drücke bei dem starken Verwesungsgeruch das mit russischem Parfüm getränkte Taschentuch an die Nase. Auf der Parfümflasche prangt ein Sowjetstern. Dieser Kampf macht hart, die Natur reagiert auf die Anforderungen, und jeder sagt sich beim Anblick der toten Gegner: »Der tote Feind kann uns nicht mehr töten ...« –

Gegen Mittag sehen wir am südlichen Horizont die Türme und die vielen Häuser von Smolensk. Der Name dieser Stadt geht um die Welt – die Unseren sagen, sie sei fest in deutscher Hand, die anderen sprechen noch von erbitterten Kämpfen. Beides stimmt: Smolensk ist fest in unserem Besitz, aber rings um die Stadt tobt noch der Kampf. Am Rande des Schlachtfeldes schwebt ein deutscher Fesselballon, von dem aus unseren schweren Mörsern die Ziele angegeben werden. Jetzt nähert sich ihm ein Flugzeug – wie es scheint, eine Me 109 mit deutschem Hoheitszeichen. Aber da greift es den Ballon an! Leuchtspurgeschosse kommen aus seinen Maschinengewehren – es dreht ab. Hinter ihm stürzt der Fesselballon als lodernde Fackel in die Tiefe.

In der Nähe eines der trostlosen Dörfer – Ssuchodol – graben wir in einer Schlucht unsere Deckungslöcher für diese Nacht. Artillerie hämmert auf die Ränder unserer Stellungen. Eine unangenehme und bedrohliche Begleitmusik. Am Abend sitze ich im Bataillonsgefechtsstand am Wehrmachtsrundfunkgerät und höre Musik aus der Heimat. Dabei vergißt man die Wirklichkeit, die graue Erde, in der wir wühlen, selber grau wie sie, das öde Dorf mit seinen Holzhütten drüben, wo schon mehrere Häuser brennen, die Straße am Horizont, die – von Smolensk kommend – in Staubwolken gehüllt ist, den Gefechtslärm, der in der Nähe schon den ganzen Tag andauert ... Alles scheint mit den Melodien für kurze Zeit zu versinken. Bis uns Artillerieeinschläge dicht neben uns aufschrecken. Auch der folgende Tag vergeht mit dauerndem Störfeuer, ohne daß der Russe angreift.

Acht Tage lang stehen wir nun schon ohne Pause im Kampf um Smolensk. Acht Tage alt sind auch die Bärte und die Dreckschichten.

Am 1. August 1941 wird das Regiment als Divisionsreserve zurückgezogen hinter Ssuchodol.

Wir atmen auf, waschen uns im gelblichen Wasser eines Tümpels und schreiben dann – so erfrischt – unsere Briefe an die Lieben daheim.

Hin und wieder verirrt sich auch hierher eine Granate, es gibt Verwundete. Es dauert ohnehin nicht lange mit dieser Reservestellung – am Abend geht es wieder weiter. Am nächsten Tag stehen wir erneut vor dem Feind.

Unser Marsch führt über brandfrische Kampfstätten. Hier hat man um jeden Baum gerungen, hier hat sich kein Russe ergeben. Sie stachen noch mit dem Bajonett zu, als die Deutschen mit ihren überlegenen Waffen den Kampf längst als aussichtslos erscheinen ließen – sie verschossen ihre letzte Patrone, und in der Nacht umschlichen sie katzengleich die deutschen Stellungen und überfielen die Feldgrauen mit ihren zustechenden Bajonetten. Dennoch – ihre Lage ist ohne Hoffnung.

Wir ziehen an unheimlichen Orten vorüber, wo im fahlen Dämmern reihenweise deutsche Landser unter ihren Zeltbahnen liegen, unter denen nur die erstarrten Füße hervorschauen. Überall schaufelt man Gruben aus. Das macht frieren und schockiert. Weiter, nur weiter. Nicht denken ...

Am nächsten Tag sitze ich in einem PKW, begleitet von drei MG-Schützen mit ihrer Waffe; es geht auf Erkundung. Angriffsziel des Bataillons ist eine Höhenkette, die jenseits der Bahnlinie liegt.

Mein Auftrag: »Ist der Bahnhof vor uns – der Ort heißt Koslowa – feindbesetzt? Verbindung ist aufzunehmen mit dem am frühen Morgen vorgestoßenen Nachbarregiment.« Den PKW lassen wir als zu auffälliges Ziel in einer Deckung zurück.

Dann geht's mit den MG-Schützen nach vorn an den Bahndamm, wo uns Soldaten des gesuchten Nachbarregiments den Weg zum Gefechtsstand zeigen. Er liegt neben dem Bahnhof von Koslowa. Ganz in der Nähe steht ein russischer Transportzug noch unter

Dampf. Ich erfahre, daß der Zug erst gestern abend mit einem sowjetischen Bataillon eingelaufen ist, eiligst entladen wurde und daß
der gerade aufgestellte Truppenteil dann genau in den deutschen
Angriff hineinlief. Die erste Flucht wurde zum Stehen gebracht,
und nun liegen sie auf einer beherrschenden Höhe diesem Bahndamm gegenüber und behindern unseren Vormarsch. Aber ihre
Moral soll nicht sehr stark sein, die Flucht und die Aussagen Gefangener bestätigen das.
So ist die Lage, die ich nun meinem Kommandeur melde. Er nimmt
das Bataillon zurück. Eine russische Batterie bestreut das Gelände,
wo sich unsere Kompanien ursprünglich zum Angriff formieren
sollten.
Wir greifen an, als der Tag sinkt. Über die Bahnlinie hinweg geht es
auf die Höhe und ins Dorf – da erhalten wir starkes Maschinengewehrfeuer. Es ist dunkel geworden, kein Ziel mehr erkennbar. Somit wird Eingraben befohlen. Der Angriff soll am Morgen fortgesetzt werden.
Da haben wir dann wieder das Übliche: Der Russe hat sich im Dunkel der Nacht zurückgezogen, nur einige erwarten uns ohne Waffen. Auch aus dem nächsten Dorf holen wir fünfzig Rotarmisten
heraus, die sich zum Teil schon Zivilsachen angezogen haben.
Links von uns herrscht Hochbetrieb. Da wirbeln flüchtende Feind-
kolonnen den Staub hoch auf – in sie hinein schlägt der Granatenhagel unserer Geschütze, Stukas stoßen heulend auf sie nieder – ein
Hexenkessel!
Wir nähern uns einem größeren Gebäude, offensichtlich ein einsti-
ges Kinderheim. Am Mast davor weht noch die rote Fahne. Zehn
russische Soldaten kommen uns entgegen und ergeben sich. Der Ort
ist feindfrei. Eine verlassene Feldküche mit noch davorgespannten
Pferden steht da, die Tiere lassen sich anscheinend durch die Unruhe und den Besitzerwechsel nicht stören.
Wir betrachten die Räume des Kinderheimes, in denen alles durch-
einanderliegt. Ein Soldat meiner Kompanie bringt eine rote Fahne
mit Stickereien an, ein anderer entdeckt ein altmodisches Klavier
und intoniert einen Wiener Walzer, der plötzlich alles zu verwandeln scheint. Aber das sind nur Minuten, schnell hat uns das Geschehen wieder im Griff.
Für den Abend wird uns zwar ein ruhiges Biwak drei Kilometer

174

hinter der Front angekündigt, aber diese Aussicht wird durch eine neue Lage hinfällig:

Das Bataillon bezieht am Dnjepr eine Verteidigungsstellung, da dort mit Ausbruchsversuchen der eingeschlossenen Sowjets zu rechnen ist. Ein anderes Bataillon bringt eine Brücke in seinen Besitz und sichert sie.

Eilmarsch. Es wird Abend. Unterwegs schließen sich hier und da Russen an, die versprengt sind, ihre Waffen fortgeworfen haben und von der Gefangenschaft Befreiung von dem unerträglich gewordenen Druck des deutschen Umschließungsringes erwarten.

Überall stehen und liegen Fahrzeuge und Geräte der geschlagenen russischen Verbände: Unmassen von Lastkraftwagen, schweren und leichten Geschützen, Pak, Tankwagen und dann und wann auch mal ein eleganterer Personenkraftwagen – ein heilloses Durcheinander, zum Teil verbrannt, ineinandergeschoben, beschädigt oder heil – alles kilometerweit verstreut.

So erleben wir diesen Abend des 3. August 1941 als überwältigenden Beweis der sowjetischen Niederlage am Dnjepr. Beim Regimentsgefechtsstand erkennen wir geisterhaft im Nachtdunkel eine unübersehbare Ansammlung von Gefangenen. Gegen 11 Uhr erreichen wir unser Ziel – das Dorf G. Marewo. Im Dunkel wird die kurz angewiesene Stellung bezogen und hastig ausgebaut. Eine mittlere Pak schützt die Straße, eine leichte steht inmitten meines Zuges.

Schärfste Wachsamkeit ist befohlen. Gerüchte sickern durch, wonach das Nachbarbataillon beim Versuch, einen Brückenkopf zu bilden, in eine Falle geraten sei. Von weit her kommt Gefechtslärm. Wir starren in die Dunkelheit. Ein Russe ergibt sich und holt zehn andere aus einer Holzhütte.

Gegen Morgen peitschen Schüsse, detonieren Handgranaten – ein feindlicher Spähtrupp ist auf unsere Sicherungen gestoßen.

Auch in meinem Zugabschnitt geraten einige Russen an unsere Stellung. Die Maschinenpistole eines meiner Gruppenführer blafft, ein tödlich Getroffener und ein jammernder Verwundeter bleiben liegen.

Ein Haus brennt lichterloh, Russen haben es angezündet. Der Feuerschein verstärkt die Unheimlichkeit dieser Nacht. Käme doch erst der Morgen ... Reiter werden gesichtet, drehen um und sind wie ein Spuk von der Nacht verschluckt.

Endlich dämmert ein nebliger, kalter Morgen herauf. Unsere Augen können den Nebel nicht durchdringen. Plötzlich dringt das Geräusch vieler rasselnder Fahrzeuge zu uns herüber, Traktoren oder Panzer, Lastkraftwagen. Fremde Rufe erschallen, Hupsignale gellen. Die können nicht weiter weg sein als hundert Meter! Noch rührt sich bei uns nichts, nur die Hände krampfen sich um die Waffen. Ein geheimnisvoller Zug geistert unsichtbar im Nebel heran. Jeder Mann entsichert ohne Befehl sein Gewehr, die Bedienung an der Panzerabwehrkanone steht voller Spannung – sind es Panzer, die da anrollen?

Die Rufe sind ganz nah, unsere Augen werden groß: Denn jetzt schiebt es sich heran durch die Nebelschwaden – so als gäbe es hier keine waffenstarrende Front. Ein Fahrzeug folgt dicht aufgeschlossen dem anderen – sind die von allen guten Geistern verlassen? »Feuer frei!« Der erste Schuß der Pak geht los, zwanzig Meter vor dem Geschütz hält das erste Fahrzeug, aus dem Kühler schlagen Flammen. Treffer! – Was sich von nun an vor unseren Stellungen abspielt, geht schnell und ist grausamer, als man es beschreiben kann. Neben uns bellen die Schüsse anderer Panzerabwehrkanonen. Aus dem Zug der Kraftwagen ist ein Flammenmeer geworden. Auf der ganzen Linie rattern unsere Maschinengewehre. Die Kolonne verkeilt sich ineinander, russische Soldaten springen aus den Wagen, werden von den Garben der MGs erfaßt, bleiben oft schon zwischen Trittbrett und Boden hängen, brennende Leiber fallen aus den Fahrzeugen. Kaum zu glauben – die Überlebenden stürzen auf unsere Stellungen zu, Handgranaten in den Fäusten, und winken den Nachfolgenden, es ihnen gleichzutun. Als sie etwa fünfzehn Meter vor uns sind – just da fällt unser Maschinengewehr wegen einer Ladehemmung aus. Der Gruppenführer schießt mit der Maschinenpistole. –

Beim MG gibt es Laufwechsel, Schloßwechsel – wie einst auf dem Kasernenhof.

Immer noch rasen weitere Fahrzeuge auf uns zu, hinein ins tödliche Aus.

Nach kaum fünfzehn Minuten ist der grausame Spuk vorüber. Vor der Front der Kompanie stehen Hunderte zerstörter, aber auch unversehrte Fahrzeuge, allein vor meinem Zug sind es dreiundvierzig. Viele Tote liegen da, Hunderte kommen herangekrochen, blutend

176

oder heil, Entsetzen in den Augen und mit weißen Tüchern winkend. Ein langer Zug zieht dann nach hinten zum Gefechtsstand des Bataillons.

Am frühen Nachmittag erkennen wir, wie von Süden her ein dunkler Heerwurm sich voranbewegt, die jenseitigen Höhen erreicht und hinter den Hängen verschwindet. Es sind die Panzer vom Korps Guderian!

Sie waren es, die den Ostrand des Kessels von Smolensk zu halten hatten nach Osten und Westen. Drüben stoßen die Panzer nun entlang des Dnjepr vor, um das Gelände von den Resten des geschlagenen Feindes zu säubern.

Für uns gibt es noch keine Ruhe. Unser Nachbarbataillon ist in eine prekäre Lage geraten. Am Abend des 3. August sollte es eine Brücke über den Dnjepr nehmen, einen Brückenkopf am anderen Ufer bilden und den Feind abwehren, der mit wertvollem Material zu dieser Brücke drängte. Der Weg des Bataillons führt durch einen nicht einsehbaren Wald. Auf schmalen Schneisen geht es voran, oft stehen noch verlassene Geschütze im Dickicht. Der Abend ist voller Kampfgeräusche, die vom Fluß her kommen. Der Marsch stockt oft, wenn das Unterholz zu dicht wird und die Sicht behindert. Da erschallt hinter dem Rücken unserer Soldaten das »Urräh« der Russen – und dann auch von vorn. Der Wald wird für die deutsche Truppe zur Hölle. Ehe die Landser das Feuer eröffnen können, werden sie schon von Geschossen getroffen. Der Gefechtstroß hinten wird zusammengeschlagen, der Assistenzarzt erstochen, die Fahrer erledigt, Pferde und Wagen vernichtet.

Das geschieht, während wir den Druck der ausweichenden Russen abwehren.

Am nächsten Tag marschiert unsere 10. Kompanie in den Unglückswald, um Verbindung mit dem vermißten I. Bataillon aufzunehmen.

Als sie zurückkommt, sind wir erschüttert: Auch ihr ist der Wald zum Verhängnis geworden. Die bedrängten Russen überfielen auch die 10. Kompanie und wüteten genauso erbarmungslos in ihren Reihen. Sie stürmten von allen Seiten auf sie ein und verschonten auch einen Leichtverwundeten nicht, der mit einem Schulterschuß in einem Fahrzeug saß. Sie richteten ihn grausam zu, dann schossen sie mit unserer Pak auf die zurückweichende Kompanie. Als die 10.

Kompanie wieder bei uns eintrifft, ist sie stark dezimiert, die Soldaten sind bedrückt und erschöpft. Die Verbindung zum verlorengegangenen I. Bataillon ist noch nicht hergestellt, aber es gibt Funkverbindung zwischen ihm und dem Regimentsgefechtsstand.

Am Abend zieht auch unser Bataillon durch den Wald, der so vielen Kameraden zum Verhängnis wurde. Wieder ist es während der Bereitstellung stockdunkel geworden. In unseren Vorstellungen spuken die Schreckgestalten, die sich aus dem Dunkel des Waldes auf unsere Truppe stürzten. Ein junger Leutnant sagt: »Das ist unser Todesweg …«

Die Spitze des Bataillons ist schon im Wald. Kein Laut ist zu hören. Der Kommandeur sorgt sich um seine Soldaten und hält den Vormarsch an.

Ein Spähtrupp wird zusammengestellt: »Nur Unverheiratete sollen sich melden.« Ich melde mich, wenn auch mit Bangen. Da heißt es, den »inneren Schweinehund« zu überwinden. Mit zwei Unteroffizieren und zwei Mann schleiche ich voran. Bei der 9. Kompanie hat man gerade zwei russische Reiter beobachtet, die von der Nacht verschlungen wurden, als der MG-Schütze den Spannschieber zurückzog.

Wir fünf sind allein im Wald, stolpern über verlassene Stellungen und zucken bei jedem von uns selbst verursachten Geräusch zusammen. Leere Erdlöcher, verlassene Geschütze. Über dem Wald knurren russische Kampfflugzeuge, in der Nähe krachen die Einschläge ihrer Bomben. Vor uns leuchtet der Himmel blutrot durch das Blättergewirr. Ganz nahe ist der Lärm der abziehenden Sowjets. Sie scheinen an einer Brücke zu zimmern. Ihre Fahrzeuge rattern und rasseln.

Aber der Wald um uns bleibt still. Feindfrei.

Wir machen dem Kommandeur Meldung. Früh um 3 Uhr verläßt das Bataillon diese Stätte des Unheils.

Am nächsten Mittag ist die Verbindung zum I. Bataillon wiederhergestellt. Der Weg zu ihm führt über einen Hang, der mit starkem Artilleriefeuer eingedeckt wird. Hier werden zwei Kompaniechefs schwer verwundet. Den einen schleppt der Bataillonskommandeur durch die Granateinschläge hindurch aus der Gefahrenzone. Vier Soldaten meines Zuges werden tödlich getroffen.

Das I. Bataillon finden wir nahe dem Dnjepr in einer ausgesprochenen Ruhestellung. Die Soldaten aalen sich in der Sonne und essen sich an dicker, süßer Kondensmilch satt, die die abziehenden Russen fässerweise auf den stehengelassenen Lastwagen zurückließen. Die meisten leiden sehr bald an erheblichem Durchfall. Feindberührung gibt es nicht mehr. Wohl irren noch einzelne, versprengte Rotarmisten im Walde herum – aber die Masse ist kopflos davongerannt. Mit ihrem Gerät und den Fahrzeugen ist das ganze Gelände am Fluß übersät.

Wir gehen an einem Waldrand in Stellung, wo der Russe noch ab und zu mit äußerst schwachen Kräften angreift. Er versucht, von seinem Material noch einiges zu retten.

Am 5. August ist die Säuberung des Kessels von Smolensk beendet. Annähernd dreihundert Soldaten der 8. Division sind gefallen, neunhundert verwundet. Es waren harte Wochen.

Fast neuntausend Gefangene werden nach hinten gebracht, die Beute an zum Teil unversehrtem Kriegsmaterial geht in die Tausende.

Unter dem Eindruck dieses Sieges und der nun eintretenden Ruhepause finden wir uns in unserer unerschütterlichen Siegeszuversicht bestätigt.

Aus heutiger Sicht
Hitler in »Mein Kampf«:
»... schon am Visier soll man uns erkennen!«

»Volk ohne Raum« hatte in den dreißiger Jahren der Schriftsteller Hans Grimm ein Buch betitelt und damit tendenziös und polemisch Hitlers von Anfang an auf Eroberung des Ostraumes gerichtete Außenpolitik unterstützt und zu motivieren versucht.
Breit und ausführlich war Hitler in seinem Buch »Mein Kampf« – 1923 in der Festungshaft in Landsberg verfaßt – auf seine Vorstellungen vom kommenden Reich eingegangen:

> »Die Außenpolitik des völkischen Staates hat die Existenz der durch den Staat zusammengefaßten Rasse auf diesem Planeten sicherzustellen, indem sie zwischen der Zahl und dem Wachstum des Volkes einerseits und der Größe und Güte des Grund und Bodens andererseits ein gesundes, lebensfähiges, natürliches Verhältnis schafft.
> Nur ein genügend großer Raum auf dieser Erde sichert einem Volk die Freiheit des Daseins.«

Seitenweise beklagt Hitler den Zustand des ohnmächtigen Reiches, dessen »politisches Mutterland auf die lächerliche Grundfläche von kaum fünfhunderttausend Quadratkilometer beschränkt ist«.
Dem Leser wurde schnell das Angriffsziel klar: Das »Weltjudentum« und der Bolschewismus:

> »Nicht Fürsten und fürstliche Mätressen schachern und feilschen um Staatsgrenzen, sondern der unerbittliche Weltjude kämpft für seine Herrschaft über die Völker!«

> »Man vergesse doch nie, daß die Regenten des heutigen Rußlands blutbefleckte, gemeine Verbrecher sind, daß es sich hier um einen Abschaum der Menschheit handelt ...«

Das Buch »Mein Kampf« mit dem Hitlerkopf auf der Titelseite gehörte schon vor der »Machtergreifung« zu den Bestsellern jener Jahre.
Schon lange Zeit vor dem 30. Januar 1933 starrte einen in den Schau-

fenstern der meisten Buchhandlungen Adolf Hitler an, der in seinem Buch keinen Zweifel daran ließ, daß er sich als Nachfolger der Ostlandfahrer vor siebenhundert Jahren sah – auf den Spuren Ottos I., Heinrichs des Löwen und Albrechts des Bären.

Aber, so scheint es mir, mit dem Inhalt des Buches haben sich wohl nur wenige Käufer intensiv beschäftigt. Sonst wäre es doch nicht denkbar, daß der Warnruf »Hitler bedeutet Krieg« so wenig Wirkung zeigte.

Zwar erkannten einige Intellektuelle wohl die Gefahr, doch ging ihr Mahnen bald völlig unter im frenetischen Jubel um den »Retter« aus Elend und Massenarbeitslosigkeit, um den Befreier von den Ketten des Versailler Vertrages.

Sie wandten sich dem Mann zu, der teuflische Demagogie der Blässe jener Politiker entgegensetzte, denen es nicht gelungen war, Vertrauen und Verständnis für die junge Demokratie im Nachkriegsdeutschland der zwanziger Jahre zu wecken.

Die Kolonnen der SA sangen:

> »Hitler ist unser Führer,
> ihn lohnt nicht goldener Sold,
> der von den jüdischen Thronen
> vor seine Füße rollt.«

Immer mehr Menschen stimmten ein und jubelten den Kündern des neuen Reiches zu. Hitler schien die große Zukunft zu garantieren – wen scherten da schon Details (die vielen sowieso unverständlich waren) aus seinem Buch?

Obwohl auch ich »Mein Kampf« als eine Art Ersatz-Bibel bei meiner standesamtlichen Trauung in die Hand gedrückt bekam – ich habe es nicht gelesen. Ich weiß nicht, warum ich nie den Text studiert habe – wahrscheinlich war es Trägheit oder auch Unlust angesichts der Unverdaulichkeit vieler seiner Theorien. Vierzig Jahre nach Kriegsende drückte mir eine deutsche Verwandte, Witwe eines holländischen Unternehmers, die zerschlissenen broschierten Bände von Hitlers Werk in die Hand. Ihr Mann, politisch interessiert und äußerst nationalbewußt, hatte zumindest den ersten Band gelesen und mit Randbemerkungen in niederländischer Sprache versehen. Da las ich denn, seinen Randbemerkungen folgend, Behauptungen von Hitler wie diese:

»Nur die Kenntnis des Judentums allein bietet den Schlüssel zum Erfassen der inneren und damit wirklichen Absichten der Sozialdemokratie. Wer dieses Volk kennt, dem sinken die Schleier irriger Vorstellungen über Ziel und Sinn dieser Partei vom Auge, und aus dem Dunst und Nebel sozialer Phrasen erhebt sich grinsend die Fratze des Marxismus.«

Ganz abgesehen von dieser durch nichts begründeten Verleumdung einer traditionsreichen, ehrenwerten Arbeiterpartei macht das schlimme Deutsch stutzig:

»Auch das Lesen ist ja nicht Selbstzweck, sondern Mittel zu einem solchen ...«

Längst gewandelt und gereift durch schmerzvolle Erfahrungen, wird mir beim Lesen klar, welche Versäumnisse dazu beitrugen, uns dem falschen Propheten mit Leib und Leben zu verschwören.

In der Hitlerjugend war wenig vom Inhalt des Buches die Rede, selbst auf der Reichsjugendführerschule wurde meiner Erinnerung nach nie über bestimmte Texte diskutiert.

Aber seine Ostpläne wurden auf andere Weise untermauert: Manches Lied, von der HJ viel gesungen, sollte uns aufs Ostland »einstimmen«: »In den Ostwind hebt die Fahnen!« – »Nach Ostland wollen wir reiten« ...

Auch die Zauberer der UFA nahmen sich des Themas an: Der mit erstklassigen Künstlern gedrehte Film »Friesennot« machte die Zuschauer grausen vor der »Fratze des Bolschewismus«. Da wurden die hochgewachsenen blonden Friesen, deren Väter einst in Rußland eine neue Heimat gefunden hatten, von den an die Macht gekommenen Schergen Stalins bedrängt, gefoltert und gequält, bis sie kraft der Macht des neuen Deutschland heimkehren konnten ins Reich. So wurden auf allen Gebieten und mit allen Mitteln der Beeinflussung die moralischen Voraussetzungen geschaffen, um Hitlers in »Mein Kampf« niedergelegte Thesen durchzusetzen:

»Nicht West- und nicht Ostorientierung darf das künftige Ziel unserer Außenpolitik sein, sondern Ostpolitik im Sinne der Erwerbung der notwendigen Scholle für unser Volk.«

»Wenn die nationalsozialistische Bewegung wirklich die Weihe einer großen Mission für unser Volk vor der Geschichte erhalten will, muß sie den Mut finden, unser Volk und seine Kraft zu sammeln zum Vormarsch auf jener Straße, die aus der heutigen Beengtheit des Lebensraumes dieses Volk hinausführt zu neuem Grund und Boden, und damit auch von der Gefahr befreit, auf dieser Erde zu vergehen oder als Sklavenvolk die Dienste anderer besorgen zu müssen.«

Und somit kamen wir ins Schlamassel, als wir 1941 gen Osten vordrangen. Wir spürten sehr schnell, daß wir es mit einem zähen und tapferen Gegner zu tun hatten, hatten aber dennoch die Hoffnung, daß der Feldzug bis zum Wintereinbruch beendet wäre. Flugblätter in deutscher Sprache regneten aus sowjetischen Flugzeugen auf uns herab: Auf Grabkreuzen mit durchschossenen deutschen Stahlhelmen saßen die Raben, und ringsum war Schnee, nichts als Schnee. Wir lachten über den Kehrreim:

»O weh, o weh,
in Rußlands tiefem Schnee!«

Noch schien uns die Sonne. Russische Bauern brachten uns Brot und Salz, sowjetische Überläufer küßten manchem Offizier die Stiefel …, aber dann kam hinter uns die braune und schwarze »Elite« Hitlers und Himmlers und jagte die »Untermenschen« zu Paaren. So wandelte sich bei den Russen anfängliches Vertrauen in wütenden Haß gegen alles Deutsche. Hitlers Traum vom baldigen Zusammenbruch des Stalin-Systems scheiterte an seinen eigenen Befehlen.

»Was der Himmel auch mit uns vorhaben mag – schon am Visier soll man uns erkennen«,

schrieb Hitler am Ende des 14. Kapitels in seinem Buch. Zu unserem Unglück haben ihn nur wenige am Visier erkannt. Sicherlich gehörten zu denen, die seine chauvinistischen und antisemitischen Thesen richtig deuteten und befürworteten, auch jene Kreise des deutschen Bürgertums, die nach dem verlorenen Ersten Weltkrieg auf Revanche sannen und in deren Familien Antisemitismus seit Generationen Tradition war. Aber auch ihr Stolz, ihre Vorurteile und ihr Rassenhochmut gerieten dann ohne Gnade in den Strudel, als Hitlers »tausendjähriges Reich« sich als tödliche Utopie erwies.
Fünfzig Millionen Menschen mußten vorher sterben.

Aufzeichnungen 1941
Verlustreiche Abwehr bei Smolensk

Wir ziehen in eine neue Stellung. Es ist Abend und der Himmel rot gefärbt vom Schein der Brände. Vor uns fließt der Dnjepr, der viele Leichen mit sich führt. Drüben am anderen Ufer sitzt der Russe.
Unsere Spaten graben sich tief in die Erde ein, Gräben mit Unterständen entstehen, die Front erstarrt. Der Russe verstärkt die Mittelfront, die Zahl seiner Geschütze wächst spürbar.
Ein Name prägt sich uns ein – der des Dorfes Ratschino. Da bauen die Sowjets zwei Brücken und versuchen durch fortdauernde Angriffe, uns von dieser Aktion abzulenken. Beim linken Nachbarn ist es passiert: Eine Nacht, in der kein Mond die Hauptkampflinie spärlich erhellt. Der Posten vorn im Schützenloch ist müde, immer wieder versucht er, sich wachzuhalten. Er hat bei dem andauernden Artilleriefeuer schon lange kein Auge mehr zutun können, und nun fallen sie ihm im Stehen zu. Ähnlich geht es auch den MG-Schützen nebenan. Es herrscht plötzlich Ruhe. Weiße Leuchtkugeln zischen hin und wieder hoch und werfen ihr Licht auch auf die Zwiebeltürme der alten Dorfkirche.
Niemand nimmt die Gestalten wahr, die bei jedem Aufleuchten der Lichtsignale erstarren. Dann sind die Russen mit »Urräh!« plötzlich da, werfen ihre Handgranaten in die Stellungen der Deutschen und springen ihnen nach. Unser MG-Schütze schreit, als sein Gewehr versagt, verzweifelt: »Hemmung!« Es ist sein letztes Wort. Bei alledem fällt kein Schuß.
Die eingedrungenen Russen werden bald darauf von einer Reservekompanie zurückgetrieben – die Toten macht das nicht mehr lebendig.
Jede Nacht in Ratschino vergeht in ununterbrochener Anspannung. Mit Tagesbeginn setzt dann das Pfeifen und Bersten der feindlichen Granaten ein.
Als mein Zug zur Ablösung nach vorn geht, hören wir dicht vor uns die Arbeitsgeräusche der Russen an ihrer Brücke, die Hämmer, Sägen und Kommandos, Leuchtspurmunition kommt wie eine bunte Feuerwerkskette auf uns zu, aber es ist stockfinstere Nacht – wir können nur wach sein und bereit ...

Als der Morgen endlich graut, glänzt matt der Dnjepr herüber, kaum fünfzig Meter von uns entfernt. An seinem diesseitigen Ufer, dicht vor unseren Stellungen, herrscht geschäftiges Treiben: Um die hundert Rotarmisten bauen an einer Brücke, als gäbe es nirgends deutsche Maschinengewehre, die auf sie gerichtet sind. Kaum fünf Meter vor uns kramen zwei Sowjetsoldaten in zerschossenen LKWs herum. – Eine wirklich äußerst »beruhigende« Lage ...!

Rechts von uns angelehnt, liegt eine Gruppe meines Zuges in ihren Löchern inmitten eines Birkenwäldchens, zweihundert Meter rechts davon befindet sich in Deckung der Rest der Kompanie. Links von uns ist es leer – das II. Bataillon liegt weit rückwärts in Stellung. Wir sind angesichts dieser aktiven Russen also ziemlich allein. Bald muß auch die rechts angelehnte Gruppe Stellungswechsel machen, weil sie von der russischen Artillerie geradezu aus ihren Löchern herausgeschossen wird. So genau treffen die Einschläge, daß Koppel und Geräte weit in die Luft geschleudert werden.

Bei all den Trümmern ist der Turm der alten Kirche noch unversehrt geblieben, er dient sicher der feindlichen Artillerie als Anhaltspunkt.

Eine wirkungsvolle Abwehr ist uns bei unserer Schwäche nicht möglich. Ununterbrochen krachen die Einschläge und pflügen Ratschino um und um.

Am schlimmsten sind die Nächte. Zwar schweigen dann die Geschütze, zwar ist es unheimlich still – aber diese Stille zerrt an den Nerven, weil jeder weiß, daß der Feind nur wenige Meter vor uns liegt. Dauerndes Gekrähe von Hähnen, die es hier kaum geben dürfte, macht uns noch nervöser, da wir diese Geräusche für die Verständigungszeichen der Russen halten.

So atmet jeder auf, als der Morgen kommt. Wieder beobachten wir den Brückenbau vor uns. Drüben aus dem Dorf Saborje quellen Massen von Rotarmisten, sie wollen wohl den Bau der Brücke noch heute vollenden. Ein Teil von ihnen sichert mit schußbereiten Gewehren, der andere Teil arbeitet, angetrieben von Offizieren oder Kommissaren. Jetzt sitzt der Russe auch neben uns in dem Birkenwäldchen, in dem noch vor kurzem unsere Nachbargruppe lag.

Ich schleiche mit Mühe durch das zerstörte Dorf zum Kompaniegefechtsstand, vorbei an den Wracks russischer Kraftwagen und einer zerstörten deutschen Flak.

Verwundete werden vorübergetragen. Ich fordere einen vorgeschobenen Artilleriebeobachter an, der das Feuer auf den Brückenbau lenken könnte. Mit einem Wachtmeister von der Ari gehe ich zurück. Da tauchen vor uns, kurz hinter der Stellung meines Zuges, behelmte Russenköpfe auf. Wir reißen die Pistolen heraus und fürchten, nun gänzlich abgeschnitten zu werden. Doch da heben sie die Hände – ohne Waffen – und machen Zeichen: »Hinter uns kommen sehr viele – aber mit Waffen und Kommissar!« Wir erreichen ungefährdet die Stellung. Der Artillerist macht große Augen angesichts des feindlichen Betriebes unmittelbar vor ihm. Da werden Waffen ausgeladen und verteilt. Wir starren fasziniert hinüber, und uns zittern wahrhaftig die Knie. Der Wachtmeister von den Geschützen wird von Panik ergriffen und zieht sich schleunigst zurück.

Auch mein Zug wird schließlich aus der unhaltbaren Position zurückgezogen. Im Abenddämmern bewegen sich die Landser aus ihrer vorgeschobenen Todesfalle heraus, während die MG-Schützen nach drüben feuern.

Wir treffen uns an der Kirche von Ratschino, werden vom Russen entdeckt und mit Granaten verfolgt. Die Einschläge gehen in die Schlucht, die wir gerade verlassen haben.

Eine neue Stellung wird auf einer beherrschenden Höhe bezogen, links und rechts an den Flanken abgesichert. Am nächsten Morgen haut unsere Artillerie endlich rein – auf die Brücke und ins Dorf Saborje.

Sechs Tage lang liegen wir noch hier, nachts wird am Ausbau unserer Stellungen gearbeitet, vor ihnen wird verdrahtet. Tagsüber dürfen wir die Köpfe nicht sehr lange über die Deckung stecken.

Auf Feldpostkarten schreiben wir Grüße in die Heimat: »... es geht uns gut!«

Sowjetische Flugzeuge ziehen über uns ihre Kreise. Von unserer Luftwaffe ist in diesen Tagen nichts zu sehen. Es heißt, ihr Schwerpunkt sei verlagert und läge jetzt weiter im Süden und auch nördlich von uns bei Leningrad.

Ein anderes Regiment löst uns ab. In Aussicht stehen drei Tage Ruhe außerhalb der Reichweite russischer Geschütze. Der Abschnitt Ratschino, unheimlich und todbringend, liegt hinter uns.

Aber mit der Ruhe ist es vorerst noch nichts. Schon nach wenigen

Stunden wird alles im Biwak wach, denn es dröhnt und rumst ganz in der Nähe, daß der Boden zittert. Es sind ganz schwere Brocken. Pausenlos geht das Trommelfeuer auf die Stellungen der Kameraden da vorn nieder. Das muß ein Feindangriff größeren Ausmaßes sein! Er gehört wohl zu den Anstrengungen Marschall Timoschenkos, Smolensk zurückzugewinnen.

Weiter dröhnt und trommelt es. Das scheint wieder im Raum Ratschino zu sein.

Ich ziehe meinen Trainingsanzug wieder aus und die Stiefel an – da kommt auch schon der Befehl: »Kompanie hält sich abmarschbereit!«

Die Zelte bleiben stehen, ihr Boden wird zum Schutz gegen Splitter ausgehoben.

Inzwischen setzt auch die deutsche Artillerie ein, heulend fegt Granate auf Granate hinüber.

Allmählich legt sich unsere gespannte Aufmerksamkeit. Skatkarten werden herausgeholt, Zigaretten angesteckt, Stiefel gesäubert. Sogar Marketenderwaren werden ausgegeben, Waffenreinigen wird angesetzt.

Der Tag geht hin. Das Trommelfeuer hat aufgehört.

Am Abend erfahren wir, daß die Sowjets auf breiter Front angegriffen haben. Aber schon in der Bereitstellung sei der Aufmarsch von unserer Artillerie zerstört worden. Nur kleinere Einheiten des Gegners hätten noch schwache Angriffe unternommen. Offensichtlich seien es schnell in den Kampf geworfene, nur kurz ausgebildete Reservisten gewesen. Viele von ihnen hätten als Zielscheibe vor unseren Stellungen gelegen und vergeblich versucht, ihr Gewehr zu laden ...

Die Alarmbereitschaft bleibt bestehen, aber sie beeinträchtigt nicht im geringsten unseren festen Schlaf. Wir dösen am nächsten Morgen gegen 9 Uhr in unseren Zelten – da faucht es heran und detoniert mit ohrenbetäubendem Krachen. Schreie, markerschütternd und gellend, dann der Ruf: »Sanitäter!« Da ist wieder dieser widerliche Gestank nach Pulver, glühendem Eisen und Erde. Draußen, wo eben noch ein Zelt stand, zieht allmählich eine große schmutzig-graue Wolke ab. Einer der tödlich Getroffenen liegt vor mir. Krankenträger rasen heran. Der Zeltstab ragt zu einem Viertel noch aus der Erde, das durcheinandergewirbelte Gerät ist weithin zerstreut. Ein

Verwundeter wird weggetragen. Im Vorbeitragen gibt er mir noch die Hand: »Alles Gute für die Kompanie ...!« Vorn beim LKW der Kompanie werden Tabakwaren verkauft. Da krepiert einige Meter weiter die zweite Granate. Das »Volle Deckung!« hat zwei Soldaten nichts mehr genützt. Auch die Pferde vom Troß hat's erwischt – ihre zerfetzten Reste liegen in ihren Blutlachen abseits. Verbissen sehen wir uns an: »Kompanie hat Ruhe ...«

Schnell hat jeder seinen Feldspaten genommen, und eilig wühlen wir uns wieder tief in die Erde.

Doch der Rest des Tages vergeht ohne grausige Wiederholung.

Im Zelt des Kompaniechefs kommt vertraute Musik aus dem grauen Wehrmachtsrundfunkgerät. Da sitze ich am Abend vor dem Lautsprecher und versinke bei diesen Melodien in Erinnerungen und Zukunftsträumereien.

Auch die draußen lauschenden Landser sind still geworden und lassen sich durch das entferntere dumpfe Getön der Abschüsse nicht in ihrer Entrücktheit stören.

Am Tag darauf muß ich in die Stadt Smolensk zu einer Untersuchung. Von weitem schon rückt die mächtige Kathedrale der völlig zerstörten Stadt ins Blickfeld. In abgebrannten Holzhütten, ausgebrannten Hausruinen, leeren Fensterhöhlen und zusammengestürzten Häuserzeilen wohnt das Grauen. Die Bevölkerung ist scheu und verängstigt.

Als ich inmitten des Elends ein Mädchen sehe, schick beschuht und bestrumpft, erscheint es mir wie ein Wunder aus einer schöneren Welt.

Die Kirche ist den Gläubigen wieder zugänglich. Was vor kurzem noch ein Museum war, dient nun wieder dem Gottesdienst; Weihrauchduft liegt über allem.

Frauen und alte Männer betreten mit entblößten Köpfen das wiedergewonnene Heiligtum. Ich wüßte gar zu gern, was in ihnen vorgeht, wie sie mit diesem furchtbaren Krieg fertig werden und mit der Tatsache, daß die Eroberer zugleich für sie die Kirche öffnen.

Lärmender Betrieb erfüllt die Stadt oder das, was von ihr übrigblieb: Die deutsche Wehrmacht rollt.

Züge kommen auf den umgespurten Gleisen von Westen an und bringen Ersatz an Menschen und Material. Überall dröhnt der Marschtritt der Soldaten. So viele Truppen verschiedener Waffen-

188

gattungen sind da in Bewegung, daß es scheint, als fände der Stellungskrieg sehr bald ein Ende.

In der Nähe der Ortskommandantur werde ich mit meinem Vornamen angerufen. Da steht freudestrahlend ein alter Weggefährte aus der Heimat vor mir, mit dem gemeinsam ich viele unvergeßliche Stunden in der Jugendbewegung erlebt habe. So werden hier, mitten im zerstörten, besetzten Smolensk, plötzlich Erinnerungen wach aus jener Zeit, als wir als blutjunge Menschen aufbrachen zu jenem Weg, der uns schließlich hierher führen sollte ...

Als wir uns vor neun Jahren zu Adolf Hitler bekannten.

Es war Anfang Oktober 1932, als wir zum Reichsjugendtreffen der HJ nach Potsdam aufbrachen.

Ich war damals fünfzehn Jahre jung, der jüngste Teilnehmer an der abenteuerlichen Fahrt war gerade acht ...

Überall hatten HJ und BDM Geld gesammelt, um sich so die Teilnahme zu ermöglichen. Schon das Teilnehmerabzeichen erschien uns gewaltig: ein stehendes Schwert auf silbern glänzendem Metall.

Lastkraftwagen wurden gemietet, meistens uralte Typen, deshalb billig. Aber was scherte uns das – es war uns gleichgültig, wie wir nach Potsdam kämen – Hauptsache, wir kamen überhaupt hin, um den Führer zu sehen, um an ihm vorbeizudefilieren in der alten Preußenstadt.

Von meiner Heimatstadt Quedlinburg brach eine Kolonne von etwa zehn voll besetzten LKW's auf. Auf allen Fahrzeugen wehten die rotweißroten Fahnen der Hitlerjugend und die schwarzen Wimpel des Jungvolks. Keiner konnte sitzen während der Fahrt – dazu reichte der Platz nicht. Das nahmen wir gern hin: die anstrengende Fahrt, das Durchgeschütteltwerden auf den meist holprigen Straßen. Wir waren ja jung und auf dem Weg zum Führer!

Kurz vor Magdeburg gab es einen Halt: Rotfront versperrte die Straße, Steine flogen. Unter den Jungen gab es Verletzte. Dann griff SA ein und machte die Straße wieder frei.

So kam es, daß unsere Kolonne in Potsdam mit erheblicher Verspätung ankam. Es war längst Nacht geworden, die große Abendkundgebung im Fackelschein gehörte schon der Vergangenheit an.

Potsdam war überfüllt; die vorbereiteten Lager und sonstigen Unterkünfte reichten bei weitem nicht aus, denn statt der sechzigtausend, die man erwartet hatte, waren an die hunderttausend gekommen!

Man schleuste uns in eines der großen Zelte. Das war zwar auch überfüllt, aber irgendwie fanden wir doch noch ein Plätzchen. An Schlaf war ohnehin nicht zu denken – größer als alle Müdigkeit waren Aufregung und Begeisterung.

Es haperte auch mit der Verpflegung am nächsten Morgen – doch auch diesen Mangel spürten wir kaum, als sich die Kolonnen formierten. Alle Straßen waren verstopft, endlos die Scharen der jugendlichen Marschierer.

Auf den Behördenhäusern wehte die schwarzrotgoldene Fahne der Republik – es war der 2. Oktober, des greisen Reichspräsidenten und Feldmarschalls von Hindenburg fünfundachtzigster Geburtstag. In den Straßen aber wehten wie an unzähligen Häusern siegesbewußt die Fahnen der jungen Bewegung. Ganz Potsdam hallte wider von den Liedern der HJ, ihren Kampfparolen und der Marschmusik.

Ein Lied war es vor allem, das immer wieder von den Jungarbeitern in der HJ gesungen wurde, das in jener Zeit mit mehr als fünf Millionen Arbeitslosen in Deutschland seine besondere Bedeutung hatte:

>»Es pfeift von allen Dächern:
Für heut' die Arbeit aus!
Es ruhen die Maschinen,
wir ziehen müd' nach Haus.
Daheim ist Not und Elend,
das ist der Arbeit Lohn ...
Geduld, verrat'ne Brüder,
schon wanket Judas' Thron!«

So wurde dieser Marsch der hunderttausend auch zum Protestmarsch gegen das Massenelend, gegen das System, das es mitverschuldet hatte ...

Es dauerte lange, ehe Bewegung in die gestauten, geduldig ausharrenden Marschkolonnen kam.

Einmal brandete irgendwo Jubel auf, der sich wie ein heranbrausender Sturmwind fortbewegte, laut anschwoll und uns schließlich miteinbezog: Der Führer passierte im Kraftwagen unsere Kolonnen! Der ohrenbetäubende Jubel erreichte seinen Höhepunkt. Hitler,

190

der neben dem Fahrer saß, hatte eine lederne Autokappe auf – nun zog er sie vom Kopf, die berühmte Tolle fiel ihm in die Stirn – so fuhr er grüßend an uns vorüber. Uns stockte der Atem – wir sahen ihn dicht vor uns ... Der Marsch ging stundenlang durch Potsdams Straßen, bis wir im Zeppelin-Stadion an Hitler und seinem Jugendführer Baldur von Schirach vorbeizogen. Hitler trug das schlichte Braunhemd, er war ohne Kopfbedeckung und hatte den rechten Arm ausgestreckt zum Gruß. So hat er Stunden über Stunden seine Jugend gegrüßt, ohne zu ermüden, immer mit jenem faszinierenden Blick, der jeden hinterher sagen ließ: »Er hat mich angesehen ...« Später senkten sich unsere Fahnen zum Gruß vor dem toten Preußenkönig Friedrich II., als wir an der Garnisonkirche vorüberzogen. –
Die lange Rückfahrt war beschwerlich wie die Hinfahrt. Kurz vor dem Ziel bei Quedlinburg gab dann noch einer der Lastkraftwagen seinen Geist auf. Die Jungen mußten trotz der Enge auf einen anderen LKW umsteigen. Aber alles wurde fröhlich ertragen: Wir waren ja in Potsdam dabei und hatten den Führer gesehen! –

Das Dröhnen der Marschkolonnen und Kommandorufe bringen uns aus den Erinnerungen in die harte Realität zurück. Mehr denn je spüren wir, wie fest das Band gemeinsamer Erlebnisse, das Band der Jugendbewegung, hält.
Aber die Trümmer ringsum und das Elend lassen uns nicht unberührt. Wie lange noch? Werden wir vor dem Einbruch des russischen Winters Frieden haben?
Wir trennen uns. Am Abend bin ich wieder bei der Kompanie – voll verwendungsfähig. Im Biwak herrscht tiefe Ruhe.
Am nächsten Tag geht es wieder in eine neue Stellung, dicht am Dnjepr. Bei der Ablösung ruft man uns schon zu: »Ihr habt Schwein – hier herrscht himmlische Ruhe!« Zehn Tage liegen wir in dieser so angenehmen Stellung. Dann ist unsere Ablösung da – unser Regiment hat Ruhe. Meine Gruppen kommen aus ihren Löchern, der Zug sammelt sich lautlos.
Im Morgengrauen rücken wir ab – das Regiment zieht jetzt nach Westen. Von der Stellung her, die wir gerade verließen, kommt noch das Rattern eines Maschinengewehrs ...

Aus heutiger Sicht
»... wie das Gesetz es befahl« –
Gedanken um eine verratene Generation

»Verraten vom Führer, dem sie blindlings vertrauten und folgten, danach vielfach verleumdet im eigenen Volk, das zu verteidigen sie ausgezogen waren ...«
So etwa könnte die Tragik jener Generation mit wenigen Worten umrissen werden, deren blutjunge Repräsentanten am 2. Oktober 1932 in Potsdam mit wehenden Fahnen ihrem erkorenen Führer huldigten. Aus ihren Reihen stammten auch die Träger der Wehrmachtsfahnen, die sich zu Hitlers fünfzigsten Geburtstag am 20. April 1939 nach der großen Parade in Berlin vor dem Führer in einer einmaligen Demuts- und Ergebenheitsgebärde senkten. Als ich damals an jenem Septembertag 1941 in Smolensk einen der einstigen HJ-Führer, nun in Feldgrau, wiedersah und mit ihm alte Erinnerungen beschwor, ahnten wir nicht, daß diese Fahnen der Wehrmacht vier Jahre später auf dem Roten Platz in Moskau von Rotarmisten zerbrochen und in den Staub getreten würden.
Trotz allem – trotz des nun in ein furchtbares Stadium getretenen Zweifrontenkrieges, trotz aller Ängste, die uns ja schon seit einigen Jahren bei Hitlers riskanten Unternehmungen plagten –, wir standen nach wie vor im Banne des Diktators. Ja, wir blieben in seinem Bann, unverrückbar festhaltend an unseren Treueschwüren, als längst alles verloren und verspielt war.
Als die hunderttausend Jugendlichen damals im Herbst 1932 im Potsdamer Zeppelin-Stadion an ihm zum ersten Mal vorbeimarschierten, identifizierten sie mit dem Mann, der sie mit erhobenem Arm grüßte, ein neues, schöneres Deutschland. Und wie sie es erhofft hatten, erlebten sie ein Jahr später den ungeheuren Aufbruch.
Nie, so meine ich, war eine Jugend so voller idealistischer Träume, so bereit, sich selbstlos einem großen Ziel zu widmen. Und nun lagen schon Hunderttausende unter den hölzernen Grabkreuzen in West und Ost und Süd.
Selbst als alle Träume mit dem Schrei der Sterbenden zerstoben, selbst da geriet ihre Treue nicht ins Wanken. In Rußland kämpfen zu müssen – darin sahen sie, wie es ihr Führer versichert hatte, die

192

Notwendigkeit, ihre Heimat zu verteidigen, weil der Russe angeblich zum Angriff bereitstand. Natürlich gab es Zweifel und Skepsis, aber was sollten Zweifler tun? Auch sie ergaben sich schweigend in ihr Schicksal und taten das, was alle für ihre Pflicht hielten. Es gab kein Ausweichen.

So litten und so starben sie – der eine wie der andere – »... wie das Gesetz es befahl«.

Über die Jahrtausende hinweg wurden die spartanischen Krieger, die unter Leonidas in den Thermopylen den andringenden Persern nutzlosen Widerstand leisteten, zum Symbol heldischer Aufopferung für die Heimat. Sie wurden auch uns, als wir noch Schüler waren, als leuchtendes Vorbild hingestellt; »der Toten Tatenruhm« machte sie unsterblich:

> »Wanderer, kommst Du nach Sparta,
> so verkünde dort, Du habest uns hier
> liegen sehen – wie das Gesetz es befahl!«

So dichteten Schiller und Geibel.

Zweitausendvierhundert Jahre später hieß unser Gesetz Adolf Hitler.

Aber auch wir kämpften für die Heimat – zumindest waren wir davon überzeugt. Doch kein Mahnmal verkündet das, die Gräber der deutschen Soldaten in Rußlands Weiten wurden niedergewalzt von einem Gegner, der uns hassen mußte. Wenn es einst in Tausenden von Todesanzeigen deutscher Zeitungen hieß: »Gefallen für Volk und Führer«, »Gefallen für Großdeutschland«, »Gefallen für Führer, Volk und Reich« ... – nach Hitlers Niederlage gab es keinen »Tatenruhm der Toten«. Dafür lastete man ihnen pauschal die auf Befehl Gemordeten in den KZ's an, obwohl Schuld doch immer individuell ist.

So müssen die Überlebenden jener Generation damit immer noch fertig werden, daß man sie entgelten läßt, was allein eine verbrecherische politische Führung zu verantworten hatte:

Aus einer Fernsehfilm-Kritik (HÖR ZU, Heft 3/88):

> »Die Jungen hätten den Film sehen müssen, um die Älteren zu verstehen: Wie wurden sie zu Mitläufern der Nazis? Erwin Leiser und Eberhard Itzenplitz zeigten in Dokumentar- und Spielszenen die Tragik einer schuldig gewordenen Generation.«

So leichtfertig und oberflächlich bricht man in einer auflagenstarken Zeitschrift den Stab über Millionen Bürger ...
In einer kleinen Osnabrücker Sonntagszeitung vom Dezember 1986 war zu lesen:

>»Wieso ist es geschmacklos und unanständig, die Soldaten, die einen Angriffskrieg kämpfen und den KZ-Schergen den Weg freischießen, als ›Raubkriegerhorden‹ zu bezeichnen?
Sind 20 Millionen russischer Toten selber schuld? Und wieso kämpften deutsche Soldaten im 2. Weltkrieg für ihre ›Eltern, Frauen und Kinder‹?«

Es sind die Söhne und Enkel, die so über ihre Väter und Großväter urteilen. Sie haben zwar kaum eine Ahnung von den Zusammenhängen in jener Zeit, da schwierige Themen aus der »unbewältigten Vergangenheit« auch in der Schule meist umschifft wurden, aber sie müßten wissen, daß es dieselben Soldaten waren, die trotz aller furchtbaren Erlebnisse den neuen demokratischen Staat aufbauten, der den Jungen Freiheit und ungeahnte Möglichkeiten garantiert. Und so sehen die Gedanken eines jungen Mannes – Sohn oder Enkel eines hohen Wehrmachtsoffiziers – aus:

>»Ja, ich führe einen Krieg gegen die deutsche Vergangenheit. Ich sehne mich nach dem Tag, an dem der letzte Überlebende des Dritten Reiches tot ist.
Sie sollen endlich alle aussterben.
Vielleicht haben wir dann die Chance für ein neues Deutschland.«

(Veröffentlichung im »Spiegel« Nr. 7/41. Jahrgang vom 9.2.1987 – im Rahmen einer Serie, in der Nachkommen sogenannter oder tatsächlicher Kriegsverbrecher über ihre Väter oder Großväter befragt wurden.)
In der DDR gibt es keine solchen Diskussionen. Man macht es sich einfacher und schweigt alles mitsamt den gefallenen Soldaten einfach tot. So gesehen und gehört im Cecilienhof bei Potsdam, wo die »Potsdamer Konferenz« Deutschlands Schicksal besiegelt hatte: Unter den dort befindlichen Schautafeln war eine mit der Aufzählung der erschütternden Zahlen der Kriegstoten aller beteiligten Nationen – nur die Zahl der deutschen Opfer fehlte. Die sehr junge Bilderkläre-

rin begründete das mit dem Hinweis, die Deutschen hätten doch den Krieg verschuldet! So versagt man den schuldlosen toten Soldaten des eigenen Volkes ein ehrendes Gedenken – in der DDR.

In Hitlers Vorstellungen war der Krieg gegen die Sowjets der Kampf zwischen zwei unvereinbaren Weltanschauungen, ein Vernichtungskrieg ohne die strengen Regeln soldatischer Ritterlichkeit und Fairneß. Dementsprechend handelten in den besetzten Ostgebieten seine Beauftragten, die sich – wie Rosenberg, Lohse, Koch, Frank – zu seinen Schergen machten. Anders die Wehrmacht: Für sie galten auch in diesem Feldzug die Gebote der Kriegführung zivilisierter Völker. Es blieb für den Wehrmachtsoffizier bei der Verpflichtung, für Fairneß und Beachtung der alten Regeln zu sorgen. So blieb auch Hitlers Erschießungsbefehl, der den Politkommissaren galt, von den meisten Truppenkommandeuren unbeachtet.

Bei den Armeen aller Nationen sind und waren Brutalitäten und Übergriffe nie hundertprozentig zu verhindern, aber ich wurde davor behütet, Zeuge solcher Vorkommnisse zu sein. In allen Situationen, die ich miterlebte, waren die Soldaten still duldende und tapfer kämpfende Menschen, an die ich mit Staunen und Achtung denke. Ihr Schock, ihre Verwirrung und ihr Unverständnis bei Bekanntwerden des Vorgehens von Spezialkommandos hinter der Front waren entsprechend groß und tief.

Manch einer flüchtete sich in eine neue Religiosität, fand seinen inneren Frieden im Glauben. So wie jener Artilleriekommandeur, der im Mai 1940 bei Denée den französischen Panzerangriff in Minuten zerschlug und als einer der ersten das Ritterkreuz erhielt. Dieser schneidige Offizier bekannte fünfundzwanzig Jahre später vor seinen Kameraden:

> »Wer oder was konnte uns in unserer verzweifelten Lage nach dem furchtbaren Krieg helfen? Nur der Glaube an des Heilandes Güte und Hilfe. Hier liegt der Angelpunkt zur Bewältigung der Vergangenheit. Gott kann und will vergessen! – Wenn wir die Gegenwart mit Gott gehen und bestehen, dann haben wir die Vergangenheit bewältigt!«

Von Zeit zu Zeit beteilige ich mich an den Kameradschaftstreffen der Reste der einstigen schlesisch-oberschlesischen 8. Infanterie/Jägerdivision in Bingen am Rhein.

Vertrieben aus ihrer schlesischen Heimat, sind die meisten von der 8. Division dort hängengeblieben, wo sie 1939 in den Ausgangsquartieren vor dem Angriff im Westen ihre »Bratkartoffelstationen« hatten – zwischen Köln und Düsseldorf. In Bingen errichteten sie einen Gedenkstein für die toten Kameraden, und vor ihm sammeln sie sich, um ihrer zu gedenken. Das sind immer erschütternde Stunden, so aufwühlend, daß es während der Totenfeier schon Herzattacken und tödliche Zusammenbrüche gab.

Es ist ja auch wahrhaftig nicht leicht, damit fertig zu werden, daß die ganze Qual jener Kriegsjahre, daß all das Sterben liebgewonnener Gefährten, daß aber auch alles Pflichtbewußtsein, alle Treue und Hingabe umsonst, ja sinnlos war. Am Ende stand der Verlust der so sehr geliebten Heimat. Wenn sich da mancher an Utopien und falsche Vorstellungen klammerte, es nicht wahrhaben wollte, daß sie, daß wir alle Opfer lügnerischer Versprechungen und krankhaften Größenwahns geworden waren – dann ist das gewiß zu verstehen. Aber die meisten waren viel zu pragmatisch, um zu »Ewiggestrigen« oder gar zu »Revanchisten« zu werden.

Sie sind aber auch nicht bereit, schweigend ungerechte Verunglimpfungen hinzunehmen.

Aus einer Rede vor dem Ehrenmal des Infanterie-Regiments 84 am 28. September 1986:

> »Mit Trauer und Betroffenheit stellen wir alten Soldaten heute eine Verwirrung der Geister fest: Da werden Kriegerdenkmäler geschändet und besudelt, zerstört oder gesprengt. Unsere Kriegsgeneration wird als ›Tätergeneration‹, als ›Mördergeneration von Auschwitz‹ beschimpft. Alle, die jetzt älter als sechzig Jahre sind, werden damit als Kriminelle gebrandmarkt. Mehr als fünfzehn Millionen unserer Mitbürger werden so in eine Kollektivschuld einbezogen und von der Jugend als ›Auschwitzgeneration‹ verleumdet.
>
> Wir Überlebenden wehren uns gegen jene ›Neuhistoriker‹ und Geschichtsfälscher, die unsere Jugend vergiften, indem sie das Andenken an die gefallenen Väter und Großväter schänden und ihnen die schuldige Achtung und Ehrung verweigern ...«

In der Nacht zum Volkstrauertag 1987 wurde in Northeim das Ehrenmal für die Gefallenen der niedersächsischen und schlesischen

196

Divisionen mit Parolen und Hakenkreuzen geschändet. Für einen »Schlesier-Wald« hatten Vertriebene Geld gespendet und dafür Eichen angepflanzt – in zum Teil schlesischer Erde, die von Besuchern der einstigen Ostgebiete mitgebracht worden war. Auch diese Bäumchen wurden brutal abgeknickt.

»Der Dank des Vaterlandes ist euch gewiß!« Mit Bitterkeit und Hohn haben sicher viele Heimkehrer aus beiden Weltkriegen das schöne Versprechen quittiert.

Damals jedoch, während des Vormarsches auf Moskau 1941, waren wir von solchen Vorahnungen und Gedanken noch nicht geplagt. Wir konnten Todesangst und Strapazen nur überstehen, weil wir überzeugt waren, eine unabdingbare Pflicht gegenüber Volk und Heimat zu erfüllen »... wie das Gesetz es befahl.«

Aufzeichnungen 1941
Die Kesselschlacht von Wjasma –
Am 13. Oktober begann der russische Winter

Drei Tage und drei Nächte sind wir marschiert. Grundloser Morast läßt Gefechtsfahrzeuge und Pferde versinken, Schiebekommandos müssen helfen. Der Marsch wird zur Strapaze. Nachts blitzen die Mündungsfeuer russischer Geschütze auf. Dann gibt es drei Ruhetage.

Nach insgesamt sechs Tagen beziehen wir neue Stellungen. In der grauen Erdmasse lassen Aufwürfe deutlich den Verlauf der Bunker und Gräben erkennen. Es ist unruhig hier. Oft zischen auf einmal dreißig bis vierzig Wurfgranaten der Russen herunter, gut gezielt. Die russische Artillerie ist gut eingeschossen und trifft häufig genau das Gewirr der Gräben. Jeder nicht genügend getarnte oder unvorsichtige Beobachter wird zum Ziel der russischen Scharfschützen.

Die Gräben sind eng. Unsere Uniformen verdrecken schnell und passen sich der trostlosen Umgebung an. Nur bei Dunkelheit kann ich den Bunker verlassen. Dann gehe ich von Stellung zu Stellung. Oft faucht urplötzlich eine Granate heran und krepiert hinter mir. Die Leute fluchen; alle haben nur den einen Wunsch: »Raus hier und vorwärts!«

Aber dann kommt der Angriffsbefehl. In zwei Tagen wird es soweit sein: Wir werden aus unseren Löchern herausstürmen und den Russen da drüben überraschen.

Schon sind Pioniere da, um zu erkunden, wo eigene Minen entfernt werden müssen. Schwere Artillerie soll bereits hinten in Stellung gegangen sein, Sturmgeschütze sollen bereitstehen.

Auf dem Rückweg vom Kompaniegefechtsstand, wo ich diese Neuigkeiten erfuhr, gehe ich noch zu einem mir besonders lieben Kameraden. Er liegt neben seinem Maschinengewehr und horcht in die Nacht. Wir sprechen von besseren Zeiten in Frankreichs schönen Landschaften.

In meinem Bunker schnarcht der Zugtruppführer, ein junger Unteroffizier aus Berlin, der erst vor wenigen Tagen zu uns gekommen ist und zum ersten Mal vor dem Feind liegt. Er ist anders als die Oberschlesier, unbekümmert und sorglos, wie es scheint – so als sei er ein erfahrener Fronthase. Oft genug, wenn er seinen Kopf über die Deckung hebt, ermahnen ihn seine Kameraden: »Pierronje, nimm volle Deckung!«, wobei er dann stets mit einem lässigen »Wat denn, wat denn ...« kontert. Solange wir in dieser Stellung sind, ist der Himmel von bleierner Farbe, grau in grau wie die Erde hier. Auch das drückt auf die Stimmung.

Am Abend vor dem Angriff gehe ich wie sonst zum Kompaniegefechtsstand, begleitet vom Berliner. Bevor ich den Bunker des Chefs betrete, rufe ich ihm noch zu: »Warten Sie im nächsten Bunker auf mich!«

Die Befehle zum Angriff werden ausgegeben:

Um 6 Uhr setzt der Feuerschlag unserer Artillerie ein, zehn Minuten später greifen wir an.

Überall an der Mittelfront wird nun angegriffen, werden die unheimlichen Erdlöcher verlassen. Morgen, am 2. Oktober 1941, geht's weiter in Richtung Moskau! Die Karten werden verteilt, die einzelnen Angriffsziele abgesteckt – da plötzlich braust und faucht es heran und detoniert mit berstendem Krachen dicht neben unserem Bunker. Lehm wirbelt auf, das Licht der Petroleumlampe verlischt.

In derselben Minute kracht es abermals, etwas weiter entfernt. Schreie von draußen gehen durch Mark und Bein. Wir rasen raus in die Nacht. Ein Bunker ist getroffen. Mit Mühe kriechen wir rein. Einen hat's erwischt, die anderen kommen mit Prellungen davon. Ich muß zurück zum Zug, um meinen Gruppenführern die Befehle von morgen früh zu geben, und rufe meinen Berliner. Keine Antwort. Da sehe ich eine dunkle Gestalt neben dem Kompaniegefechtsstand – mein Zugtruppführer. Ich gehe zu ihm, rüttle ihn – da fällt er mir leblos entgegen – eine riesige blutende Wunde, wo sein Kopf saß ...

Mir wird speiübel, mit Mühe taste ich mich fort zu meinen Kameraden, muß unterwegs dauernd Deckung nehmen wegen der unablässig einschlagenden Wurfgranaten und atme erst auf, als ich in meinem Bunker die Gruppenführer meines Zuges vorfinde und ihre vertrauten Stimmen höre. In der Finsternis glühen die Zigaretten. Ich verlese den Befehl:

»1. Feind vor uns etwa unserer Stärke entsprechend, weitere ausgebaute Stellungen in einer Tiefe von etwa zehn Kilometern. Mit starker Artillerieeinwirkung ist zu rechnen.

2. Wir greifen an. Unsere Kompanie vorn links im Bataillon. Angriffsziel für den morgigen Tag, Donnerstag, 2. Oktober 1941: der Wop, ein kleiner Fluß, acht Kilometer von hier.«

So folgt Ziffer auf Ziffer des Befehls. Beim Verlesen verläßt mich das grausige Bild des Berliners nicht, der mir kopflos entgegenfiel. Wenige Stunden vorher hatte er uns mit seinem trockenen Humor noch zum Lachen gebracht.

Wir können uns der Ängste nicht erwehren – wer ist morgen dran?

Die Gruppenführer haben keine Frage mehr. Sie gehen zurück, um ihre Leute zu informieren.

Die letzte Nacht vor dem Angriff verbringe ich im Halbschlaf. Zwischendurch spreche ich mit meinem Melder, von Beruf Friseur, zweiunddreißig Jahre alt und schon in Frankreich verwundet. Auch ihn hat diese Nacht stumm gemacht. Seine Antworten kommen nur stockend. Vor kurzem atmete hier zwischen uns noch ein dritter, der jetzt erstarrt unter einer Zeltbahn liegt.

Bilder wirbeln durch meine Gedanken: Die Heimatstadt, das alte Schloß hoch auf Sandsteinfels, die bunten Blumenfelder am Stadtrand, Vater und Schwester im Elternhaus in der vertrauten Straße, unsere Jugend unter ihren Fahnen – und über allem strahlender Sonnenschein.

Ich beiße die Zähne zusammen und gehe hinaus an den Grabenrand, die Posten kontrollieren.

Der Russe ist unheimlich ruhig.

Es dämmert ... Da kriechen im ersten fahlen Grau dieses 2. Oktober schattenhafte Gestalten vorüber – die Gruppen sammeln sich zum Angriff in der Ausgangsstellung. Auch ich schnalle um, leuchte noch einmal in den Bunker, ob nichts liegengelassen wurde, mustere meinen Melder, der sich gerade die Leuchtpistole umhängt und mit verkniffenem Gesicht ins Leere starrt.

Dann gehen wir den Graben entlang an die Spitze meines Zuges. Ich sehe in die Gesichter meiner Soldaten, versuche, ihnen zuzulächeln – aber sie sind jetzt nicht zugänglich. Sie kennen den Gegner mittlerweile und machen sich nichts mehr vor. Ihre Uniformen sind so lehmbeschmiert wie ihre Stahlhelme; die Fäuste sind schmutzig, die

die Gewehre halten; im Koppel stecken zwei oder drei Handgranaten.

Ich melde dem Chef: »II. Zug Bereitstellung eingenommen!« Wir warten. Dieser Tag wird strahlend schön, kein Wölkchen trübt den Himmel. Im Osten kündigt sich rot die Sonne an.

Es ist zehn Minuten vor 6. Mir klopft das Herz bis zum Halse. Ich lenke meine Gedanken wieder in die Heimat und summe leise die vor dem Krieg so oft gesungenen Lieder der Jugendbewegung. Da tippt mir der Melder auf die Schulter: »Zwei Minuten noch ...«

Noch einmal sehe ich in die stummen, grauen Gesichter ringsum und fühle mich eins mit ihnen und ihrem Schicksal. In der nächsten Minute gibt es keine sentimentalen Gedanken mehr – alles ist verwandelt: Aus vielen Rohren feuert die deutsche Artillerie. Der helle Osten verdunkelt sich, Nebelschwaden wallen, Feuer zuckt dazwischen. Ununterbrochen heult es über uns hinweg, drüben steigen hohe Erdfontänen auf – wir verstehen unser eigenes Wort nicht mehr.

Und die Soldaten – eben noch stumm und wie erstarrt – entspannen sich – der Angriff rollt.

Ich sehe, wie sich die vorderen Teile meiner Kompanie auseinanderziehen, der künstlichen Nebelwand entgegengehen und von ihr verschluckt werden. Unser Artilleriefeuer ist vorverlegt; das ist wieder die Stunde der Infanterie. Gewehrfeuer knattert unregelmäßig, Maschinengewehre rasseln, dumpf detonieren Handgranaten. Mein Zug ist dran. Ich winke den Männern zu: »Vorwärts!« Sie pflanzen die Seitengewehre auf, entsichern ihre Waffen und gehen vor. Dicht um uns herum schlagen Wurfgranaten ein und treffen. Neben mir taumelt einer, Blut überströmt sein Gesicht. Er dreht sich um und geht schwankend mit anderen Verwundeten zurück, den eben verlassenen Stellungen entgegen.

Wieder Einschläge – wir stolpern mehr als wir gehen über Leichen hinweg, während russische Soldaten vorbeilaufen, bleich und mit aufgerissenen Augen. Sie haben die Arme hoch erhoben und werden nach hinten verwiesen zu den Aufnahmestellen für Gefangene.

Rechts von mir brennt ein Bunker, davor liegen tote Sowjetsoldaten.

Unsere vorderen Kompanien haben bereits eine hinter diesen russischen Stellungen liegende Höhe genommen. Jetzt schießt die feindliche Artillerie; Erdfontänen und Holzsplitter gehen hoch, wo eben noch unsere Gräben waren. Wir durchschreiten ein Trümmerfeld, Nebel und Pulverdampf haben sich verzogen. Rechts von uns hämmern MGs. Wir durchwaten einen Bach. Es geht bergauf. Auf der Höhe graben wir uns ein.

Vier Mann meines Zuges fehlen, werden als vermißt gemeldet. Die Kompanien sammeln sich, scharf wird nach vorn beobachtet. Links geht das Nachbarregiment vor, begleitet von Sturmgeschützen, die wie dunkle Schatten vorüberrasseln.

Hinter uns herrscht Hochbetrieb, Panzerabwehrkanonen werden herangefahren. Die Sonne ist über dem Horizont und läßt die Erkennungsfahnen auf den Fahrzeugen leuchten.

Ich schaue meine Männer an, sie grinsen, und der Melder sagt: »Es geht wieder voran, es klappt wieder ...!« Unsere verlassenen Stellungen weit hinter uns sind in riesige schwarze Wolken gehüllt; der Russe schießt zu weit, vermutet uns offensichtlich noch immer in den alten Gräben.

Wir schanzen. Niemand weiß, wann die gegnerischen Geschütze ihre Ziele korrigieren und ihre Granaten zu uns heranheulen.

Es ist herrliches Oktoberwetter, wir schwitzen beim Graben. Plötzlich hören wir lautes Rufen, alles läßt die Spaten fallen und dreht die Köpfe herum – manche lachen, andere sind ganz still geworden bei diesem unerwarteten Anblick: Zwischen uns läuft im Zickzack ein Hase! Ein Hase rennt über die aufgewühlte Erde, setzt über Löcher und Gräben, verhält Sekunden, spitzt die Löffel und rast weiter, während die Granaten über ihn hinweg hin und her fauchen. Wir verharren einen Augenblick, während das Rufen und Lachen sich weiter drüben fortsetzt. Wann jemals hat Meister Lampe so viel Aufsehen erregt? Inmitten dieses mörderischen Kampfgetümmels erscheint er uns wie ein Sendbote aus einer schöneren, friedlichen Welt.

Es geht bald weiter, jetzt durch einen Wald. Krachend bahnen sich die Sturmgeschütze ihren Weg. Schüsse hier und da; überall tarnen sich russische Scharfschützen. Einem meiner Gruppenführer reißt ein Explosivgeschoß den Schädel auf.

Als wir den Wald verlassen, scheint uns die Sonne ins Gesicht. Vor einer befestigten Höhe entsteht ein Halt. Pioniere nach vorn, sie sollen Minen ausheben. Wir umgehen die gefährliche Stelle. Unsere

Spähtrupps melden: »Die Höhen sind vom Feind geräumt!« Also weiter.

Jetzt aber werden wir mit massivem Artilleriefeuer eingedeckt. Das sind mindestens 15-cm-Brocken! Schwarze, flammendurchzuckte Wolken steigen zwischen uns auf. Wieder graben wir uns schleunigst ein.

Beim späteren weiteren Vorgehen – während die russische Ari immer noch die gleichen Räume beharkt – stoßen wir auf ein kleines Dorf. Frauen laufen hin und her, als gäbe es keine tödliche Gefahr, umstehen jammernd ihre Habseligkeiten, die sie für die Flucht eiligst zusammengerafft haben. Zu spät – die Deutschen sind schon da.

Stukas brausen über uns hinweg – vierzig, fünfzig Bomber fliegen mit ihrer Last über uns nach Osten. Einmal braust ein schwarz angestrichener russischer Zerstörer heran, begleitet von mehreren Ratas (Jäger). Sein Schlund öffnet sich, und wie ein höllisches Fabeltier läßt er vor uns seine Bomben fallen, daß unter uns die Erde bebt, rast im Tiefflug, aus allen Rohren schießend, über uns weg und ist mitsamt seinem Jägerspuk verschwunden. Dies ist das einzige Mal während der Schlacht von Wjasma, daß wir über uns den roten Stern drohen sehen.

Gleich danach tauchen wieder die Staffeln unserer Stukas silbern glänzend auf.

In einem Birkenwäldchen sucht uns abermals die russische Artillerie heim. Einschläge krachen in das Wäldchen, Bäume knicken, werden abgesägt oder brennen, Schreie gellen, Rauch hüllt die eben noch so weiß leuchtenden Bäume ein. Volltreffer in ein Panzergeschütz! Und wieder faucht es heran, wir ducken uns in die rasch gegrabenen Löcher. Es stinkt nach Pulver. Als wir aus dieser Hölle herauskommen, glänzt vor uns das Flüßchen Wop, Angriffsziel dieses Tages.

Auf das haben sich die russischen Artilleristen eingeschossen. Als wir in der Dunkelheit hinter der Böschung dieses Flusses liegen, zerreißen Feuerschein und berstende Granaten stundenlang den Abend und die Nacht.

Frierend und dösend sehen wir dem neuen Tag, 3. Oktober, entgegen. Er dämmert mit dem unter die Haut gehenden Gefechtslärm. Ein Dorf vor uns ist besetzt vom Feind. Sturmgeschütze fahren zum

Angriff heran und gehen dann mit zwei Kompanien vor. Noch immer schießt die sowjetische Artillerie, meist gehen die Granaten in das Wasser des Wop und wirbeln Wasserfontänen auf.

Das Dorf vorn ist nach schwerem Beschuß gestürmt. Es brennt. Russische Soldaten liegen tot in ihren Stellungen, ein langer Gefangenenzug schlurft an uns vorbei.

Bei einem Halt in einem mit verlassenen Bunkern durchsetzten Wald verliest der Kompaniechef den Aufruf des Führers an seine Soldaten anläßlich des Beginns dieses Großangriffs. Als Hintergrundmusik geht ein Munitionsfahrzeug in die Luft.

Hier auf dem Vormarschweg nach Moskau hören wir nun – nüchtern und trocken vom Kompaniechef verlesen – Adolf Hitlers Appell an die Soldaten zum letzten großen Gefecht im Rußland Stalins. Alles Menschenmögliche sei für den Erfolg dieser Entscheidungsschlacht getan.

Über uns erfüllt das Brausen der feindwärts fliegenden Geschwader die Luft. Groß ist unsere Siegeszuversicht – bald hat uns die Heimat wieder ...

So liegt auch fast ein Rausch froher Lebhaftigkeit und von Optimismus über der Kolonne, als der Marsch an diesem zweiten Angriffstag fortgesetzt wird.

Nach einigen Kilometern bleiben wir in einer ruhigen Stellung liegen und lassen uns von der Herbstsonne bescheinen.

In der nächsten Nacht wird erneut die Stellung gewechselt.

Am frühen Morgen stören krepierende Granaten unser Idyll. Bald werden drüben Bewegungen erkannt, die auf eine Bereitstellung zum Angriff schließen lassen. Salvenweise schlägt nun das Artilleriefeuer bei uns ein. Links von uns rasseln deutsche Maschinengewehre. Wir bleiben bereit, doch der Lärm und das Schießen verebben. Gegen Mitternacht versuche ich zu schlafen.

Die Nacht ist von Leuchtkugeln erhellt, von weit her ist auch Gefechtslärm zu hören. Ich schlafe ein, nichts stört mich mehr.

Der 4. Oktober ist ein Sonntag. Er beginnt mit der Rede des Führers zur Eröffnung des Winterhilfswerkes 1941/42. Da auch die russischen Geschütze schweigen, sammeln wir uns um das Wehrmachtsrundfunkgerät beim Kompaniegefechtsstand – Offiziere, Unteroffiziere und Mannschaften. Die Übertragung ist klar und störungsfrei.

Hitler lobt den deutschen Infanteristen, den Marschierer und Kämpfer, der den weiten Raum des russischen Riesenreiches bewältigt und den zähen Gegner niederzwingt. Wir glauben dem Führer, als er an diesem 4. Oktober 1941 feststellt, daß der bolschewistische Feind niedergerungen sei – »... und er wird sich nie wieder erheben!«

Schweigend gehen die Arme hoch, als durch das Radio die Nationalhymnen erklingen. Es schnürt uns fast die Kehlen zu: Drüben sammelt sich der Feind zum Gegenangriff, und wir stehen hier in den Gräben und grüßen in den feierlichen Klängen die Heimat.

Gegen 15 Uhr greift der Russe an. In dünnen Linien kommen die dunklen Gestalten der Rotarmisten über die Höhen, werden vom Feuer unserer Geschütze erfaßt und verschwinden wieder in der Deckung. Wir lauern, die Finger am Abzug der Gewehre. Da – überall erheben sie sich wieder, umgeben von den Einschlägen unserer Geschosse. Immer neue Linien kommen über die Höhen und geraten in das Abwehrfeuer. Die ersten Angreifer sind schon in dem etwa siebenhundert Meter entfernten Dorf. Da hauen die leichten und schweren Infanteriewaffen rein, dazu die Garben der schnellschießenden schweren Maschinengewehre.

Viele der Angreifer bleiben liegen, dunkle Flecke am Hang. Die anderen verschluckt der Höhenrücken.

Im Dorf brennen mehrere der Holzhäuser.

Das Schauspiel wiederholt sich bis zum Einbruch der Dunkelheit: Sie kommen und gehen. Es ist, als befände sich hinter den Höhen ein Auffangkommando, das die Zurückweichenden immer wieder in unser Feuer treibt.

Am Abend setzt erneut das massive Feuer der russischen Geschütze ein. Erdlöcher fallen in sich zusammen, Verschüttete schreien um Hilfe. In regelmäßigen Abständen feuert von drüben ein besonders schwerkalibriges Geschütz. Deutlich hört man das klingende Dröhnen des Abschusses, das Gurgeln des herankommenden Eisenbrokkens und sein Zerbersten hinter uns im Wald.

Auch Schrapnells zerplatzen in der Nähe. Wir liegen geduckt in den Deckungslöchern und warten auf das Ende dieses Segens.

Am nächsten Tag gibt der Russe Ruhe. Wir haben die ersehnte Erholungspause, versenken uns in alte Zeitungen und in die Feldpost, die uns sogar hier erreicht.

Am nächsten Morgen geht's weiter. Die Sowjets sind wie weggeblasen. Ihre nächsten, hinter dem Wopez befindlichen Stellungen sind verlassen. Wir stoßen wieder auf eine große Zahl stehengelassener Geschütze, Panzer und Lastkraftwagen. Gefangenenzüge kommen uns entgegen. Der Himmel bezieht sich, es wird kalt. Schon kündigt sich der russische Winter an.

Als wir uns vor einem größeren Dorf eingraben, ist die obere Erdschicht gefroren. In den Löchern bleibt jeweils nur ein Posten, die Truppe wird auf die Häuser aufgeteilt. Wir sind froh, ein Dach überm Kopf zu haben und empfinden wohlig die Wärme des Ofens, der zugleich auch als Herd dient. Die kompakte Bäuerin schiebt mit einer langen Stange gleichmütig einen Topf hinein und holt ihn wieder heraus. Wir rupfen eine Gans, deren Bratenduft bald die Stube erfüllt, schnallen ab und kümmern uns draußen um den Ausbau der Stellungen, während ein Mann drin das Werden des Bratens beaufsichtigt.

Draußen pfeift ein eisiger Wind, unsere Hände werden klamm, die Füße zu Eisklumpen.

Hinter den Wäldern steigt zweimal ein riesiger Rauchpilz auf, dem eine krachende Detonation folgt. Die Russen sprengen die Dnjepr-Brücken. Denn gleich hinter dem Wald fließt der breite Fluß, der so lange während der Abwehrkämpfe bei Smolensk für viele ihr Schicksal wurde. Was wird er uns diesmal abfordern?

Wir sind froh, als wir bei beginnender Dunkelheit wieder in die Hütten kommen. Unser Gänsebraten ist fast fertig. Uns läuft das Wasser im Munde zusammen. Gerade als wir Platz nehmen, um das feudale Mahl zu genießen, dröhnt klingend und scheppernd nicht weit von uns ein Abschuß. Dicht am Dorf kracht gleich darauf der Einschlag. Und nun geht's Schlag auf Schlag, eine Kanonade erfaßt den Raum um unsere Stellungen. Wir rasen aus dem Haus, draußen loht heller Feuerschein. Abschüsse zucken hinter dem Wald in schneller Folge blitzartig auf. Unsere Sturmgeschütze rollen durchs Dorf; offensichtlich hat der Russe sie erspäht und zum Ziel des Feuerüberfalls gemacht. Alarm! Wir stürzen noch einmal in die Stube, auf deren Tisch unsere Gans in brauner, duftender Herrlichkeit lockt. Gierig reißen wir an ihrer Pracht herum, ziehen ganze Fleischbrocken ab und stopfen sie in die Brotbeutel. Dann fassen wir unsere Waffen und das Gerät und besetzen die Stellungen. Von

Angriff aber ist keine Spur, nur Abschüsse und Einschläge krachen. Wahrscheinlich feuert da eine Panzer-Nachhut, die den Rückzug des Gegners decken soll.

Im Dorf brennen mehrere Häuser, in einem davon liegen ein toter und fünf verwundete Kameraden.

Gegen Mitternacht flaut die Kanonade ab. Eine Stunde später schlafen wir dicht am warmen Ofen in unserer Stube den Schlaf der Gerechten.

Am nächsten Morgen geht's gegen den Dnjepr: Bereitstellung zum Angriff über den Fluß!

Mir ist an diesem Morgen hundeelend zumute – nicht nur wegen des bevorstehenden Unternehmens, sondern vor allem infolge eines schmerzenden Leistenbruchs, den ich seit vielen Monaten mit mir herumschleppe. Er ist weit herausgetreten und verursacht beim Marschieren ziemliche Qualen. Aber ich scheue mich, jetzt zum Arzt zu gehen und bei den Kameraden womöglich als Drückeberger zu gelten.

Es regnet in Strömen. Wir sind naß bis auf die Haut. Das Wissen um die feindliche Abwehr am Dnjepr, um Minen und um das Übersetzen in Floßsäcken im feindlichen Feuer paßt haargenau zu diesem tristen Wetter. Gerade als der Befehl zur Bereitstellung ergeht, kommt ein Kradmelder: »Die Dnjepr-Stellung ist feindfrei, der Vormarsch kann über den Fluß ungehindert weitergehen!« Der Fluß wird überquert, dann gehts auf einem schmalen, von Pionieren entminten Weg voran. Als wir die verlassenen Stellungen am Ufer und dahinter durchschreiten, können wir nicht verstehen, daß die Sowjets diese hervorragende Abwehrposition nicht genutzt haben. An diesem wie auch am nächsten Tag bleibt es ruhig.

Der Kessel von Wjasma ist zu, weit vor uns sitzen die letzten Divisionen Timoschenkos in der Falle.

Ringsum ist unsere Artillerie aufmarschiert und gibt von Zeit zu Zeit Schüsse ab.

Bis acht Kilometer vor Wjasma führt unser Vormarsch.

In der Nacht zum 13. Oktober werden wir alarmiert. Wir greifen zu den Waffen, treten raus und erschrecken: Der Winter hat uns eingeholt! Fahl leuchtet eine weiße Decke, die dem Land ein anderes Gesicht gibt.

Das Bataillon rückt ab. Stunden später erhält es seinen Auftrag: Zusammen mit den übrigen Teilen des Regiments ist ein Waldgebiet von etwa sechs Kilometern Länge von den Resten zerschlagener Feindtruppen zu säubern.

Sturmgeschütze unterstützen uns. Drei weiße Leuchtkugeln signalisieren den Angriffsbeginn. Wir gehen neben und hinter den Sturmgeschützen her, die Waffen in der Hand. Aber wir brauchen sie kaum: Stur und stumm, völlig resignierend stehen sie in den Lichtungen, an den Hängen oder vor ihren Fahrzeugen – Hunderte von Sowjetsoldaten, die uns wohl erwartet haben und nun ihre Arme schweigend heben. Einige haben offensichtlich versucht, ihre Verzweiflung im Alkohol zu ertränken.

Bald folgt uns ein stetig anwachsender Zug von Gefangenen. Als das Gelände unübersichtlicher wird, geht unser Blick über unabsehbare Mengen von Kriegsgerät. Zwischen Geschützen, Lastkraftwagen und Panzern stehen die Rotarmisten und starren uns teilnahmslos entgegen. Wo sie im Begriff sind, auszuweichen, prasseln die Einschläge der Sturmgeschütze hin.

Verlassene Pferde stehen mit tief gesenkten Köpfen im Schnee, noch gesattelt, oft die Kosakensäbel an der Flanke. Tote Reiter liegen davor, vom Schnee zugedeckt. Auf den Wagen einer bespannten Fahrzeugkolonne sitzen russische Soldaten. Sie wußten wohl schon lange nicht mehr, wohin sie sich wenden sollten. Verwundete stöhnen auf den Wagen. Weibliches Sanitätspersonal ist bei ihnen.

Hinter einem Bach stoßen wir auf noch besetzte Stellungen. Aber verfroren kommen die erdbraunen Gestalten heraus – bis auf wenige, die selbst in dieser ausweglosen Lage zur Handgranate greifen.

Der Gefangenenzug ist nun unübersehbar. Und überall liegen die Gefallenen dieser für den Russen unglücklichen Schlacht bei Wjasma. Die Stadt sehen wir jetzt vor uns liegen. Wir sehen auch, wie auf der nach Osten führenden Rollbahn Kolonnen hinter Kolonnen ziehen. Durchs Fernglas erkennen wir deutsche Truppen, die ungehindert Moskau entgegenmarschieren.

Unser Rückmarsch führt über ein grauenvolles Schlachtfeld. In den Straßengräben liegen Berge von Toten, zwischen den verkohlten Holzhütten eines Dorfes entdecken wir total verkohlte Körper.

Unser Marsch führt auch vorüber an vielen deutschen Soldaten, die tot unter Zeltbahnen liegen. Hier hat es ein Gemetzel gegeben, als eine feindliche Kolonne auf die deutsche Truppe traf. Ein russisches

Geschütz feuerte in direktem Beschuß in die Marschkolonne, Kosaken sprengten heran. Und nun deckt alles der Winter zu. Angesichts dieser Berge von Leichen, die der Schnee wie ein Totenhemd umgibt, lenken wir uns ab und denken an die Heimat, wo jetzt die Herbstsonne das bunte Laub aufleuchten läßt.

Die Division hat Ruhe. Wir liegen in wärmenden Holzhütten. Draußen peitscht der Wind den Schnee vor sich her.

Über uns wird der Lärm von Flugzeugmotoren laut, unsere Flak böllert. Es sind Sowjetbomber. Aber sie lassen keine Bomben fallen, statt dessen entfalten sich acht helle Fallschirme – sie werfen Benzinfässer ab!

So schnell ging diese Schlacht zu Ende, daß die Planung im sowjetischen Führungsstab scheinbar nicht mehr folgen konnte. So kam es, daß deutsche Landser die Benzinration in Empfang nahmen.

An einer anderen Stelle ist ein roter Kommissar abgesprungen – sicherlich, um der kämpfenden Truppe moralischen Halt zu geben. Auf dem Erdboden aber sammeln sich Dutzende deutscher Landser und strecken dem zappelnden Springer die Arme entgegen. –

Ein Sturm der Freude geht durch unsere Division:

Zwei Regimenter (die 28er und 38er) werden aus dem Verband des VIII. Armeekorps herausgelöst und in den Westen transportiert! Sie sollen in Frankreich neu gegliedert und ausgerüstet werden ...

Die jubelnde Botschaft erreicht mich auf dem Hauptverbandsplatz der Division, wohin mich der Arzt am 15. Oktober schickte, damit ich dann in der Heimat am Leistenbruch operiert werde. »... damit Sie beim nächsten Einsatz wieder in Ordnung sind!« hat dazu der Stabsarzt gemeint.

So verlasse ich die verschneiten Schlachtfelder von Wjasma und kann mein Glück kaum fassen, zumal unsere abgekämpfte Truppe nun ebenfalls gen Westen fährt. Sie wird in Polodsk und Wilna zur Fahrt nach Frankreich verladen.

Es ist wie ein Traum, als ich am Abend dieses 15. Oktober mit einem Hauptmann in der Stube eines Schulgebäudes sitze. Er hat mir als Ruhestatt eine Tragbahre zur Verfügung gestellt.

Aus dem Radio klingt Musik. Draußen rasseln Fahrzeuge vorüber. Gegen zehn Uhr abends stellt mein Gastgeber das Radio lauter ein und bittet um Ruhe.

Und da höre ich zum ersten Mal jenes von Lale Andersen gesungene, aus dem Ersten Weltkrieg stammende Lied, das bald überall gesungen wird und bei dem die rauhesten Krieger weich werden:

»Vor der Kaserne, vor dem großen Tor
stand eine Laterne und steht sie noch davor ...
Wenn wir uns einst wiederseh'n,
bei der Laterne woll'n wir steh'n –
wie einst, Lili-Marlen ...«

Mit dem Kraftwagen geht es die Rollbahn entlang nach Smolensk. Endlose Kolonnen marschieren in die entgegengesetzte Richtung, deutsche Regimenter, frisch und unverbraucht. An den Fahrzeugen erkenne ich am Divisionszeichen – gekreuzte Pferdeköpfe – meine niedersächsische Heimatdivision. Zwei alte Gefährten aus der Zeit in der Hitlerjugend, jetzt Offiziere vor ihren Kompanien, winken mir zu. Wir fallen uns in die Arme und versinken kurze Zeit in der Wiedersehensfreude.

Was alles ist geschehen zwischen unseren Aufmärschen unter wehenden Jugendbannern in der Zeit des Friedens und der Hoffnungen – und heute ... Ein Meer von Blut liegt dazwischen und Tausende gefallener Kameraden ... Sie müssen weiter, der Marsch ist weitergegangen, ihre Truppe schon Hunderte von Metern entfernt – ob wir uns je wiedersehen?

So treffe ich auf der Straße nach Moskau die Sendboten der Heimat. Lange noch sehe ich hinter ihnen her, bis sie wieder eingeordnet sind in den Marsch ihrer Bataillone nach Osten. Der Eissturm pfeift ihnen ins Gesicht, es sind fünfzehn Grad unter Null; vor Moskau wartet der Russe ...

Aus heutiger Sicht
Kriegswinter 1941/42
Vor Moskau bahnt sich die Katastrophe an
In der Heimat und auf dem Weg nach Nordrußland

Mit der Fahrt in die deutsche Heimat unterbrach ich meine Aufzeichnungen.

Was ich damals im Oktober/November 1941 nicht wissen konnte: Die Wende des Kriegsglücks begann vor Moskau, als die deutschen Soldaten weitgehend schutzlos dem Frost ausgesetzt waren. Bei minus 40 Grad war ihre Ausstattung mehr als mangelhaft; mit allem möglichen mußten sie sich bedecken, mit alten Säcken, Fellfetzen und den wattierten Jacken toter russischer Soldaten. Zugleich froren die Waffen ein und waren nicht mehr einsatzbereit.

Neue sowjetische Divisionen, zum Teil gutausgestattete, winterharte sibirische Truppen, erschienen an der Front vor Moskau. Erst allmählich begriff man in den warmen deutschen Hauptquartieren, was da auf die deutsche Front zukam. Brauchitschs Vorstellungen bei Hitler, zur Abwehr überzugehen, lösten nur Wutanfälle aus. Zweiundzwanzig Kilometer waren es noch bis zur sowjetischen Hauptstadt, schon hatte eine Aufklärungsabteilung die Trambahnendstation eines Moskauer Vorortes erreicht, waren die Türme des Kreml im Dunst zu sehen – da mußte der Vormarsch gestoppt werden. Beim Rückzug der Armeen blieben festgefrorene Panzer und anderes Gerät in Massen liegen, es fehlte an Benzin, vieles mußte gesprengt werden. Der Leidensweg der sieggewohnten deutschen Landser begann – aber Moskau war für die Sowjets gerettet. Als der Panzergeneral Guderian Hitler über die Lage informierte, bekam er vom Führer zu hören, Soldaten seien zum Leiden da, auch die Grenadiere Friedrichs II. wären nicht gern gestorben ... Wenige Tage später wurde Guderian abberufen. Auch Brauchitsch war abgesetzt, Hitler übernahm selbst das Oberkommando des Heeres. Von der folgenschweren, falschen Einschätzung der Lage vor Moskau im Oktober 1941 zeugt auch die Herauslösung unserer 8. Division aus der Moskauer Front – zusammen mit zwei weiteren intakten Divisionen. Man hatte den Gegner unterschätzt, wobei unsere Feindaufklärung offenbar völlig versagt hatte. –

Von alledem ahnte ich nichts, als ich wohlgemut dem Lazarettaufenthalt entgegenfuhr. Der Wehrmachtsbericht verstand es nur zu gut, selbst Niederlagen noch als halben Sieg erscheinen zu lassen – stets melodramatisch begleitet von den »Rußlandfanfaren« nach Franz Liszts berühmtem »Les Préludes« und vom Soldatenchor mit dem Siegeslied:

»... von Finnland bis zum Schwarzen Meer:
Vorwärts nach Osten, Du stürmend Heer!«

Aber des Führers Befehl, sein stures Beharren brachten in jenem Winter Tausenden von Soldaten täglich den Tod, ohne daß die Katastrophe verhindert werden konnte.

Immer schon schien sich Hitler in der Rolle Friedrichs des Großen zu gefallen. Dessen Beispiel, wie er in fast auswegloser Situation im Siebenjährigen Krieg – begünstigt durch unwahrscheinliches Glück (Rußlands Ausscheiden) – doch noch als Sieger heimkehrte, wurde beim Führer gegen Kriegsende zum Wahn. Schon in seiner Rede am 1. September 1939 sprach er von der »friderizianischen Zeit«. Aber Hitler war beileibe nicht Friedrich II. Der Preußenkönig war tolerant, bescheiden und ein Realist. Hitler war von alledem das Gegenteil. Während der Alte Fritz die Kriegslage während seiner Feldzüge an Ort und Stelle prüfte und seine Truppen selbst unter Einsatz seines Lebens in die entscheidenden Schlachten führte, isolierte sich der Führer in zunehmendem Maße, verschanzte sich in seinem Hauptquartier, wurde immer unzugänglicher gegenüber Rat und Kritik und verlor schließlich gänzlich den Blick für die Wirklichkeit. –

In der Heimat schienen das nur wenige zu ahnen. Die Menschen, denen ich begegnete, waren noch zuversichtlich, wenn auch ohne den Enthusiasmus vergangener Jahre. Nach all den erlebten grauenvollen Vorgängen, den Zerstörungen im niedergewalzten Rußland erschien mir Dresden wie eine Märchenstadt. Damals zeigte sich »Elbflorenz« noch von seiner glanzvollen Seite.

Als ich dann durch die Sächsische Schweiz fuhr, sah ich wiederholt Trupps sowjetischer Kriegsgefangener in den Straßen der Dörfer. Ich erinnere mich an die Bemerkung eines mitreisenden Offiziers: »Diese finsteren Gestalten in unserem Land ...!«

Heute weiß ich, daß wir auch für solchen Hochmut so schwer zahlen mußten. Und für den Mangel an Mitgefühl. Wie war es möglich, mit diesen schuldlosen Opfern eines erbarmungslosen Vernichtungskrieges kein Mitleid zu haben? Sie waren von unseren Truppen überrascht und überrannt worden und oft erst nach verzweifelter Gegenwehr in Gefangenschaft geraten, wo sie elend hinsiechten oder starben.

Und heute: Wie kann man die Lehren aus der furchtbaren jüngsten Geschichte so schnell vergessen, daß mancher fünfzig Jahre danach schon wieder gegen Ausländer, die bei uns gegen Verfolgung Schutz suchen, polemisiert? Statt glücklich zu sein, in einem freien Staat zu leben, der nach bis zum Völkermord führendem Rassenhochmut und maßloser Selbstüberschätzung den Verfolgten dieser Welt Verständnis und Schutz gibt! Die einstige Hybris kann uns nur zu Toleranz und brüderlichem Mitgefühl verpflichten.

Mitte November 1941, nach erfolgter Leistenbruchoperation, sah ich gesund und strahlend meine Heimat am Harz wieder. Ein Soldat lebt ganz und gar in der Gegenwart, und so lagen die schlimmen Monate im Osten wie ein böser Traum hinter mir.

Die Bedeutung der Hiobsbotschaften von der sich vor Moskau auflösenden Front wurde uns, wie gesagt, kaum bewußt; immer noch schien der Endsieg gewiß.

In solchem Vertrauen verlobte ich mich im Dezember. Wir beschlossen, mit der Heirat nicht bis zum Ende des Krieges zu warten. Beseligt fuhr ich zu meinem Ersatztruppenteil nach Metz in Lothringen.

Auch in den Straßen von Metz marschierte Hitlerjugend, blies sie ihre Fanfaren. Überall, in Holland, Dänemark, im Elsaß, gab es »Befehlsstellen der Reichsjugendführung«, die Jungen und Mädchen unter die Fahne der HJ riefen. So lernte ich in Metz auch einen sympathischen und sehr engagierten HJ-Stammführer kennen, mit dem ich manches Gespräch führte und den ich schließlich bat, zu meiner Hochzeit – wann immer die auch sei – die Ansprache zu halten. Das klappte sogar, worüber ich später berichten werde.

Noch einmal erhielt ich Genesungsurlaub. Gutgelaunt und mit bestem französischem Wein beladen, traf ich zu Hause ein und genoß wundervolle Tage im winterlichen Harz.

Bis dann am 25. Januar 1942 das gefürchtete Telegramm eintraf: »Sofortige Rückkehr zur Truppe.«

Der Befehl inmitten aller Seligkeit schlug ein wie der Blitz aus heiterem Himmel.

Nach Erhalt kehrten wir im »Schloßkrug« zu Quedlinburg ein. Ich erinnere mich, daß mir dort zum ersten Mal russische Offiziere in eleganten Uniformen begegneten – Angehörige der sogenannten »Wlassow-Armee«. Benannt nach ihrem General, der an der russischen Nordfront in Gefangenschaft geraten war. Seine Truppe kam allerdings erst kurz vor Torschluß zum Einsatz – Hitler hatte ihnen nie getraut. Zu Kriegsende wurden sie von der US-Army den Russen überstellt und allesamt gehängt.

An einer Wand im »Schloßkrug« hing das übliche Hitler-Bild mit einer Führer-Aussage: »Weil England es so wollte, müssen wir Krieg führen.« Da meinte meine Braut in dieser düsteren Abschiedsstimmung: »Wer's glaubt, wird selig ...« Und mir war nicht danach zumute, ihr zu widersprechen. –

Vom Ersatztruppenteil in Metz in Marsch gesetzt, erreichte ich am 5. Februar 1942 meine Division im Raum von Dijon (Burgund). Trotz mancher Härteübung unter winterlichen Bedingungen genossen die Landser dort jeden Tag, der ihnen noch beschieden war.

Die Stäbe hatten voll zu tun, um die Infanterie-Division in eine »Leichte Inf. Division« umzurüsten.

Diese Umstellung sollte die Vorbereitung sein für einen Vorstoß gegen die Murmansk-Bahn, um dort den Nachschub aus den USA zu verhindern oder zu stören.

Aber dieser Plan fiel der inzwischen entstandenen neuen Lage zum Opfer: Dem Russen waren bedrohliche Einbrüche in die deutsche Front gelungen, die dringend zu begradigen waren, Einkesselungen wie bei Demjansk und Cholm waren aufzubrechen.

Kurz nachdem ich als Ordonnanzoffizier zum Stab des Bataillons versetzt worden war, kam für mich auch schon der Befehl zum Aufbruch nach Osten.

Von allen Truppenteilen der Division wurden Vorkommandos abgestellt, die Quartier machen sollten – irgendwo hinter der Front in Rußland. Von dort würde die Division wieder ins Feuer geschickt werden – diesmal unter ganz anderen Voraussetzungen als im Juni 1941.

Unser Zug fuhr quer durch Deutschland. Am 23. Februar hatten wir Frankreichs selige Gefilde verlassen, und nun näherten wir uns meiner Heimat. Schon hoffte ich auf ein kurzes Wiedersehen mit meiner Braut und war voll glücklicher Spannung. Aber es wurde nichts daraus.

Im Zug schrieb ich später folgende Zeilen an sie:

»Wir fahren an den Harzbergen vorbei. Kannst Du Dir meine Gefühle vorstellen? Unrasiert, aber nahe der Heimat sitze ich am Fenster des Zuges und trinke auf Dein Wohl einen kräftigen Schluck ›Martell‹. Wir fahren nun Mansfeld entgegen und sind jetzt in Nordhausen. Vielleicht komme ich dazu, Dich von einem Bahnhof unterwegs anzurufen. –

Stunden später: Unglück im Glück! Ich habe von Nordhausen aus angerufen, um zu erfahren, daß Du ausgerechnet heute in Halle bist. Um 13 Uhr hätten wir in Güsten eine kostbare halbe Stunde für uns gehabt. Aber Du bist nicht da. Was für ein Pech ... Unser Zug rollt weiter der russischen Front entgegen.«

Wohl niemand kann sich heute die Trostlosigkeit vorstellen, die mich auf jener Fahrt an die winterliche Ostfront nach der geplatzten Hoffnung auf ein Wiedersehen befiel.

Ich fuhr im eiskalten Waggon einem Kampf entgegen, der von Monat zu Monat tödlicher wurde, während draußen noch die Bilder der Heimat am Zug vorbeiflitzten.

Was mich – und nicht nur mich – dies alles seelisch überstehen ließ, war einzig und allein die Nähe der Kameraden.

Mag heute auch wegen der damaligen Überstrapazierung das Wort »Kameradschaft« abgegriffen klingen – wir haben sie in den bittersten Zeiten gelebt.

Immer stand uns der Kamerad zur Seite – Seelentröster und Helfer, oft mit Mutterwitz begabt und immer voller Mitgefühl und Verständnis für den anderen.

Er machte das Unerträgliche erträglich.

Als Heribert Menzel in der Euphorie der ersten Jahre im 3. Reich das Hohelied der Kameradschaft dichtete, konnte er noch nicht ahnen, daß sich einmal Millionen deutscher Soldaten daran aufrichten würden:

»Wenn einer von uns müde wird,
der andre für ihn wacht;
wenn einer von uns zweifeln sollt’,

der andre gläubig lacht.
Wenn einer von uns fallen sollt',
der andre steht für zwei,
denn jedem Kämpfer gab ein Gott
den Kameraden bei!«

Auch heute noch, in einer nüchternen, materialistischen und vielfach von seelenlosen Computern beherrschten und technisierten Welt, erschüttert mich dieses Gedicht, weil es mich an die toten Kameraden erinnert. Ist mit ihnen die Kameradschaft gestorben?
Anfang März wurden die Vorkommandos der 8. Leichten Infanterie-Division auf dem tief verschneiten Bahnhof Wolot südwestlich von Staraja Russja ausgeladen.
Von hier aus hatten wir zu operieren. Wenn unsere Truppe in einigen Tagen anrollen würde, mußte sie warme Quartiere vorfinden.
Auszüge aus Briefen an meine Braut vom 6. und 7. März 1942:

»Nun sind wir wieder im ›Sowjetparadies‹. Eine elftägige Bahnfahrt liegt hinter uns. Unseren letzten längeren Aufenthalt hatten wir in Riga, der sehr schönen Hauptstadt von Lettland. Mit einem Deutschbalten unterhielten wir uns in einem gepflegten Hotel über die schlimme Zeit der sowjetischen Besetzung des Baltikums.
Am übernächsten Tag machte uns das Böllern der Flak wach. Sowjetflieger griffen den Bahnhof an. Jetzt sitze ich am Ziel dieser Fahrt in einer warmen Stube, die sauber und zivilisiert ist. Ein Gummibaum steht in der Ecke, es gibt schöne, alte Schränke und eine Kommode. Die Wände sind blau tapeziert, und dort hängen Bilder von deutschen Soldaten, die vor uns hier im Quartier waren. Die junge Frau ist blond und hochgewachsen, ihr Mann ist Weichensteller. Jetzt stellt er die Weichen für unsere Truppentransporte. Er begrüßte uns mit ›Heil Hitler‹.«

»Unser Einsatz steht kurz bevor. Täglich rollen die Transporte unserer Division aus Frankreich an. Bis eben – von 8 bis 22 Uhr – war ich unterwegs in einem flachen Schlitten, der von einem bärtigen Russen gelenkt wurde. Es ging um die Quartiere für mein Bataillon in den sehr verstreut liegenden Holzhäusern. Vierzehn Stunden lang bin ich allein mit dem Schlittenlenker über die endlose verschneite Steppe gejagt, tief vermummt unter

Schals und Pelzen. Mehrmals sind Pferd und Schlitten im tiefen Schnee eingesackt. Dann mußten der alte Panje und ich das Gefährt mühsam freimachen.

Meist aber fand das Pferdchen auf erstaunliche Weise in all dem Schnee den festen Pfad.

In einem der Häuser haben wir mit einigen Frauen gesungen.

Jetzt verzehre ich mit großem Appetit einen Haufen Pellkartoffeln mit Salz. Die Menschen hier sind freundlich und gutmütig.«

Meine einsamen Schlittenfahrten mit einem russischen Panjefahrer über die stille Ebene und zu den weit auseinander liegenden Bauernhäusern erscheinen mir heute fast unglaublich. Aber es war so – damals bei der Quartierbeschaffung im besetzten Gebiet. Wir vertrauten einander, ich dachte mit keiner Silbe an Partisanen, an Hinterhalt oder Mordabsichten.

Die Russen kamen uns freundlich und mit naiver Gutgläubigkeit entgegen. Damals gab es hier im Hinterland der Front noch keine Einsatzkommandos, keine politischen Leiter, keine Deportationen. Von Partisanenkrieg war keine Rede – und wir waren auch gar nicht darauf eingestellt.

Am 14. März 1942 waren alle Teile der Division – bis auf die motorisierten, die erst am 18.3. eintrafen – angekommen. Man kann nicht sagen, daß die Soldaten sehr begeistert waren angesichts des Bahnhofs Wolot, der trostlos in der weißen Öde stand, während aus der Ferne das Grummeln der Front zu hören war.

Schon auf dem Marsch zu den Unterkünften gab es bei zwanzig bis vierzig Grad minus Ausfälle wegen Erfrierungen. Pelzmäntel, Jakken und Filzstiefel waren noch immer nicht in ausreichender Menge vorhanden – trotz der Spendenfreudigkeit in der Heimat.

Schneeverwehungen behinderten das Vorwärtskommen. Dazu fielen mehrere Unterkunftsmöglichkeiten wegen Flecktyphusgefahr aus. –

Wenige Tage später war es dann soweit: Es begann eines der verlustreichsten und blutigsten Kapitel in der Geschichte der 8. Division – der Durchbruch nach Demjansk, wo sieben eingeschlossene deutsche Divisionen auf ihre Befreiung warteten.

Am 20. März nahm ich wieder das Notizbuch zur Hand und setzte die Niederschrift des Erlebten fort.

Aufzeichnungen 1942

Tagebuch über »Unternehmen Brückenschlag«
... südostwärts des Ilmensees

20. März 1942. Kaum hat der Kommandeur des III. Bataillons vom Jäger-Regiment 28 noch Zeit, den Bereitstellungsraum zu erkunden. Aber da ist ohnehin nichts als Schnee.

Ein Melder holt ihn zum Divisionsgefechtsstand. Der General im Pelzrock empfängt ihn in einer stinkigen Bretterbude: »Zeit ist nicht mehr viel, mein Lieber, morgen früh treten wir an!«

Die Kompanien, die jetzt vielleicht gerade ihre Quartiere bei Wolot, dreißig Kilometer hinter uns, verlassen, ahnen noch nichts.

Während draußen unter einem strahlend blauen Himmel Stukas und Bomber ostwärts ziehen, informiert der General kurz den Bataillonskommandeur:

Seit vielen Wochen sind im Raum Demjansk sieben deutsche Divisionen unter dem General von Brockdorff-Rantzau eingeschlossen, darunter die Waffen-SS-Division »Totenkopf« als »Gruppe Eicke«. Über die zugefrorenen Flüsse, über das dicke, sogar eine Feldbahn tragende Eis des Ilmensees sind die Sowjets von Norden und Südosten vorgestoßen, vernichteten die völlig überraschten rückwärtigen Dienste und bilden nun einen etwa vierzig Kilometer tiefen Ring um die Bataillone und Regimenter. Vierzig Kilometer verschneites Feindgelände trennen uns also von den Kameraden, die sich bisher der Übermacht erwehren konnten und aus der Luft von Transportflugzeugen vom Typ Ju 52 versorgt werden. Dazwischen liegt ein breiter Fluß – der Lowath, noch zugefroren und für die Russen deshalb eine willkommene Nachschubstraße. Auftrag für die 8. Division: Die Feindstellungen sind zu durchbrechen, und die Verbindung zu den Eingeschlossenen ist wiederherzustellen.

Drei Divisionen bilden unter dem General von Seydlitz die »Stoßgruppe Seydlitz«.

»Unternehmen Brückenschlag« beginnt morgen früh, am 21. März – Frühlingsanfang.

Der General drückt uns die Becher mit gutem Cognac in die Hand: »Auf daß wir heil durchkommen!« –

Der Bataillonskommandeur ist bedrückt: Wie werden seine Kompanien dieses waghalsige Unternehmen bestehen? Er starrt auf die endlose Schneefläche, die keine Deckung bietet.

21. März 1942. Das Bataillon rückt im Morgengrauen an. Blutrot steigt genau vor uns die Sonne hoch und überflutet mit ihrem Licht die Schneefläche. Vorn tritt das I. Bataillon bereits zum Angriff an. Wir stehen den ganzen Tag noch hier. Über uns fliegt eine Staffel nach der anderen feindwärts, schwacher Gefechtslärm dringt ab und zu bis hierher.

Gegen Mittag erfahren wir, daß zwei Dörfer von unseren Kameraden genommen sind.

Wir stehen im Schnee. Solange die Sonne scheint, belebt sie uns und bräunt die Haut. Aber als sie wie ein Feuerball im Westen untergetaucht ist, wissen wir vor schneidender Kälte nicht aus noch ein. Als wir dann im Zelt liegen, uns gegenseitig wärmend, überkommt uns der Schlaf. Um unser Biwak pfeift der eiskalte Schneewind.

Morgens geht es weiter. Wie eine lange graue Schlange – sie tragen alle die nicht mehr ganz weißen Schneemäntel – ziehen die Kompanien über die weiße Fläche ins Ungewisse. Wenn ein Halt entsteht, beginnt es in den Füßen zu zwicken. Wir tanzen auf der Stelle, um das Blut in Bewegung zu bringen.

Gegen Mittag soll ich zum Regimentsgefechtsstand vorgehen. Vorn haben die anderen Bataillone schon kilometerweit einen Keil in die feindlichen Stellungen getrieben. Hinter ihnen quält sich die Artillerie durch den Schnee. Stukatrichter versperren oft den Weg, an ihren Rändern liegen tote russische Soldaten; pulvergeschwärzt ist weithin der Schnee.

Ich stolpere mehr als ich gehe und überhole Kompanie auf Kompanie der vorderen Bataillone.

Der gesuchte Gefechtsstand des Regiments liegt in einer schmalen Schlucht, an der Böschung eines Flußufers. Ich empfange Informationen und Befehle und stolpere zurück.

Die Lage beim Regiment ist der Divisionsführung infolge Ausfalls der Nachrichtenmittel unbekannt. Der General schickt mich mit einem Kraftrad nochmals hin. Aber das Regiment hat mittlerweile mit seinem Gefechtsstand Stellungswechsel gemacht. Schon ist es finster, das Krad bleibt im Schnee stecken. Ich gehe zu Fuß weiter. Plötzlich steigen einige hundert Meter vor mir Funkenfontänen hoch, eine ganze Salve von Einschlägen erschüttert den Boden – anzusehen wie ein prächtiges Feuerwerk. Aber es läßt mich erstarren. Es ist der erste Gruß des erstarkten Gegners mit einer neuen Waffe. Diese Salvengeschütze, auf Schlitten beweglich, würden noch viel Unheil anrichten; »Stalinorgeln« nennt sie der Landser mit bitterem Galgenhumor. Ich treffe eine Kompanie und ziehe mit ihr, bis sie unterwegs ihre Zelte aufschlägt. Vor mir steht im Dunkeln ein Dorf, aber als solches nur mit Mühe erkennbar. Nur kahle, zerschossene Bäume heben sich vom Nachthimmel ab, einst markierten sie wohl die Dorfstraße. Kein Haus steht mehr.

Hier geraten unsere Kolonnen ins Stocken. Fahrzeug hinter Fahrzeug, Geschütze, Pak, Kettenkräder – und Mann neben Mann. Wenig später, als ich weiter zum Regimentsgefechtsstand haste, reißen russische Nachtflugzeuge Lücke auf Lücke in diese Ansammlung. Über mir – tief, ganz tief – ist Motorengeräusch. Kaum habe ich seine Bedeutung erfaßt, da rauscht und flattert es schon herunter – Bomben! Ich schmeiße mich in den Schnee. Schon rattert der zweite unheimliche Gast heran. Ist keiner da, der uns diese Dinger vom Halse schafft? Aber die Flak ist bisher nicht durch den Schnee gekommen.

Ringsum krachen die Grüße von oben, zuckt fahler Feuerschein. In aller Ruhe ziehen die Maschinen, veraltete Doppeldecker, ihre Kreise. Sie belegen nachts mit Vorliebe Flußläufe, Straßen und vor allem Dörfer.

Im nächsten Dorf finde ich endlich den Regimentsgefechtsstand. Während ich noch meine Meldung mache, zucken wir zusammen – der Oberst, sein Adjutant und alle, die hier über eine Karte gebeugt sind: Draußen rauscht es so laut, als käme der Segen haargenau auf unser Haupt. Wir starren ins Leere, warten die tödliche Sekunde ab – da haut es dicht neben der Hütte in den gefrorenen Boden. Die Wände wackeln und drohen einzustürzen. Wir verbringen eine schlimme Nacht. Die »Nähmaschinen« (Landserjargon) da oben schwirren unentwegt herum. Ihre Bomben treffen nur zu oft, immer wieder gellen Hilferufe. Ich liege mit den Kameraden in einem Holzschuppen. An Schlaf ist nicht zu denken. Wann trifft es uns? Ein Haus brennt. Ungestört verrichten die da oben ihr Werk.

Da wird es Tag – und verschwunden ist der Spuk.

Die ersten deutschen Me 109 jagen mit hellem Singen heran. Wir möchten denen unsere Erleichterung herausschreien. –

23. März 1942. Unser Bataillon rückt an. Eine lange Kolonne. Ich sehe den Kommandeur, wie er – hochgewachsen und hager – seinen Soldaten voranstapft. Der Befehl lautet: »III. Bataillon so schnell wie möglich in den Raum des Regimentsgefechtsstandes!«

Wir treffen Soldaten vom Nachbarregiment. Sie berichten von schweren Kämpfen. Der Feind hat das gestern eroberte Dorf von Süden her wieder angegriffen. In breiten Wellen ist er wieder und wieder gekommen – unsere Flak und die Sturmgeschütze haben hineingehalten. Jetzt ist die weiße Fläche südlich des Dorfes Podze-Podze übersät mit reglosen Gestalten. Der Russe greift dort nicht mehr an.

Aber die Wälder vorn sind noch voller Feindtruppen.

Stukas stürzen sich auf sie, heulend wie bösartige Raubtiere.

Dann ist unser Bataillon am Feind. Morgen früh wird durch den Wald hindurch angegriffen. Zwei Dörfer dahinter sind erstes Ziel. Unsere Männer graben Löcher in den Schnee. Die Kompaniechefs sind beim Kommandeur. Zwischen die Schanzenden schlägt hin und wieder eine Wurfgranate ein.

24. März 1942. Es ist ganz klar an diesem Angriffstag. Die Sonne macht optimistisch. Wir kommen schon durch – war es je anders?

Der Kommandeur läßt seine Soldaten an sich vorüberziehen. In den Schneemänteln dunkle Gesichter. Maschinengewehre werden auf Schneeschuhen oder Schlitten mitgezogen.

Panzer und Sturmgeschütze rollen zur Unterstützung an. Stukas zerbomben das erste Dorf. Vor der Angriffsspitze ist dunkler Wald.

Das Bataillon soll sich weit entfalten, kein Ziel bieten. Aber beim ersten Schritt vom schmalen Schlittenpfad sinken sie bis zu den Knien ein. Und da knallt es auch schon von vorn. Die Spitze stockt, die ersten sinken verwundet in den Schnee. Die Sturmgeschütze schießen ins Gestrüpp. Als die vorderen Maschinengewehrschützen versuchen, in Stellung zu gehen, sinken sie mitsamt ihren Waffen tief ein. Alles versinkt im Schnee – Männer und Gerät.

Dabei pfeift es über die Köpfe hinweg. Ab und zu sieht man schemenhaft weiße Gestalten am Waldrand huschen. Ehe gefeuert wird, sind sie verschwunden.

Die Spitzenkompanie ist am Walde. Die Sturmgeschütze fahren vor. Drei Sowjetsoldaten sterben in ihrem Schneeloch. Eine wüste Knallerei ringsum.

Der Kommandeur steht aufrecht in diesem Inferno, um seine schlanke Gestalt schwirren die Explosivgeschosse. Er starrt nach vorn – geht's nicht weiter? Das Bataillon zögert, stockt. Einer nach dem anderen geht verwundet zurück oder wird fortgetragen.

Die jungen, gerade erst in Frankreich dazugekommenen Soldaten stutzen, als sie das Blut der Kameraden sehen. Da reißt sie ihr Kompaniechef nach vorn, läuft selbst voran und winkt und schreit. Sie folgen, bleiben öfter im Schnee liegen – aber es geht wieder vorwärts.

Bis ihr Chef im Schnee umsinkt und totenblaß geborgen wird.

Die Sturmgeschütze sind schon durch den Wald hindurch. Sie biegen gerade in einen Weg ein, der über eine weite Lichtung in ein Dorf führt. Das liegt vor uns wie ein dunkler Streifen im Schnee.

Der Feind schießt nicht mehr – zieht er sich zurück? Weiter nördlich greift das Nachbarregiment an. Stukas heulen auf ein Dorf herab. Unsere Sturmgeschütze rollen weiter, gefolgt von den Landsern. Das nun lichterloh brennende Dorf ist erreicht. Funkspruch an das Regiment: »11.15 Uhr Kolyschkino genommen.«

Zerschossene Sowjetpanzer und Tote liegen am Weg.

Am jenseitigen Dorfrand fahren unsere schweren Waffen auf. Denn aus diesem und dem Nachbardorf bewegen sich die Russen in dunklen Haufen zum Wald hinüber. Dabei gehen sie seelenruhig, als schlügen nicht rund um sie herum die Granaten der Sturmgeschütze, die Geschosse der Pak, die Garben der schweren Maschinengewehre ein. Sie ziehen ihre Schlitten und schauen sich kaum um. Ein langer, unheimlicher Zug zieht so zum Wald. Hinter ihm bleiben reglose Gestalten im Schnee.

Munition sparen – weiter! Drüben das nächste Dorf brennt auch. Ein zugefrorener Fluß wird überwunden.

Wir sind in Koslowo. Da kommt das »Halt!« vom Regiment. Das Bataillon igelt sich ein. Wir beobachten nach Süden: Dort liegt unser nächstes Angriffsziel – die Dörfer Onufrijewo und Welikoje-Sselo auf einer beherrschenden Höhe, von der aus der Russe unsere Bewegungen genau verfolgen kann. Im Osten glotzt furchterregend der Wald voll lauernder Gegner. Bewegungen aber sind nicht erkennbar. Es wird Abend und saukalt. Der Gefechtsstand des Bataillons befindet sich in einem riesigen Stukatrichter. Wir hüpfen wie die Kinder, um die unerträgliche Kälte in den Füßen loszuwerden.

Wieder sehen wir die untergehende Sonne sich rot verabschieden. Zum Lowath sind es noch gut dreißig Kilometer. Aber jener finstere Wald zwischen uns und dem Fluß, Schlupfwinkel für Baum- und Heckenschützen, zählt mehr als dreifach.

25. März 1942. Kurz nach Mitternacht werden wir wach. Es knallt unablässig. Der helle Explosivknall russischer Geschosse macht nervös. Wir laufen raus und ducken uns im feindlichen Feuer. Die Nacht ist lebendig geworden. Jetzt rattern unsere schnellschießenden 42er MGs. Wir hören Schreie – kein Zweifel, der Russe greift mitten in der Nacht an!

Granatwerfereinschläge im Dorf. Verwundete schleichen wie wesenlose Schatten zurück. Der Kommandeur geht nach vorn: »Gebt's ihnen – sie dürfen nicht durch!« Leuchtkugeln steigen auf und werfen für Sekunden ihr gespenstisches Licht auf das Dorf und die Männer in ihren Schneehemden. Vorn heben sich nun deutlich dunkle Gestalten ab. Plötzlich kehrt Ruhe ein.

Als der Morgen heraufzieht, fährt einer unserer Panzer vor. Da horchen wir auf: Schreie, fremde, gutturale Laute. Greift er wieder an? Aber das ist kein »Urräh«. Nun werden im Morgengrauen auch Schatten sichtbar, hochgereckte Arme. Sechzig blutende, zerrissene Rotarmisten kommen ins Dorf, lassen sich gefangennehmen. Das hat der anrollende Panzer bewirkt.

Die übrigen sehen wir liegen, als es hell wird: In langer Reihe auf schmalem Schlittenpfad von unseren Maschinengewehren niedergemäht – eine ganze Kompanie. Vorn der Führer neben seinem toten Pferd, und hinter ihm, Mann für Mann, liegen sie stumm und starr. Schweigend schlucken wir bei diesem Bild des Grauens und vergeblicher Tapferkeit ...

Drüben droht Onufrijewo.

Wir warten auf klares Wetter, damit die Luftwaffe uns helfen kann. Die Artillerie müht sich weit im rückwärtigen Gelände, durch den Schnee nachzukommen. Vor uns erkennen wir sowjetische Stellungen. Eine leichte Gebirgsbatterie, die mit ihren Mulis Schritt halten konnte, schießt hinein. Etwa zehn Rotarmisten verlassen ihre Deckungslöcher und verschwinden im hinteren Buschgelände. Fünf Minuten später kommen sie wieder zum Vorschein und besetzen ihre Stellung. Die Batterie schießt erneut dorthin. Das Schauspiel wiederholt sich: Zehn braune Gestalten gehen nach hinten. Aber diesmal sind sie gleich wieder da. Einer steht hinter ihnen und schüttelt beide Fäuste. Dies wurde durchs Scherenfernrohr der Gebirgsbatterie beobachtet. Wir liegen noch zwei Tage in Koslowo, von den Sowjets unter starken Beschuß genommen. Vor allem die Trosse haben viele Ausfälle. Eine Wurfgranate trifft ein auf einem Schlitten gelagertes Schnapsfaß. Drei Fahrer und zehn gefangene Russen bleiben tot liegen, der Schnaps rinnt in den Schnee.

Die Panzer sind fort. Sie sind beim II. Bataillon, das zweimal schon Onufrijewo angegriffen hat. Vergeblich. Viele seiner Soldaten liegen bereits unter den Dorftrümmern. Unter ihnen auch der Chef der 7. Kompanie, Oberleutnant Kleo Pleyer, Geschichtsprofessor und Autor aus Königsberg; eine kraftvolle Persönlichkeit findet in diesem zerschossenen, trostlosen Dorf ihr mit Mühe geschaufeltes Grab.

Das II. Bataillon muß vorerst wieder zurück.

Nun sind wir wieder dran, der Angriffsbefehl ist da.

28. März 1942. Wir stehen etwa fünfhundert Meter vor Onufrijewo. Über dem Dorf ist die Hölle los. Stuka auf Stuka stürzt aufheulend herunter bis in Bodennähe, läßt eine große Bombe fallen und steigt wieder steil auf. Ju 88 kommen staffelweise und zerfetzen mit ihren Bomben Dorf und Umgebung.

Die letzten Holzhäuser fallen zusammen, Bäume knicken, Rauchpilze überall. Noch einmal sind die Stukas dran, die nun mit ihren Bordwaffen wild schießen. Dann verschwinden sie hinter dem Horizont.

Das III. Bataillon tritt an.

Wo nur Vernichtung ist, zwischen den verkohlten Baumstümpfen, aus den in die Luft geflogenen Unterständen, hinter zertrümmerten Lastkraftwagen, schießt es auf unsere über das deckungslose Feld vorgehenden Kompanien. Nichts konnte diesen zähen Gegner mürbe machen – er kämpft einen Kampf der Verzweiflung.

Die ersten von den Kompanien fallen. Unsere leichten Infanteriegeschütze feuern – da geht es wieder voran. Ein Zugführer, der gestern noch Spieß (Hauptfeldwebel) war und der unbedingt nach vorn ins Feuer wollte, rast im tiefen Schnee allein vor, versinkt, rafft sich wieder auf, winkt seinen Männern – um ihn spritzt der Schnee auf – ist er toll geworden? Gleich ist er als einziger im Dorf, hinter ihm, in einer Entfernung von etwa achtzig Metern, ächzt sein Zug ihm nach.

Von rechts, von vorn, von links kommt rasendes Feuer, die Sowjets geben nicht auf. Unsere Granatwerfer beharken das Trümmerfeld. Da – der Zug ist drin! Vorn der waghalsige Zugführer mit den Unteroffizieren. Aus einem Schneeloch gibt er seine Befehle. Da treffen ihn und seine Gruppenführer die tödlichen Geschosse. Sie sinken alle in die Schneemulde zurück.

Der nächste Zug folgt. Von rechts kommt jetzt auch die Angriffsspitze des II. Bataillons. Überall sieht man die Einschläge unserer Panzergranaten. Der Russe weicht nach links aus, wo ein Fluß das ebenfalls dem Erdboden gleichgemachte Dorf Welikoje-Sselo von Onufrijewo trennt. Unsere schweren Waffen halten hinein. Drüben zwischen den Ruinen setzen sich die übriggebliebenen Sowjets wieder fest. Aber Onufrijewo ist in unserer Hand.

Der Kommandeur ist vorn und setzt seine Kompanien zum Angriff auf Welikoje-Sselo an. Wiederum erscheinen Stuka-Ketten drüben und setzen ihre Bomben ab.

Eine Stunde später haben wir beide Dörfer besetzt. Wir beziehen die unheimlichen Löcher und Bunker der Russen, denn bald wird hier das russische Artilleriefeuer konzentriert liegen, die »Nähmaschinen« werden kommen und uns eine unruhige Nacht bescheren.

Als einer vom Nachrichtenzug in eines der Löcher steigt, kracht es von drinnen dumpf. Der Soldat stürzt in das Loch, ein Rotarmist hat ihn mit der Handgranate getötet.

Gegen Abend kommt der General und beglückwünscht die Bataillone zu ihrem »Erfolg«. Dabei kann er die lange Reihe frisch aufgeworfener Gräber nicht übersehen und nicht die nebeneinander liegenden toten deutschen Soldaten seiner Division. Sein Blick geht auch hinüber zu den zerschossenen Troßfahrzeugen, Feldküchen und Lastkraftwagen. Sie stammen von einer unserer Baukompanien, die vor acht Wochen von den Sowjets überrannt wurden und über deren Trümmer sich der Ring um Demjansk legte.

Über diesem Ort liegt eiskaltes Grauen. Und drüben drohen die Wälder.

Die letzten Messerschmitt-Jäger fliegen der untergehenden Sonne entgegen, rot glitzert der Schnee, rot sind in ihrem Glanz die Gesichter, rot wie das Blut, das überall im Schnee gefriert.

29. März 1942. Wild stürzen sich die Stukas ab 11.30 Uhr auf die vor uns liegenden Waldränder. Ob die da oben was entdecken, ob sie in das Gewirr hineinsehen, beobachten können?

Wir stehen an den Ortsrändern von Onufrijewo und Welikoje-Sselo, die Ferngläser vor den Augen, und warten auf den Angriffsbeginn.

In der Nacht hat uns wohl ein Dutzend der klapprigen Doppeldekker permanent bombardiert.

Nun geht es los: Zwei schmale, tiefe Reihen stapfen dem Wald entgegen. Die Russen schießen, kaum, daß unsere Flugzeuge verschwunden sind. Die ersten Verwundeten. Nach einer halben Stunde bringt man den Führer der linken Stoßkompanie nach hinten. Er ruft noch: »Mein Kompanietruppführer liegt tot auf dem Weg!« – Einer nach dem anderen von den vertrauten Kameraden muß dran glauben. Da liegt er – Peter, der stets so fröhliche Feldwebel, der in Frankreich beim Sekt so glücklich von seiner jungen Frau schwärmte ... Noch lebt er, aber er kann den Kopf nicht mehr heben und winkt uns schwach zu.

Weiter, nur weiter, nur diese trüben Gedanken nicht aufkommen lassen. Schon schlägt es an der Unglücksstelle wieder ein. Sanitäter bergen die Sterbenden.

Vorm Hochwald verhält das Bataillon. Wieder läuft der Kommandeur nach vorn, setzt die Kompanien neu an, bringt die rechte selbst voran.

Weiter vor ihm rauschen Bomben in den Wald, in dem es vom Kampflärm dröhnend hallt. Die ersten Stellungen des Gegners sind überrannt. Sie liegen tot in den Schneelöchern, die erstarrten blauen Hände oft noch um die Waffe gekrallt. Eine verlassene Panzerabwehrkanone glotzt uns an. Schritt für Schritt schleichen wir vor, hinter jedem Gebüsch kann der Tod lauern.

Gegen 17 Uhr sind wir etwa achthundert Meter drin. Die Sturmgeschütze halten, die Kompanien gehen in Stellung und graben unter hellen Birken und dichtem Gestrüpp ihre Löcher. Gesichert wird nach allen Seiten.

Irgendwo stößt einer der Bataillonsmelder auf einen stabilen Bunker, der wahrscheinlich aus den Kämpfen im Herbst 1941 stammt. Er macht den Kommandeur auf diesen möglichen Gefechtsstand aufmerksam. Aber der schüttelt den Kopf und gräbt sich sein Loch, wie seine Soldaten es tun.

226

Da rauscht es plötzlich heran – eine Lage der Stalinorgel schlägt zwischen uns ein. Schreie. Wir drücken die Gesichter in den Schnee. Die Augen nehmen dennoch den Feuerschein wahr.

Als wir wieder aufstehen, liegt zwischen uns der Torso eines Soldaten vom Funktrupp. Der Kommandeur blutet an der Stirn. Der Bataillonsarzt sucht seine vorhin hier abgestellte Ledertasche. Von ihr ist nicht ein Fetzen mehr da.

Morgen früh sind wieder viele Gräber auszuheben.

30. März 1942. Das II. Bataillon ist heute nur zweihundert Meter vorangekommen. Es mußte eine Minensperre überwinden und über Stellungen hinweggehen, in denen tote Sowjetsoldaten als Zeugen des verbissenen Kampfes liegen.

Dann rollen sechs russische Panzer von dort an, wo sich vor dem Bataillon eine Lichtung auftut. Der eigene mitgefahrene Panzer bleibt brennend stehen. Panzergranaten wühlen sich in das stockende Bataillon. Grab auf Grab entsteht in diesem entsetzlichen Wald. Um Mittag läßt der Kampflärm nach, die Sowjets stellen ihre Angriffe ein.

Aber wie soll das nun weitergehen in diesem verflixten Gelände? Auf alle paar Meter kommen Tote und Verwundete. Schon geht dem Arzt das Verbandszeug aus.

Die Flieger können von oben nichts erkennen, der Artillerie fehlen die Ziele. Der Wald verbirgt den Feind, seine Minen, seine neuen Panzerungetüme vom Typ T 34 und seine Stalinorgeln.

Das II. Bataillon ist zur Abwehr übergegangen.

Der Führer der »Stoßtruppe Seydlitz«, General von Seydlitz-Kurzbach, kommt nach vorn, um die Lage zu peilen. Seine gewollt zuversichtliche Stimmung scheint angesichts dieses grausamen Geschehens allzu aufgesetzt. Jetzt fetzen Granaten der T 34 wieder ins Dikkicht. Wir warten auf neue Befehle.

Von den Trossen hinter uns erfahren wir, daß die russischen Nachtbomber ihnen arg zugesetzt haben. Auch die Salven der Stalinorgeln sind mehrmals über uns hinweg zum Nachschub gegangen.

Wir warten. Post ist gekommen, Grüße aus einer für uns nicht mehr existierenden Welt. Die Sonne dringt durch verschneite Birkenzweige. Ich gehe mit einem Kameraden durch den Wald. Da liegen Pferdekadaver, zerstörtes Gerät, tote Rotarmisten. Was für ein Waldspaziergang!

Aus heutiger Sicht
Tragödien in Eis und Schnee
Von einem General mit berühmtem Namen, einem Geschichtsprofessor und einem kommunistischen Schriftsteller

Deutlich sehe ich ihn noch vor mir auf dem blutigen Weg nach Demjansk – den General der Artillerie Walther von Seydlitz. Leutselig und wie ein Kumpel griff er mit den Landsern in die Speichen eines Geschützrades. Das Geschütz war im Schnee steckengeblieben. Er trug den weißen Schneemantel, so daß man ihn als General allenfalls an der Mütze erkennen konnte.

Später erschien er auf dem Gefechtsstand unseres Bataillons. Im Gegensatz zu meinem ziemlich niedergeschlagenen Bataillonskommandeur, dem die ungeheuren Verluste seiner Soldaten sehr zusetzten, machte von Seydlitz einen betont optimistischen Eindruck. Es lag ihm wohl daran, diese armseligen Häuflein von zerzausten Kompanien für die weiteren Kämpfe aufzumuntern.

Seydlitz-Kurzbach. Immer wieder taucht der Name in der deutschpreußischen Geschichte der letzten zwei Jahrhunderte auf. Der General der Kavallerie Friedrich Wilhelm von Seydlitz-Kurzbach war der Held Friedrichs II. bei Roßbach und Zorndorf; ein Seydlitz war auch bei Tauroggen dabei, als Yorck aus eigenem Entschluß jenen berühmten Waffenstillstand mit den Russen schloß.

Und nun hatte uns der Artilleriegeneral, der unserer Stoßgruppe zur Befreiung der eingeschlossenen Divisionen seinen Namen gegeben hatte, erfolgreich bis zum gelungenen Durchbruch geführt. Hitler hatte ihm bereits im Januar 1942 das Eichenlaub zum Ritterkreuz persönlich ausgehändigt, wobei er allerdings – laut den Memoiren des Generals – auf Seydlitz einen recht düsteren und wenig umgänglichen Eindruck gemacht hatte.

Ganz sicher war der General von Seydlitz nie ein Nationalsozialist, geschweige denn ein Hitlerfreund. Er gehörte zu der gewiß nicht geringen Zahl höherer Offiziere, die zwar national, aber eher monarchistisch gesinnt waren, und denen der »böhmische Gefreite« von Anfang an suspekt war.

Bereits Offizier im Ersten Weltkrieg, war Seydlitz in der Hunderttausend-Mann-Reichswehr zur Zeit von Hitlers Machtergreifung Abteilungskommandeur. So geschah es auch ihm wie allen Offizierskameraden, die den Führer geradezu verachteten: Er trug das Hoheitszeichen mit Hitlers Hakenkreuz auf der Uniform und er trug im Zweiten Weltkrieg Hitlers Hakenkreuz-Orden. Und er gehorchte. Was sollte er auch sonst tun? Bis Stalingrad im eisigen Januar des Jahres 1943. Das »Feldherrengenie« Hitler hatte durch Wahnsinnsbefehle und durch das eiserne Gebot, nicht zurückzuweichen ohne seine Genehmigung, eine Katastrophe von unvorstellbarem Ausmaß herbeigeführt. Was bei Demjansk infolge weitaus günstigerer Voraussetzungen noch möglich war: die monatelange Versorgung eingeschlossener Truppen durch die Luftwaffe – das war nach der Einschließung der 6. Armee ein Ding der Unmöglichkeit. Zwar hatte Göring dem Führer geschworen, die Versorgung sicherzustellen, aber diese Schaumschlägerei brachte Hunderttausenden Tod und Untergang. Wir wissen heute um alle Einzelheiten jener entsetzlichen Vernichtung, Auflösung und Gefangennahme einer ganz und gar verratenen Armee. Seydlitz war als Kommandierender General eines Armeekorps dabei. Wahrscheinlich war es das aufmüpfige Blut seiner berühmten Ahnen, das da endlich rebellierte. Seine Mahnungen an den Oberbefehlshaber, General Paulus, bewirkten, wie wir wissen, nichts. Paulus folgte resignierend Hitlers Befehl, an Ort und Stelle zu bleiben, obwohl seine Soldaten zugrunde gingen, die Munition verschossen war, die Verpflegung ausblieb. Nie werden wir, die jene Zeit miterlebten, die Meldungen im Radio hörten, später die furchtbaren Bilder von unzähligen deutschen Soldatenleichen sahen, die schaurige Düsternis des Geschehens vergessen können. Da brach Seydlitz den Eid, den er einst schwor. In der sowjetischen Gefangenschaft wandte er sich gegen Hitler. Als Vizepräsident des dort gegründeten »Nationalkomitees Freies Deutschland« bemühte er sich mit anderen Mitgliedern, die Oberbefehlshaber der Ostfront zum Aufstand gegen Hitler, zur Zurücknahme der deutschen Truppen an die Reichsgrenze und zu Friedensverhandlungen mit Rußland zu bewegen. Moralisch begründete Seydlitz den Eidbruch mit einem Ausspruch des Freiheitskämpfers Ernst Moritz Arndt:

»Wenn ein Fürst seine Soldaten gebraucht, das Glück und die Freiheit seiner Mitbürger zu zerstören, wenn Fürsten also tun und gebieten, was gegen das Vaterland ist, oder wenn sie sich gebärden, als wollten sie solches tun, so sind die Untertanen von ihrem Eid erlöst.«

Hitler hatte durch seine Katastrophenpolitik und schließlich durch den Angriff nach Osten, um dem »Volk neuen Lebensraum zu schaffen«, Glück und Freiheit seines Volkes verspielt.

Aber alle Flugblätter, alle Lautsprecherdurchsagen, alle Versuche, die deutsche Front aufzubrechen, die Kommandeure zum Aufstand gegen den Führer zu bewegen, schlugen fehl. Heute entnehmen wir den Aufrufen des Nationalkomitees zwingende Logik, zutreffende Voraussagen und berechtigte Warnungen. Aus einem solchen Aufruf:

> »Die Tatsachen beweisen: Der Krieg ist verloren. Deutschland kann ihn nur noch hinschleppen um den Preis unermeßlicher Opfer und Entbehrungen. Die Weiterführung des Krieges würde das Ende der Nation bedeuten.
>
> Aber Deutschland darf nicht sterben! Es geht jetzt um Sein oder Nichtsein des Vaterlandes.
>
> Die Zeit drängt. Rasches Handeln tut not. Wer aus Furcht, Kleinmut oder blindem Gehorsam weiter mit Hitler geht, handelt feige und hilft Deutschland in die nationale Katastrophe treiben. Wer aber das Gebot der Nation höher stellt als den Befehl des ›Führers‹, handelt mutig und hilft das Vaterland aus seiner tiefsten Schmach erretten.«

Die Reaktion innerhalb der deutschen Front war gleich Null. Seydlitz wurde sofort als Verräter gebrandmarkt. Wie ich, waren alle tief verstrickt in Eid, Befehl, Gehorsam und – das galt immer noch für viele – in den nicht wankenden Glauben an Hitlers Endsieg.

Noch einer war da, dessen Name mir und meinen Kameraden öfter in Rußland über den Weg kam: Erich Weinert, emigrierter kommunistischer Schriftsteller. Er war der Präsident jenes Nationalkomitees Freies Deutschland.

Neben ihm waren auch dabei Wilhelm Pieck und Walter Ulbricht, ganz und gar keine angemessenen Gefährten für die deutschen Offiziere, aber eine einzigartige Notgemeinschaft im Zeichen ungeheurer Blutverluste für beide kämpfenden Seiten.

Erich Weinert war es auch, der jene Gedichte verfaßte, die ich schon kurz erwähnte und über die wir in den ersten Angriffswochen lachten. Jetzt – beim Durchbruch im harten russischen Winter – lachte keiner mehr:

»Nach Rußland führt uns Hitler rein –
wie wird das böse Ende sein?

O weh, im Schnee,
in Rußlands tiefem Schnee.

Die Raben schrein um uns herum
vom Balkan bis zum Baltikum.

O weh, im Schnee,
in Rußlands tiefem Schnee.

Kamerad, wir wollen heimwärts gehn,
soll uns der Eiswind nun verwehn?

O weh, im Schnee,
in Rußlands tiefem Schnee.

Wenn wir nicht das Gewehr umdrehn,
so werden wir zugrunde gehn.

O weh ...!«

Kleo Pleyer war kurze Zeit im Jahre 1940 mein Kompanieführer während unseres Aufenthalts in der Normandie. Er war Geschichtsprofessor aus Königsberg, ein Hüne von einem Mann, rothaarig und immer fröhlich. Und er war ein begeisterter Nationalsozialist, aber nicht intolerant und stur, sondern eben heiter und sonnigen Gemüts. Er gehörte zu denen, die bedingungslos zu Adolf Hitler standen, die seinen Thesen gläubig folgten. Für Kleo Pleyer waren Krieg und Kriegertum die »großen Werteschaffer« – wie bei Nietzsche. Er sprach vom »marschbereiten Volk« und vom Rußland-Feldzug als dem größten Zug, der je nach Osten gezogen ist, die größte Ostlandfahrt des deutschen Volkes. »Wir sind die Nachfolger der Ordensritter«, sprach er zu seinen Soldaten, »deren Kreuzzeichen wir an der Brust tragen.«
So führte er seine Kompanie mit Hingabe, kameradschaftlich und im Einsatz sehr mutig. Er hätte eine Kopie von jenem Leutnant Ernst Wurche sein können, den der Kriegsromantiker Walter Flex

in seinem »Wanderer zwischen beiden Welten« sagen läßt: »Leutnantsdienst tun heißt seinen Leuten vorleben, das Vorsterben ist dann wohl einmal ein Teil davon.«

Oberleutnant Kleo Pleyer starb am 25. März 1942 in Onufrijewo. Wie es sich gehört, ging er seiner Kompanie weit voraus, nachdem die das Dorf bombardierenden Stukas wieder abgeflogen waren. Niemand konnte sich vorstellen, daß es hier noch Leben gab. Einer der ersten gezielten Schüsse aus den Erdlöchern traf Kleo Pleyer in die Brust. Die Kompanie mußte zurück. Später hat man ihn mühsam begraben, die Erde war hart gefroren. Als Tage danach eine Stabseinheit durch das eroberte Onufrijewo zog, entdeckte ein Offizier steif aus dem Schnee ragende Beine. Es waren die des Oberleutnants Pleyer.

So verwirrend sind die Geister des Zweiten Weltkrieges gewesen: Wir können Kleo Pleyer gewiß unsere Achtung und unseren Respekt nicht versagen, aber wir können ihn auch dem General von Seydlitz nicht verwehren, der inmitten der toten deutschen Soldaten den Entschluß faßte, das Seine zu tun, um dem grausamen Gemetzel ein Ende zu bereiten ... Und Erich Weinert? Er war sicherlich ein ehrlicher Kommunist, der vor der Verfolgung im Dritten Reich seine Zuflucht in dem Land suchte, dessen Sozialismus ihm so großartig und vorbildlich erschien.

Lassen wir die drei so gänzlich verschiedenen Zeitgenossen, von denen jeder völlig anders in den Krieg verstrickt war, noch einmal sprechen.

General von Seydlitz, der – von der Geschichte und durch die Gerichte längst rehabilitiert – im April 1976 starb, schrieb Ende 1943 an den Oberbefehlshaber der 9. Armee, Generaloberst Model, unter anderem:

> ».... darum, Herr Generaloberst, handeln Sie nach Ihrer besseren Einsicht. Sie, wie alle Befehlshaber der deutschen Wehrmacht, tragen die Verantwortung für das Schicksal Deutschlands in ihrer ganzen Schwere. Zwingen Sie Adolf Hitler zum Rücktritt! Räumen Sie den russischen Boden und führen Sie das Ostheer an die deutsche Grenze. Mit diesem Entschluß werden Sie die politischen Voraussetzungen für einen ehrenvollen Frieden schaffen, der dem deutschen Volk die Rechte einer freien

Nation erhält. Es geht aber alles verloren, jede Hoffnung wird zunichte, wenn Adolf Hitler mit Ihrer Hilfe den Krieg fortsetzen kann und das deutsche Volk mit sich in den sicheren Untergang reißt.«

Der Geschichtsprofessor und Oberleutnant Kleo Pleyer schrieb in seinem Buch »Volk im Feld« 1941 von einer illusionären Vision, bevor ihn der Tod in Rußlands Schnee ereilte:

»Es kann sein, Kamerad, daß wir nicht wiederkehren. Wenn dann von den deutschen Domen und Dorfkirchen die Glocken des Sieges klingen, wenn auf Deutschlands Straßen die Marschakkorde einrückender Regimenter schallen, wenn Millionen Frauen, Mütter und Bräute den feldgrauen Heimkehrern zujubeln, werden die unsrigen weinend am Wege stehen, und wir werden irgendwo vermodern. Aber unsere Liebe wird uns überleben, sie wird in den klingenden Glocken sein und in der Marschmusik der Regimenter, sie wird vor den Lebenden einherziehen als die sieghafte Fahne des Volkes, das nur deswegen gesiegt hat, weil wir Deutschland mehr geliebt haben als unser Leben.«

Und Erich Weinert, nach dem Krieg in der DDR hoch geehrt, in dem letzten Vers einer seiner Aufrufe zum Aufstand gegen Hitler an die kämpfende deutsche Truppe:

»... ich möchte, daß Ihr Euch endlich besinnt!
Nun blast den Burschen mal andere Töne,
eh alle kaputt und begraben sind!
Schreit doch mal los wie aus einem Munde:
Schluß mit dem Krieg, herum das Gewehr!
Ihr werdet sehen: In derselben Stunde
ist Hitler nicht mehr!«

Seydlitz und Weinert riefen vergeblich, die Moral der Truppe blieb intakt. Hitler hatte sie fest im Griff. Zum Pflichtgefühl, zum unbedingten Gehorsam kam die Furcht vor russischer Gefangenschaft. Der deutsche Soldat und seine Offiziere gingen lieber in den Tod, als freiwillig den Marsch nach Sibirien anzutreten.
Anmerkung: General von Seydlitz hinterließ seine Erinnerungen (erschienen nach seinem Tode im Stalling-Verlag). Erich Weinert

schrieb Novellen und Romane, die in DDR-Verlagen erschienen; viele Straßen in Städten des »ersten sozialistischen Staates auf deutschem Boden« wurden nach ihm benannt. Kleo Pleyers Buch »Volk im Feld« verschwand in der Versenkung, sein Name verlosch, sein Körper ist Teil der russischen Erde.

Aufzeichnungen 1942
Fortsetzung meines Tagebuches über »Unternehmen Brückenschlag« südostwärts des Ilmensees

31. März 1942. In der Nacht macht uns wildes Maschinengewehrfeuer munter. Dazu Motorengebrumm und Granateneinschläge – Panzer greifen an! Schon geht der Ruf nach der Pak durch den Wald. Das Telefon am Gefechtsstand schrillt. Das II. Bataillon bittet dringend um Hilfe. Die Sowjets bestürmen es von allen Seiten, Panzer haben die vordersten MG-Nester überfahren.
Der Kommandeur ringt um einen Entschluß. Er weiß, was es bedeutet, in das Schlamassel einen Zug oder gar eine Kompanie zu schicken.
Der Morgen graut. Der Kampf wird heftiger. Rauchschwaden stehen über dem umkämpften Waldstück. Zwei Sowjetpanzer brennen, einer hat abgedreht. Zwei weitere aber schießen noch wild um sich. Wieder und wieder kommt durch den Feldfernsprecher der Ruf: »Wo bleibt die Verstärkung?«
Da schickt der Oberstleutnant schweren Herzens einen Zug der 13. Kompanie nach vorn in den Kampf. Ich sehe ihn abrücken, der junge Leutnant spricht nicht mehr viel, er weiß um sein Himmelfahrtskommando. Am Nachmittag kommen ganze sechs Mann zurück. – »Auftrag ausgeführt ...«
Den Leutnant sehe ich am Abend neben dem Schneeloch liegen, das sein Grab wird. Neben ihm liegt der Führer einer anderen Kompanie, ein Oberleutnant, unter dessen freundlicher Führung ich in Frankreich diente. Auch er bleibt nun in diesem furchtbaren Wald.
Am Abend kommt der Befehl: Der Wald ist aufzugeben. Die Hauptkampflinie wird bis Welikoje-Sselo zurückverlegt, der Stoß zum Lowath weiter nördlich fortgeführt. Wir atmen auf und verlassen geordnet den Wald und die vielen, vielen toten Kameraden.
Ein neuer Kampfabschnitt beginnt: Der Kampf um die Rollbahn nach Demjansk.
1. April 1942. Am Abend liegt der Wald hinter uns. Der Russe stößt nicht nach. Die Kolonnen sind klein geworden, schon lange nicht mehr als Kompanien oder Züge zu erkennen; oft fehlen mehr als zwei Drittel der ursprünglichen Kampfstärke. Aber trotz dieser de-

primierenden Verluste kommt nicht der geringste Zweifel auf, daß
wir den Durchbruch schaffen werden ...

4. April 1942 (Ostersamstag). In der Heimat wird jetzt über den
Wäldern der erste grüne Schimmer liegen. Wir haben keine Zeit, davon zu träumen – es ist wieder Angriffstag.

Erneut hält uns ein Waldgelände auf, das wieder von Artillerie und
Stukas heimgesucht wird. Danach treten wir an, das Buschgelände
vor dem Hochwald vom Feind zu säubern. Aber schon bald geht es
nicht mehr weiter. Aus allen Richtungen schlägt uns Feuer entgegen. Auf den Bäumen hocken Scharfschützen, hinterm Buschwerk
tacken Maschinengewehre. Die Kompanien liegen fest. Ein Zug am
linken Flügel rast ungeachtet des Feuers in den Hochwald, verliert
die Verbindung zur Kompanie und wird seither vermißt.

Obwohl unsere Ari nach wie vor schießt, läßt das feindliche Infanteriefeuer nicht nach.

Das Dorf, in dem wir unseren Bataillonsgefechtsstand eingerichtet
haben, heißt Bol Gorby. Jetzt kommen die Einschläge der russischen Geschütze hierher. MG-Garben zwitschern über die verschneite Straße.

Der Bataillonsadjutant neben mir schreit auf – Schulterdurchschuß
– »Heimatschuß«. Ich trete an seine Stelle. Im nächsten Moment
brüllen drei Funker ihre Schmerzen heraus, sie wälzen sich auf dem
Schnee, einer von ihnen stirbt.

5. April 1942 (Ostersonntag). Wir suchen Verbindung zu dem linken verschollenen Zug. Ein Melder stapft auf dem schmalen Schlittenpfad nach vorn – und kommt nicht mehr zurück. Zwei Melder
werden nachgeschickt – und werden nie mehr gesehen.

Am nächsten Tag, als es endlich weitergeht, finden wir sie alle an
derselben Stelle erschossen auf. Hinter einem hohen Schneewall
muß der Tod gelauert haben.

Am Abend gegen 18 Uhr stürzen noch mal Stukas auf den Wald,
wird das Feuer von sieben Batterien auf ihn zusammengefaßt.

Angriffsbefehl: »11. Kompanie stößt nach Osten vor!«

Nach hundert Metern bleibt der Angriff liegen.

Alle Kompanien haben an diesen Ostertagen erheblich bluten müssen, immer mehr schmelzen sie zusammen. Aber der vermißte Zug
wird wieder aufgenommen, er hat sich mit zwei Toten und drei Verletzten behauptet. Das linke Nachbarregiment hat die Rollbahn er-

236

reicht, sein I. Bataillon findet in der Nacht Anschluß an uns. So liegen wir nebeneinander am Rande des Waldes.

Im Gefechtsstand geht die ganze Nacht hindurch das Telefon. Die Augen finden keinen Schlaf. Neue Angriffsbefehle werden durchgegeben. Morgen ist der Wald zu nehmen! Der Ostersonntag 1942 ist zu Ende. Ich starre auf die Verlustmeldungen der Kompanien.

6. April 1942 (Ostermontag). Von Süden stößt das Bataillon »Mecklenburg« auf uns zu. Wir treten an und erreichen nach schwächerem Widerstand das erste Angriffsziel – den Südrand des Waldes. Wir verhalten dort und warten auf weitere Befehle.

Die Russen sind in der Nacht ausgewichen. Ob sie ahnen, wie schwach wir in Wirklichkeit sind?

Nachmittags – gerade, als wir mit dem Gefechtsstand nach vorn wollen, brandet dort neuer Gefechtslärm auf.

Über Funk kommt die Nachricht, daß unsere drei Jägerkompanien von allen Seiten angegriffen werden.

»Munition!« kommt der Schrei. »Wir brauchen dringend Munition!« Träger machen sich auf den Weg. Immer wilder wird das Getöse des Kampfes. Alles übertönen unsere schnellschießenden MGs. Dann fetzt eigene Artillerie dazwischen. Wie kann sie das bei so verzahnten Fronten? Es ist ein vorgeschobener Beobachter von einer abgesprengten Artilleriegruppe der eingeschlossenen SS-Totenkopf-Division, der aus den Kompanien heraus im ärgsten Kampfgetümmel das Feuer seiner Geschütze auf die angreifenden Russen lenkt. Die haben schwere Verluste und brechen den Angriff bald ab. Erschöpft atmen die Landser auf. Der Kommandeur ist jetzt bei ihnen.

Vor ihrer Abwehrfront liegen überall die toten Sowjetsoldaten. Einer ist dabei, der noch im Tode aussieht, als renne er mit geballter Faust gegen die Deutschen an. Er trägt die Abzeichen eines Leutnants der Roten Armee. –

Das Bataillon hat ein neues Ziel. Auf selbstgetretenen Pfaden windet es sich durch den tiefen Schnee.

Schon wird es dunkel. Hinter den Bäumen, hinter den Büschen, ja auf dem gefrorenen Boden lauern Gefahren. Eben riß einem Zugführer eine Fußmine den linken Fuß ab. Und schon sind die Nachtbomber wieder da.

Wir graben unsere Schneelöcher und legen uns rein. Auf dem Esbit-kocher habe ich eine Erbsensuppe heiß gemacht. Noch nie hat mir eine Erbsensuppe so gut geschmeckt. Dazu gibt es Schoka-Kola – »Panzerverpflegung« – in Anbetracht des mörderischen Einsatzes. Schnee tropft mir in den Nacken.

Das war unser Osterfest 1942.

11. April 1942. Fünf Tage sind wir durch den Schnee gezogen, der nun zu tauen beginnt. Die Trosse versinken bereits bis über die Räder im Schneewasser. Fünf Tage lang haben wir die bisher ausgesparten Wälder nach den Resten des Feindes durchsucht, wiederholt beschossen von russischen Geschützen und Raketenwerfern. Ein Kamerad nach dem anderen muß zurück zum Hauptverbandsplatz.

Die Unheimlichkeit dieses grauenvollen Unternehmens will nicht weichen.

Als ich auf unserem Marsch unterwegs war, um mit einem Gebirgs-jäger-Bataillon Verbindung aufzunehmen, stieß ich auf einem schmalen Schneepfad auf die Leichen mehrerer Essenträger. Sie hatten noch ihre Schneeschuhe an den Füßen und die Essenkanister auf dem Rücken angeschnallt. Wir sind jetzt dicht vor der Rollbahn, die über den Lowath nach Demjansk führt.

Aber wie sehen wir aus! Kompanien mit zwanzig bis fünfundzwanzig Mann, die Männer, stumpf geworden, fast alle mit Erfrierungs-erscheinungen.

Der ursprünglich für den 10. April angesetzte Stoß zur Rollbahn wurde verschoben.

Nun liegen wir wieder bereit im Buschwerk. Die Rollbahn, Lebensader für die bisher nur von der »alten Tante Ju« (Junkers 52) notdürftig versorgten Eingeschlossenen, liegt zwei Kilometer vor uns.

Wir hören das Rasseln sowjetischer Panzer. Unsere Panzerabwehr-kanonen konnten bisher in diesem Gelände nicht nachgezogen werden.

Die Kompanien greifen an, jede nicht stärker als ein fünfundzwanzig Mann starker Stoßtrupp. Aber es geht voran. Nur rechts bleiben sie eine Weile vor einer Bunkerlinie liegen. Die linken Teile müssen deshalb verhalten. Da geschieht es, daß die T 34 der Russen vor unseren Soldaten hin und her rollen, ja, daß sie durch unsere Linien hindurchfahren. Aber ihre Sicht ist so begrenzt, daß sie die Deutschen vor sich und seitwärts nicht erkennen und ins Blinde schießen.

Um 17 Uhr geht's weiter. Wir machen mit dem Bataillonsstab Stellungswechsel. Auf unserem Weg liegen tote Kameraden. Eine Schneise muß überwunden werden, auf ihr liegt das Feuer sowjetischer Scharfschützen. Es dunkelt schon, da kommt über Funk die Meldung: »Rollbahn erreicht!«

Panzergranaten zerfetzen die Bäume. Die Kompanien sollten die Straße erreichen, aber ihre Führer haben sie in altem Angriffsschwung schon über sie hinaus mitgerissen. Nun sichern sie im jenseitigen Wald.

Der Kommandeur ist zufrieden. Man spürt, daß er neue Hoffnung schöpft – die Hoffnung, daß nun dieses grausame Gemetzel zu Ende geht – dieses Unternehmen, das sein Bataillon zerschlug. Er spricht mit den Übriggebliebenen. In unseren Stiefeln quietscht das Wasser. Noch immer surren Geschosse über uns hinweg, der Russe hat noch lange nicht aufgegeben.

Da liegt sie nun im Dunkel vor uns – die Rollbahn von Staraja Russja nach Demjansk, im Tauwetter ein schmutzig-hellgrauer Streifen. Fahrzeuge brennen, und die Flammen werfen ihren Schein auf zerstörte Panzer, auf riesige Wasserlachen und die Toten. Überall ist die Straße von mächtigen Stukatrichtern aufgerissen. An den Seiten stehen – schief, zerschossen und geknickt –die Leitungsmasten.

Hier haben wir sie in der Hand, die Rollbahn. Aber nördlich und südlich von hier sitzt auf ihr noch der Russe.

Der Kommandeur nimmt die Kompanien von jenseits der Straße wieder zurück in die diesseitigen Büsche. Noch ist die Lage zu unübersichtlich.

Dicht an der Straße erwarten wir den Morgen. Am nächsten Tag sollen von Norden Teile eines weiteren Regiments auf der Rollbahn zum Lowath vorstoßen.

Wir sollen erst einmal verschnaufen. In der Hoffnung, daß es den Kameraden gelingen möge, voranzukommen, schlafen wir ein.

12. April 1942. Rasender Gefechtslärm reißt uns aus unseren Träumen. Stukastaffeln kreisen über der Nachschubstraße, zerschmettern anrollende Panzer und laden ihre Bomben in den Wäldern jenseits der Rollbahn ab. Unsere Artillerie schießt auch hinein. Der

Russe erwidert das Feuer. In unser während der Nacht so friedliches Biwak prasseln Wurfgranaten. Auf einen Schlag werden beim I. Bataillon dessen Kommandeur und drei seiner Offiziere verwundet.

Auf der Straße stößt das angekündigte Regiment vor, eines seiner Munitionsfahrzeuge steht in Flammen. Etwa zwei Kilometer vor dem Fluß stockt alles. Die Sowjets haben Ersatz erhalten und sind zum Gegenangriff angetreten. Hier und da brechen sie in unsere geschwächten Reihen ein. Mühsam werden die Lücken durch Vorstöße wieder abgeriegelt.

Unsere Kompanien sichern jetzt jenseits der Straße in völlig versumpftem Gelände nach Norden.

Wir betreten wieder die von lodernden Bränden erhellte Rollbahn. Vor uns liegt ein umgestürzter Karren, hinten brennt der Munitionswagen aus. Ganz in der Nähe werden drei zerschossene T 34 vom Feuerschein beleckt.

Verwundete gehen auf der Straße zurück. Jetzt kommt auch die Pak nach vorn. Die ersten Verpflegungsfahrzeuge rollen bereits an, der erste Nachschub auf der freigekämpften Straße.

Die Geschütze des Feindes versuchen, sie zu treffen, und die ersten »Nähmaschinen« sind auch schon über ihr und suchen uns.

Unsere Kompanien – insgesamt vielleicht noch fünfzig Mann – stehen bis zum Knöchel im Sumpfwasser. Artillerieeinschläge hinter ihnen finden im Wald ein vielfaches Echo.

Wir sind erleichtert heute abend: Unser Auftrag steht vor der Erfüllung. Dann, so hoffen wir, gibt es Ruhe.

13. April 1942. »Der Iwan hat uns abgeschnitten! Die Essenträger hat er schon geschnappt!«

Mit dieser Alarmmeldung jagt uns ein zurückkehrender Essenholer auf. Rotarmisten hätten sie überfallen, zwei von ihnen seien erschossen. Als Unterstreichung dieser Nachricht hören wir jetzt von der Straße her das Getöse eines Kampfes. Die Kompanien rufen an: »Was ist los? Wir hören Gefechtslärm hinter uns und bitten um Aufklärung!«

Irgendwo ist der Russe in eine schwache Stelle eingedrungen; aber wo zum Teufel sind unsere Stellungen nicht schwach?

Mit verkniffenem Gesicht sucht der Kommandeur nach einem Entschluß. Dann gibt er seinem Stab den Befehl zum Sammeln. Von der Rollbahn her wird der Lärm des Gefechtes immer stärker. Kein

Zweifel, die Straße ist im Norden wieder abgeschnitten – und wir sind drin in der Falle.

Nach allen Seiten sichernd, pirschen wir uns an der Straße entlang. Hundert Meter vor uns springen Rotarmisten über die Rollbahn. »Feuer frei!« Der Oberstleutnant holt zwei Pak heran, die nach Süden sichern sollen. Sie drehen ihre Rohre um. Wir schießen, was das Zeug hält. Eine sMG-Gruppe kommt herangestürmt und verstärkt den Feuerwirbel. Jeder Mann vom Bataillonsstab – Funker, Melder, Schreiber – schießt auf die Bewegungen vor uns auf der zerstörten Straße.

Da stürzen sie, fallen, wenige gleiten noch schlangengleich ins schützende Dickicht. Dann hören die Feindbewegungen ganz auf.

Wir verstärken unsere Sicherungen und bauen unsere Zelte wieder in den Schlamm.

Der Kommandeur prüft die Lage. Kein Zweifel: Wir sind abgeschnitten. Da ordnet er die Bataillone und die anderen übriggebliebenen Teile des Regiments und übernimmt bis zur Klärung der Lage den Befehl.

Der Gefechtslärm ist verstummt. Wir warten ab.

Unser Kommandeur ist erschüttert. Eben hat man wieder einen seiner Offiziere schwerverwundet weggetragen. »Unser stolzes Bataillon«, sinniert er, »was soll man noch tun? Es bleibt uns nur das Letzte: Antreten zum Gegenstoß. Ich will hier nicht als letzter der Mohikaner bleiben.«

Aber gerade an diesem Tag scheint die Sonne so frühlingswarm, daß sie auf der Haut prickelt. Bei mir wollen einfach keine trüben Gedanken aufkommen – die Sonne läßt sie nicht zu. Ich spreche dem Oberstleutnant gut zu: »Wetten, daß wir noch in diesem Jahr unseren Urlaubskaffee zu Hause am weißgedeckten Tisch trinken?«

Gegen Mittag rasseln Kettenfahrzeuge auf der Rollbahn. Sowjetische Panzer? Alarm ...

Aber dem Himmel sei Dank! Die Sonne fällt auf die leuchtenden Fahnentücher auf unseren Sturmgeschützen – die Straße ist wieder frei!

Kurz darauf erscheint im Kübelwagen auch der Regimentskommandeur.

Der Spuk ist verschwunden. Einige Kompanien haben mit der Unterstützung durch Sturmgeschütze die Straße gesäubert. Reste des

Gegners gibt es hier und da nur noch in den rückwärtigen Waldgebieten.

Morgen setzen die Regimenter vorn ihren Angriff zum Lowath fort, während wir hier die Rollbahn sichern. Von Demjansk her greift die SS-Gruppe Eicke an. Auch sie kommt voran, der Russe gibt Stützpunkt auf Stützpunkt auf. Unternehmen Brückenschlag steht vor seinem Ende.

Am 22. April 1942 stehen sich die deutschen Angriffsspitzen gegenüber: hier die Regimenter unserer 8. Jäger-Division und der 5. württembergisch-badischen Jäger-Division und drüben die Waffen-SS unter Eicke. Nur der Fluß trennt sie noch, auf dessen Wasser die erste Frühlingssonne glitzert.

Die erste Fähre verbindet die Ufer.

Stoßgruppe Seydlitz ist durch, die Brücke geschlagen. Bald wird der Nachschub hinüberrollen.

Von Norden schießt der Russe mit schweren Kalibern. Bald wird er wieder angreifen. Der Leidensweg der Division ist noch lange nicht vorüber.

Dreitausendvierundfünfzig Tote hat die Stoßgruppe Seydlitz dieses Unternehmen gekostet, die Regimenter sind ausgeblutet und erschöpft.

Der Wehrmachtsbericht gibt in diesen Tagen lapidar bekannt: »Eigene Angriffsunternehmungen südostwärts des Ilmensees waren erfolgreich ...«

Aus heutiger Sicht
Totentanz und Ritterkreuze in den Sumpfwäldern am Ilmensee

Während ich die Aufzeichnungen über den furchtbaren Opfergang der deutschen wie der sowjetrussischen Soldaten südostwärts des Ilmensees abschreibe, klappert in unserer Küche behaglich das Geschirr fürs bevorstehende Mittagsmahl, wird bei fünf Grad minus draußen die Heizung etwas höher gestellt. Um so unwahrscheinlicher und unglaublicher wird in solcher Atmosphäre, was ich damals während der Gefechte oder in den kurzen Kampfpausen niederschrieb, während der Schnee meines Deckungsloches auf den Notizblock tropfte.

Aber alles stimmt: Die vierzig Kilometer bis zum Lowath, die zu blutdurchtränkten Schneepfaden wurden, die schrumpfenden und schließlich völlig ausgebluteten Kompanien, die unheimlichen Nächte mit ihren ungestört operierenden primitiven »Nähmaschinen«, der ungebrochene Mut der Landser und auch die respektable Haltung meines Kommandeurs, Oberstleutnant Dr. Roßkopf. Was da den jungen Menschen abverlangt wurde, würde man heute als »unmenschlich« bezeichnen. Und doch hielten sie alles stumm und tapfer aus, nicht zuletzt, weil sie den Auftrag kannten: Sieben deutsche Divisionen aus der Umklammerung durch die Russen zu befreien.

Aber die Geschichte dieses Leidens im Morast der Wälder am Ilmensee geht noch lange weiter – bis schließlich 1943 der Raum um Demjansk endgültig geräumt werden mußte.

Bis dahin führte die Division in ununterbrochenem Einsatz harte und verlustreiche Abwehrkämpfe. Planungen größerer und entscheidender Vorstöße wurden vielfach durch den Russen, den man schon für total am Ende seiner Kräfte gehalten hatte, vereitelt. Immer wieder schätzte Hitler die Lage falsch ein. Seine Wehrmacht hatte am Ende der Winterschlachten 1941/42 einunddreißig Prozent ihres Personalstandes – verglichen mit dem Angriffstag am 22.6.1941 – verloren, darunter 202 251 Tote. Aber sie war intakt geblieben, jede andere Armee wäre wahrscheinlich in einer gleichen Winterkrise zugrunde gegangen.

So triumphierte der Führer über alle Opfer hinweg und rüstete für weitere Angriffe, nachdem er nun auch den USA den Krieg erklärt hatte (11. Dezember 1941). Die Soldaten, die den Winter überstanden hatten, wuchsen über sich selbst hinaus, vollbrachten Leistungen, die heute unbegreiflich sind, und glaubten auch in den zerschossenen Waldgebieten, wo sie die Rollbahn nach Demjansk sicherten, noch an den Sieg. Nie verloren sie ihren Galgenhumor und niemals ihre eiserne Disziplin. Zwar hätten sie ohnehin keine Alternative gehabt, es gab nur »töten oder getötet werden«, aber es war nicht allein die Zwangsläufigkeit, die sie all das bestehen ließ – es war ihr innerer Halt. Ich war in jener Zeit Adjutant beim III. Bataillon des Jäger-Regiments 28 und Zeuge von Vorgängen, die man in der Sowjetunion wie in Frankreich und erst recht in den USA pathetisch als »Heldentaten« bezeichnen würde.

Mehrfach habe ich im Auftrag des Kommandeurs Anträge zur Verleihung des Ritterkreuzes schreiben müssen. Es waren meist Unteroffiziere, die da vorgeschlagen wurden. Über zwei von ihnen liegen mir in Kurzfassung die Berichte noch vor:

> »Oberfeldwebel Ernst Wawrok wurde das Ritterkreuz zum Eisernen Kreuz verliehen, weil er Anfang Dezember 1942 nach Ausfall aller Kompanie-Offiziere seine Jägerkompanie während der Nacht an einen der Brennpunkte der Abwehrschlacht herangeführt und trotz massiven Artillerie- und Salvengeschützfeuers einen Einbruch verhindert hatte. Mit drei seiner Jäger eroberte er im Handstreich drei Bunker zurück; seine Jäger wurden verwundet, er kämpfte allein und hielt so fast eine Stunde aus, wehrte die Russen ab, während er selbst den Granatwerfer bediente. Er hielt so die Stellung, bis sich seine Soldaten vorgearbeitet hatten und die von Wawrok zurückeroberte Stellung endgültig sichern konnten.«

Oder:

> »Oberfeldwebel Karl Hausmann erhielt das Ritterkreuz, weil er mit persönlicher beispielhafter Tapferkeit – als das Bataillon beim Angriff liegenblieb – mit seinem Zug bei stärkster Kälte stark ausgebaute russische Widerstandsnester im Waldstück ostwärts Woskressenskoje genommen und so lange gehalten hat, bis drei Stunden später Ersatz und Verstärkungen heranka-

men. Der von Hausmann selbständig gefaßte Entschluß war von entscheidender Bedeutung für den Abwehrkampf.«

Das klingt so einfach. Wer dabei war, weiß, was solche persönliche Initiative im Angesicht des Todes, inmitten des entnervenden Vernichtungsfeuers, bedeutet.

Ich weiß, daß diese Männer – Figuren auf dem Schachbrett Hitlerscher Wahnsinnspolitik – sich wirklich nicht als »Helden« vorkamen – und dennoch klingt, was über sie zu berichten ist, wie ein Heldenepos. Obwohl mir nichts ferner liegt, als das millionenfache Töten zu heroisieren.

Hinter unseren Stellungen weiteten sich die Friedhöfe aus – unübersehbare Reihen von Kreuzen aus Birkenholz erhoben sich in einer Waldlichtung – der Soldatenfriedhof des Jäger-Regiments 28 bei Maklakowo/Ilmensee. In der Mitte ragte ein riesiges, aus dicken Birkenstämmen gezimmertes Kreuz zum Himmel – eine Holztafel trug folgende Zeilen:

»Daß Eure Mühlen wieder mahlen
und Eure Augen wieder strahlen,
daß Eure Sensen wieder klingen
und Eure Frauen wieder singen,
daß Eure Essen wieder glühen –
Gott hat es gewollt und geboten –
wir haben's getan – wir Toten!«

Als der Raum Demjansk aufgegeben wurde, walzte der Russe die Gräber der »faschistischen Eindringlinge« platt.

Ich weiß, daß ich mich wiederhole, wenn ich immer wieder auf jene (heute in unseren Augen naive und total blinde) Gläubigkeit verweise, die unsere Generation fähig und reif machte für den Kampf bis zum totalen Untergang. Die Voraussetzungen wurden in den sechs Jahren geschaffen, als die Hitlerjugend seelisch und körperlich auf die Zukunft – wie Hitler sie plante – »eingestimmt« wurde.

Für viele junge Menschen von heute mag das schwer begreiflich sein. Es wird auch oftmals von Zeitzeugen falsch dargestellt, sicherlich vielfach aus schierem Opportunismus. Aber auch ein Bericht, dem man Wahrheit und Ehrlichkeit unterstellen kann, könnte die Zeit vor dem Krieg falsch darstellen und zu falschen Rückschlüssen führen, weil der Berichter damals ein intellektueller Einzelgänger

war und sein Bericht nicht symptomatisch ist. So las ich in der »Frankfurter Allgemeinen« vom 11. Juni 1988 einen Bericht über die Schulzeit im Dritten Reich.
Da finde ich unter anderen folgende Sätze:

> »Am 19. Mai 1935 zockelten wir Hitlerjungen über Feldwege und durch den Wald zu einer neuen Autobahnbrücke, um ›Sieg Heil‹ zu schreien, wenn ›der Führer‹ die erste vollendete Autobahnbrücke zwischen Frankfurt und Darmstadt zur Einweihung abfuhr. Ein vom langen Weg mißmutiges Häuflein stand schließlich auf der Brücke, und ehe man noch schreien konnte, war ›der Führer‹ schon unter der Brücke durchgefahren.«

> »Wer in jenen Jahren aufwuchs, dem wurde der Nationalsozialismus wie ein Sack über den Kopf gezogen.
> ... Den Sack hatte ich mir so weit vom Kopf gezerrt, daß ich, siebzehn Jahre alt, wußte: Was man mir in Zukunft auch raten oder befehlen mochte, für mich gab es nur noch eine einzige ernsthafte Aufgabe: den Kopf zu retten.«

Wie gesagt, dem Autor soll die Richtigkeit seiner subjektiven Darstellung unterstellt sein, aber sie galt nicht für die Mehrheit der damaligen Jugend.
Wie denn, so frage ich mich, wären die ungeheuren Leistungen der deutschen Wehrmacht möglich gewesen, wenn die Mehrheit der jungen Soldaten nur daran gedacht hätte, den eigenen Kopf zu retten?
Wäre es so gewesen – der folgenschwere, Millionen Opfer verschlingende Krieg wäre sehr früh zu Ende gewesen, ohne die katastrophalen Folgen, die wir erlebten. Dann wären die Soldaten auch zu Scharen den Aufforderungen zum Überlaufen, ja zum Aufstand gefolgt – zum Glück unseres Vaterlandes. Aber es war eben nicht so. Zu unserem Unglück kämpften sie bis zur Selbstaufopferung weiter, und als mehr und mehr zugrunde gegangen waren, als in Deutschland Stadt auf Stadt im Feuersturm versank, als das Reich geteilt und das Volk bei der Stunde Null angelangt war – da erst fragten viele der Überlebenden nach dem Sinn.

Aufzeichnungen 1942
Hinter der Himmel-Arsch-und-Wolkenbruch-Brücke –
Aus dem Sumpfwald in den Hochzeitsurlaub

Siegesfanfaren wieder im Radio, Sondermeldungen nennen Namen
wie »Charkow«, »Rostow«, »Woronesch«.
Nach dem furchtbaren Winter mit seinen schlimmen Nachrichten
von der Ostfront und dem Erfrierungstod so vieler Soldaten faßt
man wieder Mut. Die Wehrmacht ist erneut auf dem Vormarsch.
Zudem – es ist Frühling!! Wir liegen im Sumpfwald, drei Kilometer
nördlich des total zerstörten Dorfes Ramuschewo am Lowath, dessen endlich aufgetaute Fluten träge dahingleiten.
Dieser Wald südostwärts vom Ilmensee ist nur noch das gespensti-
sche Zerrbild seiner selbst: Zerfetzte und verkohlte Bäume starren
wie anklagend zum Himmel, der meist sumpfige Boden ist zerwühlt
von Granattrichtern.
Wo einst Häuser russischer Dörfer standen, liegen nur noch verkohlte Balkenreste. Auf die wenigen Straßen und Wege schießt sich
die sowjetische Artillerie ein. Sie will die Nachschubstraße zerstören.
An den Seiten dieser aufgewühlten, bei Regenwetter fast unpassier-
baren Straße liegen zerstörte Panzer und zerschossenes Gerät. Und
überall hölzerne Kreuze ... Dieses Gebiet hat schon viele, viel zu
viele Opfer gekostet.
Weicht man von der Straße ab, versinken die Füße vollends im Morast, in die Stiefel dringt Wasser, dunkles, stinkendes Sumpfwasser.
Nicht selten bleibt der Stiefel drin stecken.
Das ist die Landschaft, in der unsere Kompanien, Bataillone und
Regimenter ihre Stellungen bezogen haben. Die Landser haben Ro-
ste gezimmert, Tannengrün und Decken draufgelegt, um sich einigermaßen vor der Feuchtigkeit zu schützen. Baumstämme halten
her als Splitterschutz, Schießscharten werden hineingeschnitten. So
entsteht wie eine Arche Noah im Sumpf Holzbunker auf Holzbunker. Schmale Stege stellen die Verbindungen zwischen den Stellungen her – man darf nur nicht danebentreten. Der traurige Restwald
hallt wider von den Einschlägen der russischen Artillerie und den
Garben ihrer Maschinengewehre.

Überall lauert der Tod. Kameraden kommen und gehen, fortwährend sind Verluste durch jungen Ersatz aufzufüllen.

Sowjet-Spähtrupps fühlen vor – Handgranaten krepieren, Schüsse peitschen – aber durchgekommen ist bisher keiner. Eines Morgens kommen drei Überläufer, Hände hoch, vorsichtig herübergeschlichen. Unsere Landser empfangen sie freundlich, einige der Oberschlesier können sich sogar mit ihnen verständigen. Sie werden aufmerksam, als die Russen von einem bevorstehenden Angriff ihrer Leute sprechen. Die scheu um sich schauenden Rotarmisten werden eiligst zum Bataillonsgefechtsstand gebracht. Dort erfahren wir, daß gleich nach 5 Uhr ein Bomben- und Granatenhagel den Angriff einleiten soll. Um 6 Uhr sollen die Russen unsere Stellungen durchbrechen und zur Rollbahn vordringen.

Wir informieren die Kompanien und auch unsere Artillerie. Ehe wir richtig zur Besinnung kommen, kracht schon der erste Einschlag als Auftakt zum Tanz. Wir hören, wie drüben hinter dem Wald die Stalinorgel »aufgezogen« wird – das heißt, daß die Raketen die Gleitschienen verlassen. Volle Deckung! Da rauschen sie auch schon heran, es kracht in schneller Folge, Funken sprühen, Splitter surren, Schreie aus nächster Umgebung – mindestens eine der Raketen hat wieder getroffen. Schon rauscht die nächste Salve an und geht etwas weiter hinten nieder. Von vorn kommt das Rattern unserer schweren Maschinengewehre. Sie kommen also.

Immer wieder klingelt im Gefechtsstand der Fernsprecher. Das Regiment fragt nach der Lage. Wir können nur melden: »Feind greift an unter Feuerunterstützung seiner Artillerie und Salvengeschütze. Lage noch nicht zu übersehen.«

Die Drahtverbindungen zur Hauptkampflinie sind unterbrochen. Gut, daß unsere Artillerie rechtzeitig verständigt werden konnte. Denn schon rauschen ihre Granaten über uns hinweg zum Feind. Der Beschuß von drüben läßt nach. Jetzt sind die Waffen der Infanterie dran. Vor unseren Stellungen liegt ein dichter Riegel vom Feuer der Maschinengewehre. Der sowjetische Angriff gerät ins Stocken und bleibt schließlich liegen. Einer der Rotarmisten, der es bis zu unseren »spanischen Reitern« geschafft hat, wird von einer Mine zerrissen. Noch immer bersten die Granaten unserer Geschütze zwischen den abgeschlagenen Angreifern. Schmerzensschreie gellen laut zu uns herüber.

Um 7.15 Uhr geht unsere Meldung über Funk: »Feindangriff in Stärke von etwa zweihundert Mann abgeschlagen.«
Zwei Stunden später stehe ich mit den Kameraden vor dem offenen Grab eines unserer Bataillonsmelder. Eine Panzergranate hat seinem Leben ein Ende gemacht.
Einer von vielen.
Rings leuchten die Büsche in zartem Maigrün, die Sonne bringt die wenigen stehengebliebenen Birkenstämme zum leuchten. Aber hier triumphiert der Tod.
An einem anderen Tag dieses strahlenden Mai:
Wir sitzen vor dem Gefechtsstand, der in einen mächtigen Stukatrichter hineingebaut ist. Da kommt einer unserer Essenholer: »An der Rollbahn steht ein intakter russischer Panzer!« Der Kommandeur steht auf und horcht ins Gelände, als wieder ein Soldat völlig außer Atem angelaufen kommt: »Herr Oberstleutnant, feindlicher Panzer kommt von rechts auf uns zu!«
Zur Bestätigung krachen nahe der Rollbahn, die nur etwa hundert Meter von unserem Gefechtsstand entfernt ist, mehrere Einschläge. Kettengeräusche sind ganz nah – und wieder das Bersten einer Granate. Jetzt schießt das Infanteriegeschütz vom II. Bataillon. Aber das Panzergeräusch bleibt. Eine in der Nähe befindliche Panzerabwehrkanone wird auf Befehl des Kommandeurs dem Panzer entgegengeschoben.
Um die Stellung des Infanteriegeschützes vom II. Bataillon spritzt der Dreck hoch. Der sowjetische Panzerschütze hat dieses Widerstandsnest wohl ausgemacht und schießt sich ein. Die Rollbahn wird gesperrt.
Jetzt schießt unsere Pak, ein Schuß nach dem anderen geht heraus. Ist das russische Ungetüm unverwundbar? Da endlich – eine dicke schwarze Qualmwolke steigt über den Büschen hoch, ein vielstimmiges Triumphgeheul: Der Panzer brennt! –
Wenn am Abend die Sterne flimmern und Wilhelm Strienz im Radio wehmütig »Heimat, deine Sterne« singt, ist der Iwan bald über uns. In unser nachdenkliches Schweigen oder manchmal auch in unsere Lieder tönt das Rattern und Klappern der »Nähmaschine«.
Überall ist dieser unheimliche Doppeldecker bei den Landsern bekannt als »eiserner Gustav« oder auch als »Kaffeemühle«.
Gustav im Anflug auf uns! Scheinwerfer der Flak suchen mit ihren

langen Fangarmen den nächtlichen Himmel ab. Das Flugzeug, angeblich aus Holz und Pappmaché, ist über uns. Jetzt setzt sein Motor aus – das ist das Zeichen, daß er seine Bomben abwirft (man sagt: »... mit der Kohlenschaufel über Bord«). Da rauscht es auch schon in die Tiefe. Wohin diesmal? Zweimal krachen die Einschläge, sprühen Funken und Flammen. Aber zum Glück aus gefahrloser Entfernung – gefahrlos für uns. Der Motor knattert nach dem Abwurf wieder – wie ein Huhn, das sein Ei gelegt hat und laut seinen Erfolg meldet.

Jetzt haben ihn unsere Scheinwerfer erfaßt! Ein buntes Feuerwerk sprüht hinauf. Aber schnell ist Gustav im Gleitflug entwischt. Schon rattert von Norden der nächste heran, die Flak sucht ein neues Ziel.

So geht das Nacht für Nacht.

Wir haben uns daran gewöhnt. Man ist fatalistisch geworden.

Von diesem üblen Nachtgespenst erzählen die Landser tolle Geschichten: Da sei eines Nachts ein Zahlmeister unterwegs gewesen mit einem Faß voll guten Weinbrands auf seinem Panjefahrzeug. Gustav sei herangeflattert. Gerade, als unser Zahlmeisterlein sich tief über den geöffneten Spund des Fasses herabgebeugt habe, um den Duft zu genießen, war das Flugzeug teuflisch tief über ihm, und zu seinem Entsetzen kam aus ihm – während der Motor abgestellt war – eine tiefe, joviale Stimme:

»Dobre, dobre, Panje!« –

Ein anderer will gehört haben, daß die beiden Flugzeuginsassen sich laut und deutlich zankten ...

Überall wird das »Gustav-Lied« nach der Melodie »Schön ist die Nacht, die lauschige Nacht ...« gesungen:

»Schön ist die Nacht, die Flak ist erwacht,
die Scheinwerfer suchen, Landser sie fluchen:
›Alarm, Alarm, Alarm!‹
Es sind nicht viele, nur eine Mühle,
die pünktlich wie immer bei Mondscheingeflimmer
uns sucht – uns allein!

Hörst du den Motor? Jetzt setzt er aus!
Nun hat er was vor –
Bomben, die schmeißt er dem Landser vors Haus ...

Ohne zu lauschen, hörst du sie rauschen,
splittern und krachen, Lärm sehr viel machend
schlägt's ein – oh, wie gemein!

Hast du ihn gehört – jetzt macht er kehrt!
Gustav fliegt nach Haus
und auch die Flak, die setzt jetzt wieder aus –
im Lande der Mäuse, Wanzen und Läuse
herrscht wieder Stille – jedermanns Wille
ist Ruh', bald ruhst auch du ...!«

Bei allem Landserhumor – diese primitiven Bomber richten viel Unheil an, vor allem auch beim Nachschub, bei den Trossen. Und wir scheinen ihnen wehrlos ausgeliefert zu sein.

Oft sitze ich vorn in den Bunkern und beobachte die Ablösung einer Kompanie: Es ist später Nachmittag. Einzeln kommen sie an, vollbepackt mit Waffen und Gerät. Es ist der traurige Rest jener Kompanie, mit der ich den Vormarsch im vergangenen Jahr erlebte. Sie kommen vorbei, etwas gequält grinsend, und suchen ihre Stellungen auf. Da haut's rein. Eine russische Pak schießt genau dorthin, wo die Ablösung im Gange ist. Die Soldaten springen vorbei, während es vor und hinter ihnen kracht. Der Russe kann sie offensichtlich sehen. Wieder kommt einer der Landser heran und – rrrums! haut es genau neben seinem rechten Hacken rein in die weiche Erde.

Der Sumpf verschluckt die gefährlichen Splitter.

Der Landser schaut hinter sich, grinst breit und flucht sein oberschlesisches »Pierronje«. Dann stelzt er seelenruhig weiter zu seinem Holzbunker.

Tag um Tag vergeht, einer sonniger als der andere. Im Süden, so erfahren wir, geht es wieder voran, weiter und weiter nach Osten. Wie weit und wie lange noch? Bis zum Wintereinbruch 1941, so hieß es damals, sollte der Feldzug – wieder als »Blitzfeldzug« – zu Ende, das Reich Stalins zusammengebrochen sein. Nun haben wir schon bald Sommer 1942, und der Russe kämpft verbissener denn je. Diese schönen Tage verführen zum Träumen vom Frieden, von der Heimat und vom Mädchen; doch sehr bald schrecken uns wieder die Geräusche des Abwehrkampfes auf.

Der Bataillonskommandeur, dessen Adjutant ich bin, soll versetzt werden. Alle, die ihn näher kennen, bedauern seinen Weggang. Er war uns der beste Kamerad, offen, ohne Arroganz und sehr tapfer. Dabei voller Mitgefühl und Verständnis für seine Männer. Nie trieb er sie leichtsinnig in den Kampf, immer abwägend und auf Sicherheit bedacht, dann aber war er ohne Zagen bei den Soldaten und dachte nicht daran, sich zu schonen. Er war ein alter Haudegen, einst schon Leutnant im Ersten Weltkrieg, dann Freikorpskämpfer und gläubiger Wegbereiter eines neuen Deutschland. Auch wenn er hin und wieder heimlich einen Schluck aus der Feldflasche nahm – seine Haltung blieb stets untadelig.

Sein Abschied fällt mit seinem Geburtstag zusammen. Am Morgen dieses Tages singen zehn Mann vom Nachrichtenzug vor seinem Bunker, einem Stukatrichter, aus vollen Kehlen: »Wir lagen vor Madagaskar ...« Sie überreichen ihrem Kommandeur duftendes Grün. Da schrillt im Gefechtsstand der Fernsprecher. Der Führer der 11. Kompanie ist ärgerlich: »Der Iwan beantwortet eure Lieder mit seinen Granatwerfern!« Sie haben da drüben eben kein Verständnis für unser Feiern. Aber eine Feier wird es dennoch – trotz der schmutzigen Gesichter und Uniformen der Geburtagsgäste, trotz der Düsternis in dem Bombentrichter. Die Flasche kreist, der »Alte« nimmt gerührt Abschied: »Heil und Sieg dem III. Bataillon!«

Bald erfahren wir, daß wir wieder angreifen werden, der Russe muß weiter von der Rollbahn abgedrängt werden.

Es beginnt der übliche vorbereitende Betrieb.

Unser neuer Bataillonskommandeur ist jung, hart, voller Energie und Elan. Er läßt gleich nach seiner Ankunft einen »Gästebunker« bauen. Es stellt sich bald heraus, daß der auch nötig war. Mit großen Kartentaschen unterm Arm kommen sie an: die Herren von der Artillerie, von den Panzern, von der Flugzeugabwehr, von den Pionieren und der Luftwaffe. Sie alle werden unsere Infanteristen unterstützen.

Aber der Angriff hat sehr begrenzte Ziele: ein drei Kilometer tiefer Einbruch, um den Waldrand zu gewinnen, der uns die Sicht ins Feindgelände ermöglicht. Stundenlang sitzen die Offiziere im Gästebunker und beschäftigen sich mit ihrem Kartenmaterial, bereiten die Aktion bis ins Detail vor. Zum Schluß gibt's guten Cognac, der beim Zahlmeister nicht auszugehen scheint. – In die stets aufkommende Angst vor dem Verlassen der Bunker mischt sich Erleichterung, endlich aus diesem Erstarrtsein erlöst zu werden.

Vier Panzer werden mit uns vorbrechen, die Ari wird einen schweren Feuerzauber auf den Wald vor uns lenken, und Ju 88 werden mit ihren Bomben ein übriges tun. Die alte Stoßkraft soll sich neu erweisen.

Das wird auch die Bewährung für den jungen, noch kampfungewohnten Ersatz sein, mit dem die Kompanien laufend aufgefüllt werden mußten.

Es ist die Nacht zum 3. Juni 1942.

Wir spüren jenes Prickeln, das jedem Angriff vorausgeht. Dauernd klingelt auf dem Gefechtsstand der Fernsprecher. An Schlaf denkt keiner.

Vorn die Kompanien in der Hauptkampflinie haben ihre Sachen zusammengepackt, die nötige Munition für die Maschinengewehre gegurtet und die Koppel zusammengesteckt. Nun sitzen sie stumm in ihren Löchern.

Fast sechs Wochen haben sie hier gelegen. Trotz des toten Waldes, des dauernden Beschusses sind ihnen diese primitiven Behausungen, die ihnen eine gewisse Sicherheit gaben, fast ans Herz gewachsen.

Was sie vorn erwartet, ist klar: das Sperrfeuer der russischen Granatwerfer, Artilleriefeuer – Einschlag auf Einschlag – und zäh bis zur Selbstvernichtung in ihren Stellungen ausharrende Sowjetsoldaten.

Einige Landser schreiben beim Kerzenschein noch einen Gruß nach Hause. Was sollen sie schreiben –? »Es geht mir gut ...« Aber was wird morgen mit mir sein?

Von der Rollbahn her kommt das Geräusch unserer Panzer. Die vorgeschobenen Beobachter unserer Artillerie nehmen vorn ihre Plätze ein. Der Feind stört mit einigen schweren Brocken. Hat er was gemerkt?

Bei uns ist Ruhe vor dem Sturm.

Im Morgengrauen machen wir mit dem Bataillons-Gefechtsstand Stellungswechsel nach vorn. Die vordere Kompanie, die den Stoß führen soll, rückt in den Bereitstellungsraum.

In einer Stunde wird der Feuerschlag der Artillerie ausgelöst, fünf Minuten danach tritt die Kompanie vorn an.

Alles geht wie geplant: Unsere Geschütze schicken ihren tödlichen Gruß herüber, die Panzer brechen durchs Unterholz, und unsere Kompanien treten nach Zeitplan an. Die ersten Funksprüche sind optimistisch: »Wir kommen gut voran. – Feindliche Bunkerlinie erreicht!« Weiter rückwärts, im Hintergelände des Gegners, bombardieren unsere Flieger.

Es geht vor – auch wenn jetzt das Sperrfeuer der Granatwerfer von drüben einsetzt, daß ringsum der Dreck hochspritzt –, es geht voran.

Die erste russische Bunkerlinie wurde fluchtartig verlassen. Mäntel, Mützen, Kochgeschirre, Waffen liegen in heillosem Durcheinander vor den Stellungen. Weiter geht's. Diese schlimmen Wälder mit den Schlupfwinkeln zielsicherer Scharfschützen! Stukas heulen jetzt über dem Wald, unsere Artillerie schießt hinein. Die Russen erwidern mit ihren Geschützen.

Getroffene schreien. Der Arzt rast nach vorn.

Vertraute Kameraden kommen blutbespritzt mit frischem Verband zurück: »Hals- und Beinbruch!« Weg sind sie, auf dem langen Weg in die Heimatlazarette.

Der feindliche Widerstand hat sich verstärkt.

Unsere Stoßtrupps schieben sich von Baum zu Baum. Aber es sind ja nur noch wenige Bäume da ... Befehl vom Regiment: »Das gewonnene Gelände ist zu halten!«

Der Gegner ist viele hundert Meter nach Norden von der Nachschubstraße abgedrängt.

In der Nacht kommen andere Kompanien, um uns abzulösen. Das Bataillon wird zu neuem Stoß auf ein anderes Waldstück angesetzt. Meter um Meter wird auch hier blutig erkämpft.

Es ist ein finsteres, wieder völlig zerstörtes Waldstück, an dessen Rand sich die Kompanien heranschieben. Am nächsten Morgen soll es genommen werden.

Eine unserer Gruppen wird durch eine donnernde Detonation auseinandergesprengt – Minen!

Ein Soldat tastet sich an die Unglücksstelle heran und findet etwas Hartes, Hölzernes – Kastenminen. Er zieht sein Seitengewehr und gräbt allein und ohne Auftrag, gräbt einen Todeskasten nach dem anderen aus. Keiner weiß von seinem Vorhaben. Das Zittern seiner Hände läßt ihn hin und wieder zögern – dann kommt die nächste

Kastenmine dran. Er ist kein Pionier, sondern ein junger Landser, noch nicht lange bei der Kompanie; noch nie hatte er mit solchen tödlichen Fallen zu tun. Sechzig Minen gräbt er aus – eine Gasse für die Kompanie.

Der Wald wird am nächsten Tag genommen. An seinen jenseitigen Rändern sichern unsere Männer. Sie sehen von dort in offenes Gelände und können so dem Gegner in die Karten schauen. Der greift stundenlang an, bis die letzten Bäume in seinem Feuer zerbrochen sind. Der Wald aber bleibt in unserer Hand, ein nach Verwesung und Verbrennung stinkendes Stück Sumpfland.

Am 9. Juni geschieht das fast Unglaubliche: Das Regiment wird herausgelöst und zieht für einige Zeit ins Ruhelager. Nach fast dreimonatigem ununterbrochenem Einsatz verläßt es den Wirkungsbereich der feindlichen Waffen, die Todeszone der Hauptkampflinie.

Als wolle der Russe uns vor dem Aufbruch noch mal richtig unter Druck setzen, schickt er seine schweren Brocken herüber. Fauchend kommen sie heran, gehen mit dumpfem Geräusch in die weiche Erde und krepieren erst Sekunden danach, dann aber mit mächtiger Druckwelle. Die Russen schießen mit Verzögerungszünder.

Ein Bunker stürzt infolge der Detonationswucht in sich zusammen, seine Balken drücken einem unserer Funker den Brustkorb ein. Er wird fortgetragen und starrt uns aus überquellenden Augen wie ein Wahnsinniger an.

Wir atmen auf, als die abgelösten Kompanien am Gefechtsstand vorüberziehen – in westlicher Richtung. Schon am Vortage wurden Vorkommandos in den Biwakraum geschickt, um Quartier zu machen.

Ich sehe meine alte Kompanie, wie sie die Stellungen verläßt. Sie hatte die Angriffe im Vorjahr gut überstanden und war am 21. März in voller Friedensstärke und gut ausgerüstet zum Vorstoß nach Demjansk angetreten. Und jetzt? Das ist keine Kompanie mehr: Neun Soldaten sind es, abgerissen, verdreckt und ziemlich stur, gefolgt von zwei Munitionskarren. –

Wochenlang liegen wir hinter der Front.

Ersatz kommt an, junge Burschen, noch unsicher und voller Erwartungsängste. Die Kompanien werden wieder mal aufgefüllt, die jungen Rekruten gedrillt und eingeordnet. Die Truppe regeneriert sich allmählich.

Öfter schon hat der Iwan Flugblätter über uns abgeworfen: »Die 8. Jägerdivision ist vernichtet!« Aber da sind wir noch – Regimeter, Bataillone, Kompanien –, hier und da stark angekratzt, nun aber wieder erholt und einsatzbereit. Nein, eine »Geisterdivision« sind wir beileibe nicht!

Es gibt reichlich Marketenderwaren, und einmal spielt im Biwak sogar die Militärkapelle vom Schwesterregiment. Der alte Optimismus kehrt zurück. –

Der Marschbefehl kommt: Das Regiment zieht nach Osten in den Raum, den es unter so schweren Opfern freigekämpft hat – zieht über die zum Teil noch unter heftigem Beschuß liegende Rollbahn in das Kampfgebiet Demjansk.

Vor Ramuschewo am Lowath haben wir die ersten Ausfälle durch feindliche Infanteriegeschütze. Es ist ein vom Gegner leicht einzusehendes Wegstück, das eine Sichtblende aus abgehauenen Kiefern schützen soll.

Eine von unseren Pionieren gebaute Holzbrücke führt über den Lowath. Ein großes farbiges Schild verkündet ihren Namen: »Himmel-Arsch-und-Wolkenbruch-Brücke.«

Fahrer bringen hier ihre Pferde zum Galopp, Lastkraftfahrer geben Gas, und Kradmelder kommen auf Tempo achtzig. Denn die Brücke liegt unter Beschuß, und es scheint wie ein Wunder, daß sie nicht öfter schon total zerstört wurde. Manchen Soldaten hat hier sein Schicksal ereilt. Feindpropaganda hat schlecht gereimt:

> »Wer den Lowath überschritt,
> seine Heimat nie wiedersieht ...«

Schnell und unversehrt sind wir am anderen Ufer.

Das Dorf Ssorokopenno wird zu unserem neuen Biwakraum. Es bereitet sich hier was Besonderes vor: Panzer rollen an, Artillerie fährt in Stellung, immer neue Truppen ziehen vorüber.

Der General ist gekommen, uns zu informieren:

Der Vorstoß wird am Ostufer des Ilmensees nach Norden gehen, um dadurch dem Feind seine Ausgangsstellungen für Angriffe im Winter über den zugefrorenen See wegzunehmen.

Alles ist bereit.

Am nächsten Tag, dem 15. Juli, zieht die 1. Kompanie in den Bereitstellungsraum. Die anderen Kompanien machen sich fertig.

Am 17. Juli gegen Mittag reiten die Offiziere des Bataillons zur Erkundung in Richtung Bereitstellungsraum. Es ist ein schöner, sonniger Tag. Kein Laut läßt darauf schließen, daß die Hauptkampflinie nicht weiter von uns entfernt ist als drei Kilometer.

Gegen 12.45 Uhr halten wir unsere Pferde an. In der klaren Luft tummeln sich westlich von uns sowjetische Schlachtflieger. Wir zählen fünfzehn – ein ungewohntes Bild. Was hat das zu bedeuten? Rauchpilze steigen dort auf. Sie bombardieren unsere Stellungen; jetzt gehen sie tief herunter, wir sehen das Mündungsfeuer ihrer Bordwaffen. Einer der »Schlachter« knurrt jetzt genau über unserer Gruppe. Die Pferde scheuen, wir traben an. Da erstarren wir alle, halten wieder an und sehen fasziniert hinüber: Denn da – etwa zweitausend Meter nordwestlich – geht plötzlich eine dichte Wand von Rauch und Feuer hoch. Einschlag sitzt neben Einschlag, Funken sprühen, eine riesige schwarze Wolke steht über allem. Durch den Rauch hindurch sehen wir das Aufblitzen der Abschüsse, das Aufsteigen der Raketen von der Stalinorgel gleich glühenden Kometen.

Unsere Pferde sind so unruhig wie wir selbst. Noch immer haftet der Blick an diesem düsteren, brodelnden Meer der Vernichtung. Der Russe greift mit großem Einsatz an! Was geschieht mit der schon dort vorn in Bereitstellung liegenden Kompanie? Es scheint, als gäbe es aus dieser Feuerwalze kein Entkommen.

Noch immer gehen die schwarzen Fontänen hoch, steigen die Raketen der Orgel auf.

Der Gegner ist unserem großen Angriff zuvorgekommen! Wir reiten zurück. Gerade kommt der Divisionsgeneral von einer Erkundung. Im Vorbeifahren ruft er uns zu: »Zurück zu den Bataillonen und bereithalten!«

Wir galoppieren dem Biwak entgegen, Artillerieeinschläge kommen schon bis hierher.

Im Biwak stehen unsere Soldaten aufgeregt in Gruppen zusammen. Auch sie schauen hinüber zu der riesigen drohenden Rauchwolke.

Nun warten wir auf weitere Befehle; die kommen auch sehr bald: Abmarsch, Sicherung in einem Buschgelände. Auf dem Marsch dorthin schlägt eine Granate in die auseinandergezogene Kolonne und trifft. Es gibt die ersten Verwundeten.

Von fern kommt das Getöse der Schlacht. Gerüchte besagen, daß der Russe durchgebrochen sei.

Unsere Soldaten hätten angesichts der Ruhe mittags in der Badehose im Sonnenschein gelegen, als es über sie hereinbrach. Das war so überraschend, daß viele nicht mal mehr in ihre Uniformen kamen. Ein Feuerhagel hätte sie überschüttet wie nie zuvor – und das, nachdem die feindlichen Geschütze wochenlang geschwiegen hatten. Panzer hätten sie dann überrollt, und der Russe sei nun über die Rollbahn gekommen und habe ein Dorf – Wassiljewtschina – genommen. Dann aber hätten die 38er sein weiteres Vordringen verhindert.

Am Tag darauf sind wir dran. Es geht der Einbruchstelle entgegen. Die Sowjets sind über die Rollbahn vorgegangen, die Nachschubstraße nach Demjansk ist wieder einmal abgeriegelt.

Unsere Division stellt sich zum Gegenstoß bereit. Wir wissen, was für eine Übermacht auf uns wartet, was da drüben an Artillerie, Panzern und Stalinorgeln bereitsteht.

Unsere jungen Soldaten, in der Ruhe gerade ausgebildet, schauen ängstlich drein. Ich versuche, ihnen Mut zu machen.

Der Morgen dämmert, wir liegen mit wachen Augen in Sandlöchern und Gräben. Hinter uns ist die Rollbahn, auf der die Sowjets wenige hundert Meter weiter in Stellung gegangen sind.

Gräber heben sich dunkel vom Morgenhimmel ab. Ein riesiges Holzkreuz trägt die Aufschrift »Freikorps Danmark«.

Der Gegenangriff unserer Bataillone beginnt.

Drei von meinen Soldaten haben russische Kastenminen die Füße weggerissen, sie liegen wimmernd auf dem Wege. Während sich die Sanitäter um sie bemühen, gehen wir an ihnen vorbei. In der Luft sind jetzt einige unserer Ju 88. Aber diesmal werden sie von einem ungewohnt dichten Flakfeuer empfangen.

Als ich mich auf dem Gefechtsstand neben dem Kommandeur über die Karte beuge, schwirrt es heran – ich höre einen dumpfen Laut. Der Hauptmann, der erst vor kurzem das Bataillon übernahm, sinkt schwer gegen mich.

Ein Splitter der russischen Flak, die auf unsere Flugzeuge schießt, ist in seinen Hinterkopf eingedrungen – er hatte seinen Stahlhelm nicht auf – und kommt aus dem Nacken wieder heraus. Blut überströmt seine Feldbluse. Ich halte seinen Kopf, ein anderer holt das Ver-

bandspäckchen mit zittriger Hand aus der Feldbluse. Der Bataillonsführer schaut mit offenen Augen ins Leere und murmelt deutlich, als sie ihn wegtragen:
»Mein liebes Mädchen ...«
Zermürbende Wochen folgen. Der ganze Monat August vergeht mit fortwährenden Kampfhandlungen – Abwehr, Angriff, Gegenangriff ... Die Verluste sind grauenhaft. Mitte August 1942 sehen die Kompanien unseres Bataillons so aus:

Ein Unteroffizier – sieben Mann
ein Unteroffizier – sechs Mann
ein Unteroffizier – neun Mann.

Innerhalb von vier Tagen – vom 10. bis 18.8.42 – verliert die Division einhundertsechzig Tote, sechshundertzweiundvierzig Verwundete, vierundfünfzig Kranke und einundfünfzig Vermißte.
Aber die Rollbahn wird wieder freigekämpft. Eine neue Hauptkampflinie entsteht. In wochenlanger Abwehr werden uns die militärischen Ortsbezeichnungen in diesem Teil des Ssutschan-Sumpfes vertraut, und ich glaube nicht, daß wir sie je vergessen könnten:
»Feuerberg« – »Panzerberg« – »Finger«· – »Ost-« und »Westhökker« ...
Sind die Tage durch den fast pausenlosen Beschuß schon schlimm – die Nächte sind's erst recht. Denn da suchen uns mit bewundernswerter Beharrlichkeit die »Nähmaschinen« heim, und irgendwas und irgendwen treffen sie fast allnächtlich. Dann gellt der Ruf nach dem Sanitäter durch die Dunkelheit. Wir warten schlaflos und empfinden resignierend unsere Ohnmacht. In solcher Nacht singt keiner das spöttische Lied vom »eisernen Gustav«.
Während einer Offiziersbesprechung im Regiments-Gefechtsstand drückt mir der Regimentskommandeur die Platzkarte für den Fronturlauberzug und den Urlaubsschein in die Hand. Meine Heiratslizenz liege zwar hier noch nicht vor, aber »... die holen Sie sich man selbst vom OKW in Berlin ab. Fahren Sie mit Gott, heiraten Sie und kommen Sie gesund wieder her ins Schlamassel!«
Ich kann's noch gar nicht fassen, für drei Wochen herauszukommen aus Dreck und Blut.
Es ist ein wunderbarer Morgen, als ich am 5. September meinen Bunker und den Bataillons-Gefechtsstand verlasse. Die Sonne geht

leuchtend rot auf, leichter Nebel liegt über dem Gelände und verdeckt die vielen Trichter auf dieser Höhe, die wir den »Feuerberg« nennen. Schon bald setzt sich die Sonne durch. Ich fahre mit einem Nachschubfahrzeug nach Westen, vorerst dem Lowath entgegen. Ich weiß ja, daß der Urlaub erst richtig akut wird, wenn die »Himmel-Arsch-und-Wolkenbruch-Brücke« passiert ist. Das gelingt – und nun eilen alle Gedanken voraus, wo meine Braut noch keine Ahnung hat, daß ich unterwegs zu ihr bin.

Per »Anhalter« erreiche ich Tuleblja, von wo der Fronturlauberzug abdampfen wird.

Es ist mittlerweile dunkel geworden. Beim Zurückschauen sehe ich weit im Osten das nur allzu vertraute bunte, sprühende Feuerwerk der Flakmunition, die den »Gustav« zu erwischen versucht. Von hier aus sieht sich das farbenfroh und lustig an, während die Kameraden da vorn mit Bangen auf die nächste Bombe warten ... Vorbei – für drei Wochen! Zu Hause wartet meine Braut. In Berlin beim OKW erwische ich meine Heiratslizenz, und nun ist die Vorfreude grenzenlos.

Aus heutiger Sicht
»... und fügt euch dienend in die Kette ein!«
Kriegstrauung September 1942

Mit unseren bitteren Erfahrungen an der Ostfront hätten wir es damals im Herbst 1942 eigentlich klar erkennen müssen: Dieser Krieg kann nicht mehr gewonnen werden. Die deutsche Wehrmacht verzettelte ihre Kräfte im Riesenraum, Teile stießen blind und ohne ausreichenden Flankenschutz an die Wolga vor, die Ende August erreicht wurde; auf dem höchsten Berg des Kaukasus, dem Elbrus, hatten deutsche Gebirgsjäger die Reichskriegsflagge gehißt, während oben im Norden das Heer in der Abwehr allmählich ausblutete. Die Erfolge im Süden waren Scheinerfolge, aber sie erfüllten den größten Teil der Bevölkerung mit Stolz und Zuversicht.

Wir hätten es besser wissen müssen. Der Russe wurde laufend stärker, wir von Monat zu Monat schwächer.

Vernichtende Schlachten wurden geschlagen, in denen sich die Wehrmacht noch überlegen zeigte – Zehntausende Tote hatten die Russen zu beklagen, aber es wurden immer weniger Gefangene gemacht – die Sowjets starben, aber sie ergaben sich nur noch selten.

Zu Hause erklangen immer noch die Siegesfanfaren – unsere Truppen waren schon bis zu den Ölfeldern von Maikop vorgedrungen. So erschien mir der aussichtslose, verbissene Kampf am Ilmensee als eine vorübergehende Phase. Diese Opfer konnten doch nicht umsonst gewesen sein?

Berlin war noch die glanzvolle Reichshauptstadt, als ich dort am 9. September ankam. Nichts wies darauf hin, daß sich bereits ihr Untergang vorbereitete. In den Straßen Uniformen über Uniformen, aber meist lebensfrohe, zuversichtliche Mienen, nur selten Abgestumpftheit und Resignation.

So ging ich auf die Suche nach meiner Heiratslizenz. Im Vorzimmer des zuständigen Sachbearbeiters traf ich auf eine Dame mit dem berühmten Namen Lettow-Vorbeck. Und sie – welch ein Zufall – hatte gerade bei meinem Eintreten meine Heiratspapiere in ihrer Schreibmaschine! Wir fanden das beide amüsant und mußten herzlich über diesen Zufall lachen. Das Papier wurde von einem Oberst unterschrieben – der Weg zur Trauung war frei! Ich zog also glückselig ab und fuhr in die Heimat, wo ich am gleichen Tag meine Braut in die Arme nehmen konnte. – Heiraten im Dritten Reich war keine einfache Sache, am wenigsten für einen Offizier und Hitlerjugendführer. Der Marsch zur Trauung war lang und kompliziert. Zuerst einmal mußte von den Partnern der »Ariernachweis« bis zu den Urgroßeltern bzw. Großeltern lückenlos erbracht werden. Dazu gehörten an die fünfzig Anforderungen und Rückfragen, die im Frühjahr 1942 meine Braut an alle möglichen Pfarrämter, Standesämter und Verwaltungen schicken mußte. Da wurde nach Geburts-, Heirats- und Sterbeurkunden geforscht – so ein Stammbaum hat bekanntlich viele Zweige. Oft kam eine Antwort wie diese:

»Wegen Luftgefahr sind die Kirchenbücher von 1815 bis 1875 in bombensicheren Räumen untergebracht. Eine Ausstellung von Urkunden ist deshalb zur Zeit nicht möglich. Wir bitten deshalb die Anforderung nach dem Krieg zu wiederholen.«

Aber ohne »arische Großmutter« ging nichts. Bis in den Anfang des 18. Jahrhunderts gingen die Nachforschungen. Mit dem »Rein-Deutschen« stimmte es natürlich auch bei uns nicht ganz. Beide Familien hatten unter ihren Vorfahren französische Hugenotten, die einst vom Großen Kurfürsten und von Friedrich II. ins Land geholt worden waren. So hatten wir vielleicht den »Erbfeind« im Blut, aber scheinbar keine »Nichtarier«, obwohl mancher Name recht jüdisch klang ...
Meine Braut schaffte es tatsächlich, an Papieren zusammenzubekommen, was erforderlich war. Das war ja nicht nur der Ahnennachweis, dazu gehörten auch: Ehe-Unbedenklichkeitszeugnis, Nachweis der deutschen Staatsangehörigkeit, polizeiliches Führungszeugnis, Schuldenfreiheitserklärung, Gesundheitszeugnis, Bürgenbenennung und Nachweis der Führung eines gesicherten Haushaltes!
Natürlich sollte es keine kirchliche Trauung geben, obwohl der Schwiegervater darüber recht traurig war. Aber ich war schon im Jahre 1934 aus der Kirche ausgetreten – mit Erlaubnis der Eltern, da ich noch keine achtzehn Jahre alt war. Damals hatte mich eine flammende Rede des Reichsjugendführers Baldur von Schirach in Halle/Saale aufgerührt. Der hatte zwar nicht direkt zum Kirchenaustritt

aufgefordert, aber in für mich überzeugender Form die »Unverein-
barkeit nationalsozialistischer Gesinnung und christlicher Glau-
benslehre« dargelegt. So etwa lautete eine seiner Formulierungen:
»Ich kann mir den kämpferischen Typ des Nationalsozialisten, den
aufrecht kämpfenden deutschen Menschen nicht vorstellen, wie er
kniend in demutsvoller Gebärde am Boden hockt ...«
Da ich Jugendführer war und als »aufrechter Kämpfer« gelten wollte, vollzog ich den Kirchenaustritt und appellierte im gleichen Sinne
bei einer Tagung meiner Unterführer an sie, es mir gleichzutun. Das
wiederum brachte mir einen recht massiven Verweis des HJ-Gebietsführers ein, weshalb ich nach Magdeburg mußte. Der Reichsbi-
schof hatte sich über mein unbesonnenes Vorprellen beschwert. So
voller Widersprüche war jene Zeit auch im Hinblick auf die Religiosität.
Zurück zur Hochzeitsvorbereitung, für die nur wenige Tage zur
Verfügung standen:
Die Feier würde also durch Schüler der Nationalpolitischen Erziehungsanstalt (NPEA) in Ballenstedt/Harz gestaltet werden. Ort der
Handlung sollte der Saal im Ballenstedter Landratsamt sein. Auch
der HJ-Kriegs-Bannführer wurde eingeschaltet, viel Prominenz
von Partei und Staat eingeladen. An der Spitze der Gäste kam der
Gauleiter von Halle-Merseburg, Eggeling, der mich seit langem
kannte und freundschaftlich duzte. Er gehörte, wie ich fand, zu den
sympathischsten Parteiführern, die ich kannte, ein Landwirt, groß,
schlank und von bescheidener, freundlicher Art. Beim besten Willen kann ich mir nicht vorstellen, daß dieser intelligente und idealistische Mann an irgendwelchen Terroraktionen oder mörderischen
Vorgehen des Regimes beteiligt war.
An jenem 19. September 1942, unserem Hochzeitstag, war der Gauleiter noch in Hochform, er hatte so wenig Ahnung von Untergang
und Verderben wie ich selbst.
Meine Braut und ich wurden in einer alten, aber intakten Kutsche
mit zwei Pferden davor abgeholt, kutschiert von einem Quedlinburger, der schon vor fünfzehn Jahren meine Eltern mit Pferdebus
oder Kutsche in den Harz gefahren hatte; er hatte im Ersten Weltkrieg ein Bein verloren.
Vor dem Landratsamt empfing uns der Bannführer, ein älterer
schnurrbärtiger Politischer Leiter – er fungierte als »Kriegs«-Bann-

führer, da die jüngeren im Felde waren. Wir gingen durch ein Spalier von Hitlerjungen.

Drinnen im großen Saal leuchteten unsere Fahnen, der Chor der Jugend füllte neben dem Streichorchester die Empore aus. In der ersten Sitzreihe sah ich neben Gauleiter Eggeling den Gebietsführer der HJ, mehrere Bannführer, NSDAP-Kreis- und Ortsgruppenleiter und viele alte Gefährten, die gerade auf Urlaub waren oder aus Lazaretten entlassen. Und natürlich die stolzen Eltern.

Die Feier trug den Stempel der Hitlerjugend: festliche Streichermusik, die Hymnen und Lieder der Jugend und das Pathos der Dichtungen jener Zeit, geprägt vom Krieg und dem Willen, um jeden Preis zu siegen, geprägt aber auch vom idealistischen Traum einer heilen Welt im Sinne der neuen Weltanschauung.

> »Eins geb' Euch Gott in Gnaden:
> Daß Ihr werdet Kameraden!
> Denn wer den Kameraden fand,
> der griff die Sonne mit der Hand ...«

Das war ein Spruch von Gorch Fock. Immer umrahmte die entsprechende Musik den pathetisch gesprochenen Text.

> »Aufwächst der Mann im Bund der Kameraden.
> Sein Ziel ist Ehre und sein Ruhm die Tat!
> Früh wird er schon mit schwerer Pflicht beladen,
> die fordert ihn als seines Volks Soldat.

> Im Starken Volke dienen still die Frauen,
> sie sind die Heimat und sie sind das Haus.«

> »Und wenn das Schwere düster ist gekommen:
> Groß muß die Frau dem Mann zur Seite stehn ...«

Als Redner stand ein einfacher Kanonier hinter dem Pult. Ich hatte ihn vor einem Jahr in Metz/Lothringen kennengelernt – damals als Hitlerjugend-Stammführer. Wir hatten manche Diskussion geführt, und da erschien er mir als aufrichtiger und engagierter Jugendführer. Ich hatte meine Verlobung gerade hinter mir, mußte gleich weiter zum Fronttruppenteil in Frankreich und dachte an meine Hochzeit und die Feier: »Da mußt du die unserer Art gemäße Rede halten!« Und so stand denn nicht der Gauleiter oder der Gebietsführer der

HJ da oben, um seine Ansprache zu halten, sondern ein inzwischen zur Artillerie eingezogener junger HJ-Führer aus Metz, der mir ganz aus dem Herzen sprach.

Und wieder der zeitgemäße Spruch:

>>Das ist die große Stunde Eures Seins,
da der uralte Lebensruf der Ahnen
herdringt zu euch auf den geheimen Bahnen
und sich erfülle in eurem heißen Eins.
Doch ist auch Dunkel über mein und dein –
die hellen Stimmen unsrer Zukunft klingen –
ihr wißt: Wir müssen ein Gesetz vollbringen,
so fügt euch dienend in die Kette ein!<<

Hans Baumanns Lied:

>>Wo wir stehen, steht die Treue,
unser Schritt ist ihr Befehl.
Wir marschieren nach der Fahne,
so marschieren wir nicht fehl.<<

Vor dem Ringwechsel:

>>Da ihr euch durch euer Wort bekannt
zu eurem Blute und zu eurem Volk
und damit zu Gott:
Tauschet die Ringe,
die die Symbole eurer Lebensgemeinschaft sind!<<

Es ist schwierig, sich die Atmosphäre einer solchen Feier heute noch vorzustellen. Immer wieder klang getragene Musik auf (die Verlesung der Sprüche und Gedichte ist hier nur auszugsweise wiedergegeben); auch das Bild des mit den Symbolen der nationalsozialistischen Jugendbewegung geschmückten Saales trug wesentlich zur Stimmung bei. Viele der Lieder wurden gemeinsam gesungen wie Choräle in der Kirche. So auch dieses Lied von Hans Baumann, das zum Abschluß der Feier erklang, begleitet vom Orchester:

>>Haltet eurer Herzen Feuer
heilig über alle Zeit,
künden muß es, daß ihr treuer
als die hellen Sterne seid!<<

Treue, immer wieder Treue: Treue gegenüber dem Führer, Treue gegenüber dem Reich, Treue in der Ehe. Hindenburg hatte es gesagt: »Die Treue ist das Mark der Ehre!« Und dieses immer wiederholte Bekenntnis zur Treue war es auch, das in uns wirkte und lebte, als in Wirklichkeit diese Treue geradewegs in die Katastrophe führte.

Die zur Eheschließung passenden Verse entsprachen der »völkischen« Auffassung von Blut und Boden, von Ahnenerbe und Reinhaltung der Rasse. Wie auch immer – die Feier beeindruckte – wie fast alles, was damals von Hitlers gläubiger Gefolgschaft gestaltet wurde –; wir verließen den Saal bewegt und glücklich.

Im kleineren Kreis mit den prominenten uniformierten Gästen sprach Gauleiter Eggeling über die Zukunft nach dem Kriege: Dann würden die Frontsoldaten, geläutert durch das große Erlebnis der Kameradschaft im Angesicht des Todes, das Leben im Reich und die Gestaltung des nationalsozialistischen Deutschland maßgeblich übernehmen. Sie, die die wahre Volksgemeinschaft in der Not gelebt hätten, wären zuerst dazu berufen, dem Volk Leit- und Vorbild zu sein ... Meine Zeit in der Heimat lief allzu schnell ab. Ganze sechs Tage zog ich mit meiner jungen Frau in den Harz und vergaß Front und Sterben. Im Glück jener Tage erschien es mir als sinnvoll und unbedeutend zugleich, den Urlaub um einen Tag zu verlängern. Denn die Fahrt zur Front würde ohnehin unberechenbar lang und gefährlich sein.

Kann sich ein junger Mensch heute überhaupt noch vorstellen, was es bedeutete, als Jungverheirateter auf den Fronturlauberzug zu warten, der ihn wieder ins Inferno der mörderischen Kämpfe bringen sollte? Da stand man mit der geliebten Frau auf dem Bahnsteig und brachte kein Wort mehr über die Lippen.

Der Bahnsteig war angefüllt mit Feldgrauen, Feldgendarmen patrouillierten zwischen ihnen. Viele waren zu zweit, wie ich, mit ihren Bräuten oder Frauen. Und sie waren still wie wir. Es gab nicht das übliche Gelächter überall, sie alle waren auf dem Weg zur Front. In den letzten Stunden war ich noch mit meiner Frau durch Magdeburgs Anlagen gebummelt, rings um den Adolf-Mittag-See, wo ruhig und würdevoll die Schwäne ihre Bahn zogen, und durch die Grusonschen Gewächshäuser mit ihren exotischen Pflanzen. Aber das alles genoß ich nicht mehr; der Abschied lastete auf uns; wir wußten ja, es konnte ein Abschied für immer sein.

Und nun war der Fronturlauberzug eingelaufen, die Lokomotive stand unter Dampf, in den Abteilen roch es nach Leder und Schweiß, und aus allen Fenstern hingen abschiednehmende Soldaten.

Ich hielt die Hand meiner Frau, bis der Zug anfuhr. Sie stand steif und starr, ihre Gestalt wurde kleiner und kleiner, durch einen Schleier vor meinen Augen sah ich noch ihr helles Kostüm und das geschwenkte weiße Taschentuch. Dann war ich allein im Abteil, allein mit meinem Kummer und auch mit meiner Angst. Ich wußte ja: Ich fahre der Hölle entgegen. Man wird es mir auch heute noch nachfühlen können. Und man wird immer und immer wieder die Frage stellen: Warum haben die Millionen so gequälter und geängstigter Menschen das alles ausgehalten und mitgemacht – auch als in schnell zunehmendem Maße das Glück den Rückzug antrat? Ich aber wiederhole mich – und kann das gar nicht anders –, indem ich sage: Wir fühlten uns in der Pflicht, für uns war »Treue kein leerer Wahn«, wir dachten nicht im Traume ans Ausbrechen – und hofften zudem immer noch auf die große Wende oder auch auf das Wunder. Zarah Leander sang es ja so innig und überzeugend, sie sang es auch auf der Platte zu unserer Hochzeit, und das Lied verfolgte mich bis an die Front: »... und darum wird einmal ein Wunder geschehen ...!« Es mochte im Zug etwa eine halbe Stunde vergangen sein, als der Zugoffizier in mein Abteil kam und um den Urlaubsschein bat, unterm Stahlhelm das arrogante Gesicht mit dem Ausdruck der Autorität eines uniformierten diensthabenden Offiziers. Es kam, wie ich es mir gedacht hatte: Er sah sich meinen Urlaubsschein von allen Seiten an, zog seine Mienen in noch strengere Falten und meinte dann kopfschüttelnd: »Herr Kamerad, ich muß Sie melden!«

Na, bitte schön, dachte ich und sah ihn genauso herablassend an wie er mich – wir hatten beide den gleichen Dienstgrad eines Oberleutnants.

(Die Meldung wegen des um einen Tag überschrittenen Urlaubs kam etwa zwei Monate danach beim Bataillonskommandeur, dessen Adjutant ich war, an. Es war in dem hart umkämpften Gebiet im Ssutschan-Sumpf.

Bei der ersten Gelegenheit landete der Zettel in der Latrine hinter unserem Gefechtsstand.)

Die Fahrt bis in die vorderen Linien unseres Regiments südostwärts des Ilmensees hatte volle drei Tage gedauert. Mein Kummer wurde mit den Kameraden im Alkohol ertränkt. Noch einer war vom Fronturlaub zurückgekommen: Mein Gefechtsschreiber, Obergefreiter Hubert Pawelczyk. Auf meinen Wunsch war er mit mir zusammen in die Heimat gefahren und hatte an der Hochzeit als Sendbote vom Ilmensee teilgenommen. Hubert Pawelczyk trug an seiner Uniform – so wie ich – das »Goldene Ehrenzeichen der HJ«. Es war allen Hitlerjungen verliehen worden, die in der »Kampfzeit« schon dabei waren und am Reichsjugendtreffen in Potsdam 1932 teilgenommen hatten. So wurde draußen an der Front zwischen uns die einstige Jugendgemeinschaft wirksam, wir duzten uns (was in der Wehrmacht regelwidrig war) und waren uns bewußt, daß das Gefühl der Übereinstimmung das tägliche Grauen erträglicher macht. Hubert Pawelczyk fiel ein Jahr später beim Rückzug.

Briefauszug aus dem ersten Brief an meine Frau nach meiner Rückkehr zur Truppe am 5. Oktober 1942:

»Ich bin angelangt. Ab morgen werde ich wieder auf dem Gefechtsstand Dienst tun. Eben habe ich mich beim Regiment zurückgemeldet. Der Adjutant bewunderte ›mein gutes Aussehen nach so anstrengenden Wochen‹. Aber sicher sah er den Abglanz des Glückes nach den schönsten Wochen meines Lebens.

Meine sumpfige und äußerst bleihaltige Umgebung kann ich noch gar nicht so recht begreifen. Erspare mir nähere Schilderungen. In der letzten Nacht habe ich wieder so deutlich von Dir geträumt, daß ich beim Aufwachen auf der harten Pritsche in diesem finsteren Loch völlig verwirrt und unglücklich war.

Immer träume ich umgekehrt: In der Nacht zu unserem Hochzeitstag verwechselte ich Onkel Gustavs Schnarcher mit einem russischen Ferngeschütz, und hier wird im Traum das Knattern der Maschinengewehre zum Klappern des Kaffeegeschirrs am heimischen Tisch.

Eben hat es wieder dicht bei uns eingeschlagen, ich mußte mein Schreiben unterbrechen.

Es ist wirklich nicht so einfach, sich nach den Tagen mit Dir hier wieder zurechtzufinden und dabei noch optimistisch zu bleiben ...«

Aufzeichnungen 1942/1943
Der Abwehrkampf am Ilmensee wird immer verlustreicher – Weihnachten und Jahreswechsel im Ssutschan-Sumpf

Nun sitze ich wieder im Holzbunker. Draußen rasseln wie gewöhnlich die Maschinengewehre, Granateinschläge erschüttern die Balken, die uns vor den Splittern schützen. Meine Gedanken sind noch weit weg. Die Kameraden spüren es und schweigen rücksichtsvoll. Nur einer denkt laut: »Ach, Deutschland ...«

Ich gehe vor den Bunker und sehe zerschossene Bäume, Granattrichter und mitten drin die dunkleren Flecken der Bunker. Aus den Rohren – meist ineinandergesteckte leere Büchsen – quillt Rauch. Es ist schon empfindlich kühl geworden jetzt im Oktober 1942.

Abends kommen vom Troß die Essenträger, sie stapfen stundenlang mit dem Kanister auf dem Rücken durch das sumpfige Gelände, versinken darin oft bis zu den Knien, erreichen in der Finsternis mit Mühe den Bataillonsgefechtsstand und ziehen, verdreckt und verschlammt, als dunkle Reihe nach vorn zu den Kompanien. Wenn sie – oft erst nach Mitternacht – zurückkehren, bringen sie nicht selten auf blutgetränkter Zeltbahn einen verletzten oder toten Kameraden mit.

Wenn ich vorn in den Stellungen herumkrieche, die in einen breiten Sandstreifen hineingegraben sind, flüstert mir der Kompanieführer zu: »Vorsicht, Todeskurve!« Auf gelbem Sand sehe ich manchen eingesickerten Blutfleck. Der Russe ist nur hundert Meter entfernt, seine Scharfschützen treffen gut.

So geht es Tag für Tag, und abends stellen wir uns immer die Frage: »Wird er morgen angreifen?«

Der Oktober geht darüber hin. Petrus scheint uns in diesem Jahr wohlgesonnener, denn noch liegt kein Schnee. Die feindliche Artillerie schießt seltener, sie scheint die Munition für den Winter zu sparen ... Wir stellen uns die bange Frage, was dann aus uns werden soll, denn unsere Linien sind verzweifelt dünn.

Die Moral der Übriggebliebenen ist noch intakt. Aber wenn hundert dort anrennen, wo bei uns nur einer steht? Wenn zehn T 34 anrollen, wo es bei uns keine Panzerabwehr mehr gibt; wenn seine massierte Artillerie die vorderen Linien zerschlägt; wenn es dahinter so gut wie nichts und niemanden mehr gibt?

In der Heimat kann sich bestimmt keiner vorstellen, wie dünn die Postenkette ist, die tausend Kilometer ostwärts Deutschland schützen soll.

Die schlimme Stunde bleibt uns nicht erspart: Am 28. November erwachen wir durch dröhnendes Trommelfeuer weit rechts und nicht so weit links von uns. Vor unserem Abschnitt gibt es lediglich das übliche Geplänkel mit Scharfschützen und Maschinengewehrfeuer.

Gespannt warten wir ab. Die Erde zittert, der Bunker bebt, Rauchschwaden steigen links über die Wälder hoch. Kein Zweifel, die Sowjets wollen rechts und links von uns den Durchbruch erzwingen! Das Feuer seiner schweren Waffen übertrifft alles bisher Erlebte. Wir bangen um die Kameraden, deren Stellungen wohl lückenlos zerstört werden. Jetzt antwortet auch unsere Artillerie, alle Kaliber bis zu den 21-cm-Mörsern schießen.

Über uns kurven mehr als zwölf russische Schlachtflieger. Auch die folgende Nacht hindurch dröhnt der gewaltige Lärm der schweren Kämpfe. Vom Regiment erfahren wir, daß der Gegner am ersten Angriffstag trotz seiner Übermacht nicht durchgebrochen sei.

Über dem Kampfgebiet fällt der erste Schnee dieses zweiten Winters in der Sowjetunion.

Die Schlacht geht weiter. Der Wehrmachtsbericht wird wohl wieder von feindlichen Angriffsunternehmungen südostwärts des Ilmensees sprechen.

Unser Abschnitt ist noch immer kaum in die Kämpfe einbezogen, aber rechts und links von uns rennen die Soldaten der Roten Armee tagelang gegen ein kleines Stück Sumpfwald an – ihr Ziel bleibt die Rollbahn dahinter.

Sie werfen neue Brigaden, frische Divisionen in den Kampf, ihre Salvengeschütze zerstören, was noch von der Natur übriggeblieben ist.

Aber die paar Landser vorn halten die Stellung, obwohl Bunker auf Bunker zusammenfällt und immer neue Lücken in die Hauptkampflinie gerissen werden. Leute vom Troß werden abends eilends herangeholt, um die Toten und Verwundeten zu ersetzen.

Die Stellungen werden auch am zweiten und dritten Angriffstag gehalten. Von rechts erfahren wir, daß russische Panzer durchgebrochen seien.

In der Nacht zum 2. Dezember rasselt bei uns der Fernsprecher: Die 13. Kompanie soll aus ihrem Abschnitt herausgezogen und eiligst in den Raum »Ost- und Westhöcker«, Schwerpunkt der feindlichen Unternehmungen, geführt werden.

Die Soldaten der 13. packen ihre Sachen, ihre Ablösung – die Reste einer Pionierkompanie – ist schon da und wird vorn eingewiesen.

Die 13. Kompanie hat keine Offiziere mehr. Ihr Führer ist ein Oberfeldwebel, der sie nun gegen 23 Uhr die Rollbahn hinunter dorthin führt, wo der Kampflärm am größten ist. Die Soldaten haben keinen Schlaf gehabt, der aufgekommene Schneesturm peitscht ihre Gesichter, an einer Biegung fassen sie noch schnell kalte Verpflegung und ziehen dann mit dreiundfünfzig Mann in ein ungewisses Schicksal. Leuchtkugeln zischen hoch und beleuchten für Sekunden die in Schneemäntel gehüllten Gestalten. Die ziehen schweigend und in der Ahnung des kommenden Unheils ihres Weges. Sie kommen gerade zurecht. Die Landser, die da zwischen ihren zerstörten Bunkern hocken, sind fertig. Sie haben fast Unmenschliches geleistet, sind nahezu aufgerieben – aber sie haben den Feind nicht durchgelassen, die traurigen Reste einer angeschlagenen, total ermüdeten Kompanie gegen eine russische, frisch in den Kampf geworfene Brigade! Sie können sich kaum aufrecht erhalten, Verwundete und Tote liegen zwischen ihnen, und der Geruch der Vernichtung liegt in der Luft. Sie haben nirgends mehr ein Dach überm Kopf.

Die 13. Kompanie bezieht die neue Stellung.

Gerade noch rechtzeitig zum nächsten Vorstoß des Russen. Denn im nächsten Morgengrauen beginnt der furchtbare Tanz von neuem. Die Beschießung verdichtet sich zum Trommelfeuer, dazu kommt wieder der dichte Regen der Wurfgranaten aus den sowjetischen Werfern.

Als dunkle Punkte vor den deutschen Linien taucht der Gegner auf. Da spielen die eigenen schnellschießenden Maschinengewehre auf zum Totentanz und mähen die Reihen nieder. Wo sie eben noch waren, steigt jetzt Rauchwolke auf Rauchwolke auf, Balken fliegen in die Luft – unsere schweren Mörser schießen!

Mit gleicher Wucht kommen von der anderen Seite die Granaten. Noch einmal greift an diesem 3. Dezember der Feind hier an, dringt ein in eine Lücke unserer Hauptkampflinie, stürmt über die Leichen der eigenen Kameraden hinweg. Da reißt der Oberfeldwebel die ihm zunächst stehenden Soldaten mit hoch und brüllt, schießend und von Trichter zu Trichter springend, sein verzweifeltes »Hurra«, das von seinen Männern aufgenommen wird, die nun wild auf die eingedrungenen Sowjets losgehen. Von denen heben einige die Arme, andere wehren sich bis zuletzt. Der Bunker ist wieder in eigener Hand.

Auch dieser heiße Kampftag geht zu Ende. Die Sowjets holen Atem, nur ihre Granatwerfer sind noch in Aktion. Die Nacht ist stockfinster, Sturm weht den Posten den Schnee ins Gesicht.

Was von der Kompanie noch übrig ist, hat die Stärke von zwei Gruppen, also etwa achtzehn Mann. Die anderen sind auf dem Weg nach hinten – verwundet oder tot.

4. Dezember: Die Nacht ist ruhig. In ihren Löchern zwischen den zerstörten Bunkern sind die Landser zusammengesunken. Sie schlafen in den unmöglichsten Stellungen, sie schlafen trotz der frostkalten Nacht und hocken, in ihre Decken gehüllt, da wie leblose Baumstümpfe. Auch vorn die Posten müssen sich schwer zusammenreißen, um wach zu bleiben, sie kauen gefrorenes Brot, rauchen und halten die klammen Hände vor die Zigaretten, damit der Russe sie nicht glimmen sieht. Sie treten von einem Bein aufs andere, sie kneifen sich ins Gesicht, denn einzuschlafen – das könnte den Tod bedeuten.

Die ungewohnte Stille nach dem Inferno ist beunruhigend. Nichts rührt sich in dieser Nacht, nur ab und zu steigt gespenstisch eine Leuchtkugel hoch und verlischt dann im Schnee. Zu erkennen ist nichts. Gegen Morgen, 5 Uhr etwa, fühlt sich einer der Posten von der 13. Kompanie unsanft angestoßen – verdammt, er ist wieder eingepennt. Eine Gestalt flüstert ihm aufgeregt zu: »Mensch, werde wach – ich glaube, sie kommen!« Aber die Nacht ist still wie vorher. Doch plötzlich hören sie es beide: Der Schnee knirscht unter vielen schleichenden Schritten! Der Iwan versucht's diesmal auf die leise Tour ...

Der Posten rast zum Kompanie-Gefechtsstand: »Sie kommen!« Alarm! – Völlig verschlafen, zerschlagen an allen Gliedern, mit steifen Händen und kalten Füßen greifen die Soldaten zu den Waffen, laufen in die vorderste Linie und versuchen, hellwach zu werden. Die Schützen an den Maschinengewehren schieben die Patronengurte ein, den Spannschieber zurück. Der Kompanieführer informiert die Artillerie, der VB (vorgeschobene Beobachter) erbittet Sperrfeuer vor den rechten Flügel der Kompanie.

Noch fällt kein Schuß, noch schweigen die Geschütze. Aber der Schnee da vorn knirscht ...

Da kracht es dumpf wohl über zwanzigmal – der Russe ist ran und wirft Handgranaten. Nun bellen auch bei uns die Gewehre und Maschinengewehre, heisere Rufe versuchen, sie zu übertönen: »Da, hierher, hier sind sie!« Schreie Getroffener, keuchender Atem, Handgemenge, Kampf Mann gegen Mann! Leuchtkugeln jagen hoch und beleuchten die Szene. Der Kompanieführer rast heran. Da dröhnen die ersten dumpfen Abschüsse der eigenen Artillerie, grell bersten vor unseren Linien die Granaten, und jetzt heult Lage auf Lage heran; die vordersten der Angreifer versuchen, dem tödlichen Beschuß zu entkommen. Überall schreien Verwundete. Eine halbe Stunde später herrscht vor diesem Teil der Hauptkampflinie Ruhe, die nur vom Stöhnen der Verwundeten unterbrochen wird.

Um 9 Uhr geht's am linken Flügel der 13. Kompanie los. Der Gegner kommt bis an die meist zerschossene Blende heran. Der Kompanieführer hockt vorn am leichten Granatwerfer, dessen Bedienung tot neben dem Gerät liegt, und jagt Granate auf Granate hinüber.

Der Angriff ist vorerst abgeschlagen. Dafür setzt nun wieder das wütende Feuer der russischen Geschütze ein. – Am nächsten Morgen wird die 13. – ein kleines Häuflein blasser, bärtiger und schmutziger Gestalten – von einer gerade herangeführten, frischen norddeutschen Truppe abgelöst. Diese verlustreiche, für viele tödliche Krise ist überstanden.

Acht Tage danach sitzt unser ganzes Bataillon mit den durch eingetroffenen Ersatz aufgefüllten Kompanien in dem zerwühlten, zerschossenen Abschnitt vor »Ost- und Westhöcker«.

Aber der Russe kommt vorerst nicht mehr. Nur hin und wieder schießt eine Panzerkanone (Landserjargon: »Rratsch-bumm«) wild ins Sumpfgelände.

Weiter ostwärts aber tobt nach wie vor die blutige Abwehrschlacht südostwärts des Ilmensees. –

Weihnachten 1942 ...

Schon seit Wochen ist es verhältnismäßig ruhig. Wir vermuten, daß der Iwan Munition für den Heiligen Abend sammelt. Unter solcher Anspannung kann wahrhaftig keine Feststimmung aufkommen. Dauernd geht im Bataillons-Gefechtsstand das Telefon. Meldung vom rechten Nachbarn: »Verstärkter Feindverkehr in den Westhöcker! Achtung für alle Kompanien – höchste Aufmerksamkeit!« Munition wird herangefahren. Zwischendurch auch Weihnachtspakete mit Stollen, Rotwein, Gebäck – jedem Mann in der HKL ein »Führerpaket«!

Im Wehrmachtsrundfunkgerät erklingen die vertrauten Weihnachtsmelodien.

Der 24. Dezember 1942 ist ein wundervoller Wintertag. Schnee überdeckt die Verwüstung, verwandelt dieses trostlose, zerschossene Gehölz in einen Zauberwald. Am Abend geht über den Schlachtfeldern ein prachtvoller Vollmond auf.

Im Bunkerofen prasselt ein wärmendes Feuer. Gegen 16 Uhr kommt der Feldwebel von der Staffel 1 und bringt uns einen schmuckglitzernden und schimmernden Weihnachtsbaum. Nun breiten wir eine reiche Bescherung aus.

Tatsächlich – jetzt spüren wir, daß es Weihnachten ist. Wir vergessen den drohenden Angriff und dieses gefährliche, dauernd unter Beschuß liegende Gelände und denken nicht daran, daß die Rote Armee mit allen Mitteln den Durchbruch zur Rollbahn erzwingen will. Feldpost ist auch angekommen. Still sitzen wir am roh aus Birkenholz gezimmerten Tisch und sind beim Lesen der Post mit allen Gedanken zu Haus, während einer auf der Zieharmonika die tausendmal gesungenen Weihnachtslieder spielt.

Ich sehe in Gedanken meine Frau und die Eltern vorm Tannenbaum stehen, vermeine, sie singen zu hören, und draußen über den Harzwäldern fällt der Schnee. Glocken läuten, und aus dem Radio kommt die Botschaft: »Frieden auf Erden« ...

Und ein Wunder geschieht auch hier: Der Feind schießt nicht, er schweigt. Nur ab und zu steigt eine Leuchtkugel auf.

Vorn bei ihren Kompanien sitzen die leidgeprüften Landser in den Bunkern und werden wohl alle weich in diesen Stunden.

Der Bataillonsführer geht mit mir durch alle Stellungen in der Hauptkampflinie. Keinen Bunker lassen wir aus. Schon im ersten

Kompanie-Gefechtsstand herrscht drangvolle Enge. Denn der Kompanieführer holt immer jeweils zwei Gruppen in seinen Gefechtsstand, um sie zu bescheren. Die harten, bartstoppeligen Gesichter der Soldaten sind entspannt; sie versuchen zu lächeln – scheu und verlegen.

Das sind sie, die noch vor kurzem im erbarmungslosen Nahkampf Angriff auf Angriff zurückschlugen und hundertmal dem Tod ins Auge schauten. Sie singen, den weißgestrichenen Stahlhelm in der Hand, »Stille Nacht, heilige Nacht« und versuchen dabei, so leise mitzusingen, daß sie der Iwan drüben, kaum achtzig Meter entfernt, nicht hören kann.

Draußen starren wie immer auch jetzt die Posten in Feindrichtung. Auf unserem Rundgang hören wir die Klänge einer Mundharmonika. Unter uns knirscht der Schnee; die Posten machen ihre Meldung: »Auf Posten nichts Neues.«

Auch drüben beim Russen herrscht Ruhe. Ob sie wohl unser Singen und Spielen hören? Nur einmal fegt eine Maschinengewehrgarbe zwischen uns, vor der wir uns aufgeschreckt in den Schnee werfen.

Den Rest des Abends verbringen wir unter dem Eindruck dieses weihnachtlichen Erlebnisses mit den Soldaten in der HKL mit dem nochmaligen Lesen unserer Feldpost von daheim, bis die Kerzen am Lichterbaum niedergebrannt sind.

Auch an den folgenden Feiertagen bleibt es ruhig. Da kommen wir auf die Idee: Wir werden das neue Jahr 1943 mit einer freiwilligen Geldspende aller Männer des Bataillons für das Winterhilfswerk beginnen! So geht ein Aufruf an alle Truppenteile unserer Einheit und erreicht jeden Mann auch in den vordersten Stellungen. Die Kompanieführer kriechen von Posten zu Posten:
»Soldaten spenden an der Front – für die Heimat!«

Auch hinten bei den Trossen, wo Essen und Munition für die Front bereit sind, wird gesammelt. Durch den Feldfernsprecher kommt das Ergebnis:

Sie sammelten in der Nacht zum Jahr 1943 spontan und ohne Zwang oder Beeinflussung sage und schreibe 32.770 Reichsmark für die gegen den harten Winter kämpfende Heimat!

Weiter südostwärts rummelt in den ersten Tagen des neuen Jahres immer noch die Abwehrschlacht.

Am 27. Januar 1943 mache ich mit dem zum Bataillon abgestellten

Artillerie-Offizier einen Rundgang durch die vorderen Linien. Da erwischt uns mit ihren Splittern eine russische Wurfgranate. Ich blute am Oberarm, an der rechten Hand und am Oberschenkel. Wir werden abtransportiert.

Vom Sanitätsschlitten aus umfängt mein Blick noch einmal das düstere und doch so vertraut gewordene Gelände, die verschneiten Bunker und die Baumruinen.

Etwas benommen verabschiede ich mich von meinen Gefährten. Die Männer des Nachrichtenzuges winken mir noch zu, ein Feldwebel rennt hinter dem Schlitten her, um mir die Hand zu drücken.

Der Regimentskommandeur meint launig: »Na, für Sie wurde es ja nun auch Zeit für einen Heimatschuß ...« Ich winke noch schwach, als sich die Stellungen meines Bataillons immer mehr entfernen, als die Geräusche der Hauptkampflinie immer schwächer werden: »Auf Wiedersehen, Kameraden ...«

Auf Wiedersehen –??

Aus heutiger Sicht
Von der Front über Lazarett und Ersatztruppe zur
Ordensburg – »Reichsführer, was geschieht eigentlich
in den KZs?«

Im weißbezogenen Bett zu liegen im nach Westen fahrenden Laza-
rettzug und zu wissen, daß die Verwundungen nicht gefährlich sind,
wohl aber für einige Wochen in der Heimat ausreichen – das war ein
heute nicht mehr nachzufühlendes Erlebnis. Schon die Tatsache,
das furchtbare blutige Ringen in den Sumpfwäldern lebend überstanden zu haben, mußte euphorisch stimmen.
Am 6. Februar 1943, genau zum 21. Geburtstag meiner Frau, fuhr
der Zug mit dem Roten Kreuz über die alte Reichsgrenze. Ich hatte
ihr telegrafisch gratuliert – »... wir passieren gerade die Reichsgrenze – aber mach Dir bitte keine Sorgen ...«
Im Feldlazarett der Division und in einem Lazarett in Porchow war
ich bereits verarztet worden; man hatte mir an die sechzehn Gra-
natsplitter aus beiden Armen und dem Oberschenkel des rechten
Beines herausoperiert. Ich mußte vorerst noch gefüttert werden,
weil beide Arme fest bandagiert waren.
Im Lazarett in Königsberg hatte ich plötzlich Fieber, aber wahrscheinlich war das von der Aufregung gekommen, mit der ich ans
Telefon gegangen war, um mit meiner jungen Frau zu sprechen.
Die Heimat war Anfang 1943 in einem außergewöhnlich harten
Winter erstarrt. Es war, als wollte der Herrgott so seinen Zorn zum
Ausdruck bringen über das Gemetzel unter den Menschen.
Man war aber auch erstarrt in Angst und Schrecken, denn fortwährend kam das Wort »Stalingrad« unheilverkündend durchs Rundfunkgerät. Das furchtbare Schicksal der 6. Armee traf unser siegge-
wohntes Volk als lebensbedrohender Schlag.
Auch in Nordafrika ging der Kampf des Afrikakorps seinem Ende
entgegen. Bald würde der Feind von Westen und Süden zum Angriff auf das europäische Festland antreten.
Im Lazarett der schlesischen Stadt Jauer hörte ich die Nachricht von
der Kapitulation der 6. Armee. Wohl niemand in unserem Volk
konnte sich dem Grauen und der Trauer entziehen – und dem Zweifel. Das war die Wende im Gefühl der Zuversicht, jetzt konnte die

vernünftige Abschätzung der Lage keine Hoffnung mehr bringen, jetzt gab es nur noch den irrationalen Glauben an des Führers Unfehlbarkeit.

Durch das gleiche Rundfunkgerät im Krankenzimmer von Jauer vernahm ich dann auch die aufpeitschende Rede von Joseph Goebbels im Berliner Sportpalast: »... wollt ihr den totalen Krieg?« – und das heute unheimlich und unglaublich anmutende frenetische »Ja« der aufgeputschten Zuhörer. Sicherlich haben die damals nur für einen Bruchteil der Bevölkerung geantwortet. Aber ich gehörte noch zu diesem Bruchteil und war an jenem Wintertag bewegt von dem Appell: »Nun, Volk, steh' auf, und Sturm brich los!«

Als ich wieder aufstehen durfte, riefen mich Trommeln und Fanfaren auf den Balkon: Das Jungvolk-Fähnlein von Jauer marschierte mit wehender Fahne vorüber und grüßte zu mir herauf. Die Jungen hatten erfahren, daß ein Bannführer im Lazarett lag, und nahmen auf diese Weise den Kontakt auf. Ich ging dann auch zu ihren Heimabenden, erzählte von der Ostfront, wobei Entsetzliches verschwiegen werden mußte, und sang mit ihnen die Lieder der Jugend. Dabei konnte ich mich des Gedankens nicht erwehren: »Wann sind sie dran – –?«

Überall in Deutschland herrschte hektische Betriebsamkeit. In allen Garnisonstädten rollten Panzer zu den Verladebahnhöfen, marschierten junge Soldaten zu den Transportzügen – »Räder müssen rollen für den Sieg«, lauteten Schriftzüge an den Wänden der Bahnhofsgebäude.

Ende März wurde ich wieder »kv« (kriegsverwendungsfähig) geschrieben. Nach dem Genesungsurlaub zu Haus und einem frühlingsbeschwingten Aufenthalt mit meiner Frau in Troppau/Sudetenland, wo mein »Ersatzhaufen« lag, führte ich Anfang Mai ein frisch zusammengestelltes Marschbataillon von dort an die Front.

Wieder setzte sich mein Transportzug in Richtung Ilmensee in Bewegung.

Aber der Kampfraum Demjansk existierte nicht mehr. Die ausgebluteten Divisionen mußten zurückgenommen werden, die Front war »begradigt« worden. Die zerschossenen Wälder hatten nun wohl endlich ihren Frieden, und die toten deutschen Soldaten kümmerte es nicht mehr, daß ihre Gräber und Friedhöfe plattgewalzt wurden, um jede Erinnerung an sie auszulöschen.

Im Wehrmachtsbericht wurde der Kampfraum »südostwärts des Il-mensees« nicht mehr erwähnt. –

Ich traf auf meine 8. Division in einer Ruhestellung – nahe dem Bahnhof Wolot, wo sie im März 1942 ausgeladen worden war.

Ich hatte einen herrlichen Frühling in Deutschland hinter mir, hatte Bäume und Sträucher grünen und blühen sehen und war mit meiner jungen Frau durch blühende Landschaften gewandert – nun nahm mich wieder die kriegszerstörte Landschaft Nordrußlands auf – und die Gemeinschaft der kampfgewohnten und aufeinander einge-schworenen Kameraden. Und unter ihnen empfand ich – kaum zu glauben – wieder so etwas wie Geborgenheit ... Aber lange war mei-nes Bleibens bei der Fronttruppe im Raum Staraja Russja nicht. Ein Befehl vom Oberkommando der Wehrmacht zitierte mich unver-züglich zur Ordensburg Sonthofen. Welcher Art dieser Kurzlehr-gang sein würde, sollte ich erst an Ort und Stelle erfahren. In Trop-pau hatte man mir vorher mitgeteilt, daß die Reichsjugendführung meine Abstellung zum Dienst an der »Heimatfront« beantragt ha-be. Das geschah damals im Rahmen eines Abkommens mit dem OKW, wonach Angehörige des HJ-Führerkorps nach Verwundung mit noch daheimgebliebenen HJ-Führern ausgetauscht werden konnten. Mit der Beorderung zur Ordensburg hatte das allerdings nichts zu tun. Ich müßte lügen, würde ich behaupten, daß ich wegen dieser Aussichten böse gewesen wäre ... Ich hatte genug gesehen von Blut und Grauen und hatte Sehnsucht nach der Heimat und meiner Frau.

In jenem Frühjahr 1943 hatte der Bombenkrieg die Städte Mittel-und Ostdeutschlands noch weitgehend verschont. Zwar hatte die Stalingrad-Katastrophe den Menschen einen Schock versetzt, aber nach außen hin war in der Heimat noch alles intakt, das Leben ging seinen Gang wie auch vorher schon. Natürlich gab es keine laute Be-geisterung mehr, auch die Stimme Hitlers war im Radio kaum noch zu hören – stumme Resignation machte sich breit. Die Funktionäre der Partei versuchten, in Versammlungen, Besuchen und Massen-veranstaltungen den Durchhaltewillen wieder zu festigen. Nicht ohne Erfolg – wie die Geschichte beweist.

Die Rote Armee war im Vormarsch, Charkow von ihr zurücker-obert, ihre Truppen stießen schon gegen den Dnjepr vor – da wen-dete sich noch einmal das Kriegsglück zugunsten der Deutschen:

Unter hohen russischen Verlusten kam die rote Offensive zum Stehen, Charkow wurde von einem Panzerkorps der Waffen-SS wieder zurückerobert. In der Heimat atmete man auf. Die rote Flut schien gestoppt. In Afrika aber ging das so lange unter Rommel erfolgreiche Afrikakorps in die Gefangenschaft, von Westen her wurden die Einflüge anglo-amerikanischer Bomberströme häufiger, ungehinderter und wirksamer.

So sah es aus, als ich mich Ende Mai befehlsgemäß auf der Ordensburg Sonthofen meldete.

Am 1. Juni schrieb ich von dort meiner Frau:

> »Hier sind etwa zweihundert Partei- und HJ-Führer zusammengerufen worden. Sie kommen fast alle unmittelbar von der Front, ihre Dienstgrade gehen vom Gefreiten bis zum General.
>
> Bei diesem Lehrgang geht es um die Entgegennahme von Informationen aus kompetentem Mund. Anschließend schickt man uns als Redner in die Kasernen der Heimatgarnisonen. Himmler, Rosenberg, Keitel, Speer, Dönitz und andere sollen zu uns sprechen. Sie werden uns die Unterlagen für unsere Reden liefern und sollen uns wohl politisch aufpulvern.
>
> Ich habe hier auch sieben mir gut bekannte HJ-Bannführer aus unserem Gebiet Mittelelbe getroffen – alle sind Offiziere und inzwischen sehr ernst und still geworden ...«

Wir waren, wie ich schrieb, aus dem Inferno der Kämpfe in Rußland hierher gerufen worden – wahrscheinlich, um die »politische Stoßgruppe« in den Truppenteilen zu werden. Es war wohl der Ursprung der sogenannten NSFOs (Nationalsozialistische Führungsoffiziere), die den Einheiten politisch motivierend Vorbild sein sollten. Hier schien man die Sowjets zu kopieren, in deren Truppen die »Politruks« (politische Kommissare) eine so große Rolle spielten, daß Hitler sie bei Gefangennahme erschießen lassen wollte. Unsere NSFOs haben das Geschehen nicht mehr beeinflussen können, zumal es für sie so gut wie keine Kompetenzen gab. Für mich selbst wurde nach jenem Rednereinsatz diese Aufgabenstellung nicht mehr wirksam. –

Man hatte für uns die richtige Kulisse gewählt: Das graue Gemäuer der NS-Burg vor dem Hintergrund der noch schneebedeckten Berge des Allgäus.

Auf der Ordensburg hatten damals die »Adolf-Hitler-Schulen« Quartier bezogen – bevölkert mit adrett und frisch ausschauenden Jungen, ausgelesen als künftige »Elite der Nation«.

Diese Schulen, 1937 vom Reichsjugendführer Baldur von Schirach und dem Reichsorganisationsleiter Robert Ley gegründet, waren eine Auswirkung des »Führerprinzips« der nationalsozialistischen Ära. Sie sollten den Führernachwuchs für Partei und Staat sicherstellen. Die Schüler entstammten dem Deutschen Jungvolk in der HJ, hatten alle gewisse Qualitäten in körperlicher, geistiger und vor allem weltanschaulicher Hinsicht bewiesen und waren von den verantwortlichen Jugendführern und anderen Hoheitsträgern ausgewählt und vorgeschlagen worden. Sie bildeten Einheiten der Hitlerjugend, ihre Lehrer waren Hitlerjugendführer. Sie führten weitgehend ein Eigenleben, fast ausschließlich unter dem Einfluß der Reichsjugendführung. Vorerst aber fehlte es an Unterbringungsmöglichkeiten; so wurden bereits im Herbst 1937 als Übergangsstadium alle A.-H.-Schulen auf der Ordensburg Sonthofen untergebracht.

Bei ihnen also waren wir Frontsoldaten nun zu Gast. Wohlgefällig beobachteten wir es jedesmal, wenn die Ehrenformation antrat, um wieder einen der angereisten Redner zu begrüßen. Das waren ausschließlich prominente Generäle und Parteiführer; die Jungen standen frei und mit offenem Blick vor ihnen, sie waren wirklich eine Augenweide. Natürlich mußten sie wissen, daß sie einmal in autoritärer Form die Macht von Partei und Staat verkörpern sollten, daß sie für Schlüsselpositionen auserlesen waren. Auch damals lag der Gedanke nahe, daß sie später einmal – wenn sie Rang und Position erreicht haben würden – dem Rausch der Macht erliegen würden. Noch wirkten sie allerdings bei ihrer Disziplin und infolge recht spartanischer Lebensbedingungen unkompliziert und locker. Auch seitens der Führung wurde wohl viel getan, um keine arroganten Angeber groß werden zu lassen. In den Schulen sollte das Prinzip »mehr sein als scheinen« bestimmend sein.

Alles sollte der »sozialen Tatgemeinschaft« entsprechen: HJ-gemäß wurden die Lehrer geduzt, Schwächen einzelner von der Gemeinschaft geahndet, freies Denken und Kritikfähigkeit sollten zu den Grundsätzen gehören. Dazu ist in Jutta Rüdigers Buch über die Hitlerjugend zu lesen:

»Wie gesund und frei die Reaktion der Adolf-Hitler-Schüler war, beweist die Tatsache, daß, als Dr. Ley in einem Vortrag vor diesen die ›Herrenrasse‹ erwähnte, ein allgemeines Gelächter ausbrach.«

Die Hitlerjugend war eben – anders als es das Klischee heute haben will – keine dümmlich-stumpfe, in Kadavergehorsam erstickte Gefolgschaft. Ihre Führer waren meist äußerst selbstbewußte Persönlichkeiten, die sich nicht scheuten, offen gegen erkennbare Mißstände anzugehen. Als sie dann an der Front standen, unterdrückten sie bei sich selbst die immer stärker werdende Unzufriedenheit mit dem Gebaren vieler Parteibonzen mit dem Argument: »Erst müssen wir siegen – dann werden die Konsequenzen gezogen ...« Nur in einem Fall kam immer noch keine Kritik, kein Mißtrauen auf: Im »Falle Adolf Hitler«. Schon im Mai 1938 hatte der Reichsjugendführer zur HJ-Führerschaft, die sich im Nationaltheater Weimar versammelt hatte, diese Grundsätze verkündet:

»Ich erwarte von meinen Unterführern, daß sie ihren Vorgesetzten gegenüber alle Dinge so darstellen, wie sie sind, also weder besser noch schlechter, daß sie mit den unangenehmen Nachrichten ebensowenig zurückhalten wie mit ihrer eigenen Auffassung. Es muß für euch selbstverständlich sein, daß jede ehrliche Meinung in unserer Gemeinschaft Raum hat, daß es aber nur *eine* Meinung gibt in dem Augenblick, da der Befehl verkündet wurde ...!«

Dieser letzte Satz ist die entscheidende Einschränkung; sie galt sicherlich dem Befehl des Führers, der dann für manchen zum Mordbefehl eines Wahnsinnigen wurde.

Damit erwies sich das »Führerprinzip« des Dritten Reiches als zerstörerisch und unmenschlich. Die Welt gehört nicht den Führenden, wie wir damals sangen:

»Die Welt gehört den Führenden,
sie gehn der Sonne Lauf ...«,

sondern den vom Volk Berufenen, die über ihr Tun Rechenschaft abzulegen haben, deren Handlungen kontrolliert und kritisiert werden und die durch freie Wahlen immer wieder zu bestätigen oder abzuwählen sind. Das »Führersein« im Sinn unkontrollierter

Machtfülle eines einzelnen war ein Irrweg, der uns in die größte Katastrophe trieb.

Ich bin sicher, daß die meisten jener sympathischen Adolf-Hitler-Schüler mit freiem Geist in das demokratische Deutschland hineingewachsen sind und daß sie, ihrer Qualifikation entsprechend, viel zum Aufbau der Bundesrepublik beigetragen haben.

Nach dieser kurzen Erläuterung der längst vielfach vergessenen und manchmal auch falsch dargestellten »AHS« komme ich zurück zum Ablauf jener Rednerschulung im Quartier der Adolf-Hitler-Schüler auf der Ordensburg Sonthofen: Wir merkten sehr bald, worum es ging. Es kam der Partei- und Wehrmachtsführung darauf an, zuverlässigen Nationalsozialisten, die frisch von den Fronten geholt wurden, neue Siegeszuversicht zu vermitteln, Optimismus nach der verheerenden und grauenvollen Niederlage bei Stalingrad. Dann sollten sie zu den Soldaten in der Heimat sprechen und auf sie ihren eigenen Siegeswillen übertragen.

Bei mir in einer Schublade liegt eine einundvierzig Seiten umfassende Übersicht über den Inhalt jener Reden. Es ist ein zeitgeschichtliches Dokument der Phraseologie, der Lügen und der Heuchelei zu einem Zeitpunkt, zu dem die Vortragenden hätten wissen müssen, daß es keine Hoffnung auf einen Sieg mehr gab. Verstrickt in unsere Wunschvorstellungen, habe ich sie damals nicht durchschaut – weiß Gott, nicht durchschauen können. Und wie mir ging es sicherlich der überwiegenden Mehrheit der Teilnehmer.

Bei der Lektüre jener Zusammenfassung von Tiraden über die »Lage des Reiches nach Stalingrad« überkommt mich noch heute das kalte Grausen, obwohl sechsundvierzig Jahre dazwischen liegen. Die im weiteren Bericht von mir wiedergegebenen Auszüge sind im Originaltext abgedruckt – einschließlich der zahlreichen orthographischen Fehler und sprachlichen Fehlleistungen.

Wir langweilten uns bei manchem Vortrag, vor allem bei den verschwommenen Äußerungen des Reichsleiters Alfred Rosenberg, von dessen unheilvollem Wirken in den besetzten Ostgebieten wir damals noch keine Ahnung hatten. Rosenberg war Verfasser des Buches »Mythos des 20. Jahrhunderts«, einer Art Pflichtlektüre für Nationalsozialisten, die aber kaum verstanden und verdaut werden konnte, weshalb sie auch bald niemand mehr las.

Zu Beginn des Lehrganges erläuterte General Reinecke Sinn und

Zweck dieser Maßnahme. Das erwähnte Protokoll der Reden sagt über seine Ausführungen folgendes:

> »Je länger der Krieg – um so wichtiger Aktivierung aller Kräfte. Geistige Führung ist ein Teil der militärischen und ebenso wichtig wie Waffenausbildung. Ziel der geistigen Führung: Der politische – nicht der politisierende – Soldat!
> Besonders notwendig: Politische Aktivierung in rückwärtigen Gebieten und bei Heimattruppen. Gesprochenes Wort von nachhaltiger Wirkung. Deshalb sollen Lehrgangsteilnehmer zur Truppe sprechen.
> Dieser Einsatz bedeutet eine Revolutionierung in der Wehrmacht.
> Aufgaben:
> 1.) Einheitliche Auffassung über politisch-weltanschauliche Fragen. Ziele unseres Kampfes vermitteln.
> 2.) Sprachregelung über bestimmte militärische und politische Ereignisse geben.
> 3.) Aufklärung über Heimat, ihre Haltung und Leistung bringen.
> 4.) Durchführung: Vor Truppe keine Schulungsreden halten, keine Propaganda machen, sondern als Soldat zum Soldaten sprechen. Eigene fanatische Gläubigkeit auf Soldaten übertragen.«

So kamen sie denn zu uns, große und geringere Repräsentanten des in einen erdrückenden Zweifrontenkrieg geratenen Reiches. Sie gaben sich kameradschaftlich, baten auch um Fragestellung, ließen es aber nie zu einer echten Diskussion kommen.

Spannend wurde es, als der Reichsführer SS, Heinrich Himmler – wie immer trotz Uniform blaß und kleinbürgerlich wirkend –, sprach.

Ihn konfrontierten mehrere Lehrgangsteilnehmer mit der Frage: »Reichsführer, was geschieht eigentlich in den KZs?«

Statt einer klaren Stellungnahme kamen aus Himmlers Mund die üblichen Phrasen. Ich erinnere mich an seine Antwort noch genau: »Das deutsche Volk wird es uns einmal zu danken wissen, daß wir es vom ›Abschaum der Straße‹ befreit haben ...!«

Dazu gab es dann keine weitere Frage mehr. Niemand von uns ahnte etwas von der sogenannten »Wannsee-Konferenz«, hinter der dieser Mann, wenn auch nicht persönlich anwesend, stand und auf der am 20. Januar 1942 zum ersten Mal von der »Endlösung« gesprochen wurde ...

Himmlers damalige ausweichende Phrase klang in unseren Ohren nicht einmal zynisch und menschenverachtend, makaber und abscheulich – nein, in unserem idealistischen Traum vom Reich hatten Brutalität, Menschenverachtung und Mord in den Konzentrationslagern keinen Raum.

So packte uns bei den Aussagen des obersten SS-Führers keine Abscheu, wir erkannten nicht die Absurdität und den Wahn. So blieben wir Soldaten, die für ein sauberes, geachtetes Vaterland zu kämpfen glaubten, ohne Protest auf unseren Stühlen sitzen. Nicht Mangel an Zivilcourage war es, nicht die Angst vor dem brutalen Zugriff dieses mächtigen Mannes – es war die totale Tarnung und Vernebelung, die die Konturen der wahren Vorgänge verdeckten. Und es war unser unbegrenztes Vertrauen. Dabei war uns der »Reichsheini« durchaus nicht sympathisch, dieser blasse kalte Mann mit dem starren Ausdruck im Gesicht. Aber er gehörte nun mal zur Führung, der man Treue geschworen hatte.

Hier einige Auszüge aus Himmlers »Informationen«:

»Wesen der Konzentrationslager: Verhütung von Verbrechen. Sicherheitslage im Reich ist alles in allem in Ordnung. Nur wenige Polizeieinsätze, Gestapo zahlenmäßig gering.

Verbrecher und politische Gegner sitzen hinter Schloß und Riegel und verbleiben dort zur Aufrechterhaltung der Sicherheit.

Zu dieser Sicherheit tritt die blutliche Sicherheit des Volkes. Wesentlich ist nicht zu leugnende Geschlechtsnot der Frauen, da viele Männer fehlen. Verbote allein helfen nicht.

Wie verhindere ich den Schaden? Polen-, Tschechen- und Russenmischlinge wenden ihr deutsches Blut gegen uns. Gefährlich wird ein Gegner nur, wenn er germanischen Blutes ist. Daher Vermischung auf alle Fälle verhindern. Frauen müssen bestraft werden, Täter werden gehenkt ...«

»Ziel: Deutsche Blutsgrenze muß verschoben werden. Ansatz von Norwegern, Dänen, Niederländern usw. zu einem einheitlichen germanischen Reich.

Verbot: Nicht offen über Ostsiedlung oder Kolonisation im Osten sprechen.

Jetzt zunächst: Kampf um Existenz. Große Aufgaben der Anwesenden, diese Aufklärung zu bringen, den Glauben an den Sieg zu verbreiten, für gute Nerven zu sorgen, damit das Reich gewonnen wird. Dieses Reich wird ein Weltreich sein ...«

Erst viel, viel später fiel mir beim sorgfältigeren Studium der Inhalte jener Reden ein Satz auf, der sich auf eine weitere Äußerung Himmlers bezog:

»Das Gebiet der Welt, das keine Juden hat, ist gefeit gegen jede Revolution. (Also für die SS-Kameraden, die für diese Aufgaben eingesetzt und gegen ihren Willen befohlen sind, eintreten.)«

Heute wissen wir nur zu genau, was das, wenig verschlüsselt, heißen sollte.

Damals gab es unter uns wohl keinen, dessen Vorstellungsvermögen ausgereicht hätte, die furchtbare Wahrheit zu sehen oder zu begreifen. Während also »die gegen ihren Willen befohlenen« SS-Männer das Werk der Mordbuben verrichteten, starben Hunderttausende deutscher Soldaten im Glauben, einen notwendigen Verteidigungskrieg führen zu müssen, und fühlten sich den Traditionen des Soldatentums verpflichtet, ritterlich und fair zu kämpfen.

Was uns vor fast fünfzig Jahren nicht zum Bewußtsein kam, dreht uns noch heute den Magen um. Kein Wunder, daß sich die überlebenden Männer der Kriegsgeneration nach der Heimkehr blindlings in den Wiederaufbau stürzten!

Die Redner der Wehrmacht konnten uns auf Sonthofen nur wenig Konkretes und Hoffnungsvolles sagen, dennoch kamen ihnen die optimistischen Floskeln – trotz des Sterbens in Stalingrad – leicht von den Lippen:

Für die Luftwaffe sprach Oberst i. G. Peltz:

»Das Frühjahr 1941 brachte nach dem Abbruch des Einsatzes

gegen England folgendes Bild: England stellte Zerstörer wieder her, Amerika lieferte.

England war in der Lage, neue Verfahren für Navigation und Abwehr zu entwickeln. Folge: Englische Nachtangriffe auf Deutschland.

Der feindliche Flugzeugbau kann noch gesteigert werden, aber die Erfolge unserer Abwehr werden auch laufend größer sein. Vergeltung wird kommen. Zeit und Vertrauen notwendig, bis ein solches Kräfteverhältnis erreicht ist, daß Angriff wirklich lohnt.«

Wir wissen, daß ein solches Kräfteverhältnis zugunsten des Reiches nie eintrat. Wir wissen auch, daß die »Vergeltung« – V1 und V2 – schließlich nichts Entscheidendes bewirken konnte. Die Furchtbarkeit der Luftangriffe auf deutsche Städte stand uns damals noch bevor.

Konteradmiral Wagner für die Kriegsmarine:

»Westflanke Atlantikküste: Im wesentlichen Geleitaufgaben und Abwehr. Südflanke: Verteidigung gemeinsam mit italienischer Kriegsmarine. In der Ägäis Einsatz deutscher Verbände, im Mittelmeer defensive Aufgaben.

Laufende Entwicklung von Mitteln und Gegenmitteln. Vorübergehend eigene Erfolge geringer.

Der Kampf ist schwer. Am Ende des Krieges wird der deutsche Sieg stehen.«

Vorrangig wurde also schon von Abwehr und Verteidigung gesprochen. Die Initiative war auf die andere Seite übergegangen.

Weltfremd und realitätsfern die Darlegungen der Parteioberen. Sie lebten offensichtlich ihr eigenes Leben in ihrer Gedanken- und Vorstellungswelt.

Die Reichsfrauenführerin Scholtz-Klink setzte ihren Ausführungen ein »Führerwort« voran:

»›Ich sehe in der Frau die Mutter der Nation, ich sehe in ihr aber vor allem die Kampf-, Arbeits- und Lebensgefährtin des Mannes.‹

Millionen Arbeitersöhne an der Front verdanken wir den Arbeitermüttern, die in schwerer Zeit diese Kinder geboren haben ...

Auch in dieser Kriegszeit bleibt der Grundsatz aufrechterhalten, daß Mütter nicht arbeiten sollen. Aber Krieg zwingt zur Forderung der Frauenarbeit, auch bei Soldatenfrauen. Appell an die Soldaten, ihre Frauen zur Mitarbeit anzuhalten. Beispielhaft sind die Anspannung und gewaltigen Leistungen der Frauen in den luftgefährdeten Gebieten im Westen. Frauen und Mädel tun ihre Pflicht in soldatischer Haltung. Ausschlag geben nicht Hab und Gut, sondern der Mensch und sein Leben. Das Wort ›Frieden‹ darf nur gebraucht werden, wenn wir den Frieden bekommen, den wir uns vorstellen.«

So klar wurde es selten gesagt: Arbeitermütter gebären Kinder als Hitlers Kanonenfutter ...
Trotz der Reichsfrauenführerin – die Frauen leisteten vor allem in der nun folgenden Zeit Unmenschliches. Sie hielten still und duldend stand, als Nacht für Nacht Bomben fielen, als sie in die Keller mußten und oftmals danach Trümmer beseitigen.
Tagsüber in der Rüstungsindustrie schuften und nachts den Luftangriffen ausgesetzt sein – das war eine unglaubliche Leistung. Und als die Häuser einstürzten, schrieben sie noch an die Mauern: »Unsere Mauern brachen, unsere Herzen nicht!«
So tief und so weit ging die Wirkung nationalsozialistischer Massenbeeinflussung.
Auch Gauleiter Grohé sprach über die Verhältnisse in seinem schon 1942/43 vom Luftkrieg arg betroffenen Gau:

»Dieser Terrorkrieg ist nicht entscheidend, der Widerstand des deutschen Volkes wird so nicht gebrochen. Verluste an Blut und Gut sind bedauerlich, aber unser Volk bleibt trotzdem hart und kriegsbereit. Feind meinte, durch Luftterror Entscheidung erzwingen zu können, aber die Großangriffe haben keine Wende gebracht, Bevölkerung steht kameradschaftlich zusammen. Luftterror wird voraussichtlich bleiben, seine Belastung besonders durch die Gefahren für Mütter und Kinder und den Mangel an Schlaf für die Schaffenden ist groß. Im Luftschutzeinsatz der Partei stehen allein in Köln 31 000 Männer und Hitlerjungen.
Die gute Haltung der Bevölkerung ist ein Vertrauensbeweis für die Partei.«

Der Luftkrieg zerbrach tatsächlich nicht die Moral der Deutschen, aber dafür nach und nach ihre Rüstungsproduktion. – Schlußwort des Reichsleiters Rosenberg:

»An die Stelle der alten Reichsidee ist jetzt die nationalsozialistische Revolution gerückt. Danach ist diese Revolution ein Werkzeug des Reiches. Noch nie wurden die Fahnen in härterer Hand gehalten als jetzt! Grundlage des Sieges ist die Einheit von Volk, Macht und Weltanschauung.«

Utopien, Phantasterei, Pathos – knapp zwei Jahre vor der totalen Auflösung und Zerstörung des Reiches. Reichsminister Dr. Seyß-Inquart:

»Drei Aufgaben des Reiches: Zusammenfassung des Volkstums nordischer Prägung, Erziehung im Innern, Vertretung nach außen. Nicht Unabhängigkeit der europäischen Völker, sondern Gleichberechtigung wird Wunsch der germanischen Völker sein; soziale Gerechtigkeit. Das Reich ist kein Staat, sondern eine nationale Ordnung, an der Spitze der Führer. Begriff der Freiheit ist unter Germanen lebendig, aber verwirrt: Freiheit ist, wer sich frei fühlt, aber einordnet in die völkischartgemäßen Gesetze. Oberstes Gesetz ist das Reich!«

Dr. Arthur Seyß-Inquart verhalf an entscheidender Stelle in Österreich Hitler zum Anschluß seines Landes als »deutsche Ostmark«. Er war Reichsstatthalter in Wien bis 1939, dann bis Kriegsende Reichskommissar für die besetzten Niederlande. Er wurde in Nürnberg zum Tode verurteilt. Sein fast pathologisch wirkendes Bekenntnis und die eigentümliche Definierung des Begriffes »Freiheit« beweisen, wes Geistes Kind er war. Es sprach auch Generalleutnant Schmundt zu uns, der Wehrmachtsadjutant des Führers:

»Täglich hohe Verluste an Offizieren, daher hoher Bedarf. Auslese und Erfahrung beweisen, daß Zusammenarbeit zwischen HJ und Wehrmacht beispielhaft ist. Deshalb wird es kein ›1918‹ geben, da Offiziere aus allen Schichten des Volkes kommen und nur eine Verpflichtung des Offiziers besteht: Größere Leistung.

Bekenntnis des Offiziers am Morgen, Mittag und Abend: Heil Hitler!«

Wie Millionen mußte auch der Generalleutnant Schmundt seine Ergebenheit und seine unerschütterliche Hitler-Gläubigkeit mit dem Leben bezahlen: Beim Attentat auf Hitler am 20. Juli 1944 wurde er tödlich verletzt.

Aber weder ihn noch uns plagten damals düstere Vorahnungen. Wir genossen in jenem Frühling 1943 die Berge des Allgäus, besuchten die Cafés in Sonthofen und sahen abends im Kino der Ordensburg den neuen Farbfilm »Münchhausen« mit Hans Albers.

Durch Gerüchte hatten wir von verräterischen Flugblättern in München erfahren, verteilt durch Studenten. Der Wahrheit zuliebe sei dazu festgestellt, daß Aufforderungen zum Widerstand gegen Hitler und zur »Brechung des Nazi-Terrors« damals für uns alle Hochverrat waren. So etwa waren unsere Gedankengänge: »Während im Felde täglich deutsche Soldaten bluten und sterben, während sich unser Volk in einer harten Phase seines Schicksalskampfes befindet, sind solche Handlungen – noch dazu von Daheimgebliebenen – Sabotage und Verrat am kämpfenden Volk.« Jeder andere im Krieg befindliche Staat hätte in der gleichen Situation auf gleiche Weise reagiert. Der Verlauf des Krieges und vor allem die furchtbaren Geschehnisse des Völkermordes an den Juden lassen seit 1945 alles in gänzlich anderem Licht erscheinen. Die damaligen »Hochverräter« sind für die Heutigen Widerstandskämpfer mit ungeheurem Mut gewesen, deren laienhafte Versuche, gegen den Verderber unseres Volkes mobil zu machen, von Anfang an zum Scheitern verurteilt waren. Die Tragödie der Geschwister Scholl wurde zum Beweis, daß in jener Zeit ein anderes, frei denkendes Deutschland existierte.

Als der Gauleiter von München, Giesler, vor uns referierte, wurde die Frage nach den Vorgängen an der Universität gestellt. Ohne näher darauf einzugehen, ließ Giesler eine Stellungnahme für uns vervielfältigen, deren letzte Passagen ich hier wörtlich wiedergebe:

»Am 18.2.1943 vormittags 11 Uhr fand in der Universität eine Flugschriftenstreuaktion statt. Durch die Umsichtigkeit des Universitätsdieners wurde der Sanitätsfeldwebel und Student Hans Scholl, geb. 1918, und seine Schwester Sophie, geb. 1921, stud. phil., festgenommen. Der Student Scholl und seine Schwester konnten überführt werden. Es wurde weiterhin noch der San. Feldwebel und Student Christoph Probst, geb. 1919, als Teilnehmer festgenommen.

Ein weiterer Student und Sanitätsfeldwebel namens Schmorell ging flüchtig. Er wurde in der Nacht vom 24./25.2.43 festgenommen.

Die Ermittlungen ergaben, daß Scholl, Probst und Schmorell sich einen Vervielfältigungsapparat und eine Schreibmaschine beschafft hatten und etwa 7000 Flugblätter herstellten. Die Flugblätter wurden von verschiedenen Städten aus an beliebige Adressen (Reichsadreßbuch) versandt. Scholl und Schmorell haben weiterhin eine Schablone mit dem Text ›Nieder mit Hitler‹ angefertigt. Sophie Scholl war bei der Herstellung und Verbreitung der Flugblätter beteiligt und hat u. a. auch die Briefumschläge zusammengekauft.

In den Flugblättern wurde ausgeführt, daß der Krieg für Deutschland unweigerlich verloren sei und daß es schade um die Opfer sei, die jeder Tag noch koste. In den Flugblättern befand sich die Aufforderung zur ›Brechung des nationalsozialistischen Terrors‹.

Der Volksgerichtshof hat in München in der Sitzung vom 22.2.43 die Angeklagten Scholl Hans und Sophie und Christoph Probst wegen Vorbereitung zum Hochverrat und Feindbegünstigung zum Tode verurteilt. Gegen den inzwischen festgenommenen Studenten Schmorell und weitere Angeklagte, darunter auch ein Universitätsprofessor namens Huber, fand eine weitere Sitzung des Volksgerichtshofes am 19. April 43 statt. Die Studenten Schmorell, Graf und der Universitätsprofessor Huber wurden zum Tode verurteilt. Gegen zehn weitere Angeklagte wurden Strafen von sechs Monaten Gefängnis bis zu zehn Jahren Zuchthaus verhängt. Die Gaustudentenführung hat am Tage der Urteilsverkündung und Hinrichtung der Geschwister Scholl und des Studenten Probst eine Protestkundgebung der Münchener Studentenschaft durchgeführt, die in der Universität stattfand und von etwa 4500 Studenten besucht wurde. Das Verhalten der studentischen Einzelgänger wurde von der gesamten Studentenschaft schärfstens verurteilt und abgelehnt.«

Soweit der Auszug aus der vertraulichen Mitteilung des Gauleiters des Gaues München-Oberbayern vom 3.6.1943. – Die Geschichte selbst hat das Urteil revidiert und die Ankläger von damals zu Schuldigen gemacht.

Am 6. Juni durften die Lehrgangsteilnehmer nach Haus fahren zu Frauen oder Bräuten, bis Pfingstmontag hatten wir Urlaub.

Am nächsten Tag reiste ich nach Breslau und meldete mich beim Kommandeur des Wehrkreises VIII zu meinem außergewöhnlichen Dienst.

Tagtäglich traf ich in den Kasernen Schlesiens und Oberschlesiens ein, um mein Soll an Durchhaltereden zu erfüllen.

Vom Wehrkreiskommando war ich sicher überall bei den Einheits-führern avisiert worden, so daß ich – meist in Pferdedroschken – von den Bahnhöfen abgeholt und zu den Offizierskasinos geleitet wurde. Nicht immer begegnete man mir mit offener Freundlichkeit. Manchmal spürte ich so etwas wie Mißtrauen gegenüber dem Abge-sandten von Partei und Oberkommando. Ausgleichend wirkte dann meist meine Fronterfahrung. Vor den Soldaten sprach ich wie einst als HJ-Führer – engagiert, leidenschaftlich und überzeugt. Und da die Soldaten zum großen Teil auch aus der HJ kamen, ließen sie sich mitreißen.

Vier Wochen lang hielt ich meine Reden in Kasernen, Fliegerhor-sten und Lazaretten – bis zur Erschöpfung. Auf der Reise erlebte ich noch einmal die Schönheit der schlesischen Landschaft.

Elend wurde mir, als ich in einem Lazarett zu vierzig Kriegsblinden sprechen sollte. Was konnte man diesen Männern schon sagen? Et-wa: »Führer, du hast befohlen, und wir sind dir blindlings ge-folgt ...« –? Ich weiß nicht mehr, wie ich mit dieser Aufgabe ange-sichts der stoisch ins Leere blickenden Soldaten fertig geworden bin.

Am 12. Juli 1943 erhielt ich vom Jäger-Ersatz-Bataillon 28 in Trop-pau/Sudetenland meinen Entlassungsschein – »Unabkömmlich« (»uk.«) auf Veranlassung der Reichsjugendführung.

Den Entlassungsschein des Wehrbezirkskommandos Halberstadt in der Tasche, zog ich den feldgrauen Rock des Infanteristen aus, nicht aber die Erinnerungen an die schönen und dann so schlimmen Zeiten, an die Stunden fröhlicher Gemeinsamkeit und gemeinsamer Ängste. Heute weiß ich, was jenseits unserer Wahrnehmungen geschah – aber es war für mich wie für Millionen das »Ehrenkleid«, immer fühlten wir uns in ihm den Geboten für eine »faire Kriegführung« verpflichtet (soweit man in Zusammenhang mit einem Krieg noch von Fairneß reden kann ...).

In die große Erleichterung, mit einer verheilten Verwundung dem Gemetzel vorerst entkommen zu sein, mischte sich damals doch so etwas wie ein schlechtes Gewissen gegenüber den an der Front kämpfenden Kameraden ...

Wie in mir lebte nach wie vor in den meisten Hitlerjugendführern der Geist, der sie mit Inbrunst und Überzeugung singen ließ: »... ja, die Fahne ist mehr als der Tod!«

Zu stark, zu nachhaltig wirkten Dämonie und Magie der großen Verführer. Die verklärte, idealistische Vorstellung von Treue und Aufopferung hielt uns gefangen, die Hoffnung auf die Wende des Kriegsglücks war stärker als die Verzweiflung über das, was über uns gekommen war. In diesen jungen Idealisten konnte kein Gedanke an Widerstand (das war eben für uns Verrat und Treuebruch) aufkommen.

Ich denke da noch an einen meiner einstigen Fähnleinführer, der mit Auszeichnung sein Abitur bestanden hatte und bei der Truppe schließlich Leutnant wurde. Ich traf ihn, als er 1943 gerade aus dem Lazarett entlassen worden war und bis zur völligen Genesung von einer schweren Verwundung beim Ersatztruppenteil Dienst tat. Es hielt ihn nicht in der Heimat, als Leutnant und gläubiger Hitlerjugendführer zog es ihn an die schon bröckelnde Ostfront. Man gab seinem Ersuchen statt; aber sein Einsatz vorn war nur von kurzer Dauer: Bei einem Rückzugsgefecht im Mittelabschnitt erneut schwer verwundet, erschoß er sich, als die Sowjets herankamen. Jeder jüngere Leser wird solche Berichte mit Rat- und Verständnislosigkeit, aber auch mit Beklemmung lesen. Ebensowenig wird er verstehen können, daß die furchtbaren Bombenangriffe auf unsere Städte die Moral der deutschen Bevölkerung nicht, wie vom Gegner beabsichtigt, zerstören konnten.

Gerade in jener Zeit, als ich meinen Dienst an der »Heimatfront« antreten mußte, weitete sich der Bombenkrieg über Deutschland entsetzlich aus. Unter dem sehr sinnigen und bezeichnenden Kennwort »Gomorrha« gingen fast siebentausend Tonnen Bomben der Royal Air Force auf Hamburg nieder und entfachten einen bis dahin unvorstellbaren Feuersturm, in dessen Sog in einer einzigen Nacht etwa fünfunddreißigtausend Menschen verbrannten oder erstickten. Das war vom 25. bis 28. Juli 1943. Fast täglich flogen nun Hunderte von Bombern der Alliierten in das Reichsgebiet ein, eine Stadt nach der anderen fiel mitsamt ihren Kulturgütern und Hunderttausenden ihrer Bürger dem flammenden Inferno zum Opfer. Höhepunkt dieses entsetzlichen Rachefeldzuges war der Angriff auf Dresden am 13. Februar 1945, als der Krieg für Deutschland längst verloren war. Insgesamt fielen auf Deutschland und das von ihm besetzte Europa sage und schreibe 1 996 360 Tonnen Bomben, davon gingen die meisten – 55,8 Prozent – auf Städte und Verkehrsanlagen nieder. Registriert sind 593 000 Menschen, die in diesem Bombenhagel starben, sicherlich fast alle schuldlos am Krieg und schuldlos an Hitlers Verbrechen.

Als ich – nunmehr als HJ-Bannführer – in Quedlinburg meinen ersten Auftrag erhielt, wurde ich mit den Folgen der furchtbaren Hamburger Nächte unmittelbar konfrontiert: Sonderzüge mit Tausenden ausgebombter Hamburger rollten in den Harz, wo die unglücklichen Menschen durch die Angehörigen der Parteigliederungen und die Behörden betreut wurden. Die Hitlerjugend aber bereitete gerade ein »Reichstreffen der Flieger-HJ« in Quedlinburg vor, zu dem Reichsjugendführer Arthur Axmann und der damals berühmte Jagdflieger Oberst Galland erwartet wurden.

Ich leitete auf dem Fliegerhorst ein Lager von etwa zweihundert Fanfarenbläsern, die für die Festlichkeiten üben sollten. Hanns-Martin Majewski, HJ-Bannführer und auch noch nach dem Krieg bekannter Komponist, kam eigens dazu, um die von ihm komponierte »Reichsjugendführer-Fanfare« zu proben.

Dieser mächtige Fanfarenzug spielte auch in den Parkanlagen jener Harzorte auf, in denen die Hamburger untergebracht waren. So standen die Elendsgestalten, denen man die Schrecken der Bombennächte noch von den grauen Gesichtern ablesen konnte, ringsum, als die Landsknechtstrommeln dröhnten und die Fanfaren schmetterten. Ich glaube nicht, daß das Trost und Hoffnung spenden konnte – aber wahrscheinlich nahm ich es in jenen heißen Sommertagen 1943 an.

Trotz des Entsetzens über das Schicksal der Hansestadt und ihrer

Menschen, trotz der neuen Ängste über weitere Vernichtungsschläge plante die HJ ein farbenprächtiges Schauspiel: Im Rahmen des Reichstreffens der Flieger-HJ sollten im Schloßpark von Ballenstedt zwischen Wasserfontänen und im Scheinwerferlicht Mädel vom BDM-Werk »Glaube und Schönheit« in Volkstanzkleidern tänzerisch die Terrassen und Treppen beleben und so ein Bild des Friedens, der Freude und der Fröhlichkeit verkörpern. Dieser Kontrast zum Zeitgeschehen erschien mir allerdings geradezu ungeheuerlich. Doch erst nach langen Diskussionen wurde dieses Schauspiel abgeblasen. Ansonsten lief das Treffen in meiner schönen Heimatstadt ab wie einst im Mai: Disziplinierter Aufmarsch von Tausenden frischer, fröhlicher Jungen im Braunhemd, wehende rotweißrote Fahnen, dröhnende Marschmusik und Jubel um Axmann und Galland. Die Quedlinburger nahmen wieder großen Anteil und umsäumten Markt und Aufmarschstraßen. Und draußen im Felde verbluteten die Kameraden.

Nein, so ganz glücklich konnte ich damals nicht sein, als ich die mittlerweile recht schnittige offiziersähnliche Uniform des HJ-Führerkorps trug.

Die Träger der braunen Montur waren 1943 ohnehin nicht mehr so angesehen wie vor Jahren noch. Den »Politischen Leitern« (Amtsträger der Partei) hatte Robert Ley mitten im Krieg eine neue bombastische Uniform verpaßt, weshalb man die Träger sehr bald »Goldfasanen« nannte. Wir hatten sie in dieser Aufmachung zum ersten Mal auf dem Lehrgang in Sonthofen gesehen und darüber erheblich gelästert.

Unmittelbar nach der Quedlinburger Großveranstaltung übernahm ich in der anhaltinischen Stadt Dessau die Führung des HJ-Bannes 93 und damit der Dessauer Jugend.

Aufzeichnungen 1943/1944
Fahnen, Fanfaren und Bomben
Als HJ-Bannführer an der »Heimatfront«

Dessau hat die Atmosphäre einer alten Residenz. Hier lebte einst der »alte Dessauer« und heiratete gegen jede Tradition die bürgerliche Apothekerstochter Anneliese. In wunderschönen Parkanlagen wispern uralte Bäume, Liebestempel erzählen von romantischer Zeit. Am Rande der Stadt schafft eine moderne Industrie. Hier produzieren die weltbekannten Junkers-Werke ihre Flugzeuge – einst für die friedliche, völkerverbindende Luftfahrt, jetzt für den Kampf. Hier entsteht auch die gute alte »Tante Ju«, die Ju 52, das stabile Transportflugzeug, das im Winter 41/42 den im Raum Demjansk eingeschlossenen Divisionen Verpflegung und Munition brachte.

Ich habe für den Bann 93 den »Tag der Wehrertüchtigung« zu organisieren. Vor vielen Gästen, vor allem Offizieren, soll der kriegsbedingte Ausbildungsstand der HJ demonstriert werden.

Es ist Herbst geworden; die Bäume in den Elbanlagen beginnen sich zu färben. In Omnibussen der Stadtverwaltung sind unsere Gäste zum Tiergarten gefahren, wo an allen Ecken und Enden Hitlerjungen ihre Geschicklichkeit im Gelände beweisen. Unter den Zuschauern sind mehrere Ritterkreuzträger, so auch der sympathische Kommandeur der Pionierschule Dessau-Roßlau.

Im Morgengrauen dieses Oktobersonntages 1943 taucht aus dem Nebel über der Elbe der Kutter der Marine-HJ auf. Er gleitet langsam an uns vorüber, die Jungen stellen zum Gruß die Riemen hoch. Von der anderen Seite kommen Fanfarenklänge, eine HJ-Gefolgschaft ist im Anmarsch.

Während der freundliche General den mit einem Marschkompaß hantierenden Jungen über die Schulter schaut, verfolgen Offiziere auf dem Schießstand die Ergebnisse beim Kleinkaliberschießen. Wieder woanders schleichen und robben als wandelnde Gebüsche getarnte Hitlerjungen durchs Dickicht. Die Nachrichten-HJ hat ihre Geräte aufgebaut, sie funkt nun und telefoniert.

Da muß ich an die blutjungen Funker meines Bataillons beim Angriff südostwärts des Ilmensees denken: Sie standen aufrecht mit ih-

ren Funksprechgeräten im Feindfeuer und riefen ihr »... kommen!
Kommen!« Mancher mußte dabei sein Leben lassen.
Hier geht es zum Glück friedlich zu; der General läßt sich schmun-
zelnd mit der Gegenstelle verbinden und lobt die Arbeit der Jungen.
Krafträder rattern heran, HJ im Lederhelm hetzt in wilder Fahrt
durchs Buschwerk, um Meldungen sicher ans Ziel zu bringen.
Schließlich rasen mit durchdringendem Gebimmel die grünen Fahrzeuge der Feuerschutzpolizei auf den Platz. Auf ihnen sitzen Hitlerjungen der Feuerwehr-HJ, springen geschlossen herunter und
holen exakt die Schläuche; bald schießt der dicke Wasserstrahl aus
vielen Rohren, die Gäste bekommen Spritzer ab und springen lachend zurück. So schnell wie sich alles entfaltet hat, ist das Gerät
wieder an Ort und Stelle. Die Wagentüren knallen zu – und fort ist
die Feuerwehr-HJ. Jetzt rückt von links eine Gefolgschaft mit flat-
ternder Fahne an; es sind Arbeiterjungen aus den Lehrlingsheimen
der Junkers-Werke. Der Musikzug der TeVoLu (Technische Vor-
schule der Luftwaffe in Dessau) nimmt Aufstellung – ein Marsch
klingt auf, die Kolonnen formieren sich zum Vorbeimarsch am HJ-
Gebietsführer und am General. Über tausend Jungen ziehen diszipliniert vorbei und tragen die rotweißroten Fahnen vor sich her.
Von der anderen Straßenseite winkt mir meine Frau zu, die nun
auch nach Dessau gekommen ist und mit mir zwei Räume über der
Bann-Dienststelle bewohnt.
Am Nachmittag klingen erneut Fanfaren zur Begrüßung, diesmal
vor dem 1938 erbauten Dessauer Theater. Auf den Treppen haben
sich die Fahnenträger mit ihren Fahnen gruppiert. Zum Abschluß
des Tages bekennen wir uns zu Deutschland und zu Hitler, weit
schallt es über den Platz:

>... wir marschieren für Hitler
durch Nacht und durch Not!«

Das Weihnachtsfest 1943 steht bevor. Soweit es der Krieg mit seinen
vielen Einschränkungen erlaubt, wollen wir zur Festfreude beitragen. Gerade die wenig üppigen Voraussetzungen regen die Phantasie an. Überall werden Waffen hergestellt, wir aber werden hölzernes Spielzeug basteln, friedliches Spielzeug wie Puppen und Tiere,
um bei allem Leid ringsum ein wenig Freude zu zaubern.
Im Bannsaal wird eine Ausstellung mit solchen selbstgefertigten

Dingen aufgebaut. Der Geruch nach frisch lackiertem Holz vermischt sich mit dem Duft der im Saal aufgestellten Tannen. Alles leuchtet und schaut bunt und fröhlich aus.

Hier höre ich auch die neuen, aus der HJ stammenden Weihnachtslieder; aber auch die altvertrauten singe ich voll glücklicher Kindheitserinnerungen mit. Hell tönen im Raum die klaren Stimmen der Jungmädel:

»... der Sunnwendmann – wo kommt er her ...?«

Viele folgen unserer Einladung, der Bannsaal ist voller drängendem Betrieb und munterem Geplapper. Ärmchen strecken sich aus nach den bunt angestrichenen Spielsachen. Die Mädel vom BDM, die das alles verteilen, sind ebenso beglückt wie die kleinen Empfänger.

Zum letzten Advent wird auf dem Schloßplatz ein richtiger Weihnachtsmarkt aufgebaut. Im ersten Ungestüm hätten Mütter und Kinder beinahe die Buden mitsamt dem Spielzeug umgerannt.

Kinderlachen, Trompetentöne, das Rasseln von Klappern, mahnende Worte der Mütter und ein Mädchenchor mit Weihnachtsliedern – das alles gibt diesem improvisierten Kriegs-Weihnachtsmarkt sein fröhliches Gepräge.

Frontsoldaten, die auf den Bahnsteigen des Dessauer Bahnhofes zum Weihnachtsurlaub ankommen, werden gleich am Zug von Mädchen des BDM angesprochen: »Haben Sie Kinder, Soldat? Wenn ja, dann sollen Sie nicht ohne Spielzeug gehen!« Und sie drängen den erstaunten Landser zum bunten Stand, wo er unter Rollern, Wackeldackeln, Hühnerhöfen, Puppen und anderen mit viel Liebe gebastelten Dingen wählen kann.

Die unerwartete Gabe bringt selbst den rauhesten Krieger in Verlegenheit.

Die Weihnachtstage selbst verlebe ich mit meiner Frau und ihren Eltern in dem kleinen Dorf am Ostharzrand. Der Harzwald glänzt im Schnee wie ein Weihnachtsmärchen. Uns alle erfüllt nur ein Gedanke: »Friede auf Erden!« Aber während ich in dem kaum zu fassenden Bewußtsein »Ich lebe noch und darf dies miterleben ...« die Nähe meiner Frau glücklich empfinde, sehe ich draußen an den Fronten unsere jungen Männer sterben, sehe ihre furchtbaren Wunden. Und vor meinen Augen ist da wieder jener vom Körper getrennte Arm, der steif aus dem Schnee am Lowath ragt – noch im feldgrauen

Stoff mit den Rangabzeichen eines Artillerie-Wachtmeisters und noch mit dem goldenen Ehering an der Totenhand ...
Aber hier brennen ruhig die Kerzen am Lichterbaum. Ich weiß, daß es eine Gnade ist, hier sein zu dürfen. Aus dem Volksempfänger dröhnt das Geläut der Glocken von deutschen Domen. Dann fallen die Stimmen eines Jugendchors ein:

»Mütter, Euch sind alle Feuer,
alle Sterne aufgestellt –
Mütter, tief in Euren Herzen
ruht das Licht der weiten Welt!«

Das neue Jahr begrüßen wir in Dessau. Während wir noch die Gläser erheben, zerreißen Sirenen die Nacht. Bomberschwärme sind angeflogen. Wir steigen in den Keller, während oben die Fensterscheiben vom Böllern der Flak klirren. Wo flammt heute das Grauen auf – in dieser Nacht der Jahreswende ein Fanal für 1944 –?
Eine lange Marschkolonne arbeitet sich am ersten Tag des neuen Jahres mühsam durch wildes Schneegestöber. Die Fahnenträger haben Mühe, ihre Fahnen gegen diesen Wind zu halten, rotweißrot leuchten die Tücher durch all den Schnee. Die marschierenden Jungen sind ziemlich allein, Dessaus Straßen sind wie ausgestorben bei diesem wilden Winterwetter. Aber die Lieder klingen so frisch, als schüttele der Ostwind die Sänger nicht durch und durch. Viele von ihnen haben keine Kopfbedeckung, manche haben unter dem dünnen Braunhemd keine Wolle. So ziehen sie in den Neujahrstag. Die Flieger-HJ singt das Lied, das ich zum ersten Mal hörte, als Kreta blutig erobert wurde:

»Rot scheint die Sonne –
fertig gemacht!
Wer weiß, ob sie morgen
uns auch noch so lacht.
An die Gewehre, an die Gewehre!
Kamerad, da gibt es kein Zurück –
fern im Osten stehen dunkle Wolken –
komm mit und zage nicht zurück ...!«

Ob sich die Jungen der Bedeutung solcher Lieder je bewußt waren? Sie nehmen auf dem Schloßplatz vor dem Standbild Leopolds von

Anhalt Aufstellung. Ihre Fahnen können die Träger in diesem Sturm nur mit Mühe halten. Ich spreche kurz zu ihnen – von der Freiwilligkeit, in der sie trotz Schnee und Sturm angetreten sind, und daß diese Freiwilligkeit unsere Freiheit ausmacht.

In diesen Wochen ist die Lage recht düster: Zu den harten Schlägen im Osten ist ein neues Stadium des Luftkrieges gekommen. Immer wieder stellen wir uns die Frage, wie es möglich ist, daß Stadt auf Stadt in Trümmer sinkt, daß Görings Luftwaffe so schnell vom Himmel verschwand. Hitlers Drohung vom 4. September 1940: »... wir werden ihre Städte ausradieren!« kommt nun über sein Volk, über die Menschen, die Städte und die großartigen Baudenkmäler.

Während in den Städten die Menschen still duldend Angriff auf Angriff über sich ergehen lassen, greift der Russe überall an der Ostfront mit neuer Kraft an. Schon ist er an vielen Stellen bis an den Dnjepr vorgestoßen, Schitomir geht erneut verloren, unsere 4. Panzerarmee tritt den Rückzug an. Auch im Süden Italiens bröckelt die Front – am 1. Oktober 1943 zogen die Alliierten in Neapel ein.

Bei uns flüstert man sich immer wieder vage Nachrichten über neue Waffen zu, über neue Jäger, neue U-Boote – und wir glauben und hoffen. Was bleibt uns sonst übrig? – Fast täglich gehen jetzt auch in Dessau die Sirenen, die Menschen hetzen weg von der Arbeit oder werden jäh aus ihrer Nachtruhe aufgescheucht.

In diese Zeit fällt der Auftrag, die Schuljugend aus der gefährdeten Stadt aufs sichere Land zu bringen.

Lange Sonderzüge, vollgestopft mit abenteuerlustigen Pimpfen, fahren quer durch Deutschland und ins benachbarte Ausland – soweit es mit Deutschland kooperiert –, also dorthin, wo voraussichtlich der Feind kein Ziel für seine Bomber sucht.

Die »Erweiterte Kinderlandverschickung (KLV)« gibt es seit 1940. Seither wurde eine umfangreiche Organisation zum Schutz der Kinder aus dem Boden gestampft. In allen HJ-Gebietsführungen gibt es KLV-Beauftragte, die hauptamtlich gemeinsam mit vielen Dienststellen von Partei und Staat im Laufe der Jahre etwa drei Millionen Großstadtkinder in Sicherheit brachten und noch bringen. Der KLV ist damit zu einem Sozialwerk von Rang geworden.

Auch aus Dessau sind schon seit Jahren Schulgruppen in Heime und Jugendherbergen außerhalb der Stadt evakuiert worden. Nun aber setzt der Massenauszug der Zehn- bis Vierzehnjährigen aus Dessau ein, der sorgfältige Vorbereitung erfordert hat. Lagergemeinschaften – mit ihren Lehrern und Jungvolkführern als Verantwortliche – werden gebildet, und schneller als gedacht, setzen sich Züge und Omnibusse in Bewegung, um die Kinder herauszubringen.

Bei den Eltern gibt es viel Tränen; es war nicht immer leicht, sie von der Notwendigkeit dieser Maßnahme im Interesse ihrer Kinder zu überzeugen.

Die meisten Pimpfe und Jungmädel selbst aber freuen sich diebisch auf diese abenteuerliche Abwechslung.

So ziehen Tausende von dannen. Wir werden ihr Lachen, ihr Singen und ihre Fanfaren vermissen. Wann werden sie zurückkommen in ihre Stadt? Und wie wird die dann aussehen? Auch meine Frau soll Dessau verlassen, zumal sie unser Kind erwartet. Zudem – sie macht immer Schwierigkeiten, wenn sie bei Luftalarm in den Keller soll. Da bleibt sie sitzen, ißt seelenruhig ihr Wurstbrot, während draußen die Bomber unterm Nachthimmel grummeln.

Ich habe Mühe, sie mit in den Keller zu nehmen, wo wir die schon gewohnte Gesellschaft begrüßen: die Frauen, die hier unten ihre Handarbeiten fortführen, die Männer, die am Kellereingang stehen und die Lage erkunden. Durch das Radio kommen die Angaben vom Gaubefehlsstand über die Richtung der Bomberverbände. Bei alledem schläft ein Baby in seinem Wagen friedlich weiter. Beim Aufheulen des langgezogenen Entwarnungstones atmen wir erleichtert auf, verlassen den unwirtlichen Schutzkeller und hoffen, ungestört unseren Schlaf fortsetzen zu können. –

Zweifellos können wir viel Gutes an der sogenannten Heimatfront tun.

Da ergeht zum Beispiel an alle in Dessau weilenden Fronturlauber eine Einladung zu einem gemeinsamen Abend mit den örtlichen Mädelführerinnen des BDM. Den Soldaten sollen einige Stunden der Fröhlichkeit gewidmet sein. Da ist kein Hintergedanke, keine Zweideutigkeit. Unser Bannsaal ist der Treffpunkt. Die Mädel haben ihn verwandelt: An den Wänden, den Beleuchtungskörpern hängt frisches Grün, die Tische sind weiß gedeckt und mit Gläsern und viel Selbstgebackenem beladen. In einer Saalecke hat sich um den Flügel eine Tanzkapelle geschart, die uns die Pionierschule Roßlau geschickt hat. Die Mädelführerinnen warten vor dem Eingang auf ihre Gäste, die Musiker stimmen ihre Instrumente, es herrscht eine erwartungsfrohe Stimmung.

Noch einmal gibt die Bannmädelführerin Verhaltensregeln für den Umgang mit den Soldaten bekannt. Sie hat in Rußland ihren Bruder und ihren Verlobten verloren und lebt nun einzig und allein noch ihrer Aufgabe.

Die Abende mit den Fronturlaubern sind für alle Beteiligten jedesmal ein Erlebnis. Nie gibt es dabei eine Verletzung der ohnehin recht strengen Anstandsregeln. Meist sind die Landser noch reichlich linkisch, wenn sie den nach Kaffee, Kuchen und Grün duftenden Saal betreten. Die frische, ungekünstelte Herzlichkeit der jungen Gastgeberinnen trägt dann sehr bald zur Lockerung bei. Lange genug haben die Soldaten solche gepflegte Gastlichkeit entbehren müssen und allenfalls davon träumen können. Natürlich wird viel getanzt. Das geht auch auf einem Bein; aber mir geht es durch und durch, wenn ich junge Leute mit einem amputierten Bein unsicher durch den Saal humpeln oder hüpfen sehe – von einem robusten Mädchen mühsam, aber mit heiterem Gesicht geführt. Alle freuen sich dann mit ihnen: »... es geht doch schon wunderbar!«

In bunter Reihe stehen wir zum Schluß im Kreis und singen das Gute-Nacht-Lied.

Am Morgen des 22. Februar 1944 ruft mich meine Frau aus ihrem Heimatdorf an: »Es ist soweit – das Auto bringt mich gleich in die Klinik in Aschersleben ...«

Da will es mit meiner Konzentration nicht mehr klappen. Mittags heulen wie gewöhnlich die Sirenen. Runter in den Keller. Diesmal ist es schnell vorüber, die Bomber haben entferntere Ziele. Als ich anfrage, wo sie diesmal ihre Dinger abgeworfen haben, kommt die erschreckende Antwort: »Über Aschersleben.«

Dort liegt meine Frau in der Klinik! Ich bekomme sofort Telefonanschluß und höre zu meiner grenzenlosen Erleichterung, daß Mutter und Kind wohlauf sind. Die Bomber hätten die Zweigwerke von Junkers angegriffen.

In Aschersleben erfahre ich dann, daß die Klinik mitsamt Betten bis in die Grundfesten gebebt hat, daß meine Frau aber dennoch oben geblieben ist, zwanzig Minuten vor dem Angriff ist ihr Baby gekommen. Bei der Namengebung denke sie an »Bombinia« ...

302

Der Frühling 1944 kommt mit Sonne, schimmerndem Grün und zaubert Hoffnung in die Herzen.

Montags bin ich mit den für die Jugendarbeit »notdienstverpflichteten« Jungvolkführern unterwegs im Gelände. Wir treiben viel Sport, besuchen ein im Walde vor der Stadt untergebrachtes KLV-Lager und singen viel.

Überhaupt – unsere Lieder! Es sind so viele in der Zeit des Aufbruches entstanden – nicht nur Kampflieder. Ich spüre, wie das Singen neuen Mut macht. Schon früh am Morgen begrüßen wir den Tag mit Hans Baumanns Lied:

> »Der helle Tag ist aufgewacht,
> nun laßt die Sorgen in der Nacht –
> der Morgen bricht in die Täler!
> Der Morgen singt, daß die Erde springt,
> der Morgen bricht in die Täler ...«

Und ein feierliches Lied, offensichtlich entstanden und geschrieben für die große Jugendkundgebung vor Adolf Hitler in Nürnberg, die nun auch nur noch zu den Erinnerungen einstiger Begeisterung zählt:

> »Wir kommen im Morgenlicht
> geschritten auf den Plan –
> die wandernde Sonne bricht
> dem jungen Tag die Bahn.
> Des Himmels Banner weh'n
> und grüßen unser Land,
> da wir vor dem Führer steh'n
> in der Herzen hellem Brand ...«

Auch in diesen Frühlingstagen grüßen »des Himmels Banner« unser Land – aber wie sieht dieses Land aus mit verängstigten Menschen und zerstörten Städten!

Selbst im Jahre 1944 ist der Reichsberufswettkampf der Jugend durchgeführt worden. Für die Sieger im Flugzeugbau, die aus meist bombenzerstörten Städten nach Dessau auf Einladung der Junkers-Werke gekommen sind, gestaltet der BDM einen fröhlichen, auf den Frühling abgestimmten Abend. Die Jungen – die tüchtigsten in ihrem Beruf – sitzen dichtgedrängt im Saal und lassen die üblichen Reden über sich ergehen. Aber alles ändert sich, als nach dem offiziellen Teil die Mädel die Regie übernehmen. Sie tanzen alte Volkstänze, die jugendlichen Gesichter gelöst, ohne Puder oder Schminke. Da sehe ich altersgraue Betriebsleiter aus den Werken der Rüstungsindustrie aufleben und wieder jung werden. Alles singt mit, als ein starker Mädelchor, von einem Sänger des Dessauer Theaters geleitet, unsere Frühlingslieder singt:

»Es geht eine helle Flöte –
der Frühling ist über dem Land ...!«

Es ist, als scheine die Sonne mitten in die Gesichter der Arbeiterjungen – sie vergessen den harten Alltag mit Lufterror und dem Druck der Rüstungsproduktion und sind nur noch jung.
Die Wände scheinen zu wackeln vom Schunkeln, das sechshundert Jungen und Mädel vereint, sie haken sich unter, und weiter geht es eins-zwei-drei:

»Laßt doch der Jugend, der Jugend
ihren Lauf ...!«

Ein sonniges Pfingstfest wird uns beschert. Seit langer Zeit haben die Jungen aus den Werken und Betrieben mal wieder die Stadt verlassen, um zu wandern.
Ich rüste mich, ihre Lager und Fahrtengruppen zu besuchen. Dessau ist wie ausgestorben. Junge und ältere Frauen strömen in ihren bunten Frühlingskleidern ins Grüne, Männer sind nur wenige dabei – die meisten stehen irgendwo an der Front.
Ich habe alles darangesetzt, die Jungen aus der Stadt herauszubringen, sie sollen sich die Lungen vollpumpen mit würziger Waldluft und sich neue Kraft für ihre schwere Arbeit holen. So freue ich mich, als ich sie in langen Kolonnen oder in kleineren Gruppen hinausziehen sehe. Mein Dienstauto und auch das kleine Kraftrad sind mal wieder außer Betrieb. So nehme ich das Fahrrad und strampele den Wäldern rings um die Stadt entgegen. Unterwegs begegne ich mancher HJ-Gruppe, erzähle bei kurzer Rast Geschichten von früheren Fahrten und Lagern und spinne manches Garn.
Da höre ich, wie in Dessau die Sirenen gehen. Die Flak setzt ein, und ihre Abschüsse klingen ähnlich wie damals, als wir in Rußland hinter der Front lagen und den Gefechtslärm nur von fern vernahmen.

Gegen Abend besuche ich im Park von Wörlitz die letzte Fahrten-gruppe. Sie schwimmt in einer der Gondeln auf dem See. Es sind Lehrlinge der Junkers-Werke, die mit ihrem Kahn ans Ufer kommen, um mich aufzunehmen. Unterwegs erzählen sie, daß man von einem Bombenangriff auf Dessau munkelt.

Das nimmt mir die Ruhe; ich besteige mein Fahrrad und sehe endlich die Stadt vor mir liegen. Dunkle Rauchwolken trüben die Sicht und legen sich als Schleier unter die Abendsonne.

Die Heimkehrer vom Pfingstausflug sehen sich aus sonnigen Stunden zurückversetzt in die Wirklichkeit dieses Krieges. Ich weiß, daß ich in dieser Zeit nie wieder die Jugend auf Fahrt schicken kann – jetzt, da jede Großstadt zur Front geworden ist.

Der Qualm in den Straßen beizt die Augen, überall sind Zufahrten gesperrt. Männer im Stahlhelm, schuttüberdeckt, mühen sich an qualmenden Trümmern; unter ihnen sehe ich auch schon Hitlerjungen.

Viele der großartigen Bauten sind von Bomben zerstört, die breite Kavalierstraße ist aufgerissen.

Vor den Ruinen und Schuttbergen stehen Menschen, noch in den Festtagskleidern, leicht bestaubt und mit verzerrten Gesichtern. Irgendwo werden bereits leere Fensterhöhlen mit Brettern vernagelt.

Überall wühlen Arbeitskommandos, Männer aus allen Schichten, Mädchen und Kinder dabei. Mehrfach werde ich von den Einsatzleitern gefragt, wo denn die HJ bleibt.

Aber da sind schon Kradmelder der Hitlerjugend unterwegs zu den Gruppen und Lagern; Lastkraftwagen brausen los, um sie schnellstens heranzuholen.

Sie kommen, wie sie unterwegs waren – in Fahrtenkluft; ohne vorher was zu essen, nehmen sie Schippen und sonstiges Gerät in Empfang. Dann reihen sie sich ein in die Arbeitskommandos zwischen rauchenden Trümmern.

Bis spät in die Nacht hinein wird draußen geschuftet. Im Bannhaus kommen und gehen die Melder, das Telefon funktioniert noch nicht. Die Anforderungen überschlagen sich: »Wir brauchen einhundert Jungen zum Austragen wichtiger Informationen!« – »In der Kavalierstraße erwarten wir zweihundert Jungen zu Aufräumungsarbeiten!« – »Bei der Familie Schrader in der Ziebigker Straße Nr. 12 werden zur Hilfeleistung drei Jungen gebraucht!«

Man braucht die Hitlerjugend, und es erweist sich, daß sie den Anforderungen gerecht wird.

Gegen vier Uhr morgens lege ich mich endlich zu kurzem Schlaf hin. Im unruhigen Traum sehe ich die Flammen brennender Häuser lodern.

Nach zwei Tagen geht das Heulen der Alarmsirenen erneut an die Nerven und scheucht die Aufräumungskolonnen von den Straßen. Schon brummt es in der Luft, und bald rauscht und kracht es so nahe, daß die Mädchen im Luftschutzkeller blaß auffahren und nur mit Mühe ihre Schreie unterdrücken. Das Haus wackelt wieder und wieder. Vom Flur her kommt eine aufgeregte Stimme: »Feuer!« Wir rasen nach oben. Die Luft ist jetzt frei von Bombern, aber rauchgeschwängert. Nebenan und uns gegenüber brennen die Häuser. Vor einem schwer getroffenen Haus hatte ich vorher meinen Dienstwagen abgestellt. Der ist nun total eingedrückt und über und über mit Schutt und Steinen bedeckt. Die Mädchen binden sich Kopftücher um die Haare, die Jungen ergreifen die bereitstehenden Eimer, füllen sie mit Wasser und reichen sie in langer Kette von Hand zu Hand. Das hilft allenfalls bei kleinen Brandherden, bei ausgedehntem Feuer ist es eine ziemlich nutzlose Kraftanstrengung.

Dicke Rauchwolken stehen im Süden über der Stadt. Von den Junkers-Werken kommen Hiobsbotschaften. Feuerwehren rasen mit ihrem gellenden Geläut durch die Stadt und bahnen sich mit Mühe einen Weg durch die herumliegenden Trümmer.

Schnell bin ich im Polizeipräsidium, um den Einsatz der HJ zu leiten. Die Kolonnen sind schon bald wieder im Laufschritt unterwegs, Fahrzeuge, mit Eßkübeln und Erfrischungsgetränken beladen, fahren zu den Einsatzstellen, auf ihnen hocken die jungen Helfer.

Auf dem Gelände der stark angeschlagenen Junkers-Werke lasse ich mir Schippe und Spaten geben und suche mit den Jungen aus dem Ausbildungsheim in den Trümmern nach vermißten Arbeitern.

Wenige Tage später stehen die Gefolgschaften der HJ zusammen mit den anderen Parteigliederungen vor einer langen Reihe mit Fahnentüchern bedeckter Särge. Auch diesmal steht der strahlende Sonnentag in Kontrast zur Erschütterung und Trauer der Hinterbliebenen, deren Weinen vor Beginn der Feier die Stille ausfüllt. Dann klingt Beethovens »Eroica« auf.

306

Den Kreisleiter, der mit seiner Rede Trost spenden will, beneide ich nicht. Er sieht blaß und elend aus und findet nur stockend und mühsam seine Worte. Dieser Mann ist eine grundehrliche Haut und leidet wohl angesichts dieser unschuldigen Opfer genauso wie deren Angehörige.

Die Fahnen senken sich zum Lied vom guten Kameraden, noch durch die Melodie klingt das Weinen der Trauergemeinde. Die Särge verschwinden mitsamt den Fahnen in den Gruben. Fahnen aber leuchten ringsum – auf Halbmast. Das sind keine Siegessymbole mehr, sondern Zeichen für Trauer, Tod und Vernichtung.

Die Marschkolonnen setzen sich in Bewegung, im Eilschritt, denn schon wieder ist Luftgefahr gemeldet. Die Jungen aber singen:

»Wo Mauern fallen, baun sich andere vor uns auf –
doch sie weichen alle unserm Siegeslauf!«

Am 6. Juni 1944 werden wir von der Nachricht der Landung alliierter Truppen an der Küste der Normandie aufgeschreckt. Das Unternehmen war wohl erwartet worden, aber stets vertrauten wir der eigenen Abwehrkraft im Westen. So beruhigen wir uns auch jetzt mit der Hoffnung, daß die Angreifer sehr bald ins Meer zurückgeworfen würden. Aber dann hören wir Namen wie »Contentin-Halbinsel« – »Avranche« und »Caën« und wissen, daß die Amerikaner einen Brückenkopf gebildet haben. Nun tobt der Vernichtungskampf auch im Westen, während unsere Front im Osten überall ins Wanken gerät.

Im Zusammenhang mit der Invasion wird häufig von der Waffen-SS-Division »Hitlerjugend« berichtet, die ihre große Feuertaufe bei Caën erhielt. –

In Dessau geht der fortwährende Einsatz der Hitlerjugend weiter: Die Jungen stehen als Luftschutzwarte bereit, räumen Trümmer auf, helfen löschen und sammeln nebenher fürs Winterhilfswerk; sie sind Helfer bei der Polizei, bei der Aufspürung von Brandstellen nach Luftangriffen und machen nach wie vor ihren normalen HJ-Dienst.

Die Mädel vom BDM helfen in Haushalten, in Krankenhäusern und betreuen Kinder arbeitender Mütter. Sie sind auf den Bahnhöfen als Betreuerinnen eingesetzt und als Flugmeldehelferinnen tätig. Und dennoch singen sie noch immer ihre Lieder.

Nun ist das große Sportfest des Bannes 93 zu gestalten. Aber hat das noch einen Sinn? Dessau ist von den Bomben schwer getroffen, es gab Tote und es gibt so viele Trauernde. Irgendwann werden die Bomber erneut kommen. Sport und Tanz unter solchen Aspekten? Aber wie einst im innenpolitischen Kampf die Partei in der schwersten Zeit ihr »Nun erst recht!« als Parole ausgab, wollen wir auch heute unsere Unerschütterlichkeit beweisen: Das Bannsportfest findet statt.

Am Vorabend singen zweitausend Jungen und Mädel die Lieder, die uns so oft auf Fahrt und bei den Feiern begleiteten. Der Marktplatz ist schwarz von Menschen, sie bekunden so ihre Verbundenheit mit der Jugend und ihre Hoffnung.

Der Musikzug der Luftwaffenvorschule begleitet den mächtigen Chor. Weithin schallen über die Lautsprecher die Gesänge der Dessauer Jugend:

> »Und wenn wir marschieren,
> dann leuchtet ein Licht,
> das Dunkel und Wolken
> strahlend durchbricht ...«

Viele Lieder werden von den Umstehenden mitgesungen, so daß es scheint, als wäre es in ganz Dessau ein fröhliches Singen und Klingen. Zwischendurch erklingen die Fanfaren, und am Schluß singen die Chöre zur Musik eines unserer Feierlieder, das mich immer besonders bewegt hat:

> »... wir Jungen schreiten gläubig
> der Sonne zugewandt –
> wir sind ein neuer Frühling
> im deutschen Land!«

Bei klarem Himmel knallen am nächsten Tag im Stadion die Startpistolen. Die Wettkämpfe sind im Gange. Außerhalb der Bahnen übt Marine-HJ Winken und Morsen. Jungmädel springen über Hürden, ihre hellen Haare leuchten in der Sonne. Dreihundert Volkstänzerinnen vom BDM-Werk »Glaube und Schönheit« geben ein farbenprächtiges Bild ab.

Sorgenvoll gehe ich zum Rundfunkgerät: Und richtig – sie sind wieder im Anflug! »L 15« – das bedeutet Voralarm.

Sehr bald schon rast auf seinem Krad ein HJ-Melder heran, er hat sich zur Erkundung auf der nächsten Polizeidienststelle aufgehalten. Ich weiß schon Bescheid – da heulen auch schon die Sirenen. Fahnen herunter, weg vom Platz in die Schutzräume! Dessau wartet wieder mit Bangen. Aber die Menschen und ihre Stadt haben heute Glück. Der Drahtfunk meldet das Abfliegen der Verbände, keine fünfzehn Minuten danach kommt die Entwarnung. Schon beim ersten erleichternden Sirenenton gehen die Fahnen wieder hoch, die Wettkämpfe werden fortgesetzt. Auch die offizielle Veranstaltung klappt wie am Schnürchen. Tausende von Zuschauern sind gekommen, haben die Tribünen besetzt und umstehen das weite Rund.

Die Marschkolonnen der Jugend mit ihren Fahnen ziehen ein und nehmen Aufstellung. Ich rufe ihnen unter dem Eindruck dieses Tages zu: »Wo ihr seid, wo unsere Jugend ist – da scheint die Sonne!«

Kein Luftalarm stört den fröhlichen Betrieb. Die vielen tausend Gäste sind sichtlich angetan und beeindruckt, vielleicht haben wir vielen von ihnen ein bißchen Hoffnung gegeben.

Nach den Wettkämpfen, den Vorführungen der Motor-, Marine-, Nachrichten- und Flieger-HJ, den fröhlichen und buntbeschwingten, reizvollen Tänzen des BDM-Werks stellen sie sich zum Abschluß in vier Marschblöcken auf. Wieder hat der Regen eingesetzt, aber was tut's? Frohgemut und zuversichtlich klingt es dennoch:

»Deutschland, Vaterland,
   wir kommen schon!«

Auch 1944 geht die Hitlerjugend ins Sommerlager.

Zelte gibt es jetzt nicht mehr, die hat längst die Wehrmacht beschlagnahmt. Dafür wird uns nun von der Wehrmacht geholfen: Man stellt uns einen Kasernenblock der Pionierschule Dessau-Roßlau zur Verfügung.

So beleben sich Stuben und Gänge mit dreihundert fröhlichen Jungen.

Draußen steht inmitten einer Grünanlage der Fahnenmast, flankiert von den fünfundzwanzig Fahnen der Dessauer Gefolgschaften. Ringsum blühen Rosenstöcke.

Die allgemeine Stimmung ist in diesen Tagen wieder optimistischer – nicht nur des schönen Sommers wegen. Es liegt vor allem an den gerade eingesetzten Vergeltungswaffen, die als V1 und später als V2 Mitte Juni England in Angst versetzen.

»Seht ihr«, wird nun den Zweiflern entgegengehalten, »das Gerede von den ›WW‹ (Wunderwaffen) war also keine Propagandalüge!« Weitere Fortschritte würden sicher folgen und diesem Krieg die für uns schließlich glückliche Wende geben ...«

So sind wir alle gelöster, als die erste Lagermannschaft zur Eröffnung und Begrüßung um den Fahnenmast angetreten ist. Zahlreiche Offiziere haben sich eingefunden. Unser Gastgeber, der freundliche Pionier-General, strahlt über die stattlichen Reihen der Jungen und lädt sie spontan zu einer Übersetzübung der Pioniere über die Elbe ein.

Dann kommt das Kommando »Hißt Flagge!«, und zu Fanfarenklängen steigt die rotweißrote Fahne am Mast hoch. Das Fahnenlied schließt diese Eröffnungsfeier ab. Dann geht's jubelnd in die nächste Badeanstalt.

So beginnt das erste Lager, die zweite Lagermannschaft wird in acht Tagen anrücken.

Hier sollen unsere fabrikmüden Jungarbeiter ihr Sommererlebnis in Sonne und Wind haben. Wenn es auch nicht die Romantik der einstigen Zeltlager ist, so gab es doch in diesem Kasernenlager einen Hauch von Soldatenromantik: das Singen der marschierenden Feldgrauen, den Duft nach Leder und Schweiß, die fernen Detonationen der Sprengkörper und dann jenen sowjetischen Panzer vom Typ T 34, der – zerschossen und ohne Raupenketten – von den Schlachtfeldern im Osten hierhergebracht wurde und nun mit drohend hochgerecktem Geschützrohr im Gelände steht. Gräben, Trichter, rollende Sturmgeschütze – das alles schafft eine Atmosphäre, die die Jungen staunen läßt.

Von der Übersetzübung kommen sie an jenem Tag aufgeregt zurück. Noch im Schlaf glauben sie das Dröhnen der Artillerieabschüsse zu hören, das Surren der Sturmboote, die über den grauen Strom flitzen, und sie fühlen sich als Helden, die stürmen und siegen.

Um uns ist Wald, duftender Kiefernwald, wenn wir hinausmarschieren zu Sport und Spiel – fernab der Kasernen. Nur das Wrack des T 34 steht hinter uns, schwarz und reglos als Drohung am Waldesrand.

Der Einzug der Flagge am Abend des 19. Juli 1944 erfolgt vor leuchtendrotem Abendhimmel, auch die Fahne leuchtet blutrot, und in den Fenstern der Kaserne spiegelt sich die Glut des Feuerballs. Der ganze Himmel ist wie eine feurige Lohe.

Am nächsten Tag habe ich als »Führer vom Dienst« die Kontrolle und Überwachung im Dessauer Gaubefehlsstand, einem großen, grauen Bunker mit vielen Apparaten. Dort schreckt mich ein Anruf des HJ-Gebietsführers aus Magdeburg auf: »Du mußt dich sofort nach Lublin im Generalgouvernement in Marsch setzen. Das ist ein Befehl der Reichsjugendführung. Feldgrau anziehen und morgen in Berlin bei der RJF melden!«

Ehe ich so recht zur Besinnung komme, mir überlegen kann, was dieser Auftrag bedeutet, flammen die Signale im Gaubefehlsstand auf, die höchste Luftalarmstufe bedeuten. Schon gehen die Sirenen.

Dann folgt alles nervenaufreibend schnell hintereinander:

Ein weiterer Bombenangriff auf die Junkers-Flugzeugwerke, meine überstürzte Vorbereitung für die Reise nach Osten und die über den Rundfunk kommende Nachricht, auf den Führer sei ein Attentat verübt worden. Der Führer, so heißt es, sei mit leichten Verletzungen dem Anschlag entgangen.

In meinem Kopf wirbelt alles durcheinander.

Als ich zur Banndienststelle fahre, sehe ich wieder dunkle Rauchwolken über den Junkers-Werken. Auf der Straße im Zentrum brennen bläulich einige Stabbrandbomben.

In Gruppen stehen auf den Straßen die Menschen zusammen und unterhalten sich erregt. Attentat auf Hitler – was kommt jetzt?

Im Sommerlager gebe ich den Jungen einen gedrängten Bericht über die Geschehnisse dieses Tages. Ein im Urlaub befindlicher Leutnant – früher Pimpfenführer in Dessau – übernimmt im Lager meine Vertretung. Währenddessen besteigen die dreihundert Jungen die schon heranrollenden Lastkraftwagen, um Trümmer wegzuräumen und Menschen zu helfen und – zu suchen.

Im Bannhaus werden meine Wäsche- und Uniformstücke zusammengepackt. Mein Zug würde morgen Mittag fahren. Draußen bei Junkers vollzieht sich der Einsatz der Lagermannschaft. Viele Werkshallen sind nur noch ein Gewirr aus Stahl und Beton.

Um Mitternacht kommt aus dem Radio die dunkle Stimme des Führers, ungewohnt heiser und schwankend, wohl noch unter dem Eindruck der Gefahr, der er heute entrann. Wir lauschen erschüttert und denken: Ihn hat die von ihm so oft zitierte »Vorsehung« seinem Volk erhalten ... Aber wir spüren das Damokles-Schwert über uns. Der nächste Tag bringt uns früh aus den Betten. Meine Frau, eigens zum Abschied nach Dessau gekommen, hantiert schon in der Küche mit dem Kaffeegeschirr. Das klingt so anheimelnd nach Gemütlichkeit und Frieden ... Ich beherrsche meine Gefühle, schwinge mich aufs Kraftrad samt Koffer. Noch ein Blick zurück – auf der Straße steht meine Frau mit dem sechs Monate alten Baby auf dem Arm, und aus den Fenstern des Bannhauses winken die Mädelführerinnen. Ab. –

Das frohe Lachen der Jugend, ihr Toben auf den Sportplätzen, die fröhlichen Lieder – alles wird nun wohl verstummen: der bunte Reigen der Mädel, ihre stete Hilfsbereitschaft, die Trommeln und Fanfaren – über allem jugendfrohen Betrieb liegt ein Schleier von Blut, Rauch und Flammen.

Trümmer in Berlin. Mächtige Häuser sind zusammengefallen. Fast in jeder Straße klaffen Lücken, liegen Schuttberge. Die Gebäude der Reichsjugendführung sind noch intakt. In ihren Räumen empfangen mich aufgeputzte Bürodamen, beamtete Jugendführer in todschicken Uniformen. Das ist für mich eine fremde Welt.

Gleich nach meiner Ankunft gibt es Luftalarm. Stunden muß ich im Luftschutzraum verbringen. Irgendwo in der Reichshauptstadt stürzen weitere Gebäude zusammen, Berlin blutet aus tausend Wunden.

Endlich stehe ich am Abend dem Stabsführer der Reichsjugendführung gegenüber. Auch er – wie alles in diesem Zentrum der Jugendführung – kühl, vielleicht auch resignierend. Vielleicht ahnt oder weiß er mehr als wir und hat schon abgeschaltet? Jedenfalls wird mir im Telegrammstil mitgeteilt, daß mein Auftrag, in Lublin die Rückführung der dort eingesetzten deutschen Beamten und Parteifunktionäre zu organisieren, mittlerweile hinfällig geworden sei; der Russe sei schon über Lublin hinaus vorgestoßen. So schnell schreitet das Unheil voran ... Ich kann nun meine Arbeit in Dessau fortführen.

Auf Berlins Straßen hasten blasse, verstörte Menschen vorüber, ein Lautsprecher vermittelt die neuesten Nachrichten. Es sind Hiobsbotschaften: Am 24.7. hat der Russe Lublin eingenommen, am 27.7.

fielen Lemberg und Bialystok. Die Rote Armee steht schon etwa sechzig Kilometer vor der Grenze nach Ostpreußen.

Die zwischen Trümmern hetzenden Menschen bleiben bei den Nachrichten teilnahmslos. Mir aber ist, als gerate ich aus einer Traumwelt plötzlich in die harte Realität. Meinen Auftrag hat die Kriegsentwicklung zunichte gemacht. So melde ich mich zurück bei meinen Dessauer Gefährten. –

Unter sternenklarem Himmel, am Ende eines schönen Sommertages werden die Sommerlager 1944 beendet. Das geschieht im Rahmen einer Feierstunde gemeinsam mit den Soldaten der Pionierschule.

Tausend Fahnenjunkern steht eine gleiche Anzahl von Hitlerjungen gegenüber. Fackeln lodern und werfen ihren Schein auf ein riesiges Eisernes Kreuz im Hintergrund. Zu den Klängen einer Militärkapelle ziehen die Fahnen der Wehrmacht und der Jugend ein. In den Händen der Begleitoffiziere blitzen die Degen.

Weithin schallt die helle Stimme eines Hitlerjungen: »Soldaten der Wehrmacht – wir von der HJ – wir kommen!« Der Chor der Pionierschule antwortet.

Die zweitausend Soldaten und Jugendlichen, die hier beim Schein der Fackeln aufmarschiert sind, fühlen sich eins in der Hoffnung, daß sich alles noch zum Siege wenden würde, wenn sie nur treu und tapfer sind.

Sie singen, begleitet vom Musikkorps der Pionierschule, das beschwörende HJ-Lied:

»Heilig Vaterland, in Gefahren,
Deine Söhne sich um Dich scharen –
von Gefahr umringt, heilig Vaterland,
alle stehen wir Hand in Hand!«

Nur noch schemenhaft sind die angetretenen Reihen zu erkennen, ein nach Heu und Blumen duftender Luftzug bewegt sacht die Fahnen. So werden die Jugendlager 1944 und diese Feierstunde beendet mit den letzten Zeilen des Liedes:

»... sieh' uns all entbrannt
Sohn bei Söhnen stehn –
Du sollst bleiben, Land, wir vergehn!«

Während im Nachtdunkel die Kolonnen schweigend heimwärts ziehen, sind meine Frau und ich verstummt. Erst viel später findet sie Worte: »Dies wird das letzte gewesen sein; alle sitzen wir in der Falle – es ist ein einziges Stalingrad ...«

Wochen später erhalte ich von der Reichsjugendführung einen neuen Auftrag: Ich soll mich nach Nymwegen/Holland begeben, um in der »Befehlsstelle Niederlande der HJ« den Stabsleiter abzulösen.

Auch dieser Auftrag wird schnell hinfällig.

Britische Fallschirmjäger kämpfen bei Arnheim. Mein Aufenthalt in Holland dauert nur wenige Tage, und die sind deprimierend: Auf der Flucht nach Osten durchqueren Luftwaffenstäbe mit Frauen und möbelbepackten Fahrzeugen das Land – Symptom beginnender Auflösung.

Die Holländer hungern, aber Parteibonzen und Verwaltungsstäbe protzen in gänzlich unangebrachter Arroganz, und je größer die Ausweglosigkeit wird, desto würdeloser sprechen sie dem Alkohol zu.

Einmal ruft mich Militärmusik ans Fenster: Da sehe ich sie ausziehen – etwa fünfzig uralte und blutjunge Soldaten, ein wahrhaft kümmerliches Häuflein – letztes Aufgebot?

Solche Eindrücke des Niedergangs kann auch die Wiedersehensfreude in Dessau nicht verwischen. Ich sage den Mädelführerinnen: »Unsere Arbeit vollzieht sich in einer isolierten Vorstellungswelt. Wir haben den Blick für die Wirklichkeit verloren und sehen nicht die kommende Katastrophe – wir können nur noch auf ein Wunder hoffen ...« Sie verstehen mich nicht und starren mich ziemlich entgeistert an.

Und dann scheint das Wunder doch noch zu geschehen: Kurz vor Weihnachten 1944 ziehen Verbände der Waffen-SS mit starkem Panzeraufgebot in die Ardennenoffensive, mit voran die Division »Hitlerjugend«. Als sie zu Beginn den Angriff der Alliierten zum Stehen bringen, werde ich von den Mädelführerinnen wegen meiner »Schwarzseherei« ausgelacht: »Unsere Armeen sind wieder da! Wir haben es immer gesagt: Der Führer wird es schaffen ...«

Während Volkssturm-Bataillone aus dem Boden gestampft werden – ältere Mitbürger und die HJ – mit völlig ungenügender Bewaffnung und Ausrüstung, werden die ältesten Jahrgänge der Hitlerjugend in Ausbildungslagern zusammengefaßt. –

Als in der Nacht zur Jahreswende 1944/1945 im Rundfunk Hitlers Stimme ertönt, hören wir ihm in der Banndienststelle zu und singen die Nationalhymnen, die uns mit dem Geläut der Glocken ins neue Jahr hinüberleiten.

Am Morgen des 1. Januar 1945 ist der Saal des Dessauer Kristallpalastes berstend voll von jugendlichem Leben. Hitlerjugend und BDM sind zur Treuekundgebung am Beginn des neuen Jahres versammelt, unter ihnen sitzt der Gauleiter und Reichsstatthalter von Madgeburg-Anhalt, Rudolf Jordan.

Auf der Empore hängt ein Spruchband mit dem Anfang des Liedes von Hans Baumann:

»Wo wir stehen, steht die Treue!«

Darüber sieht man Fanfaren glänzen.

Es gibt plötzlich ein neues Lied, wir haben den Text auf die Stühle im Saal gelegt. Es endet mit den Worten:

»Deutschland, mögen Deine Dome fallen –
uns gehört die letzte Schlacht!«

Die Dessauer Jugend beginnt das Jahr 1945.

Was immer auch kommen mag – nichts kann die Tatsache auslöschen, daß der Einsatz der deutschen Jugend – hier in Dessau wie überall im Reich – aus ganzem Herzen und grenzenlosem Vertrauen kam.

Wenige Tage danach – Anfang Januar 1945 – werde ich als Stabsleiter in die Gebietsführung Mittelelbe (23) nach Magdeburg berufen.

Aus heutiger Sicht
Hitlerjugend 1944/45: Bis zuletzt befangen in ihrer Vorstellungswelt

Es geschah in bedrohlicher Schnelligkeit, was meine Frau nach jener ergreifenden Feierstunde in der Pionierschule von Dessau-Roßlau befürchtete: Ganz Deutschland wird zum zweiten Stalingrad! Während die Fronten rings um das Reich näher und näher rückten, die Abschußrampen unserer Wunderwaffen V1 und V2 längst zerbombt oder vom Gegner überrollt waren, versank eine deutsche Stadt nach der anderen in Schutt und Asche, die Zahl der Menschen, die so grausam starben, konnte genau nie ermittelt werden. Obwohl man in England eingesehen hatte, daß diese Zertrümmerung den Krieg nicht verkürzen, die Moral der Deutschen nicht kaputtmachen konnte, ließ der Luftmarschall Harris (»Bomber-Harris«) in den letzten drei Monaten des Jahres 1944 mehr Bomben über dem Reich abwerfen als im gesamten Jahr 1943.

Nichts schien imstande zu sein, dieses Volk unter Hitler, das aus tausend Wunden blutete, zur Aufgabe zu bringen. Selbst das Attentat auf Hitler am 20. Juli 1944 schien weite Teile der Bevölkerung noch mehr an den Führer zu binden, den die »Vorsehung« offensichtlich für den Endsieg verschont hatte ...

Alles daheim, was nicht durch die Bomben zerstört war, lief weiter, als sei die Welt noch in Ordnung.

So fuhr ich im November '44 mit dem Oberbürgermeister von Dessau nach Halle/Saale, um dem dort residierenden Gauleiter von Halle-Merseburg, Joachim Eggeling, zum sechzigsten Geburtstag zu gratulieren. Eggeling stammte aus meiner Heimat am Ostharz und war von 1934 bis 1937 amtierender Gauleiter von Magdeburg-Anhalt mit Sitz in Dessau.

Ich schätzte ihn sehr und halte ihn auch heute noch für persönlich untadelig. Keine Spur von Arroganz war an ihm, er gab sich freundlich und bescheiden und bewies Herz für jedermann. Seinen Geburtstag beging er auf Burg Giebichenstein bei Halle. Für den Aufwand in dieser Zeit der Bedrängnis entschuldigte er sich verlegen: »Ich wollte jetzt keine Feier – man hat sie mir aufgedrängt ...«

Gauleiter Eggeling machte seinem Leben ein Ende, als die Amis in

Halle einzogen. Ich meine, es wäre wohl sinnvoller gewesen, zu überleben und als wichtiger Zeitzeuge Rede und Antwort zu stehen; sehr wahrscheinlich wäre er dann ein lebendiger Beweis dafür gewesen, daß nicht alle Nazi-Führer von der Macht verdorben waren ...

Bei jener makabren Geburtstagsfeier aber flossen noch Wein und Sekt, niemand schien an den nahen Untergang zu glauben. Und die Hitlerjugend sang ein plötzlich aufgetauchtes Lied, ein »Durchhaltelied«, das mit der Zeile endete:

>»... uns gehört die letzte Schlacht!«

Immer schon waren Liedtexte, Melodien, Lyrik und heldische Prosa mitbestimmend gewesen bei der Formung der Hitlerjugend. Sie waren, wie sich gerade in den letzten Monaten des Krieges erwies, von erheblichem psychologischem Einfluß.

Die Jungen gingen zu ihren Heimabenden, hörten dort von heroischen Beispielen aus deutscher Geschichte, vom Sieg trotz scheinbarer Ausweglosigkeit (Friedrich II. im Siebenjährigen Krieg) und sahen Filme wie »Kolberg« (erfolgreicher Widerstand gegen napoleonische Übermacht) oder den Film »Kadetten«, bei dem Hunderte von Adolf-Hitler-Schülern belagerte und schließlich befreite Offiziersschüler des Alten Fritz darstellten. An solchen mit viel Aufwand gedrehten Heldenepen begeisterten sie sich, während die deutsche Front überall zusammenbrach.

Nach den Bombenangriffen rückten sie in unermüdlichem Eifer zum Löschen und Helfen an, beteiligten sich unter Einsatz ihres jungen Lebens an Rettungsaktionen, dienten als Luftschutzwarte und schließlich als Luftwaffenhelfer.

Die Mädel vom BDM widmeten sich sozialen Betreuungsaufgaben, pflegten Verwundete, bastelten Spielzeug und halfen Bombengeschädigten. All das geschah freiwillig. Trotz des Erlasses über die »Jugenddienstpflicht« vom 26. März 1940 wurde – von wenigen, mir damals nicht bekannten Ausnahmen abgesehen – nie Zwang angewendet. Das hätte auch der Auffassung aller vom HJ-Führerkorps widersprochen, die stets den Wert der Hitlerjugend in ihrer Freiwilligkeit sahen.

Immer wird die Einsatzbereitschaft der Vierzehn- bis Siebzehnjährigen im Krieg ein erstaunliches Beispiel bleiben. Manchem im Luftangriff schwer Verletzten haben Hitlerjungen und BDM-Mädel das Leben gerettet. Ihre Führer hielten sie bis zum Ende in soldatischer Disziplin.

Irgendwo in einem Büchlein, geschrieben von einem, der damals wegen der »Gnade der späten Geburt« noch nicht dabei war, las ich von »streunenden HJ-Banden«. Eine so verallgemeinernde Behauptung wird der HJ nicht gerecht und trifft eine Jugend, die das nicht verdient. Niemals habe ich in jener schwierigen Zeit herumvagabundierende Jugendliche erlebt und bin auch nie mit kriminellen Delikten von Hitlerjungen konfrontiert worden. Dies ist keine Idealisierung, sondern die Wahrheit. Ich bin heute viel zu kritisch und skeptisch, um Helden zu zaubern.

Es war die seelische Grundhaltung der Jungen und Mädchen im Krieg. Sie waren so fest eingefügt in das politische System, daß an Widerstand oder Opposition nicht zu denken war. Natürlich waren sie infolge dieser Sachlage auch im allgemeinen nicht kritikfähig.

Das Beispiel der Geschwister Scholl in München wurde nicht zum Fanal. Es blieb die zwar unglaublich mutige, aber vergebliche Tat einiger Studenten. Zum Fanal wurde sie erst für eine neue, kritische Generation. Inmitten des furchtbaren Geschehens und dennoch abseits von ihm, lebte die überwiegende Zahl der Hitlerjugendführer und Mädelführerinnen immer noch in Wort und Tat in ihrer idealistischen oder utopischen Welt des Nationalsozialismus als der »reinen Lehre eines einmaligen Führers«. Und ich weiß, daß einige von ihnen, heute siebzig Jahre alt und älter, noch immer, zumindest mit einem Bein, in jener Welt stehen, daß sie trotz allem, was geschehen ist, nicht begreifen oder erkennen wollen, daß diese Vorstellungswelt ein Wunschdenken war und in Wirklichkeit nie bestanden hat. Lüge und Bluff waren schon die pathetischen Beteuerungen, die den Krieg vorbereiten halfen, irreführende Demagogie die Durchhalteparolen, die den Krieg verlängerten und immer mehr Opfer verursachten. Die Verstrickung in die Überzeugung, Gefolgschaftstreue bis zuletzt halten zu müssen, war für viele von uns unauflösbar – bis die Katastrophe des totalen Unterganges uns davon befreite.

Wenn noch in den letzten Monaten des Krieges in der HJ bei Zusammenkünften und Feierstunden solche Verse von Baldur von Schirach deklamiert wurden, so entsprachen sie trotz millionenfachem Sterben der realitätsfernen Welt, in der sich Gefühle und Gedanken der HJ bewegten:

»... selbst wenn die letzten Sterne sterben
und alle Hoffnung untergeht:
So kann uns keine Nacht verderben,
daß einer von der Fahne geht!

Und würden wider uns verbünden
sich Himmel, Hölle und die Welt –
wir blieben aufrecht steh'n und stünden,
bis auch der Letzte niederfällt!«

So gingen vierzehnjährige Pimpfe in die letzte Schlacht, freiwillig übernahmen sie die Panzerfäuste, ahnungslos, unausgebildet, von naivem Kinderglauben erfüllt, starben sie ohne Sinn und ohne das geringste am Schicksal ihres Vaterlandes ändern zu können.

Noch wenige Tage vor dem Einmarsch der Alliierten in Thüringen und Sachsen-Anhalt schrieb die NS-Zeitung »Der Mitteldeutsche« am 28. März 1945 solchen Kommentar:

»Der Raum der Festung Deutschland ist eng geworden. Es hat keinen Sinn, sich heute den Kopf zu zerbrechen, wieviel Anteil Verhängnis, Schuld und Fehler an der Entwicklung haben, die uns von den höchsten Höhen deutschen Triumphes in eine neue Nibelungen-Not führte.

Das Vertrauen des deutschen Volkes ist identisch mit seinem Vertrauen in die Führung. In das gegebene Versprechen dieser Führung, daß sie über Mittel und Wege verfügt, dem Feind den Sieg zu entreißen.

90 Millionen schauen auf ihre Führung und warten auf das Zeichen, das die große Wende bringen soll. Und diese Wende kommt ebenso sicher wie die Flut der Feinde an unserer Unüberwindlichkeit zerbrechen wird!«

Es war, als sei angesichts eines feuerspeienden Vulkans der Wahnsinn ausgebrochen: Mörderische Einrichtungen liefen auf Hochtouren, bis die vordringenden Sowjets und ihre Verbündeten im Westen die Todeslager besetzten, unmaßgebliche Unterführer der Partei ließen »Defätisten« erschießen als der Gegner wenige Kilometer vor den Toren stand, General Schörner ließ noch Soldaten aufhängen, als kein deutscher Landser noch irgend etwas retten hätte können; Leute, die bis zuletzt an Hitlers Integrität geglaubt hatten und nun von seinen Mordbefehlen erfuhren, begingen Selbstmord, und überall erzählte man sich von den furchtbaren Racheakten der russischen Soldaten in den eroberten deutschen Gebieten. Das war der Hintergrund, vor dem sich die folgenden letzten Kapitel meines Berichtes abspielen.

Aufzeichnungen 1945
Feuersturm – Finale der HJ-Fanfaren

Am zweiten Abend meines Aufenthaltes in Magdeburg gehe ich draußen spazieren, um die klare Winterluft zu atmen. Es ist der 16. Januar 1945. Gegen 22 Uhr gibt es den gewohnten Luftalarm. Soll ich nun zum Haus der Gebietsführung zurückgehen – das würde fast eine Stunde dauern – oder den nächsten Luftschutzkeller aufsuchen? Da aber brummt es schon so aufdringlich laut und unheimlich, daß ich schnell im Keller eines leicht gebauten Hauses verschwinde.

Frauen und Kinder sitzen hier. In ihren winterblassen Gesichtern steht die Furcht.

Da erzittern Haus und Keller. Durch die Menschen im Keller geht eine Bewegung: Passiert's jetzt, ist nun auch Magdeburg dran?

Die Luftschutzwarte, darunter auch eine junge Frau, setzen die Stahlhelme auf und verschließen die stählernen Türen fest.

Wieder und wieder erbeben Haus und Keller, das Licht geht aus. Getöse von draußen bricht herein, Rauschen, das ich von der Front nur allzu gut kenne, Detonationen, die nicht weit entfernt sein können.

Eine der Frauen schreit auf und verfällt in einen anhaltenden Weinkrampf. Ihre Nachbarin unterm Stahlhelm spricht beruhigend auf sie ein.

Im schwachen Licht der Notbeleuchtung starren mühsam beherrschte Gesichter ins Leere. Keinerlei Gespräch, nur die Beruhigungsworte der Frau und das klägliche Wimmern der anderen sind zu hören.

Wie lange dauert dieser Angriff? Noch immer fliegt über Magdeburg der Tod. Brandgeruch dringt in den Keller. Die schluchzende Frau in der Ecke schreit zu Gott. Sie bekommt Baldrian eingeflößt, der Geruch verbreitet sich im Raum.

Dicht neben diesem Haus muß es eben eingeschlagen haben. Scheiben klirren und zerspringen. Wann trifft es uns? Dieses machtlose, angsterfüllte Warten! Das ist doch anders, als es an der Front war – das Ausharren hier unter wehrlosen Frauen und Kindern.

»Schon dreißig Minuten«, stellt leise ein Mann fest. Aber es ist noch nicht zu Ende.

Die Menschen, in diesem Keller zusammengedrängt, verhalten sich bewundernswert. Die Frau hat sich beruhigt, sonst gibt es kein Zeichen von Panik oder Todesangst, aber auch keine Auflehnung, kein Verfluchen dieses furchtbaren Geschickes.

Einer sehr alten Frau wird von ihrem Mann leise Mut zugesprochen. Der ist selbst ein Greis, aber einer mit klar blickenden Augen. Ein Mädchen setzt sich die Staubbrille auf und zieht ein Kopftuch über – bereit, zu helfen, wenn entwarnt wird.

Da trifft uns wieder eine der gewaltigen Erschütterungen. Der Aufschrei im Keller wird nicht ganz unterdrückt. Aber noch hat es nicht diesem Haus gegolten.

Das immer noch anhaltende Rummeln und Rauschen scheint sich weiter zu entfernen. Die Gesichter beleben sich. Hat man uns verschont? Es waren vierzig furchtbare Minuten, in denen jeder seinen Gott suchte.

Die Frau mit dem Stahlhelm öffnet die Tür nach draußen.

Verstärkter Brandgeruch zieht herein, draußen ist Knistern, Krachen und hellroter Schein.

Erschüttert stehen wir dann vor der Tür und blicken auf das brennende Magdeburg.

Nur fünfzig Meter von uns entfernt stehen die ersten Häuser in Flammen. Der Sturm peitscht die Funken bis hierher. Weiter hinten steht eine einzige rötlich-gelbe Flamme! Das ist der Untergang einer großen Stadt. Vor solchem Anblick zerrinnen alle großen Worte und jedes Pathos. Wer trägt vor Gott und diesen armen Menschen die Verantwortung?

Hat's schon Entwarnung gegeben? Wir wissen es nicht – die Sirenen sind anscheinend ausgeschaltet im Inferno dieser Bombennacht.

Ich laufe los, der Stadt und dem Feuer entgegen.

Menschen hasten, hetzen. Die von der Stadt her kommen, haben schreckgeweitete Augen, Blut klebt an den Gesichtern, die Kleider sind nur noch Fetzen.

Die zur Stadt hin laufen, vielleicht, um nach Angehörigen zu suchen, haben Gesichter, in denen sich blutrot der Feuerschein spiegelt.

Der Rauch wälzt sich über das Flammenmeer. Gebälk kracht und zerspringt rechts und links von mir.

Ich komme zur Elbbrücke, über die ich vor noch nicht einer einzigen Stunde ahnungslos gebummelt bin. Ein großes Stück ist aus ihr herausgerissen. Im Wasser spiegelt sich die brennende Stadt.

Ich möchte zu meiner Dienststelle. Aber da tobt mir aus dem Gewirr der Straßen fauchend und tödlich saugend der Feuersturm entgegen. Er reißt mir den Hut vom Kopf, er fetzt in die Kleider und übersät sie mit Funken.

Gespenstischen Schatten gleich, tasten sich halb irr gewordene Menschen vorbei. Sie winken ab, als sie sehen, daß ich weiter will. Die Flammen der Häuser rechts und links haben sich zu *einer* Lohe verdichtet. Schrill heult irgendwo eine Sirene und schreckt die verstörten Menschen erneut auf. Aber die Hitze hat sie wohl nur zum letzten Aufschrei gebracht.

Ein Posten weist mir den Weg am Elbufer, der gefahrloser direkt zu meinem Ziel führen würde.

Rechts von mir erhebt sich jetzt als ragendes Mal inmitten des Infernos der Dom zu Magdeburg. Wie einstmals vor über dreihundert Jahren, scheint der Dom auch diese Zerstörung der Stadt überstanden zu haben.

Balken stürzen auf die Straße, eine getroffene Frau schreit auf. In einen verlassen stehenden Postwagen klettern mehrere abgerissene Gestalten – wahrscheinlich eine Familie, die darin für sich und die Kinder Schutz zu finden hofft.

Tausende sammeln sich in den vom Feuer verschonten Anlagen. Sie haben nichts weiter bei sich als Bettzeug oder einen Sack mit wenig Inhalt. Sie haben blutige Gesichter und sind unheimlich ruhig.

Ich zittere am ganzen Körper. Kommen neue Anflüge? Und was ist, wenn sie ihre Bomben in diese Menschenansammlungen werfen?

Wer von den Bombenfliegern fragt schon nach dem Schicksal von Greisen, Frauen und Kindern? Sie sind über Nacht obdachlos geworden und ohne Hoffnung. Was haben sie mit diesem Krieg zu tun, den sie nicht gewollt haben?

Was ich dann Stunden später nach dem Grauen dieser Nacht im unversehrt gebliebenen Polizeipräsidium von Magdeburg miterlebe, macht mich wütend und deprimiert mich zugleich:

Als ich mich mit dem Gebietsführer zum Bunker des Kreisbefehlsstandes begebe, treffen wir dort im überheizten Raum die örtlichen Vertreter von Partei und Staat. Es duftet stark nach Rum. An der Spitze der Tafel sitzt der Gauleiter von Magdeburg-Anhalt und kippt einen Weinbrand nach dem anderen. Die übrigen Uniformträger tun es ihm nach.

So beraten sie über die Maßnahmen, die angesichts dieser Katastrophe zu treffen sind. Sie bedienen sich auch jetzt großer Worte, streiten um Zuständigkeiten und berauschen sich selbst hier angesichts des tausendfachen Sterbens unschuldiger Menschen an ihrer Macht und am Alkohol. Mit ihm scheinen sie das Elend und ihr Mitgefühl hinunterspülen zu wollen.

Einen nur widert das sichtlich an – mein an der Front schwerverwundeter Gebietsführer verläßt mit mir schnell den Raum. Er wurde als Frontflieger abgeschossen, woran noch eine große Narbe erinnert, die sich von seiner Stirn bis zum Kinn zieht. Hochmut und Arroganz, Attribute so vieler »Führenden«, liegen ihm fern. Er ist, was man einen Idealisten nennt: Er glaubt, dient und ist uns stets der gute, uneigennützige Kamerad. Er ist ein Lichtblick unter den längst zu Bonzen gewordenen Parteiführern.

Wir tasten uns zur Dienststelle zurück, die der Angriff verschont hat.

Als wir einen Tag danach durch Magdeburgs einstige Straßen gehen, überkommt uns Entsetzen. Denn vor den zum Teil noch brennenden Ruinen der Häuser, zwischen den herumliegenden Trümmern liegen die halb oder völlig verbrannten Leichen von Frauen, Männern und Kindern in den absonderlichsten Verkrümmungen und Stellungen.

Vor einem noch rauchenden, halb zerstörten Kino leuchtet von einem bunten, völlig unversehrten Spruchband der Titel des gerade gespielten Farbfilms »Opfergang«. Opfergang für Magdeburgs Bevölkerung, ein Teil des Opferganges, den unser ganzes Volk gehen muß ... (Der Film wurde nach einer Novelle von Rudolf G. Binding von Veit Harlan mit Kristina Söderbaum gedreht und bis Kriegsende gezeigt.) »Opfergang« – inmitten von Toten und Trümmern; dieses Bild, diesen Spruch, unversehrt bei aller Zerstörung, werde ich wohl nie vergessen.

Als ich unsere Hitlerjungen bei den Aufräumungs- und Bergungsarbeiten beobachte – noch in der Nacht hatte man die Mannschaften der nächstgelegenen Wehrertüchtigungslager hergeholt – empfinde ich tiefes Bedauern, daß man die Jugend vor so grausigen, schrecklichen Eindrücken nicht bewahren kann.

In den Ausbildungslagern der HJ werden Tausende des ältesten Jahrganges auf den Dienst an der Waffe vorbereitet. Schon stehen an den Geschützen der Luftabwehr junge Luftwaffenhelfer der Hitlerjugend mit ihren rotweißroten Armbinden.

Am Rundfunkgerät in der Gebietsführung erreicht uns gleich nach der Bombennacht Hiobsbotschaft auf Hiobsbotschaft: Der Angriff in den Ardennen, von SS-Divisionen am 16. Dezember 1944 begonnen, scheint endgültig gescheitert. Im Osten rollt unaufhaltsam die russische Dampfwalze nach Westen; um Breslau, Ratibor, Görlitz wird gekämpft.

Elendstrecks ziehen bei Eiseskälte in endlosen Kolonnen in die Mitte des Reiches. Kinder sterben an der Brust der Mutter, alle Bahnhöfe sind zu Heerlagern kranker, halb erfrorener Menschen aus Ostpreußen und Schlesien geworden. Augenzeugen berichten von Schreckensszenen unter den über Nacht heimatlos gewordenen Menschen. Von den Führern der Partei wird nichts Gutes berichtet. Ihre Durchhalteparolen sind vor dem Ansturm der roten Heere wie Seifenblasen zerplatzt, sie selbst waren in vielen Fällen die ersten, die sich in Sicherheit brachten.

Daß wir noch immer den Kopf oben behalten, liegt wohl am Anklammern an Worte und Nachrichten, die auch jetzt noch den Zweifelnden und Verzweifelten Hoffnung geben sollen; es liegt aber auch ganz einfach daran, daß wir keine Alternative für uns sehen.

Bei den meisten von uns waren ohnehin von jeher Gefühl und Herz vorherrschend, während die kühle Überlegung zu kurz kam. Was aber jetzt geschieht, ist weder mit dem Gefühl noch mit dem Verstand zu verkraften: Ist es möglich, daß eine Regierung, eine ursprünglich auf einen Altar gestellte Führung so vermessen, so teuflisch sein kann, das Volk zum letzten Widerstand aufzurufen und noch Hunderttausende zu opfern, wenn sie – und das womöglich schon seit längerer Zeit – von der Auswegslosigkeit des Kampfes überzeugt ist? –

Erschüttert stehen wir vor den halb zerfallenen Treckwagen aus Ostpreußen und hören die so hart geschlagenen Menschen unter Tränen von der »Heimkehr nach dem Sieg« sprechen.

Ich mache einige Tage Urlaub vom Magdeburger Grauen. Zusammen mit meiner Frau fahre ich nach Dessau, das so viele Erinnerungen für uns birgt. Zwei Tage lang sind wir dort glücklich – soweit man es jetzt sein kann. Wir spüren die Herzenswärme guter Kameradschaft. Bei unseren Wegen durch die verschneiten Straßen und Anlagen freuen wir uns, diese Stadt noch unversehrt zu sehen. Am Abend vergessen wir beim bunten Geflimmer eines neuen Farbfilms mit Marika Rökk die Wirklichkeit.

Am nächsten Tag geht's zurück nach Magdeburg. Als ich meine junge Frau zum Bahnhof fahre, bin ich froh über die zugefrorenen Scheiben des Autos. So bleiben ihr die Bilder schlimmer Zerstörung erspart. Der Zug fährt sie der Heimat, den Harzbergen, entgegen. Kaum bin ich wieder in der Dienststelle angelangt, rast wild der Ton der Sirenen über die Stadt. Die Arbeit ruht, meist geschieht das viermal am Tag, die Straßen sind überfüllt mit Menschen, die angstvoll die Schutzräume aufsuchen. –

Frühlingsahnen liegt Anfang März 1945 über dem Harz. Plakate kleben überall: »Sieg oder Chaos!« Uns scheint allerdings das Chaos nahe.

Ich bin nach Halberstadt gekommen, um einem gemeinsamen Abend des HJ-Führerkorps unseres Gebietes beizuwohnen.

Meine Frau ist dabei: »Laß uns zusammenbleiben; wenn alles stürzt, wollen wir wenigstens gemeinsam mit fallen ...«

Im Westen bereitet sich die Großoffensive der Alliierten vor; unsere besten Truppen aber sind von dort abgezogen und unterwegs zur zusammenbrechenden Ostfront. Das ist der tödliche Zweifrontenkrieg, den einstmals Hitler selbst als die größte Dummheit bezeichnet hatte ...

Im Reich sind viele Rüstungsbetriebe zerbombt. Und doch kommt täglich die Parole durchs Radio: »Sieg um jeden Preis!«

Für uns sehe ich keine Möglichkeit, sich davonzustehlen. Es gibt nichts anderes, als ihm die Treue zu halten, der uns schließlich in diese Lage gebracht hat.

Ich durchstreife mit meiner Frau die Grünanlagen in den Spiegelsbergen bei Halberstadt. Unter uns liegt friedlich die mittelalterlich geprägte Stadt mit den gepflegten Fachwerkhäusern, den alten Märkten und Brunnen. Einmal stoßen wir auf Verbotstafeln und Stacheldrahtzäune mitten im Erholungsgebiet. Arbeiter gehen hin

und her und verschwinden dann in einem Stolleneingang. Hierher
soll einer der wichtigsten Rüstungsbetriebe verlagert werden – unter die Erde, sicher vor den Bomben. Auch dazu dürfte es viel zu
spät sein.

Am Rhein beginnt die alliierte Artillerie schon mit dem massierten
Vorbereitungsfeuer.

Wieder in der HJ-Führerschule, die in diesen Anlagen idyllisch
liegt, wird ein Führerbefehl heftig diskutiert: Hitler ruft den ältesten Jahrgang der HJ, den jüngsten des Volkssturmes, zum letzten
Einsatz. Vor Tagen wurde der Fronteinsatz der Jugend noch entschieden abgelehnt – jetzt ist er Führerbefehl: Hitlerjugend nach
vorn – als »Panzerjagdkommandos«!

Gibt es irgend etwas, das diesen Befehl rechtfertigt? – Am Abend
sitzen wir um ein wärmendes und hell loderndes Kaminfeuer –
Bannführer der HJ, durchweg mit Kriegsauszeichnungen, zum Teil
mit Bein- oder Armstümpfen.

Viele von uns sind längst an den Fronten gefallen – noch im festen
Glauben an ihren Führer und an das Rechte ihres Tuns.

Wir sind still und ernst. Jeder von uns ahnt, daß dies die letzte Runde in diesem Kreis sein würde, daß wir zum letzten Mal unsere Lieder singen. Die erschallen nun aus vollen Kehlen – die alten Kampflieder, die Lieder, die in der Zeit des großen Aufbruchs entstanden,
und Lieder der Soldaten.

Klampfe und Ziehharmonika werden hervorgeholt, die Gesichter
entspannen sich.

Die furchtbaren Schlachten, die Gemetzel, die wir erlebten, die Fehl-
entscheidungen dann und die Niederlagen mögen uns die Illusionen
genommen haben, Qual und Entsetzen ließen unsere Lieder immer
seltener werden – aber jetzt, während wir das Ende deutlich sehen,
klingen sie noch einmal auf. Manches Lied klingt wie eine Vorahnung
dieses Unterganges und unserer Ausweglosigkeit – wie dieses:

> »Die roten Fahnen brennen im Wind,
> und mit ihnen brennt unser Herz ...
> Und alle, die mit uns gezogen sind,
> können nie mehr zurück ...«

... können nicht mehr zurück. Millionen sind für ihre Fahne gefallen. –

Es kommt der Tag, an dem auch die alte Residenzstadt Dessau im Bombenhagel untergeht.

An einem der üblichen Alarmabende in Magdeburg brausen Bomberströme ziemlich tief über uns hinweg.

Wir stehen draußen vor dem Gebäude der Gebietsführung und sind startbereit für den Sprung in die Schutzräume. So dicht klingt das Brummen über uns, daß wir uns unwillkürlich ducken. Doch sie laden hier nichts ab.

Wir versuchen, am Radio den Weg des Bomberstromes zu verfolgen, den der »Flak-Sender Horizont« durchgibt. Auf einer Karte mit Planquadraten können wir die Richtung ersehen, die das Unheil nimmt. Über Dessau biegen die Staffeln ab. Aber hier über uns dröhnen immer noch die Motoren weiterer Flugzeugstaffeln. Unheimlicher Abend. Immer deutlicher wird der Hinweis auf das »Angriffsziel Dessau«. Ich bange um die Stadt, die mir so lieb ist.

Nachts kommt es dann durch die Fernsprecher: Dessau ist schwer getroffen.

Erschüttert besuche ich Tage später meine ehemalige Wirkungsstätte. Wieder geht der Blick über verkohlte Mauerreste, kohlschwarz aufragende Kamine und niedergebrochene Häuserzeilen.

Die vertrauten Straßen sind nicht mehr bestimmbar. Als ich in die Leopoldstraße einbiege, wo die Dienststelle des Bannes Dessau liegt, sehe ich als erstes das rotweißrote Fahnentuch, das von der zerstörten Hausfront leuchtet. Darunter ragt ein Stück Ofenrohr aus dem Wandrest. Ich kann mich der Tränen nicht erwehren – welch furchtbare Sinnlosigkeit!

Im Erdgeschoß der Bannführung, nur halb zerstört, finde ich den Bannführer und die Mädelführerinnen. Wir löffeln aus Pappbechern die Suppe der NSV (NS Volkswohlfahrt). Alle Gesichter sind ruß- und rauchgeschwärzt, es riecht nach Mörtel und nach Gas.

Drüben – draußen auf der anderen Seite der einstigen Straße – steht eine junge Frau mit ihrem Kind vor der Leiche ihres Mannes, den man eben noch aus dem zusammengestürzten Keller des Hauses geborgen hat. Über seinem Körper liegt eine zerschlissene Decke, aus der die zerquetschten wachsgelben Füße herausschauen.

Neben ihr steht der Ortsgruppenleiter der Partei. Er wurde im Ersten Weltkrieg schwer verwundet, humpelt auf einer Beinprothese und sieht sich hier einer unlösbaren Aufgabe gegenüber: diese Frau zu trösten.

Am 25. März 1945 hat die Jugend meiner Heimatstadt Quedlinburg einen großen Tag: Der Reichsjugendführer Arthur Axmann kommt, um hier, auf der Burg Heinrichs I., die Vierzehnjährigen auf den Mann zu verpflichten, dessen Namen ihre Gemeinschaft trägt.

Im Westen ist der Gegner auf breiter Front angetreten, der Rhein bei Remagen überschritten.

Leuchtendes Grün, sehr zeitig in diesem Frühjahr, schmückt Quedlinburgs Anlagen.

Oben auf dem Schloß werden die letzten Vorbereitungen getroffen. Gegen 9 Uhr werden auf dem Schloßhof die Begrüßungsfanfaren geblasen. Ein Spalier von Jungen und Mädchen grüßt Arthur Axmann, der den linken Arm grüßend erhebt – der rechte blieb in Rußland.

Die Sonne gleißt auf dem grauen Gestein des Domes und glitzert in seinen Fenstern. Die Fanfaren klingen weit über die Dächer der alten Kaiserstadt. Sie leiten über zum festlichen Marsch, der nun im Innern des Domes aufklingt. Die Eltern und ihre Söhne und Töchter erheben sich – die Feier beginnt.

Vor den Sarkophagen Heinrichs I. und seiner Gemahlin Mathilde sitzen sechshundert Pimpfe und Jungmädel mit andächtigen Gesichtern. Mit ihnen sind zur gleichen Stunde in Deutschland Zehntausende Gleichaltriger vereint und verpflichten sich zu Treue und Pflichterfüllung gegenüber Führer und Reich. Und überall singen sie, was wir schon lange vor dem Krieg sangen, ohne zu ahnen, was sich einmal über uns zusammenbrauen würde:

»... denn mögen wir auch fallen,
wie ein Dom steht unser Staat.
Ein Volk hat hundert Ernten
und geht hundertmal zur Saat ...«

Dann sprechen sie die Formel:

»Ich verspreche, allzeit meine Pflicht zu tun – in Liebe und Treue zu meinem Führer Adolf Hitler!«

Der Russe setzt an zum letzten Stoß auf Berlin – und hier wird ein

Gelöbnis gesprochen, das in dieser allerletzten Minute eine Farce sein muß.

Es ist wie ein Wunder, daß diese Feier überhaupt noch abrollt wie einst, daß sich noch einmal Organisationskunst und pseudoreligiöse Zeremonie entfalten können, obwohl die US-Truppen schon auf den Harz zu marschieren. Arthur Axmann in dieser letzten Feierstunde:

>Der Feind verfolgt mit Erstaunen und Hochachtung den Einsatz der jungen Kriegsfreiwilligen. Die folgenden Jahrgänge werden ihnen an Härte im Kampf nicht nachstehen. Das beweisen jetzt die Hitlerjungen, die in schnell gebildeten Kampfgruppen sich als Panzerbrecher dem Feind entgegenstellen. Der scheinbar unüberwindlichen Materialüberlegenheit begegnen sie unbeirrbar im Glauben an die eigene Kraft und Stärke der Herzen und Waffen. Aus der Hitlerjugend ist die Bewegung der jungen Panzerbrecher entstanden.<

Ich mißtraue meinem Gehör: Das kann doch nicht ernst gemeint sein: die >Kraft der Herzen< gegen den alles niederwalzenden Bombensegen der Alliierten? Hitlerjugend eine Bewegung der jungen Panzerbrecher? Axmann weiß es besser, er hat an der Front den rechten Arm verloren – er muß die Lage realistisch beurteilen können! Ist er überhaupt nüchtern? (Es wird soviel getrunken in diesen Verzweiflungstagen!)

Und dann sagt er noch:

>Nicht Worte helfen, sondern Taten! Leidenschaftlich bekennt die Jugend: Wir kapitulieren nie!<

Und zum Schluß:

>Seid grenzenlos in der Liebe zu Eurem Volk und ebenso grenzenlos im Haß gegen den Feind.
Eure Pflicht ist es, zu wachen, wenn andere müde werden, zu stehen, wenn andere weichen. Eure größte Ehre aber sei die Treue zu Adolf Hitler!<

So wie hier in meiner Heimatstadt stehen überall im Reich – soweit es der Gegner noch nicht besetzt hat, die Vierzehnjährigen angetreten und hören über den Reichsrundfunk, soweit er noch reicht, solche Worte – wenige Tage vor dem Ende aller Schrecken.

Nach dieser bemerkenswerten Rede zur allerletzten »Verpflichtung der Jugend« auf Hitler intoniert der Reichsmusikzug der HJ die Nationalhymnen. In die Klänge mischt sich das jetzt einsetzende Geläut der Glocken des Domes zu Quedlinburg. Die Jungen marschieren diszipliniert wie immer ab, die vielen Eltern und sonstigen Gäste streben ihren Häusern zu, immer noch erschüttert und benommen von dieser Zeremonie und von den Worten des Reichsjugendführers. Sie ahnen ja wohl alle, daß dies die letzte Feier dieser Art war. Ich bin bemüht, mich wieder zu fassen. Es ist mir klar, daß jeder Tote in der Endphase des Ringens, daß jede weitere Zerstörung völlig unverantwortlich ist.

Auf dem Quedlinburger Marktplatz gibt vor Hunderten von Zuhörern der HJ-Reichsmusikzug ein Platzkonzert. –

Am Abend dieses ereignisreichen Tages scharen sich die Bannführer des HJ-Gebietes Mittelelbe in der Gebietsführerschule Thale/Harz um Arthur Axmann. Jeder sucht nach der Wahrheit, nach der tatsächlichen Lage; Axmann muß es wissen – erst vor wenigen Tagen hat er dem Führer eine Reihe Hitlerjungen vorgestellt, die das Eiserne Kreuz II erhielten.

Der Reichsjugendführer, jetzt sichtlich erschöpft und blaß, berichtet von dieser letzten Begegnung mit Hitler in Berlin: Der Führer sei kaum wiederzuerkennen gewesen; gebeugt, mit zittriger Hand habe er die Hitlerjungen begrüßt, sein Lächeln war sichtlich mühsam. Das sei nicht mehr der energiegeladene, von Tatkraft sprühende Mann gewesen, der alle mitriß und faszinierte. Die Folgen des Attentats vom 20.7.1944 seien deutlich sichtbar.

Wir aber fragten uns, wieso angesichts solcher untrüglichen Zeichen sehr schnellen Endes Arthur Axmann noch eine solch pathetische Rede hat halten können wie heute im Quedlinburger Dom. Es kann doch nicht sein, daß er diese völlig unwissenden, naiven Jungen noch jetzt als Kanonenfutter an die Fronten führen lassen wollte! Eins war uns klar: Diesmal hatten die HJ-Fanfaren das Finale geblasen ...

Als ich wenige Tage später in meiner kleinen Kammer in Magdeburg am Rundfunkgerät herumdrehe, höre ich die Stimme des Gaubefehlsstandes Münster: »Achtung, Achtung! Feindliche Panzerspitzen vor Fulda!«

Was zuerst unglaubhaft klingt, wird schnell zur Gewißheit: Aus

Hildburghausen in Thüringen kommt ein Kamerad und berichtet von der totalen Auflösung unserer Truppen, von den unaufhaltsam vorrollenden Panzern mit dem weißen Stern der US-Army. – Ostern 1945 bringt trübe, regnerische Tage. Ich bin in einem unserer Wehrertüchtigungslager. Die Nacht zum Ostersonntag ist ausgefüllt mit Telefongesprächen – Informationen über das Vorrücken der Alliierten, Fragen zum Einsatz unserer Jungen.

Bei einem kurzen Besuch bei meiner Frau vernehme ich aus dem Radio den Aufruf zum »Werwolf«. Mein Schwiegervater, im Ersten Weltkrieg schwer verwundet, und ich schauen uns entsetzt an: Den Gegner meuchlings morden – das ist nicht unsere Art! Wie weit muß man sein, um zu solchem Tun aufzurufen.

Unruhe erfüllt mich. Da hilft auch die Harmonie nichts, die hier in der abgeschiedenen Welt meiner Frau herrscht; da nützt auch nichts der sonst Ruhe spendende Wald. Ich warte auf den Ruf zum letzten Einsatz.

Der kommt noch am gleichen Tag. Ich verabschiede mich. Der Vater vertraut noch immer: »Mit Gott!« Meine Frau, das Kind auf dem Arm, schaut mir nach.

Mein Einsatz: Ich soll in Halberstadt die Leitung eines Wehrertüchtigungslagers übernehmen, dessen Mannschaft als »Panzerjagdkommando« entsprechend dem Führerbefehl gegen die Panzerspitzen der Amis eingesetzt werden soll. Der Feind steht unmittelbar vor dem Harz, aus dem man eine »Festung« machen will.

Am Sonntag, 8. April 1945, beginnt der Dienst der jungen, mir anvertrauten Mannschaft. Die Jungen haben sich zu diesem Einsatz freiwillig gemeldet und kommen aus mehreren Wehrertüchtigungslagern des Gebietes. Sie sind schon seit Wochen in der Ausbildung, gedrillt und unterrichtet von fronterfahrenen Unteroffizieren der Wehrmacht.

Auf dem Dienstplan des ersten Tages steht ein Ausmarsch zum Huy, einem oberhalb von Halberstadt gelegenen Höhenzug mit einer Klosteranlage.

Dreihundert Hitlerjungen sind auf dem Hof ihrer Unterkunft, einer weiträumigen, jetzt leerstehenden Schule, angetreten. Jungen aus der Stadt, vom Lande, schlank und rank alle; manche geben sich einen verwegenen, mutigen Anstrich, anderen merkt man die Furcht an.

Lieder und Fanfaren. Menschen sammeln sich vor dem Tor. Man sieht vielen an, daß sie den Einsatz dieser Jungen nicht gutheißen. Der Ami steht vor den Toren. Es fällt mir nicht leicht, zur Flaggenhissung etwas zu sagen. Das ist wahrhaftig anders, als es vor zehn Jahren war, wenn ich zu ihren älteren Brüdern sprach! Heute: »Jeder wird von euch einmal sagen müssen: Sie waren treu bis zuletzt!«

Zuschauende Frauen weinen. Die Flagge geht am Mast hoch und weht so siegessicher wie einst. Ich ahne, daß ich die Fahne der Hitlerjugend zum letzten Mal aufsteigen sehe.

Singend zieht der lange Zug der Dreihundert durch Halberstadt, geführt von Offizieren und Unteroffizieren. Auch ich trage wieder Feldgrau.

Als wir die Höhen des Huy und den Waldrand erreichen, gibt es Luftalarm.

Mit meinem Fahrrad stehe ich auf einer Straße und sehe hinab auf das im Sonnenschein gleißende Halberstadt. Da brummt es schon über uns.

Unter dem klaren Himmel sehe ich deutlich die Staffeln der Viermotorigen anfliegen. Sie kommen von Südosten und biegen vor Halberstadt scharf nach Westen ein.

Ein weißer Rauchstreifen rast herab, genau auf die Türme des Domes zu, wie mir scheint. Ich erstarre: Das ist das Rauchsignal zum Abwurf der Bomben! Und schon erwächst vor unseren Augen eine riesige Wolke von Feuer und Rauch. Sekunden später dringt der Donner der Detonationen zu uns herauf.

Uns ist, als seien die eben noch jubilierenden Vögel verstummt, als verschwände die eben noch so strahlende Frühlingssonne. Hier versinkt erneut eine alte, liebenswerte Stadt, die ohne Bedeutung für den Kriegsverlauf ist!

Wieder fliegen sie an und wieder weist ihnen ein Rauchsignal das Ziel: die sonntägliche Stadt, in deren Häusergewirr nun die Bomben prasseln, in der die Menschen gänzlich unvorbereitet auf diesen Anschlag waren.

Die Erde bebt. Da unter uns ist die Hölle los.

Eine alte Frau aus einem Nachbardorf verkriecht sich weinend hinter einem Baum am Straßenrand.

Oft genug habe ich die Angriffe unserer Stukas und Bomber auf feindliche Stellungen beobachten müssen. Aber in dieser Stadt ist kaum noch ein deutscher Soldat, hier gibt es keine Rüstungsindustrie mehr – und der Ami ist, ohne aufgehalten zu werden, auf dem Anmarsch ...

Erbarmungslos wiederholen sich die Angriffe, bis vor unseren entsetzten Blicken die Stadt hinter einer undurchdringlichen blauschwarzen Rauchwand verborgen bleibt. Still und erschüttert ziehen wir im Eilmarsch unserer Unterkunft entgegen. Feuerwehren überholen uns mit ihrem gellenden Unglücksgeläut. Die Rauchschwaden ziehen in Richtung Harz, verbrannte Stoff- und Papierfetzen fliegen kilometerweit mit.

Auf unserer Seite hier oben auf dem Huy scheint wieder die Sonne. Sie macht die Wand aus Feuer und Rauch noch unheimlicher. Und dann teilt sich dieser furchtbare Vorhang, eine grelle Stichflamme schießt daraus hoch. Es ist der lichterloh brennende Turm der alten historischen Martinikirche.

Das schöne ehrwürdige Halberstadt, die Harzstadt mit ihren Fachwerkhäusern, den gemütlichen Gaststätten, die Stadt mit dem traditionsreichen Rathaus und den vielen Kostbarkeiten, versinkt vor unseren Augen, ihre Trümmer begraben eine nicht abzuschätzende Zahl von Toten unter sich. Warum dieser Angriff, der kein militärisch bedeutendes Objekt trifft? Warum der Tod so vieler Menschen und einer kulturhistorisch so bedeutenden Stadt, wenn die Alliierten ohnehin kurz vor ihren Toren stehen, ohne nennenswerten Widerstand zu finden?

Wir klettern über Trümmer, über aufgerissene Straßen, weichen über weniger getroffene Stadtteile aus und erreichen schließlich die nur zum Teil zerstörte Schule, die unser Quartier war.

Zerfetzt hängt der Rest unserer Fahne unten am umgestürzten Mast.

Aufzeichnungen 1945
Das letzte Aufgebot. – Amis: »Hitlerjugend, der Krieg ist aus!«

Am Tage nach dem zerstörerischen und völlig unerwarteten Bombenangriff auf Halberstadt verläßt die Kolonne der dreihundert Jungen die brennende Stadt. Hinter ihnen bleiben Zehntausende unter den Trümmern.

Am Abend dieses Tages bin ich noch in der HJ-Gebietsführerschule in Thale, wo sich der Gebietsführer und einige seiner Mitarbeiter aufhalten. Was ist noch zu tun? Ich hoffe auf Anweisungen.

Über dem Harz liegt eine schwefelgelbe riesige Wolke, die von Halberstadt herübergezogen ist. Die blutrote Sonne scheint fahl durch sie hindurch und macht dieses Bild noch düsterer. Mit verstörten Gesichtern kommen Ausflügler aus den Bergen zurück.

Ich treffe auch den »HJ-Beauftragten beim Oberbefehlshaber West«, einen Hauptbannführer, als Leutnant in Wehrmachtsuniform. Er ist völlig verstört, die ganze Atmosphäre in der Führerschule trostlos und niedergedrückt. Der gutinformierte Leutnant versucht, uns anhand einer Generalstabskarte die aktuelle Lage deutlich zu machen. Da ist keine Hoffnung mehr – sie sind schon im Harz. Zwar solle hier eine »Armee Harz« stehen, um ihn als Festung um jeden Preis zu halten, aber das seien nur zerschlagene und völlig entmutigte Reste einstiger Truppenteile und – Pimpfe. Zudem gäbe es hier beinahe mehr Generäle als Landser ... Wut steht in seinen Augen – Wut und Verzweiflung darüber, daß wir alle, daß unser ganzes Volk in eine solche Lage hineinmanövriert werden konnte.

Ich erhalte keinen Gegenbefehl. Es soll dabei bleiben – beim Einsatz dieser immer noch gläubigen Jugend als »Panzerjagdkommandos« im Harz.

Desertieren? Jetzt in letzter Minute – daran ist nicht zu denken, solange noch ein Soldat blutet. Es gibt keinen Ausweg. Mir darf es jetzt nur noch darum gehen, diese Jungen vor törichten Unternehmungen zu bewahren. In der Nacht fahre ich zu ihnen zurück. Am nächsten Abend beziehen wir das in den letzten Friedensjahren erbaute Gebäude der Nationalpolitischen Erziehungsanstalt (NPEA) in Ballenstedt im Harz.

Stunden vorher sind wir singend durch meine Heimatstadt Quedlinburg marschiert und haben dort in einer Schule etwa zweihundert Gewehre empfangen – Gewehre eines mir unbekannten Typs, und sehr wenig Munition.

Vom Amerikaner ist uns bekannt, daß er im Raum Goslar steht.

Immer noch sind es einzigartige Frühlingstage, so warm, daß jetzt – Mitte April – sogar schon die Obstbäume voll erblüht sind.

Es ist mir klar, daß ich dieses »HJ-Bataillon« nach und nach auflösen werde. Aber vorher stößt noch eine Gruppe von neunzig Schülern der NPEA mit ihren Erziehern zu uns.

Das neue Quartier ist vom Besitz meiner Schwiegereltern, wo sich meine Frau mit unserer Tochter aufhält, nur etwa fünf Kilometer entfernt. Die sind schnell mit dem Fahrrad zurückgelegt. So fahre ich eiligst dorthin und überrasche die Familie an der Kaffeetafel. Das vertraute Bild berührt mich wie eine fremde Welt.

Abends bin ich mit meiner Frau in dem kleinen Harzstädtchen Ballenstedt. Wieder gibt es Luftalarm, der schrill den Frühlingsabend zerreißt. Gleichzeitig beben von nicht allzu fernen Einschlägen die Häuser, Scheiben klirren, nördlich wächst am Abendhimmel roter Feuerschein. Über uns brausen dröhnend die Wellen der Bomber ihren Zielen entgegen. In regelmäßigen Abständen rumsen im Norden die Detonationen; es hört sich an wie schwere Artillerie.

Wir fahren weiter in die Nacht hinein. Die mir so vertraute Gegend scheint gespenstisch verändert im flammenden Fanal des näherkommenden Kampfes.

Jetzt klappern Pferdehufe auf der Straße. Kaum erkennbar, zieht durch das Dunkel deutsche Infanterie.

Deutsche Infanterie – wie stolz das noch klingt – ich schaue zurück und sehe sie in Gedanken: Kolonne hinter Kolonne, singend und mit lachenden Gesichtern, siegessicher, jung und stark, gut ausgerüstet und bewaffnet ...

Dies hier ist ein trauriges Zerrbild ihrer selbst: halb zerfallene Panjewagen, elende Klepper davor, Heu und Stroh auf den Fahrzeugen und dahinter kopfhängerisch und schlürfend ein paar Landser.

Hinter uns flammt der Himmel nach jedem Einschlag so hell auf, daß wir den geisterhaften Zug deutlich in diesem diffusen Licht sehen. Mit klopfendem Herzen schlängeln wir uns an ihm vorbei.

Das Grauen dieser Nacht berührt uns als unheimliche Untergangs-
stimmung.

Scheinwerfer strecken plötzlich ihre langen Finger in den Nachthimmel, gleich danach zucken auch dort nach dem Einschlag der
Bomben die roten Flammen auf.

Zu Haus finden wir zum ersten Mal die ganze Familie unten im Keller. Unser Kind schläft friedlich, obwohl das schwere Eisentor am
Hofeingang bei den fernen Detonationen klirrt und klappert. Lange
stehen wir noch draußen, bis das Dröhnen des nächtlichen Kampfes
und der Zerstörung abklingt. Dann gehen wir stumm zu unserem
Kind ins Haus. –

Wieder auf der NPEA, wo die Jungen weit auseinandergezogen im
Waldgelände üben, werde ich in das kleine Dorf Rieder gerufen, wo
sich der Gefechtsstand einer »Kampfgruppe« niedergelassen hat.

Ich fahre mit zwei meiner Unteroffiziere dorthin und finde vor der
alten Schule Fahrzeuge aller Typen und aller Wehrmachtsteile.

In einer nach Schulmief duftenden Klasse sitzen zwölf Offiziere,
meist Stabsoffiziere der Luftwaffe, und bei ihnen, blaß und erregt,
der Quedlinburger Kreisleiter der NSDAP.

Ein ältlicher Oberst, Luftwaffe, Träger des Pour le Mérite aus dem
Ersten Weltkrieg, führt das Gespräch.

Er ist sichtlich angetrunken, aus seinem aufgedunsenen Gesicht
schaut ein künstliches Auge stier auf ein und dieselbe Stelle. Er begrüßt uns und läßt ein »Aah!« hören, als er erfährt, daß wir die Führer der dreihundert jungen »Kämpfer« seien. Dann stellt er sich
energisch als Kommandeur einer sogenannten »Kampfsammelgruppe« vor, der alle hier stehenden Truppen- und Volkssturmein-
heiten unterstellt seien.

Zackig und betont gibt er seinen Lagebericht:
Der Rheinübergang bei Remagen, dessen Brücke vor den anrücken-
den Alliierten nicht mehr gesprengt werden konnte, sei Ursache der
derzeitigen Lage. Aber die würde sehr bald wieder bereinigt wer-
den, denn – und flüsternd beugt er sich vor – innerhalb von sechs
Tagen – »Ich stehe dafür grade, meine Herren!« – geschehe das
»Wunder« ... Er hätte es von sehr maßgeblicher Quelle erfahren!
Und bis dahin müsse der Harz als Geländefaktor von entscheiden-
der Bedeutung gehalten werden – »Um jeden Preis, meine Herren.«
Voller Widerwillen wenden wir uns ab.

Daß ich nun befehlsgemäß häufiger auf diesem »Gefechtsstand« bin, wo ein Dutzend Stabsoffiziere wirr durcheinander kommandiert, liegt vor allem daran, daß man uns hier äußerst entgegenkommend mit einer Unmenge bester Marketenderware versorgt. Sie stammt sicher aus bereits aufgelösten Wehrmachtsbeständen. Jedenfalls geht es unseren Jungen oben auf der Schule nicht schlecht; sie bekommen Schokolade in rauhen Mengen, Kakao, Kekse und Zucker. Die Straßen, die aus Richtung Quedlinburg hier vorbeiführen, werden lebendig. Hunderte von einzeln dahertrottenden Soldaten, Wagen mit allerlei Gerät, aber ohne Waffen, beleben das Harzvorland.

Langsam zieht ein solcher Soldatentrupp an mir vorbei. Ich spreche einen der Landser an: »Na, Jungens, woher und wohin?« – »Das weiß der Teufel, vierzehn Tage lang ziehen wir schon hin und her ...« »Habt ihr Kämpfe hinter euch?« – »Wir haben keine Waffen!« – »Und wer ist euer Kompanieführer?« – »Der Feldwebel dahinten auf dem Fahrrad!« –

An den Straßenkreuzungen stehen tatsächlich Hitlerjungen in zu weiten feldgrauen Röcken und lesen die Waffen auf, die die Landser weggeworfen haben. Sie sollen gegen feindliche Panzer sichern ...

Auch von unserer Einheit hat eine Gruppe hier Stellung bezogen, mit Panzerfäusten und nicht funktionierenden Gewehren. Einwohner beschimpfen sie, sie fürchten wohl zu Recht um ihre Häuser.

Bei der Kontrolle kommt mir ein völlig betrunkener Infanterieleutnant entgegen. Er hat flüchtenden Soldaten kraft seiner Rangabzeichen mehrere Flaschen Cointreau abgenommen.

Ich ziehe die HJ-Gruppe zurück.

Der in der nähe liegende Fliegerhorst wird gesprengt; vorher haben, wie ich erfahre, Leute aus der nahen Stadt schamlos Wohngebäude und Kasernen geplündert. Droben auf unserer »Burg« hoch über dem Tal sind die Jungen ziemlich von alledem isoliert. Der herrliche Frühling gaukelt uns eine Welt vor, die schon lange nicht mehr existiert.

Auf dem Gefechtsstand der Kampfsammelgruppe begegne ich überraschend meinem früheren Kompaniechef aus den Jahren 1938/39, der damals in Blankenburg/Harz ein äußerst schneidiger Oberleutnant war. Jetzt trägt er die Rangabzeichen eines Oberstleutnants und die roten Biesen des Generalstabs. Er wirkt hier völlig fehl am

Platze. Aber er lächelt – ein trauriges und zugleich zynisches Lächeln: »Lassen Sie uns von besseren Zeiten sprechen ...« Er erzählt mit eleganter Lässigkeit, aber nicht ohne Wärme, und tut, als ließe ihn das traurig-schaurige Geschehen der Gegenwart völlig kalt.

Mitten in unsere Unterhaltung platzt aufgeregt, nervös und zappelig der Landrat von Ballenstedt: »Der Ami hat Harzgerode besetzt, etwa elf Kilometer westlich von hier!« Der Oberstleutnant bleibt gelassen: »Nun, dann werden sie uns gleich am Ar ... zwicken!« Und zu mir: »Erzählen Sie von sich ...«

Aufgegriffene, streunende Offiziere und Soldaten fragt er mit schnarrender Stimme: »Wollen Sie mitkämpfen?« Und läßt sie ohne ein weiteres Wort weiterziehen, wenn Sie nicht gleich mit Ja antworten.

Makellos wie stets steht er da, von altem Adel, nicht ganz ohne Arroganz und doch bewundernswert.

»Da hat man uns ein trauriges Ende beschert, nicht wahr? Und ganz und gar nicht heroisch ...«

Wieder bei den Jungen oben in der Schule, höre ich deutlich Gefechtslärm, der aus dem nahen Selketal kommt. Artillerie- und Granatwerfereinschläge krachen in fast ununterbrochener Reihenfolge, bei günstigem Wind hören wir auch das Geknatter automatischer Handfeuerwaffen.

So gut meint es die Sonne, daß der Harz jetzt, Mitte April, in frischem Grün leuchtet, an den Hängen blühen die Obstbäume. Die nun noch etwa zweihundert Jungen machen einen fast »friedensmäßigen« Eindruck, wenn sie von ihrer Ausbildung zurückkommen. Sie schauen aus wie einst in den Zeltlagern der Friedensjahre.

Vom Zerfall der Wehrmacht sehen sie hier oben nichts. – achtzig Schüler der NPEA werden auf Befehl der »Kampfgruppe« mit einem Erzieher in Marsch gesetzt. Auf Lastkraftwagen werden sie in den Harz nach Allrode-Siptenfelde gebracht. Die Schüler jubeln geradezu, als man sie mit der Panzerjagd beauftragt – sie streiten wahrhaftig um Mitgehen und Zurückbleiben!

Das Dröhnen der Geschütze hält auch in der nächsten Nacht an. Wir sollen weiterrücken, aber es ist nur noch ein sinnloses Verschieben der Stellung in der Abgeschiedenheit des Harzwaldes, denn vor und hinter uns ist der Laden dicht. Unsere Landser werden in diesem Kessel wie die Hasen hin und hergejagt.

Am Nachmittag entlasse ich weitere einhundert Jungen, die still in ihre vom Ami besetzten Heimatorte davonziehen. Mit dem Rest marschiere ich zum neuen Rastplatz auf der Georgshöhe bei Thale. Hier, etwa vierhundert Meter hoch, liegt inmitten von Eichenwäldern ein altes Forsthaus. So manches Mal bin ich als Kind mit meinen Eltern hier eingekehrt. Granitblöcke liegen verstreut im Wald, der quirlige Wurmbach plätschert bergab in das nach ihm benannte Tal.

Wir sind nicht die ersten und einzigen, die in diesen sonst nur von Holzfällern und Ausflüglern besuchten Frieden eindringen. Ein Stab der Luftwaffe hat es sich mit bewundersworter Ruhe im Jagdhaus bequem gemacht. Die Herren aalen sich in Liegestühlen, sprechen den letzten Getränken aus Marketenderwaren gut zu und scheinen so in Seelenruhe auf die US-Army zu warten.

Ihr Gastgeber ist ein Baron, Herr dieser Waldungen, der im Krieg ein Bein verlor und das Ritterkreuz trägt. Man mustert und begrüßt uns mit spürbarer Ablehnung. Ich kann sie verstehen: Was sollen die Jungen hier? Unsere Zelte stehen bald gut getarnt am Waldrand, gedeckt durch knorrige Eichen und an graues Gestein gelehnt. Fast ein romantisches Lageridyll zum Krachen der Panzerkanonen. Und von lebensbedrohlicher Tragik, die nicht der Komik entbehrt.

Natürlich ist mir klar, daß in diesen Stunden und Tagen für mich und für Millionen eine Welt versinkt, ein Weltbild zerbricht, daß es nun zur Gewißheit wird: Alles, was wir taten in diesem Krieg, wofür Millionen und Abermillionen starben, war die Folge von Macht- und Größenwahn! Aber nach fatalistischer Soldatenart schiebe ich jetzt solche Erkenntnisse einfach weg, da ist in mir kein Platz für selbstzerstörerische Gedanken. Wesentlich ist, daß das Sterben nun aufhört. Ich rieche und atme den Duft des heimatlichen Waldes und bin sicher, daß keiner dieser Jungen mehr kämpfen wird ... Wir erfahren, daß die Kureinrichtungen und Pensionen im nahen Harzort Altenbrak brennen, daß Friedrichsbrunn (ich denke an unsere »Jungbannwiese«) vor der Einnahme steht.

Ein General, der auf dem Weg zu seinem Gefechtsstand ist, nimmt mich mit, da sich dort auch der Befehlsstand unserer »Kampfsammelgruppe« befindet.

Der auch heute nicht nüchterne Luftwaffenoberst begrüßt mich in peinlicher Überschwenglichkeit und erzählt von der »bewunderns-

werten Haltung« der achtzig NPEA-Schüler: »... ihre Leistungen werden im Wehrmachtsbericht genannt werden!«
Und dies hatte sich bei Friedrichsbrunn zugetragen:
Die Hitlerjungen von der Nationalpolitischen Erziehungsanstalt gruben sich im Artillerie- und Granatwerferfeuer ein. Ihr Auftrag war bekanntlich die Panzerjagd. Dazu waren sie mit Panzerfäusten ausgerüstet.
Es wurde ihnen gesagt, daß sie rechts und links an deutsche Truppenverbände angelehnt seien. In Wahrheit gab es dort gar nichts.
Nach Stunden geduldigen Wartens im erstmals erlebten Feuer schwerer Waffen rollten dann mit US-Infanterie besetzte Lastkraftwagen auf der vor ihnen liegenden Waldstraße an. Panzer waren nicht auszumachen. Die Amis erkannten bald die eingegrabenen Jungen, die Lastkraftwagen hielten an, und die schwerbewaffneten Soldaten sprangen ab und eröffneten das Feuer auf die Jungen. Gleichzeitig riefen sie ihnen zu: »Hitlerjugend! Der Krieg ist aus! Ergebt euch!«
Aber die achtzig Jungen mit ihren lächerlichen Volkssturmgewehren nahmen den ungleichen Kampf auf, als wäre es eines ihrer Geländespiele.
Die meist baumlangen Amis hatten die Jungen sehr bald umfaßt, deren Gewehre zum größten Teil noch dazu versagten. Sie gingen in der Deckung der Bäume zurück. Da rollten plötzlich drei US-Panzer an, auf die sie ihre Panzerfäuste abschossen.
Ein Panzer blieb brennend stehen.
Es gelang den Jungen, vom Unterholz geschützt, der Falle zu entkommen. Frisch und stolz kamen sie mit ihren Waffen zurück.
Acht von ihnen blieben in der Hand der Amis, ihr Erzieher und »Kompanieführer« kam mit einer leichten Kopfverletzung ins Lazarett von Friedrichsbrunn. –
Unser Idyll auf der Georgshöhe bleibt ungestört.
Zwar hallen Berge und Wälder wider vom Lärm der Feuergefechte, von Abschüssen und Einschlägen und vom scharfen Bellen der Panzerabwehrkanonen, alles immer wieder übertönt vom ohrenbetäubenden Lärm der Tiefflieger – aber es spielt sich alles unten am Rand des Harzes ab oder in den Tälern, die aus dem Gebirge führen.
Wir wissen, daß der Ami nun überall ringsum in den Städten und

Dörfern ist, er sitzt auch genau unterhalb der Georgshöhe im Luftkurort Stecklenberg.

Nun blase ich alles ab: Ich entlasse die Jungen gruppenweise. Die nehmen die Hakenkreuzarmbinden herunter und verwandeln ihre Uniformen in eine Art »Räuberzivil«; so würden sie ihren Weg nach Haus schon finden.

Die zu meinem Haufen gehörenden Korporäle, durchweg in Rußland mehrfach verwundet, empfinden besonders schmerzlich ihre Lage, sie scheinen beschämt, so ihre militärische Laufbahn beenden zu müssen.

Am Wehrmachtsrundfunkgerät aber, mitten im Walde, vernehmen wir den Aufruf, zitiert von der schwingenden Stimme Joseph Goebbels':

»Berlin bleibt deutsch, Wien wird wieder deutsch, und Europa wird nie bolschewistisch!«

Wir schauen uns kopfschüttelnd an, und ich denke an die »Prophezeiung« des Pour-le-Mérite-Trägers vor wenigen Tagen: »Meine Herren, innerhalb von sechs Tagen geschieht das Wunder ...!«

Die sechs Tage sind um, im Harz ergeben sich die letzten Reste der Verteidiger dem Feind oder dem Alkohol.

Am 19. April ist dann alles aus.

Zwar führt der Generalmajor, der sich ebenfalls in das Jagdhaus auf der Georgshöhe zurückgezogen hat, noch ein Telefongespräch mit der sagenhaften »Armee Harz«. Ich höre, wie er in die Muschel brüllt: »Ich habe gerade noch fünfzig Pimpfe, mit denen wir ein bißchen Indianer spielen können!« Aus.

Ein weiterer General mit Stab kommt hinzu, ein General der Fallschirmjäger, sein Name war bei der Eroberung Kretas 1941 in aller Munde. Zerknittert warten alle auf ihre Gefangennahme.

Die Offiziere der Kampfsammelgruppe haben sich, wie ich höre, mit dem Oberst auf dem Hexentanzplatz hoch über dem Bodetal eingeigelt, um dort kämpfend ihr soldatisches Dasein zu beschließen.

Die letzten meiner Hitlerjungen gehen auf Schleichwegen davon, bedrückt und mit Tränen in den Augen.

Der Vorhang ist gefallen.

Aufzeichnungen 1945/1946
»Dich würdig wandelnd, sollst du dich vollenden ...«

Zum zweiten Mal nehme ich Abschied vom feldgrauen Rock, diesmal allerdings für immer. Nun vermodert er irgendwo im Ostharz zwischen Buchen und Eichen.

Mit einem jungen Dessauer Kameraden ziehe ich los in Richtung Meisdorf, das nicht weiter als etwa zwölf Kilometer entfernt ist und wo Frau und Kind warten.

Noch ist die Spannung nicht ganz von uns gewichen: Wo steht der Ami, wie würde er sich uns gegenüber verhalten? Würden wir überhaupt durchkommen bis nach Haus? Zivilisten strömen in die Wälder, um die weggeworfenen Ausrüstungsgegenstände der Wehrmacht und auch vielleicht restliche Lebensmittelbestände zu übernehmen.

Überall im Tann flüstern abwartende Landser.

Nirgendwo läßt sich ein Ami blicken, und wir sind schon über eine Stunde unterwegs. In der Ferne knattert hin und wieder ein Maschinengewehr – der Krieg ist hier immer noch nicht ganz ausgestanden. Dann sehen wir nach einer Straßenkurve den ersten US-Posten. Er besteht aus einem schweren Panzer und einem Zelt, vor dem ein Feuer brennt. Die Soldaten sehen uns gleichmütig entgegen und verlangen die Papiere. Ein Offizier schaut sich meinen Wehrpaß an, dann den Personalausweis meines Begleiters und läßt uns dann mit einem »O. k.« passieren. Ein Stein fällt uns vom Herzen, flott setzen wir unseren Marsch fort.

Wir fragen uns: Was ist zu Hause los? Haben sie die Besetzung und die vorausgegangenen Kämpfe heil überstanden? Unsere Schritte werden bei solchen Überlegungen schneller, wir machen unterwegs keine Pause.

Eine amerikanische Panzerjägerabteilung braust an uns vorüber, die Höhe hinauf. Wollen sie die eben verlassenen Waldstücke durchkämmen oder die Generäle mit ihrem Stab auf der Georgshöhe kassieren? Auch diesmal werden wir teilnahmslos gemustert.

Wenig später wird das Bellen der Pak und das Hämmern von Maschinenpistolen laut. Es kommt genau aus der Gegend, die wir gerade verlassen haben. Schwein gehabt. –

Regen setzt ein und fällt auf die blühenden Bäume im Harzvorland. Noch nie habe ich einen so herrlichen, blühenden Frühling im April erlebt wie jetzt, da ein Glaube zerbricht und ein Reich zerstört wird.

Jetzt gehen wir auf den Wegen, die mir von Kindheit auf vertraut sind, vorbei an der Ruine Lauenburg – einem beliebten Ausflugsziel jeder Schulklasse. Im Gartenrestaurant der zerfallenen Burg habe ich so manches Mal mit den Eltern gesessen.

Bald darauf verlassen wir den bewaldeten Rand des Ostharzes und blicken auf Bad Suderode. Nichts scheint anders zu sein, und dabei hat sich doch in diesen Tagen unsere Welt total verändert! Aber da sind hinter uns dieselben Wälder, die alten Wege und vor uns die stillen Dörfer und Städte. Von fern winkt wie immer das tausendjährige Quedlinburg.

Allerdings – auf den hölzernen Bänken und den Balkonen in Bad Suderode sitzen amerikanische Soldaten, und in den Straßen parken Jeeps.

Von der Höhe grüßt das Hotel »Stubenberg«, auch ein Ziel in vergangenen Friedensjahren; da saß vor kurzem noch mit seiner Kommandozentrale der Reichsverteidigungskommissar, Gauleiter Jordan. Jetzt werden die Amis davon Besitz ergriffen haben.

Weiter geht's nach Gernrode. Mittägliche Ruhe herrscht in den Straßen, durch die sich vor Tagen noch die Lawine zurückflutender Landser gewälzt hat. Jetzt sehen wir einige Amis, die mit einem Schlag dampfenden Essens ihr Quartier aufsuchen.

Unterwegs ist mir vom Schuh ein Absatz abgegangen. Ich bitte drei ältere Männer um eine Zange und frage nebenher nach der Lage. Da spürt man ihrer Antwort die Erleichterung an. Der Druck der letzten Monate und Wochen ist gewichen, der Ami ist da und nicht unfreundlich, und das Leben wird weitergehen ...

Vom Turm der alten Markgraf-Gero-Kirche läutet es zu Mittag.

In der regennaß glänzenden Allee in Ballenstedt herrscht militärisches Gedränge. Ami-Panzer rasseln heran und vorbei, zwischen ihnen flitzen die kleinen Jeeps.

Überall sitzen in den Fahrzeugen kraftstrotzende GIs. Auf der gleichen Straße suchen Lastwagen ihren Weg, die mit deutschen Landsern voll besetzt sind. Die ganze Katastrophe verdeutlicht sich hier beim Anblick der traurigen Gestalten unserer Soldaten, die still und resignierend in die Gefangenschaft fahren. Sie, die einmal vor Moskau und an der Wolga standen, die in fast ganz Europa Schrecken verbreiteten und Achtung erwarben, so gedemütigt zu sehen, ist schon bitter.

Auch die Bevölkerung wird wohl von ähnlichen Gedanken bewegt sein, da sie die Sieger so selbstbewußt und die eigenen Soldaten so deprimiert sieht.

Noch einmal geraten wir zwei Wanderer in eine Gefahrenzone. Das ist in der Nähe eines Forsthauses zwischen Ballenstedt und Meisdorf. Dort scheint eine Sammelstelle für deutsche Soldaten zu sein. Amis laufen aufgeregt umher und schießen wild in die Gegend. Wir wissen nicht warum und marschieren schnell weiter. Plötzlich fahren mehrere Lastwagen von hinten an uns heran und stoppen mit quietschenden Bremsen. Wir springen zur Seite, aber da fahren sie schon wieder an uns vorbei. Einige zeigen zwar auf uns – wir sind zu jung, um nicht aufzufallen –, aber der ganze Spuk biegt dann um die nächste Waldekke. Mir scheint, der Weg zu Frau und Kind ist frei.

Das Selketal liegt vor uns. Heute liegt über ihm wieder die alte friedliche und erholsame Stille. Die Schüsse und Einschläge sind verstummt, der Krieg ist schnell vorübergezogen.

Abwärts geht der Weg. Den Regen spüre ich angesichts der Freude auf das Wiedersehen nicht. Alles Grün scheint im befruchtenden Naß noch mehr zu leuchten. Aus dem Blühen der Obstbäume wächst uns das Dörfchen Meisdorf entgegen. Das Dorf scheint zu ruhen, nur auf der Straße sausen ab und zu die kleinen Flitzer der Amerikaner.

Wir haben denen zu danken, denke ich, die entschlossen waren, ihre Dörfer und Städte nicht mehr zu verteidigen. Sie haben inmitten untergehender Städte bewahrt, was noch zu bewahren war.

Auf den Feldern wird gearbeitet, die Pferde dampfen. Das Herz klopft bis zum Hals. Ich sehe das Haus auftauchen, in dem Frau und Kind wohnen.

Ami-Autos parken davor, Posten stehen vor der Tür. Zögernd gehe ich auf den Hof. Da lacht mir mein junger Schwager entgegen. Ohne zu zögern, dreht er sich um und läuft ins Haus, die Schwester zu holen. Und da steht sie auch schon, der Wind zerzaust ihre hellen Haare – wir sind wieder beieinander.

Sie ist gesund, das Kind kräht fröhlich, die Eltern sind auch da. Zwar hat der Ami das Haus voll in Beschlag genommen – was tut's, das

Morden ist hier zu Ende; eine Welt mag für uns zerbrochen sein, aber gemeinsam werden wir neu beginnen – dem Himmel sei Dank, ich bin zu Hause ...! –

Während wir später im Garten auf und ab gehen, erzählt meine Frau von den letzten Tagen: Kampflos seien die Amerikaner ins Dorf gezogen, in Schützenreihe; voran, die Gewehre im Anschlag, schwarze Soldaten. Bald darauf hätte irgendein Truppenstab das Haus ihrer Eltern beschlagnahmt. Die ganze große Familie mitsamt ihrer aus dem brennenden Osten hierher geflüchteten Verwandtschaft sei dann in den Keller gezogen. Die Amis verhielten sich distanziert, aber höflich; unserem Baby hätten sie schon öfter Schokolade gegeben.

Ich höre zu, aber so etwas wie ein Schock hat mich erst mal gelähmt, so daß ich mich nicht äußern kann und Mühe habe, die Beherrschung nicht zu verlieren. Der Fall war nun wirklich reichlich tief ...

Über den Hof schlendert ein Soldat der US-Army und pfeift die Melodie von »Some Sunday Morning«.

Ich weiß natürlich, daß jeder einzelne Tag, den ich hier verleben darf, ein Geschenk ist. Ich stehe auf Abruf, denn überall werden schon die Politischen Leiter der NSDAP und auch Hitlerjugendführer vom Bannführer aufwärts abtransportiert in den »automatischen Arrest«. Noch einmal muß die ganze Familie umziehen, weil die Amis nun auch den Keller beanspruchen. So ziehen wir in den Stall, der sich binnen kurzem in einen zwar recht einfachen, aber angesichts der Umstände doch gemütlichen Aufenthaltsraum verwandelt.

Da steht nun die Mutter am Herd im Stall und bereitet das Essen mit der gleichen Sorgfalt wie gewöhnlich, da schnurrt auf dem Fell des Läufers das Kätzchen Moni, und Flocki, der Foxterrier, schickt sich ohne Murren und Knurren in die so gänzlich veränderte Lage.

Meine kleine Familie zieht zu dritt zu hilfsbereiten Nachbarn; auch die Eltern finden bei freundlichen Leuten ihre Schlafstatt.

Vom nächsten Tag an arbeite ich im großen Garten: Umgraben, Unkrautjäten, Bohnen stecken, Kartoffeln legen – das ist die große Freiheit.

Die Maisonne überstrahlt alles in diesem Frühling. Es tut gut, am Morgen vom Duft der Erde, dem Gemecker der Ziege und dem Geräusch der in den Eimer schießenden Milch geweckt zu werden.

Damit wir aber nicht vergessen, daß der Krieg keinesfalls zu Ende ist, werden wir sechs Tage nach meiner Heimkehr jäh aus unserer Beschaulichkeit gerissen.

Wir arbeiten im Garten, als der Vater laut meinen Namen ruft. Wir sehen, wie ein Trupp schwerbewaffneter Amis durch das Tor auf den Hof kommt. Sie gehen mit vorgehaltenen Maschinenpistolen stracks auf mich zu. Abenteuerlich und verwegen sehen sie aus, den Stahlhelm schief auf dem Kopf, bunte Halstücher im Kragen. »Hands up!« rufen sie, und ich reagiere entsprechend. Sie reißen mich unsanft von meiner Frau weg, ich sehe noch ihr erschrockenes Gesicht – dann gehe ich, den Soldaten voran, mit über den Kopf erhobenen Händen. Hinter mir höre ich ehemalige polnische Kriegsgefangene den Amis zurufen: »Offizier – Offizier ...!«

Der Jeep rast mit mir ab, im Rücken fühle ich den Lauf des aufmontierten Maschinengewehrs.

Auf einem Hof warten Hunderte von Zivilisten auf ihren Schicksalsspruch. Ein Offizier prüft meine Papiere und findet sie nach kurzer Kontrolle »O. k.«. Er entläßt mich mit einer Handbewegung.

Als ich nach Hause marschiere, überholen mich Lastwagen, vollgestopft mit Leuten in Zivil – die Führerschaft der Partei und ihrer Gliederungen wird abtransportiert zur »Umerziehung«.

Mir scheint man noch eine Galgenfrist einzuräumen.

Tagsüber strömt durch die geöffneten Fenster der Wohlgeruch dieses Monats, draußen blüht es ohne Unterlaß. Mir kommt die Endzeile eines Frühlingsgedichtes in den Sinn: »... nun, armes Herz, nun muß sich alles, alles wenden!« Aber die Nachrichten werden immer bedrückender:

In Berlin wird die letzte Schlacht geschlagen, Haus für Haus wird von den Russen erkämpft und zerstört; Leipzig und Chemnitz sind gefallen, die Rote Armee hat sich an der Elbe bei Torgau und Wittenberg mit den von Westen vorstoßenden Alliierten getroffen und vor den Kameras aus aller Welt Verbrüderung gefeiert. Jeder bei uns denkt wohl dasselbe: Wann endlich macht man diesem Morden ein Ende?

Am 30. April kommt über die restlichen deutschen Sender die Meldung, »der Führer sei an der Spitze seiner Soldaten gefallen«. Ein lange vergötterter Name – ein Mann, der geliebt und verehrt wurde wie kein anderer – versinkt in einem Meer von Blut und Tränen. Kein Trauermarsch im Radio, aber in unserem Quartier sehe ich bei dieser Nachricht eine Arbeiterfrau weinen.

Doch die meisten atmen auf: »Das ist der Frieden!«

Ein Woche danach ist es soweit: Unser Volk hat ausgelitten, in den KZs werden die letzten, ausgehungerten Überlebenden befreit. Das hören wir nur am Rande, denn in diesen Wochen kommen Zeitungen kaum hierher, und Radio wird selten gehört – jeder ist auf seine Art damit beschäftigt, mit der Katastrophe fertig zu werden.

Pfingsten ist ein sonniges Fest. Wir streifen durch die Wälder. Einmal stockt unser Schritt. Meine Frau faßt mich am Arm und möchte umkehren. Es ist an einer steil abfallenden Böschung, wo inmitten der frischen Gräser und wilden Blumen die Spuren der einstigen Wehrmacht sichtbar werden: im Abgrund eine umgestürzte Feldküche, rundherum Stahlhelme, Uniformteile und alte Heeresformulare. Reste der einst so stolzen Truppe – Helme ohne Gesicht, und doch sprechen sie zu uns. Wir gehen weiter, Moderluft hat uns gestreift. –

Der letzte Maitag ist auch mein Abschiedstag.

Gegen Abend läßt mich eine bei uns einquartierte Helferin in einem US-Stab wissen, daß ich wohl am nächsten Tag abgeholt würde. Sie hätte meinen Namen auf dem Notizzettel ihres Captains gesehen.

Wir gehen noch einmal die vertrauten Wege. Es bleibt nichts einzustehen für mein bisheriges Tun, es gibt keinen Grund zur Flucht.

Der amerikanische Unteroffizier, der mich am nächsten Morgen vom Frühstückstisch wegholt, tut das recht höflich. Immerhin läßt er mich das Frühstück beenden und wartet geduldig vor der Tür.

Ich ziehe mir den leichten Mantel an, stecke noch ein paar Socken und einige belegte Brote ein und verabschiede mich still. Es gibt da nichts mehr zu sagen. Nur der Vater flüstert mir beim Händedruck noch zu: »Behalt' den Kopf oben – du warst nur treu …« –

Ich steige in den Jeep und sehe sie nochmal alle vor der Tür stehen. Der Mai bleibt mit ihnen weit hinter mir.

Noch einmal sehe ich meine Frau. Das ist, als mich ein Lastkraftwagen der Amis mit anderen Verhafteten und Kriegsgefangenen aus dem Gerichtsgefängnis in Mansfeld zwei Tage später nach Leipzig bringt. Ich stehe im hinteren Teil des Wagens, der durch die sehr en-

348

gen Gassen fährt. Gerade als wir um eine Ecke biegen, sehe ich sie mit ihrem Fahrrad. Ich erkenne sie schnell am hellen Haar und ihrem bunten Kleid. Sie hat wohl meinen derzeitigen Aufenthaltsort erfahren und ist die fünfundzwanzig Kilometer heraufgefahren, um mir noch einiges mit auf meinen Weg ins Ungewisse zu geben. Da sieht sie den Transport um die Ecke kommen und weiß, daß sie zu spät gekommen ist.

Mir wird bei ihrem Anblick klar, daß wir es gemeinsam schaffen, einen neuen Anfang zu machen. Dieses Gefühl gibt neuen Mut.

Mehrere Stationen habe ich schon hinter mir: Die Gefängniszelle in Mansfeld, das »Freiluftlager« in Naumburg. In Mansfeld hat mich ein junger CIC-Offizier befragt und mir dabei eine amerikanische Illustrierte vorgehalten. Da sehe ich zum ersten Mal die Bilddokumente unfaßbarer Grausamkeit und wahnwitzigen Völkermordes – Leichenberge, verstümmelte Körper und in den Tod getriebene nackte Menschen. Barsch werde ich gefragt: »Haben Sie davon gewußt?« Was anderes kann ich da antworten als die Wahrheit, die »Nein« heißt –?

Immer werden sie dieses »Nein« hören, für die meisten wahrheitsgemäß, für wenige Tarnung. Für mich gibt es keine andere Möglichkeit, zu antworten, und wenn er mir zehnmal das Heft um die Ohren schlägt ...

In meinen Wehrpaß wird mit großen Buchstaben eingetragen: »OBERBANNFÜHRER HITLER YOUTH. CIC 207«

Einige Tage später gehen für mich und Zehntausende anderer die Tore zu einem Barackenlager in Ziegenhain auf. Es war einmal die Unterkunft eines deutschen Strafbataillons.

Da ich mir keiner persönlichen Schuld bewußt bin, fühle ich mich innerlich frei und ziehe mit den anderen Gefangenen ruhig und in keiner Weise deprimiert durch das Lagertor.

Von nun an habe ich massenhaft Zeit, allmählich zu verarbeiten, was in den letzten Wochen und Monaten auf uns einstürmte. Vieles, was unwahrscheinlich, ja unglaublich erschien, würde sich erst nach und nach klären lassen. Aber im Lager gibt es manchen, der diese und jene Erfahrung beisteuern kann. Und wenn auch bei fast allen jetzt, unmittelbar nach der deutschen Kapitulation, der Gedanke vorherrscht, wir seien ehrenhaft der Übermacht unterlegen und schließlich auch Opfer von Verrat und Verschwörung geworden –

die nach und nach bekannt gewordenen Informationen über den Massenmord an Juden können nicht mehr weggewischt werden.

So wie wir wissen, daß tapfer gekämpft und tapfer gestorben wurde, daß mancher noch im Todeskampf den Namen des Führers röchelte – genauso wissen wir nun, daß millionenfach gemordet wurde. Wohl geschah es ohne unser Wissen und Wollen und nie im Namen des Volkes, aber es geschah auf Befehl des Mannes, der – wie nie zuvor ein anderer – Vertrauen und Liebe des Volkes besaß!

Unser einstiger, so sehr geschätzter Reichsjugendführer Baldur von Schirach hat es ganz klar vor dem Nürnberger Militärgericht ausgesprochen – und wir im Lager hörten seine Rede. Zuerst die Ehrenerklärung für die Hitlerjugend:

>In dieser Stunde, da ich ein letztes Mal zu dem Militärgericht der vier Siegermächte spreche, möchte ich mit reinem Gewissen unserer deutschen Jugend bestätigen, daß sie an den durch diesen Prozeß festgestellten Auswüchsen und Entartungen des Hitler-Regimes völlig unschuldig ist, daß sie den Krieg niemals gewollt hat und daß sie sich weder im Frieden noch im Kriege an irgendwelchen Verbrechen beteiligt hat ...«

Und später die Anklage gegen Adolf Hitler:

>... Es ist der größte und satanischste Massenmord der Weltgeschichte. Den Mord befohlen hat Adolf Hitler. Das steht in seinem Testament. Er und Himmler haben gemeinsam dieses Verbrechen begangen, das für immer ein Schandfleck in unserer Geschichte bleibt.

Die deutsche Jugend trägt daran keine Schuld. Sie ist unschuldig an dem, was Hitler dem deutschen und dem jüdischen Volk angetan hat.

Ich habe diese Generation im Glauben an Hitler und in der Treue zu ihm erzogen. Die Jugendbewegung, die ich aufbaute, trug seinen Namen. Ich meinte, einem Führer zu dienen, der unser Volk und die Jugend groß, frei und glücklich machen würde.

Es ist meine Schuld, die ich fortan vor Gott, vor meinem deutschen Volk und vor unserer Nation trage, daß ich die Jugend dieses Volkes für einen Mann erzogen habe, den ich lange, lange Jahre als Führer und als Staatsoberhaupt als unantastbar ansah ... daß ich die Jugend für einen Mann erzogen habe, der ein millionenfacher Mörder gewesen ist ...«

Wochenlang diskutierten wir beim Auf- und Abgehen in den Lagergassen diese Rede. Was wir anfangs für Opportunismus hielten, fand bald furchtbare Bestätigung.

Der Führer, für den Millionen in den Tod gegangen sind, der Führer, der für uns der gottgesandte Retter gewesen ist – Hitler ein Verbrecher –!?

Soll denn alles sinnlos gewesen sein – das Sterben der Kameraden, der Tod von Millionen und Abermillionen im Feuersturm dieses Krieges, die unübersehbaren Zerstörungen zum Teil unersetzlicher Werte – alles sinnlos? Ein tödlicher Irrtum jeder Treueschwur?

Unsere Bewacher überlassen uns den auf uns einstürmenden Gedanken. Es gibt hier keine »Umerziehung«, keine Bekehrungsversuche oder Initiativen zur Demokratisierung unseres Denkens. Die älteren Lagerinsassen haben es besonders schwer, sie sind zum Teil demoralisiert und ohne Halt. Sie stürzten in eine bodenlose Tiefe. So konzentrieren sich die Gedanken vieler auf die tägliche Notdurft. Sie bücken sich nach weggeworfenen Ami-Kippen, lecken Suppenbehälter aus oder verkaufen ihre goldene Uhr gegen »Camel«- oder »Lucky Strike«-Zigaretten. Es ist bedrückend, die einstigen Uniformträger und Inhaber hoher Ämter und Machtbefugnisse so zu sehen. Sonntags singt im Lager ein schnell gebildeter und hervorragend geleiteter Chor.

Der vor Tausenden von bewegten Zuhörern gesungene Choral aus der Deutschen Messe von Franz Schubert erscheint uns wie Antwort und Trost:

»Wohin soll ich mich wenden,
wenn Gram und Schmerz mich drücken?
... Zu Dir, zu Dir, o Vater,
komm' ich in Freud und Leiden,
Du sendest ja die Freuden,
Du heilest jeden Schmerz!«

Nun, nach Hitlers Sturz in den Abgrund, sucht mancher wieder im Glauben an den Christengott Halt und Kraft. Und wie er den Haßgesängen des toten Diktators abschwört, besinnt er sich auf den Inhalt der Bergpredigt.

Eines Tages marschiert unter schwerer Ami-Bewachung eine größere Kolonne der Waffen-SS durch das Lagertor. Man erkannte sie als Angehörige der auch vom Gegner respektierten Elite-Truppe an der in den Oberarm eingeritzten Blutgruppenangabe. Denn diese oft lebensrettende Kennzeichnung gab es nur bei der Waffen-SS. Es sind durchweg kräftige junge Leute, bei denen es keinerlei Merkmale moralischen Zerfalls gibt. Sie wissen, daß sie zu den Überlebenden einer Truppe gehören, die schwerste Blutopfer erbracht hat, und sie wissen auch, daß sie jung und Manns genug sind, Gegenwart und Zukunft zu meistern. –

Wer wie ich aus Mitteldeutschland stammt, ist bedrückt von einer Information, die im Lager durchgesickert ist:

Die Amis hätten unsere Heimat dem Russen überlassen ... Später hat mir meine Frau diesen Tag, den 1. Juli 1945, so geschildert:

An jenem Sonntag waren die Amis wie immer laut und fröhlich, spielten auf der Dorfstraße Fußball, duschten im elterlichen Haus mit lautem Gesang und ließen nichts von einer Veränderung spüren. Am Nachmittag machte die Familie ihren sommerlichen Spaziergang. Dabei begegneten sie einer Frau, die das vorerst unglaubliche Gerücht verbreitete, die Russen würden hier einmarschieren. Angesichts der unbekümmerten Verhaltensweise der US-Soldaten nahm man das nicht ernst.

Als die Familie gegen Abend ins Dorf zurückkam, waren die Amis spurlos verschwunden. Die von ihnen hinterlassene Stille war fast unheimlich. Nun glaubte man allmählich der Nachricht und sah mit Bangen den nächsten Stunden entgegen. Durch das ganze Land gingen die Schreckensnachrichten über das grausame, rachsüchtige Vorgehen der Roten Armee, über Mord und Vergewaltigung, über die Demütigung der »hochmütigen« deutschen Frauen ... So wuchs die Angst. Und die Russen kamen – Rotarmisten mit Panjewagen im Gefolge und abgemagerten Pferden. Niemandem geschah bei dieser Inbesitznahme der Heimat ein Leid. Aber für die Unseren hatte sich die Welt abermals verändert.

Im Interniertencamp spricht man von neu aufflammender Gegnerschaft zwischen Amerikanern und Russen.

Das war's ja auch, was die Deutschen noch kurz vor dem Zusammenbruch hoffen ließ: daß sich Russen und Amis mitten in ihrem Siegeszug noch ernstlich entzweien würden, ja, daß die Westalliierten noch gemeinsam mit den ostbewährten deutschen Truppen gegen Stalin und seine Rote Armee antreten würden ... Illusionen noch im deutschen Totentanz.

Aber jetzt, da die zerschundene Welt nichts dringender braucht als Versöhnung, scheint der gerade errungene Frieden erneut gefährdet. –

Nun ist mir klar, daß ich nicht in meine Heimat zurück kann – der Russe wird mit ehemaligen Nazis und auch mit Hitlerjugendführern nicht zimperlich umgehen. Aber ich will leben – ich bin jetzt neunundzwanzig Jahre alt und viel zu jung, um das Leben, das mir im Krieg bewahrt wurde, mit dem Ende des Dritten Reiches als abgeschlossen zu betrachten. Eine junge Frau und zwei Kinder warten auf mich. Und Deutschland, für das wir angetreten sind, gelitten und gekämpft haben, braucht uns doch jetzt mehr denn je!

Trotz aller furchtbaren Einsichten, trotz allem, was hinter mir liegt – ich bin voller Hoffnung, die Brücke in die neue Zeit zu bauen. Unsere arg geschundene Generation – die Generation der Hitlerjugend – wird an ihren Erfahrungen reifen. Zwar werden Entsetzen und Schock angesichts der Flut schlimmer Offenbarungen noch lange anhalten, aber Wille und Freude, das neue Leben im Frieden mit der jungen Familie zu meistern, werden überwiegen.

Schon zeigen sich Ansätze des Umdenkens. In einer von Lagerinsassen gestalteten Zeitung ist der Versuch erkennbar, sich ein neues Leben nach demokratischen Grundsätzen vorzustellen. Auf die Jüngeren von uns warten viele neue Aufgaben, ein total zerstörtes Land und ein geschocktes Volk brauchen Vernunft und Kraft. In diesen Monaten beginnt in den meisten von uns der allmähliche Wandel. Für den, der keine persönliche Schuld auf sich lud, gibt es keinen Grund, diesem Wandel die eigene Würde zu opfern. Das drückt in der Lagerzeitung einer der Arrestierten so aus:

»Wer ohne Schuld durch Schicksal ist gegangen,
der stand versteint und schaute wohl zurück,
nach Glauben suchend und verlor'nem Glück,
indes der Himmel lange schon verhangen.

Was schier unmöglich schien, das ist geschehen:
Man trieb mit uns ein frevelhaftes Spiel.

Es bleiben ungelöst der Rätsel viel –
wer kann das Unbegreifliche verstehen?

Die Welt wird stetig drehen sich und wenden,
beständig ist der Wechsel ganz allein.
Für neues Werden trete mutig ein –
Dich würdig wandelnd, sollst Du Dich vollenden!«

Aus heutiger Sicht
Wie ein wilder, wüster Traum ...
Hingabe wurde zu Entsetzen

Wenn ich heute – fünfzig Jahre nach dem Ende des Dritten Reiches – um mich schaue, gepflegte Straßen mit modernen Häusern, bunten Gärten sehe, die Autobahnen mit dem fast schwindelerregenden Verkehr erlebe, beobachte, wie die Menschen in den Einkaufsstraßen im ungeheuren Angebot schwelgen – dann scheinen jene Zeiten totaler Vernichtung generationenweit zurückzuliegen. Aber es war ja wiederum die geschundene und heute oftmals von den Jüngeren arrogant und überheblich geschmähte Weltkriegsgeneration, die diesen in der ganzen Welt bewunderten und vielfach beneideten Wohlstandsstaat und sein richtungweisendes Grundgesetz mitgeschaffen, mitgestaltet hat! Hitler hatte sich abermals grundlegend getäuscht, getäuscht in seinem Volk: Im März 1945, als die Russen kurz vor dem Angriff auf Berlin standen, befahl Hitler die »Politik der verbrannten Erde« in Deutschland. Laut diesem »Nero-Befehl« sollten Industriebetriebe, Verkehrsanlagen und Nachrichtenmittel – soweit sie denn die Bombenangriffe überstanden hatten – total zerstört werden. Auf Speers Denkschrift, daß »wir kein Recht dazu haben, Zerstörungen vorzunehmen, die das Leben des Volkes treffen könnten«, erwiderte Hitler, daß dieses Volk ohnehin verloren wäre. Man brauche da keine Rücksicht zu nehmen, unser Volk habe sich als das schwächere erwiesen – nach diesem Kampf blieben ohnehin nur die Minderwertigen übrig ...
Nach all den tod- und verderbenbringenden Fehleinschätzungen, nach den Mordbefehlen war dies Hitlers letzter fundamentaler Irrtum.
Natürlich konnte ich mir damals eine so großartige Auferstehung aus Ruinen nicht vorstellen, aber nie verlor ich die Zuversicht, auch wenn oft Gedanken und Erinnerungen quälten. So gedachte ich auch jenes 20. April 1939, als sich bei der Parade zum fünfzigsten Geburtstag des Führers die Fahnen der Wehrmacht zum Zeichen der Ergebenheit vor Hitler neigten. Nun wurden diese Fahnen von der Roten Armee in Moskau vor den Augen der Weltöffentlichkeit zerbrochen und auf dem Pflaster des Roten Platzes zertreten.

Im zertrümmerten, zusammengeschrumpften und geteilten Deutschland verschwand mit dem Selbstmord Hitlers für alle Zeiten auch sein Hakenkreuz-Symbol.

Als lange vor der »Machtergreifung« Baldur von Schirach diese Verse formulierte, muß Hitler wohl schon düstere Vorahnungen gehabt haben, denn das Gedicht soll damals seine eigenen Gedanken wiedergegeben haben, wenn auch in Schirachs poetischer Form:

> »Kann sein, daß die Kolonnen, die hier halten,
> daß diese endelosen braunen Reih'n
> in alle Winde wehn, zerspellen, spalten
> und von mir gehn. Kann sein, kann sein ...
> Ich bleibe treu! Verlassen auch von allen,
> trag' ich die Fahne wankend und allein.
> Mein Mund mag lächelnd irre Worte lallen,
> doch erst mit mir wird diese Fahne fallen
> und wird des Toten stolzes Bahrtuch sein!«

Auch hier irrten Urheber und Dichter: Aus für viele noch immer unerklärlichen Motiven litt und starb seine Gefolgschaft für den Führer, als er sie längst verraten hatte und alles verloren war ...

Der 9. November 1918 fand 1945 keine Wiederholung, kein Volksaufstand brach aus, kein Sichauflehnen gegen den Irrsinn seiner Befehle. Stumpf, resignierend und verzweifelt gingen das Volk und seine Soldaten der Katastrophe entgegen.

Auch Hitler verlor angesichts dessen, was er schließlich bewirkt und verschuldet hatte, keineswegs den Verstand. Mit seinem »politischen Testament«, das er kurz vor seinem Selbstmord diktiert hatte, bewies er, daß nichts ihn von seiner Besessenheit und seinem Wahn zu lösen vermocht hatte. Hier bekannte er sich ohne Reue oder Einschränkung zum Holocaust:

> »Ich habe aber auch keinen Zweifel darüber gelassen, daß ...
> auch jenes Volk mit zur Verantwortung gezogen wird, das der
> eigentlich Schuldige an diesem mörderischen Ringen ist: Das
> Judentum!
> ... daß nicht nur Millionen erwachsener Männer den Tod erlei-
> den und nicht nur Hunderttausende an Frauen und Kindern in
> den Städten verbrannt und zu Tode bombardiert werden dürf-

ten, ohne daß der eigentlich Schuldige, wenn auch durch humanere Mittel, seine Schuld zu büßen hat.«

So starrten wir denn fassungslos auf die furchtbaren Bilder vom »humaneren« Massenmord in den Vernichtungslagern. Das alles schien uns so unwirklich und unbegreiflich, daß wir es anfangs nicht glauben konnten. Bis es dann keinen Zweifel mehr gab. Da brach in den meisten der eingesperrten Gefolgsleute Hitlers der letzte Rest von Treuegefühl, Achtung oder gar Verehrung zusammen.

Längst sind die Lieder der Hitlerjugend vergessen. Wer erinnert sich noch der Inbrunst, mit der wir die Hymne Georg Blumensaats »Deutschland, heiliges Wort, du voll Unendlichkeit ...« gesungen haben? Wer kennt noch Baldur von Schirachs Fahnenlied, dieses Zeugnis einer – wenn auch mißbrauchten – idealistisch gesinnten, opferbereiten Jugend? Sie hatte es ernst gemeint, wenn sie singend beteuerte: »Ja, die Fahne ist mehr als der Tod!«

Alles hat eine gänzlich veränderte Zeit hinweggefegt, und dennoch bleibt es ein Teil unserer Geschichte. –

Die arrestierten Hitlerjugendführer wurden im Herbst 1946 aus den Internierungslagern in die neue Zeit entlassen. Die Bekenntnisse und Beteuerungen des einstigen Reichsjugendführers von Schirach in Nürnberg hatten offensichtlich beeindruckt; die Hitlerjugend zählte nicht zu den als »kriegsverbrecherisch« bezeichneten Gliederungen der NSDAP.

Endgültig lag hinter uns, was vor zwölf Jahren uns als Aufbruch der Nation erschien und das wie ein wilder, wüster Traum endete. Wie viele meiner Gefährten, hatte ich nur einen Wunsch: Irgendwo in Deutschland, fernab des Weltgeschehens, aber nahe der Natur, als Bauer oder Gärtner zu arbeiten. Deshalb hatte ich in den letzten Monaten im Ami-Camp an einem Lehrgang teilgenommen, der sich mit Landwirtschaft und Gartenbau beschäftigt hatte. Es war ein als »SS-Ehrenführer« internierter Agrar-Professor, der mich vor meiner Entlassung seinem Bruder empfahl. Der hatte bei Wolfenbüttel eine Gärtnerei, in der Anfang November meine Frau plötzlich erschien – ich war gerade beim Rosenkohlpflücken. Nun war mein Glück komplett. Sie hatte die »grüne Grenze« auf abenteuerlichem Weg überwunden. Damals gab es noch keine durchgehenden Sperren. Ortskundige machten ein Geschäft daraus, allnächtlich ganze Pulks von Grenzgängern zu führen, vorbei an den sowjetischen Posten. Diesmal wurden sie vom »Stoi!« eines Rotarmisten gestoppt. Der aber hatte es vor allem auf die Wollsocken der Männer abgesehen.

So beging ich selig mit meiner Frau meinen dreißigsten Geburtstag. Vor Weihnachten 1946 schlich ich dann durch hohen Schnee hinüber in die Ostzone und feierte das zweite Friedens-Weihnachtsfest gemeinsam mit Frau und Kindern. Doch Ruhe und Harmonie wollten in mir nicht so recht aufkommen, denn wir wußten, daß draußen erbarmungslos auf Nazis Jagd gemacht wurde. Als man mir zutrug, daß sie auch mir auf den Fersen seien, flüchtete ich in der Silvesternacht über das Dach des Hauses.

Mit meiner Frau kam ich in meiner Heimatstadt Quedlinburg gerade an, als die Glocken der sieben Kirchen das neue Jahr 1947 einläuteten.

Als ich den zur Grenze fahrenden Zug in Halberstadt erreichte, wimmelte der Bahnsteig von bewaffneten Sowjetsoldaten, was ich als wenig erheiternd empfand. Ich war erleichtert, als ich viele Stunden später wieder die Türme der alten Kaiserstadt Goslar sah.

An einem kalten Oktobertag kam dann auch meine Frau mit unseren zwei Kindern über die Grenze. Bei Vienenburg ging ich dem Lastwagen entgegen, der meine junge Familie mitsamt einigen Möbelstücken auf den bekannten Schleichwegen glücklich herübergebracht hatte.

Es begann unser gemeinsames Leben im Westen – ein Anfang ohne solide Basis, aber in der Freiheit. Auf einem großen Gut bei Göttingen gehörte ich zur Gesellschaft recht eigentümlicher Landarbeiter – ehemalige NS-Funktionäre, Offiziere und Beamte streuten hier Mist, ernteten Zuckerrüben und Kartoffeln.

Besonders gern marschierte ich als Kontrolleur hinter der Drillmaschine her. Sonne und Wind auf der Haut, dachte ich dabei an das, was war, und an das, was nun werden sollte. Nicht selten übersah ich dabei, daß die Düsen der Maschine verstopft waren. Der Inspekteur, einstiger Infanterie-Oberleutnant, nannte dann die brach liegengebliebenen Stellen inmitten der aufgehenden Saat »Grupe-Denkmäler«.

In jene Zeit fiel meine »Entnazifizierung«. Sie wurde allerdings schriftlich abgewickelt, die Gebühr von 50,– RM wurde mir aufgrund meines geringen Verdienstes (52 Pfennige Stundenlohn) erlassen. Nach dem Entnazifizierungsbescheid vom 27.12.1948 fiel ich zwar unter die Jugendamnestie, war jedoch in die »Gruppe IV« mit Ausschluß vom passiven Wahlrecht einzustufen, da ich »mit mehr als nur den Beiträgen den Nationalsozialismus unterstützt« hätte.

Selten dürfte wohl in Deutschland soviel gelogen, verschwiegen und bestochen worden sein wie im Rahmen dieser Entnazifizierungsfarce. Wie einst schon nach dem 30. Januar 1933, waren die Opportunisten im Vormarsch. Plötzlich waren sie alle schon immer gute Demokraten gewesen ... Aber wer wollte es ihnen verdenken: Ihr guter Glaube war getäuscht worden, ihr Einsatz hatte in der Katastrophe geendet – nun kam es darauf an, zu retten, was zu retten war.

Die Entnazifizierungsausschüsse schlossen dann auch bald wieder ihre Büros.

Eine echte und tiefgehende Entnazifizierung, um bei dieser Wortschöpfung zu bleiben, war in den meisten unserer Generation und auch in mir längst im Gange oder abgeschlossen: Erfahrungen und Erkenntnisse zwangen zu Folgerungen. Und die hießen unter anderem: Nie wieder Diktatur, nie wieder unkontrollierte Macht, niemals mehr Rassenhochmut und nie wieder Krieg!

Noch heute belastet jeden von unserer Generation, der nicht ganz und gar oberflächlich und nur dem Geld hörig geworden ist, die Frage nach dem Sinn der Millionen Opfer des Krieges; noch schwerer drückt die Last des vom einst vergötterten Führer zu verantwortenden Völkermordes und die mörderische Willfährigkeit seiner Schergen.

Die Jahre und Jahrzehnte, die nun folgten, ließen uns wenig Zeit zum Nachdenken, vieles, zu vieles wurde verdrängt, einfach zur Seite geschoben; die Jahre des Dritten Reiches schienen oft tabu zu sein, Diskussionen und Offenheit wurden vermieden, man schwieg sogar in den Schulen – so kam der Begriff »unbewältigter Vergangenheit« nicht von ungefähr. Mit wiederum oftmals blindem Eifer ging die Kriegsgeneration an den Wiederaufbau und die Sicherung der persönlichen Existenz. Durch tausend Feuer gegangen, gestaltete sie den neuen Staat mit, der Menschenrecht und Menschenwürde zu seinem Grundgesetz erhob. So zog sie die Lehren aus den Jahren, denen sie ihre Jugend geopfert hatte.

In unserem unentwegten Tun schreckte uns im Spätherbst 1955 ein Ereignis auf, das noch einmal unsere nationale Katastrophe deutlich machte: Die letzten zehntausend Kriegsgefangenen, die die Lager in der Sowjetunion überlebt hatten, kehrten heim. Tief bewegt sahen die Menschen die Bilder der von Hunger, Elend, Demütigung und Krankheit gezeichneten einstigen Soldaten der großdeutschen Wehrmacht. Wie sie in ihren zerschlissenen Restuniformen mit lächerlich geringem Gepäck die Waggons verließen und ihre neue Wirklichkeit im Nachkriegsdeutschland zu begreifen suchten – das erschütterte auch die, die schon wieder ihren Profit genossen.

Vor dem immer stärker werdenden Existenzkampf aber und dem fieberhaften Aufbau, vor dem, was man »Wirtschaftswunder« nannte – verblaßten bald solche Eindrücke. Es schien manchmal, als sei unser Volk von dem einen Extrem ins andere gefallen. Der Mißbrauch unserer Gefühle, die sich in Worten wie »Kameradschaft«, »Vaterland« und »Heimat« äußerten, führte zu ihrer völligen Entwertung. Materialismus, Egoismus und Gefühlskälte verdrängten vielfach den einstigen jugendlichen Überschwang der Gefühle.

Es scheint, als bete die nachfolgende Generation nun anstatt eines »Führers« neue Götzen an: Geld und »Status«. Das Streben nach Wohlstand kann kalt und rücksichtslos machen ...

Hoffnung aber weckt jener Teil der Jugend, der sich gegen Egoismus, Profitgier und den Raubbau an der Natur wendet.

Viele junge Leute gehen in die Dritte Welt, um aktiv zu helfen. Sie sehen im Menschen den Bruder, mit welcher Hautfarbe auch immer ihn der Herrgott geschaffen hat. Möge sie die uneigennützige Kameradschaft, die ihre Großväter einst lebten und die sie in den mörderischen Krieg führte, zu menschlicheren, sinnvollen Zielen führen. Sie demonstrieren für Abrüstung und Frieden; dafür bilden sie Hand in Hand kilometerlange Menschenketten. Sie lassen sich nicht ohne weiteres von den Mächtigen beirren, denn in ihrem, in unserem Staat ist die freie Meinungsäußerung verbrieftes Recht und wachsame Kritik Pflicht.

Haß und Vorurteile sind immer noch überall in der Welt. Selbst bei uns wird hier und da schon über die »Denkbarkeit eines gerechten

Krieges« gesprochen und doziert. Gegen solche »Erkenntnisse« sollte warnend die verratene und vielfach geschmähte Generation der Kriegsteilnehmer aufstehen. Sie tat in ihrer Mehrzahl vor Hitlers Machtergreifung die Parole der Sozialdemokraten »Nie wieder Krieg!« als verräterisch ab und zog dann ahnungs- und kritiklos aus zu einem Opfergang ohnegleichen.

Stellvertretend für alle, die da litten und starben, wird in mir das Bild eines jungen Leutnants lebendig, der 1942 von der Rakete einer Stalinorgel total zerfetzt wurde. Eben noch ein gläubiger, schneidiger Offizier, wurde sein aufgerissener Körper an mir vorbeigetragen. Er schrie und schrie – schrie sich die Seele aus dem geschundenen Leib, schrie das ganze Leid seiner Generation heraus, so markerschütternd, daß uns kaltes Grausen überkam, ehe er den »Heldentod« starb.

Und auch jene verstümmelten, verbrannten und verkohlten Körper, die mich in den Straßen der zerbombten Städte entsetzten, sind mir wieder gegenwärtig und bezeugen den Wahnsinn des Krieges.

Es kann keinen »gerechten« Krieg geben. Immer bedeutet er millionenfachen Mord an Unschuldigen!

Wir haben erlebt, wie man mit falschem Pathos, Lügen und Phrasen nationalistische Leidenschaft züchten und ein ganzes Volk täuschen kann. Nie darf die Lehre aus jener Katastrophe vergessen werden, nie wieder dürfen Menschen so leichtgläubig falschen Propheten aufsitzen!

Hinter scheinheiligen Parolen wurde aus der Aufrüstung die Drohung, aus der Drohung der Angriff. Die Waffen verrichteten, wozu sie hergestellt worden waren ...

Vor hundert Jahren schrieb Bertha von Suttner »Die Waffen nieder!« Sie schrieb mit unerhörtem Mut angesichts einer Gesellschaft, die geblendet war von der »schimmernden Wehr« im wilhelminischen Reich. Fünfundzwanzig Jahre später zog man in den Ersten Weltkrieg; ihr Ruf wurde nicht erhört. Trotz der Lehre aus dem Völkerringen erscholl bald auf unseren Straßen das Lied der SA: »Volk ans Gewehr!« Und es folgte der mörderische Zweite Weltkrieg. An allen möglichen Ecken unserer Welt wird seitdem erneut geschossen und gebombt; wieder sterben Millionen und wieder fragen sich die Menschen am Ende: »Warum?«

Rund fünfzig Millionen Menschen mußten im letzten Weltkrieg

sterben. Es kann daraus nur eine Folgerung geben: Es muß ein Ende
sein mit dem Säen von Mißtrauen unter den Völkern, mit dem Aufbau von Feindbildern, mit Verleumdung, Vorurteil und Menschenverachtung!
Laßt uns nicht mehr vorbehaltlos dem Zungenschlag wortgewand-
ter Demagogen trauen, sondern argwöhnisch darüber wachen, daß
nicht noch einmal ein Besessener Haß und Feindschaft predigt und
so erneut die Welt vergiftet, die – wie es scheint – endlich zögernd
dabei ist, näher zusammenzurücken.

Schlußbetrachtung

Fazit und Standortbestimmung 50 Jahre nach Kriegsbeginn

1989: Vor genau 50 Jahren erging Adolf Hitlers Angriffsbefehl an die Wehrmacht des Dritten Reiches.

Ich habe versucht, anhand meiner Original-Aufzeichnungen die Stimmung zu schildern, in der wir damals in den Kampf zogen: ohne Begeisterung und ohne zu jubeln, aber überzeugt von der Unausweichlichkeit des beginnenden Opferganges. Was auf mich und alle Überlebenden des mörderischen Gemetzels dann später an Erkenntnissen und Einsichten, an Schrecken und beschämenden Berichten einstürmte, führte zwangsläufig zu einem tiefen Einschnitt. Als ich 30 Jahre jung war, teilte dieser Riß mein Leben. Danach vollzog sich der innere Wandel, die totale »Entnazifizierung«, diesmal ohne jede amtliche Einwirkung, allein bestimmt durch die Kenntnisnahme von den unwiderlegbaren Tatsachen des befohlenen Völkermordes.

Eins war klar: Was da hinter unserem Rücken, hinter der tapfer kämpfenden Front an Verbrechen geschehen war – es geschah wahrhaftig ohne unser Wissen und niemals »im Namen des Volkes«!

Zu unserer Täuschung war ein Tarnungs- und Lügengewebe ohnegleichen errichtet worden. Die Hoffnungen und Träume unserer Jugend waren längst schon vor der Realität des Krieges zerstoben, aber nun wußten wir, daß die unwahrscheinlichen Leistungen und Opfer und der millionenfache Tod »für Führer und Reich« schließlich zur Zerstörung dieses Reiches, zur Teilung des Vaterlandes und für viele zum Verlust der Heimat geführt hatten.

Für mich gab es aus dieser unfaßbaren Erkenntnis vorerst die Folgerung, mich politisch abstinent zu verhalten. Mein Weg, der sich bis zum Ende des Krieges als Irrweg erwiesen hatte, sollte nun einmünden in ein stilles Mitwirken am Aufbau eines neuen Lebens, einer Existenz in der beginnenden demokratischen Ära.

Jahrzehnte später haben mich Skepsis und Mißtrauen gegenüber schönen Worten und leicht durchschaubaren Phrasen von Politikern aller Richtungen noch nicht verlassen. Einfachheit, Schlichtheit, Bescheidenheit und eine Ansprache ohne Pathos und Effekthascherei beeindrucken mich weit mehr als der routinierte Gebrauch demagogischer Begabung.

Bei manchem allzu selbstbewußten Gebaren und mit erheblichem Stimmaufwand vorgebrachten Tiraden stellen sich bei mir schlimme Erinnerungen ein.

Denn noch immer läuft es mir angesichts der ab und zu im Fernsehen gezeigten alten Wochenschaubilder und Propagandafilme kalt über den Rücken, wenn vor den faszinierten Massen, vor Fahnenwäldern oder brennenden Fackeln Hitler wieder erscheint, wenn er mit tödlichem Ernst erneut seine Thesen herausschreit – jene Worte, die uns einst so ergriffen … Unsere Welt stand seinetwegen in Flammen, der Wahn eines dämonischen Demagogen hatte sie in Brand gesetzt.

Ich aber – und mit mir Millionen Deutscher – hatte zu ihm aufgeblickt als dem Führer, für den zu kämpfen und zu sterben ehrenvoll sein würde. Noch sieht man auf unseren Straßen die leidgeprüften Kriegsopfer – Amputierte, Zerschossene, Erblindete. Was mögen sie schockiert gewesen sein über diese Feststellung Richard von Weizsäckers auf dem Historikertag am 12. Oktober 1988:

> »Das deutsche Volk wurde von Verbrechern geführt und hat sich von Verbrechern führen lassen!«

Ohne ein versöhnliches und klärendes Wort an die einstigen Soldaten ist dies ein bitterer Nachruf für die Millionen deutscher Kriegstoten, deren Sterben unter dem Hakenkreuz so verkündet worden war: »… gefallen für Volk und Führer«.

So formuliert, klingt jener Satz wie eine abermalige Auflage deutscher Kollektivschuld. Aber Herr von Weizsäcker, selbst Offizier im Krieg, weiß, daß weder er noch die Jugend jener Zeit und die Soldaten wissentlich »Verbrechern« gefolgt sind. Die furchtbaren Verbrechen des Regimes wurden ihnen allen erst nach dem Zusammenbruch offenbar. Und auch heute wissen wir nicht: Waren Hitler und seine Paladine von Anbeginn an »Verbrecher«? War es nicht die unbegrenzte Macht, die sie schließlich dazu werden ließ? – Aber wieder ist es die Kriegsgeneration, die man mit solchem Keulenschlag traf.

Mein Bericht aus jenen Jahren soll bezeugen: Politisch völlig unerfahren, hatten wir in romantischer Gefühlsseligkeit angesichts von Hunger und Elend dem Mann die Treue gelobt, der der Mehrheit unseres Volkes wie ein Messias erschien. Als die Maske fiel und die Zweifel kamen, war es zu spät für ein Entrinnen.

Nie war ich ein Opportunist; auch verschwieg ich zu keiner Zeit meinen engagierten Einsatz als Hitlerjugendführer. Es hat mir aber auch ferngelegen, später durch das Vorzeigen neu gewonnener demokratischer Einsichten Vorteile zu suchen.

Heute kann ich bekennen, daß ich geradezu allergisch reagiere

> bei Bekundungen jeder Art von Intoleranz, Unduldsamkeit und Selbstgerechtigkeit,
> bei kleingeistigen Vorurteilen, bei fremdenfeindlichen oder antisemitischen Äußerungen,
> bei tönenden Reden, mit denen der Redner Anspruch erhebt auf die alleingültige Wahrheit seiner Meinung,
> bei heuchlerischen Argumenten, die immer wieder das Verzögern der von den Menschen herbeigesehnten Abrüstung begründen sollen.

Es heißt, die Völker lernen nichts aus den Lehren und Erfahrungen der Geschichte. Mensch bleibt Mensch. Charakter und Veranlagung sind im Grunde immer gleich geblieben, lediglich Zeitumstände, Milieu, Persönlichkeit haben Einfluß darauf nehmen können.

Trotz der gewonnenen Einsichten, der entsetzlichen Erfahrungen wird noch immer Mißtrauen gesät, werden Feindbilder aufgebaut, Kriege geführt, Menschen gefoltert, ganze Völker von Diktatoren belogen und betrogen.

Auch in unserem großartigen Staat mit seinem vorbildlichen Grundgesetz werden noch allzu oft benebelnde Phrasen gedroschen, wo doch Sachlichkeit und leidenschaftsloses Nachdenken erforderlich sind. Mancher Politiker wird vor den Fernsehkameras zur bloßen Pose verführt und zur eitlen Selbstdarstellung.

Aber zum Glück gibt es im demokratischen Staatsgefüge jeweils eine Opposition, es gibt den politischen Gegner, den Andersdenkenden. Kein Maulkorb hindert sie an offener Meinungsäußerung; sie decken Schwachstellen auf, rufen zur Diskussion und Demonstration und verhindern, daß die Bäume allzu selbstherrlicher Machtinhaber in den Himmel wachsen. Es ist nicht mehr so einfach, Meinungen zu manipulieren, Menschen durch Diktat zu reglementieren oder Affären der Mächtigen unter den Teppich zu kehren.

Das ist es, was ich unter dem Riß, der unser Leben teilt, verstehe: daß ich diese unsere Welt, ihre Erfordernisse, mit gänzlich anderen Augen und Gefühlen sehe, als man es in meiner Jugend gelehrt wurde und empfunden hat.

Freiheit, Menschenrecht und Menschenwürde sind längst keine Redensarten mehr für mich, sie haben ihren ganz besonderen Wert und Klang.

Wohl weiß ich, daß diese Freiheit mißbraucht werden kann – alles hat eben seinen Preis. Dennoch sollten wir darauf achten, daß sie mit dem Ruf nach »law and order« und dem »starken Mann« nicht nach und nach eingeschränkt wird. Wir haben es doch erlebt, wie die Beschneidung menschlicher Grundrechte zu Diktatur und Terror führen kann ... Was dann den Menschen geschieht, erleben wir noch heute im anderen Teil unseres Vaterlandes.

1989 – 50 Jahre nach dem Beginn des sinnlosen Krieges:

Dankbar und glücklich lebe ich in der Bundesrepublik Deutschland – glücklich darüber, daß sie nach den unermeßlichen Zerstörungen diesem Land ein neues Gesicht gegeben hat, daß sie für Weltoffenheit und Toleranz steht und ein Vorreiter geworden ist für das Zusammenwachsen der europäischen Nationen.

Aus den Ruinen zerstörter Städte sind Stätten voll Geschäftigkeit und fröhlicher Geselligkeit geworden, das soziale Netz gilt als vorbildlich in der ganzen Welt.

Mit den einstigen Feinden im Westen verbindet uns heute eine festgefügte Freundschaft, und auch für ein engeres Zusammenwirken mit dem russischen Riesenreich sind Markierungen gesetzt. Versöhnung, wenn auch nicht Vergessen, steht über dem Verhältnis zu dem Staat Israel und den Juden, denen unter Hitler so Furchtbares widerfuhr. So sind die Wegzeichen für einen dauerhaften Frieden gesetzt, »unser europäisches Haus«, wie Gorbatschow es zuversichtlich bezeichnete, mag in eine glückliche Zukunft wachsen.

Bei allem tiefgehenden Wandel ist in mir – und sicherlich in allen Überlebenden der Kriegsgeneration – eins gleich geblieben: die Liebe zum Vaterland – wenn auch frei von dem einst so übersteigerten Nationalismus, dafür eingehend in ein neues europäisches Gemeinschaftsgefühl.